Wir danken allen, die mit Text und Bild zu diesem Buch beigetragen haben.

Impressum

PF 1621 – D-72006 Tübingen
Tel. 0049 (0) 7071 66551 / +78779 – Fax 0049(0) 7071 63539
E-Mail: office@konkursbuch.com
www.konkursbuch.de / www.facebook.com/konkursbuch.verlag

Cover, S. 1: Barbara Thielen. Frontispiz S. 3: RickB S. 352: Julija Goyd
Die Autor*innen sind für ihre eingesandten Beiträge und Materialien rechtlich selbst verantwortlich.
Redaktion und Gestaltung: Verlag & Freundinnen. Grafische Konzeption: G. H. Seidel.

Einsendungen für weitere heimliche Augen an: gehrke@konkursbuch.de
Das heimliche Auge gibt es auch im Abonnement, auch die älteren Ausgaben.

ISBN 978-3-88769-535-4

Claudia Gehrke & Uve Schmidt

Mein heimliches Auge

Das Jahrbuch der Erotik XXXV

konkursbuch

Vorwort Claudia Gehrke

Dunkelgrüner Himmel, die goldene Mondsichel kurz vor dem Untergehen, und ich schiebe den Wald von Seite 37 auf Seite 35. Es ist wie in jedem Jahr schwer aufzuhören mit der Arbeit am heimlichen Auge. Auswählen, Bilder und Texte kombinieren, Ideen entstehen, was fehlt, Menschen anregen, das Fehlende noch beizusteuern, einfügen, ein Ablauf steht. Dann beginnt das Feilen. Alles ließe sich auch anders einrichten. Der Abstand einer Nacht ändert den Blick. Beim Vertauschen von Seiten bewegte sich der kleine Teufel (oder Engel) von S. 327 jedes Mal. Ein Streifen der Zeichnung erschien auf S. 326, der Bildabstand zwischen den beiden Bildern auf S. 327 vergrößerte sich. Ich konnte mir das nicht erklären. Hexerei war es sicher nicht, es gibt eine technische Erklärung, die ich nicht kenne. In Produktionsnächten erscheint mir manches wie Magie. Einmal kopierte ich einen Text aus dem Layoutdokument heraus, wir wollten ihn bearbeiten und kürzen. In dem Moment stürzte das Programm ab. Die Sicherungskopie der Layoutdatei erhielt den Kurznamen des Textes: „Text Swinger" (ein authentisches Dokument, ein Experiment, Frau und Mann gehen zusammen, kurz vor der Corona-Zeit, in einen Swingerclub und berichten anschließend offen je aus ihrer Perspektive. Sehr unterschiedlich, was Frau und Mann wahrnahmen). Bis ich das bemerkte, arbeitete ich am kommenden Tag in einer früheren Fassung mit dem mir vertrauten Namen und blieb, weil ich schon wieder sehr viel geändert hatte, auch in dieser Fassung. Manche Änderungen beim Feilen sind nur in der inzwischen gelöschten Fassung, deren Entstehung mir ein Rätsel bleibt. Ich habe nicht alles rekonstruiert. Ein Buch schreibt sich, das kennen Romanautorinnen sicher, neben aller handwerklichen Arbeit an ihm immer auch ein Stück weit selbst.
Das ganze Jahr über Sonnenschein, so erscheint es mir in diesen späten Septembertagen. Ich saß beim Arbeiten oft am geöffneten Fenster mit Blick nach Westen (im Moment auf den inzwischen dunklen Himmel ohne Mond). Oder auf dem Balkon im warmen Wind, Blick nach Süden auf einen großen freien Himmel. Für uns zu Hause Arbeitenden änderte der Lockdown weniger am Alltag als für viele andere. Ein beunruhigendes Jahr. Brände, größer als je zuvor, am Anfang des Jahres in Australien, Sibirien, Kalifornien. Das Klima ändert sich schneller, als noch vor wenigen Jahren prognostiziert. Die Pandemie. Keiner ist davon unberührt. Das Liebesleben geht selbstverständlich weiter, wir haben Sex, streiten uns, verlieben uns, lieben. In die Beiträge fließt ein, was aktuell unser Leben ausmacht. Und so kommt die Pandemie natürlich vor, der Alltag ohne ist schnell in die Ferne gerückt. Bei Filmen stutze ich manchmal: so eng alle miteinander, naher körperlicher Kontakt mit vielen Unbekannten im Gedränge. Das sieht schon fast irreal aus.

Es gibt durch das Buch gestreut eine Serie autobiografischer Texte, die explizit aus diesem Jahr berichten (Carla Carl, Ulrike Voss, Roberto SaM Balducci – Torsten Flüh aus der Zeit des Beginns einer anderen Pandemie). In anderen Beiträgen kommt das Thema beiläufig am Rand vor, und natürlich finden Sie auch coronafreies erotisches Vergnügen bzw. viele Bilder und Texte, die in früherer Zeit spielen (ent-

Thomas Karsten

standen sind). Zeitgeschichte spiegelt sich im Prinzip in jedem fiktionalen Text, sei es nur in Kleinigkeiten ohne Bedeutung für das Geschehen. Es gibt auch einige Schilderungen aus dem Innenleben, von Gefühlen und Körperempfindungen, vom „Außersichsein". Gibt es das? Ich denke, ja, manchmal. Manche Szenen und Fantasien wirken vertraut oder verbraucht, wie ein Klischee, schon oft erzählt. Bei diesen Beiträgen frage ich mich, ob es besser wäre, sie nicht einzubauen. Beispielsweise ein Text darüber, sich bei einer Massage auszumalen, was wäre, wenn der Masseur, die Masseurin auch die sexuell besetzten Körperpartien bearbeiten würde? Aber dann gibt es eine kleine Wendung im Text und ich bin verführt. Und nehme manche solche Texte doch hinein (ein Text macht es schon im Titel deutlich: „Erotic Trash Nr. 1"). Stereotype Fantasien haben Bedeutung im erotischen Leben. Die meisten Beiträge spielen im „richtigen" Leben, auch ist nicht alles neu und noch nie erzählt. Manchen gelingt es mit der Sprache, auch der Bildsprache, Kopf und Körper in Bewegung zu setzen, nicht allen natürlich. Doch hat jeder Baustein für uns – Amancay Kappeller (die Mitarbeiterin dieses Jahres und hoffentlich noch vieler weiterer) und mich – seine Bedeutung im Ganzen.

Im Wald, draußen spielen mehr Szenen in diesem Jahr als sonst. Vielleicht angeregt von Spaziergängen im sonnigen März und April unter dem unbekannt glasklaren Himmel. Inzwischen sind die Kondensstreifenzeichnungen zurück. Ein Fotobeitrag hat das Thema „Masken". Buchhändlerinnen und Verkäuferinnen in Läden, die ich oft besuche, begegnen mir nun mit Maske. Manchmal, wenn die Läden nicht voll waren, unterhielten wir uns an der Kasse, mit einer gab es auch so etwas wie Flirten. In der ersten Zeit nach Einführung der Maskenpflicht haben wir nur noch die nötigsten Worte miteinander gewechselt, uns kaum angesehen. Alle gingen so schnell wie möglich wieder aus den Läden. Ich fragte sie einmal, ob sie die Maske immer trüge, stundenlang am Tag, sie sagte ja, ich bedauerte sie, sie erwiderte, es sei nicht so schlimm, sie gehe öfter mal raus, um gründlich durchzuatmen. Inzwischen wird in den Läden wieder mehr geplaudert. Und einander angesehen. Die Augen, das Mienenspiel. Eine Autorin berichtete „meine Friseurin und ich plaudern immer sehr angeregt, und bei diesem Blick in den Spiegel lässt sich ganz gut sehen, dass die Mimik trotz Maske erkennbar …" Manchmal denke ich an das Buch der türkischen Fotografin Müjde Karaca, Zinat, Reize, mit Frauenporträts. Je drei Fotos. Im ersten zeigt sich nur die Augenpartie, im zweiten sind die Haare verborgen, im dritten ist das Gesicht frei. Überraschende Verwandlungen. Mit den Mundschutzen sind die Haare sichtbar, die Verwandlung ist weniger extrem.

Ende August sah ich in einer Ausgabe der Tagesthemen einen Bericht über Sexarbeiterinnen in Hamburg, die ihren Beruf zu der Zeit noch nicht wieder ausüben durften. Sie erklärten, wie sichere Sexarbeit funktioniert. Mit Mundnasenschutz, Kondom und OP-Handschuhen sowie Stellungen mit größtmöglichem Abstand. Sodass die virengeschwängerten Aerosole wenig Chancen hätten, sicher keine größeren als beim Friseur. Manche der interviewten Frauen trugen zusätzlich zu den Mundschutzen Masken. Oberhalb des Mundschutzes zeigten sie sich als Vögel und Katzen. Eine Tiergestalt ohne Mundöffnung, gespenstisch. Was bedeutet das für die Lust der Männer, die diese Frauen besuchen? Wirkt es wie eine Vollmaske in Fetischszenarien? Ein besonderer Reiz? Oder ist die Konzentration auf den entindividualisierten Körper ein Zeichen für noch mehr Ausbeutung? Sind nicht auch die Körper individuell und unterschiedlich (wenn nicht mit Schönheits-OPs zu einem Einheitsmodell mit prallen Brüsten und auch unten gespritzten Lippen geformt)?

In diesem Jahr musste ich einen überquellenden kleinen Lagerraum ausräumen. Anfangs geriet ich in einen „Wegwerfrausch“, weil ich froh darüber war, dass ich es überhaupt schaffte, mich zu trennen. Ich verschenkte Stapel erotischer Fotobücher. Ein großer Anhänger voll leerer Aktenordner (Steuerordner aus vielen Jahren, aus denen das Papier im Container gelandet war) und ein großer Tisch mit Bücherstapeln standen unter dem Vordach, Spaziergänger kamen vorbei, manche nahmen leere Ordner mit, andere Bücher. Einer nahm zwei Bücher, die ich vermutlich aufgehoben hätte. Als gäbe es nicht die vielen anderen aufgehobenen Bücher, dachte ich danach eine Zeitlang nur an diese beiden, unwiederbringlich verschwundenen (Camus, Die Pest, Adorno, ein Band Noten zur Literatur) mit Notizen am Seitenrand aus meiner Studentinnenzeit. Was habe ich damals über „Die Pest“ gedacht?
Auch viele Kisten voller Korrespondenz und Materialien, die mir in vordigitalen Zeiten für die Jahrbücher geschickt worden waren, sortierte ich. Handgeschriebene Briefe von Verlagsautor*innen aus den 80ern und 90ern, handgezeichnete Postkarten, analoge Fotos. Ein Schatz. Ein paar Fundstücke sind in diese Ausgabe eingestreut. Analoge Fotos wirken unscharf. Der Blick hat sich an die hyperrealistischen Millionen Pixel der digitalen Bilder gewöhnt. Mir scheint manchmal (vermutlich ist das nostalgisch), dass ältere Fotos mehr dem entsprechen, was wir sehen, unscharf, immer in Bewegung, ein Bild bleibt ja nicht stehen. Sehen die „Digital Natives“ vielleicht alles auch im Realen inzwischen anders, schärfer oder in Ausschnitte der winzigen Smartphone-Bildfenster gestückelt? Liegt der Filter unserer Bilderwelt auch über dem „Realen“?
In dem Lager war auch alte Kleidung, die wir manchmal als Kostüm verwendet haben. Ein Kleid von meiner Mutter zum Beispiel. Es tauchte auf Covern von zwei Auge-Ausgaben auf (Nummer 10, mit mir drin, Nummer 23, mit Wiebke Kahn und Andreas Maria Kahn, die das Cover für uns gestalteten).
Mein Vater (inzwischen 13 Jahre tot) machte immer dämliche Witze, wenn er das Kleid sah: Wo ist denn die junge Frau geblieben, die mit diesem Kleid mit mir spazieren gegangen ist. Unsere Mutter trug es in den frühen 50ern auf einer Reise an den Ossiacher See, und es gibt einen Normalachtfilm, in dem sie in diesem weiß gepunkteten blauen Kleid mit weitem Rock vor ihm einen Berg hinaufklettert. Ich probiere aus Vergnügen an dem Fund einige der alten Sachen an. Etwas davon trug ich daraufhin auch weiter beim Auge-Basteln an den vielen heißen Tagen (ich habe nur Hosen, nichts ganz Leichtes). Im Homeoffice geht so etwas ja: einen leichten, angenehm zu tragenden Unterrock in Fleischrosa, vermutlich von meiner Großmutter. In kalten Nächten zog ich eine warme weiche Jacke meiner Schwester an. Seit dem Tod meiner Mutter (auch vor fast 13 Jahren, die auch immer welche trug, ich vorher nie), trage ich ihre leichten Seidenhalstücher. Einige lösen sich inzwischen auf. Ob es kalt ist oder warm, beim Autofahren im Wind, in den dauergelüfteten (nicht erst seit Corona brauche ich bewegte Luft) Räumen, ich empfinde mich als nackt ohne Tuch, ich bilde mir ein, seltener erkältet zu sein als früher ohne.

Dieses Jahr haben wir ein schönes Buch zum Thema Tod gemacht. Es ist ähnlich aufwendig wie das heimliche Auge gestaltet, ein opulentes Lesebuch mit vielen Bildern. Das Vergnügen an der Gestaltungsarbeit war genauso groß wie das am „Auge". Das erotische Jahrbuch handelt vom Sex, vom Lieben und Leben. Die Sterblichkeit gehört immer zum Leben, und so handelt auch das Konkursbuch 56 vom Leben. Vielleicht überträgt sich etwas von den Vergnügen, dieses Buch zu machen. Ein erster Leser: *„Dialog am Frühstückstisch: ‚Ist das eigentlich tauglich als Geschenk?' – Meine Frau: ‚Bist du verrückt? Du kannst doch niemand etwas über den Tod schenken.' Doch, kann man. Finde ich. Und wenn, dann das hier. Konkursbuch 56 – Tod, 606 Gramm, angenehm haptisch in der Hand, 456 Seiten, fein illustriert – und ungeheuerlich vielfältig […] Aufgebaut ist der ebenso kompakt wie großzügig wirkende Band wie ein Spaziergang, den man sich selber zusammenstellen kann. Inhalt wie Gestaltung atmen die Freiheit des Geistes, das Buch ist ein Fest des Lebens – mit unserer aller Sterblichkeit, eine überaus kurzweilige, bunte und wundersame Collage."* (Alf Mayer, culturmag.de/crimemag/non-fiction-kurz-09-2020/128964)

Direkt auf die Gestaltungarbeit am Konkursbuch 56 folgte die am Auge. Bei beiden freute ich mich jeden Tag darauf, den PC einzuschalten und neue Zusendungen im Posteingang zu finden. Die Vorfreude, kurz bevor ich Text oder Bilder anklickte! Manche Menschen schicken seit vielen Jahren immer wieder einen kleinen Beitrag aus ihrem Liebesleben, oft kurz vor Fertigstellung. Das Liebesleben eines langjährigen Paares lässt sich in Momentaufnahmen über Jahre mitlesen. Viele sind das erste Mal dabei. Eben kam noch ein Foto. „Sie können gerne ein anderes von mir dafür rauswerfen. Würde mich sehr freuen, weil es ein besonderes Bild für mich und die Teilnehmerinnen ist." Ich werde es noch einbauen, auch wenn ich dafür noch einmal schieben muss. Dann geht es in Druck. Vielen Dank an alle, die mitmachten, auch an die, deren Beiträge nicht eingebaut werden konnten. Alles Gute.

Tübingen, 20.9.20

Astrid Schulz

Astrid Schulz

Vorwort Uve Schmidt

Lebenszeichen

Sterbensmüde bin ich,
gehe bald zur Ruh, doch
wer hört dann meiner ruhe-
losen Seele zu, die, das hör ich
kommen, keiner Friedhofsordnung
je wird frommen, sondern suchen
wird nach jenen Wesen, an denen
alsbald möge unsre Welt genesen,
denn allein auf solchen Wegen
wird geboren uns der gottgewollte Held
mit aller Erdengeister naturalem Segen,
zu dem als seine Paten stünden
alle schuldenfreien Sünden und
niemand könnt' darob verkünden,
wie im All die Aktien stünden.

Himmelsvater, Mutter Erde, paart Euch,
dass und bis es Frieden werde!
Denn wenn Corona opferreich besiegt,
die nächste Menschheitsgeißel bereits
fröhlich feiernd lüstern auf der Lauer liegt.

Frankfurt, 5.9.20

Foto Inge Rambow

Fritz Aigner: Uve Schmidt (Cover u. S.1, Mein heimliches Auge 1)

Anne Weyer

Gloria Ballhause

Das Spiel

Salix geht sehr früh zum See. Es ist die Zeit, wenn alle noch schlafen, aber der Himmel schon eine neu aufgeschlagene blaue Seite ist, nur ohne Text. Sie gleitet ins Wasser, kalte Hände greifen nach ihr, werden sanfter und verwandeln sich in einen Stoff, der ihren Körper umschmeichelt. Sie schwimmt bis in die Mitte des Sees und lässt sich eine Weile auf dem Rücken treiben. Als sie umkehrt, um zurückzuschwimmen, sieht sie ihn am Ufer sitzen. Sofort rollt ein Gedanke durch ihren Kopf.

Ich war zuerst hier.

Salix klammert sich an diesen Satz und schwimmt mit kräftigen Zügen dem Ufer entgegen. Trotzig, als müsse sie sich verteidigen, weil sie nackt ist, weil sie nicht mehr so jung ist wie er, nicht mehr so schön.
Der Untergrund der Badestelle ist uneben und voller Steine. Vorsichtig setzt Salix ihre Füße voreinander, steigt langsam aus dem Wasser, legt dabei Schritt für Schritt ihren Körper frei. Erst ihre Schultern, dann ihre Brüste, ihren Bauch, das Haar über ihrer Vulva, ihre Knie. Sie weiß, dass er sie anschaut. Sie meidet seinen Blick. Sie will keine Anerkennung, sie will keine Ablehnung. Nichts davon hat etwas mit ihr zu tun. Sie ist vierzig, er ist fünfundzwanzig. Sie sind zwei Fremde auf einem wilden Zeltplatz, die ab zu am Feuer zusammensitzen und sich unterhalten, sonst nichts.
Salix sieht ihn erst an, als sie wieder festen Boden unter den Füßen hat. Seine Augen lächeln kurz, sie grüßt ihn, er grüßt zurück.
Ich kann nicht mehr schlafen, sagt er und weicht ihrem Blick aus.
Salix ist erleichtert. Er wird sie in Ruhe lassen. Kein Spiel, kein Versuch, nur weil sie da ist, nur weil sie eine Frau ist.
Sie trocknet sich ab und legt sich ins Gras. Erst wenn die Sonne ihre Haut aufgewärmt und die letzten Tropfen getrocknet hat, wird sie sich anziehen und gehen. Vorher nicht.

Sie war zuerst hier.

Salix schließt die Augen. Sie konzentriert sich auf ihren Atem und lauscht, wie der Wind mit nervösen Fingern durch das Gras fährt. Die Sonnenstrahlen wandern über ihren Körper und es ist ihr mit einem Mal egal, ob er da ist.
Aber dann breitet sich eine Stille aus, von der sie nicht weiß, ob sie von ihm ausgeht oder von ihr. Die Stille ist schwer, sie stört. Salix spürt, dass er sie wieder ansieht. Sie richtet sich auf. Er hat sich auf den Bauch gelegt und seinen Kopf auf die Arme gebettet Er schaut sie aufmerksam an.

Da ist nichts, da wird nichts sein.

Salix hält sich an diesem neuen Satz fest. Er gibt ihr Sicherheit und die Möglichkeit, ihn neutral anzusehen.
Es ist schön im Wasser. Willst du nicht auch schwimmen gehen?, fragt sie.
Er sieht aus, als würde er erst lange darüber nachdenken müssen.
Doch, klar, sagt er nach einer Weile.
Er steht auf und zieht sein T-Shirt über den Kopf. Dann ist die Badehose dran, die er von seinen Hüften abstreift. Er lässt sich Zeit damit, zu viel Zeit, als dass es Salix nicht auffallen würde. Bevor sie

etwas sagen kann, dreht er sich um und präsentiert ihr seinen schmalen Po. Er wackelt mit den Hüften, ungelenk und wenig geschmeidig.
Salix muss lachen. So war die Frage nicht gemeint, ruft sie ihm hinterher, während er in Richtung Wasser rennt. Unter Schreien stürzt er sich in den See.
Er schwimmt nur ein paar Meter hinaus und kehrt dann um. Wie Salix steigt er vorsichtig aus dem Wasser, Schritt für Schritt.

Anne Weyer

Sie zwingt sich, ihn genau zu betrachten. Seine sehnigen Schultern tauchen auf, dann sein Oberkörper, muskulös und zugleich viel zu schmal, dann sein flacher Bauch. Sein Penis baumelt schlaff zwischen seinen Beinen, sein Schamhaar ist rasiert.
Salix fängt ein Strahlen von ihm auf. Sie fühlt sich im Zugzwang.

Da ist was. Vielleicht kann etwas sein. Salix will plötzlich spielen.

Anne Weyer

RickB

Sammlung Fritz Franz Vogel

Anna B.

Am See

Ein kühler Wind streicht um uns herum. Von ihrer Brustwarze auf meine, von ihren schräg liegenden Schamhaaren auf meine glatten Lippen. Wir haben unsere Handtücher nebeneinander auf die Sonne zu gelegt. Unsere Blicke fallen genau auf das kleine Toilettenhäuschen. Durch die linke Tür können wir nackte Männerrücken sehen, wie sie seitlich zu uns gewandt stehen. Die andere Hälfte der Körper wird durch die Wand bedeckt.

Seit sie da ist, kann ich nicht mehr ruhig liegen. Ihre kleinen Brustwarzen stellen sich im Wind auf, ihre Zähne leuchten gerade aufgereiht, während sie blinzelnd in die Sonne lacht. Eine Spange hängt schief in ihrem Haar. „Ich bin es ja gar nicht gewöhnt, so nackt herumzulaufen", sagt sie. „Ich traue mich auch nicht", sage ich. „Nicht einmal bis zum Klo." Sie lacht. Andrea lacht auf eine besondere Art. Ihr Tonfall hat etwas Männliches, sie schießt die Worte rau hervor. Sie reagiert schnell. Kaum hat man ausgesprochen, ist ihre Erwiderung da. Die oft eine Ergänzung ist, eine Fortführung.

„Das war ja vielleicht heute ein Stress", sage ich.

Alexis W.

„Wahnsinn", schießt sie hervor, „das war der Wahnsinn." Ich muss lachen.

Wenn ein braungebrannter FKKler vorbeimarschiert, sagt sie: „Die sind auch ganz schön abgebrutzelt hier."

Wenn ich meine hohen Schuhe trage, sagt sie: „Rattenscharfe Schuhe hast du an!"

Ihre Worte sind Reize, kühle, dünne Metallstangen, an denen man sich reiben kann. „Das ist der Wahnsinn. Das ist der Wahnsinn." Sag's nochmal, Andrea!
So wie ihr Körper glatt und übersichtlich ist – wenn sie auf dem Bauch auf dem Handtuch liegt, hat sie einen runden, symmetrischen Po – ist sie ein klarer Widerstand. Ein Wesen ohne Watteschicht.
Sie hat Sehnsucht nach etwas, das ich mit den Fingerspitzen tasten kann. Sie möchte atemlos werden, vergessen, was sie sagen wollte. Ihre Lüste schweben über dem See. Vor uns hängt ein männliches Geschlechtsteil. „Dass diese Typen sich einem genau vor die Nase setzen müssen", sagt sie. „Da kennen die nix."
„Stimmt", sage ich und werfe einen Blick auf das groß überhängende Teil.
„Sollen wir ein Stück rüberrutschen?", fragt sie.
„Ach nein", sage ich. Ich will sie zwingen, ihre Grenzen zu überschreiten.
Sie gibt nach. Ich spüre einen kleinen Rausch von Macht.

Mein erster Blick auf ihren nackten Körper, nachdem sie sich ausgezogen hatte, tat weh. Sie setzte sich auf das Handtuch neben meinem, unser Busen vervielfachte sich. Über ihrem Bauchnabel wellte sich die Haut. Schwangerschaft. Auf meinem Brustkorb spürte ich sie wie einen Magnet. Eine Anziehung, die nicht nachgiebig war. Wir saßen da, durch unsere Körperhüllen getrennt. Sehnsucht nach ihr. In ihre Dunkelheit zu kriechen, nur noch ihre Stimme zu hören. Nicht zu wissen, wie sie aussieht, wie verletzlich sie ist. Nur zu wabern in ihrer Gegenwart. Doch ich bin außerhalb von ihr und kann es nicht rückgängig machen. Nicht weiter zu ihr vordringen als an ihre

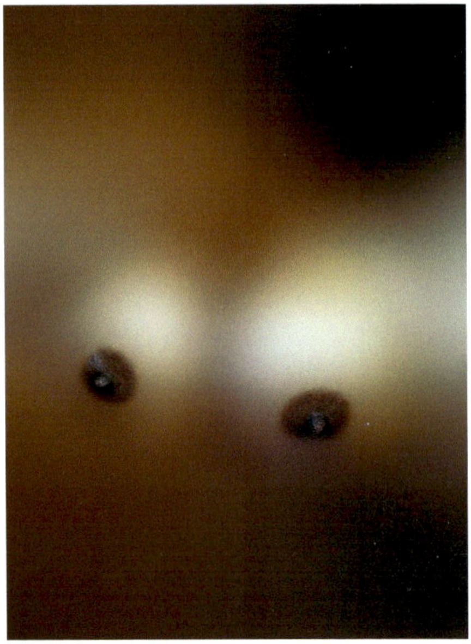

Julija Goyd, Emates

äußere Hülle. An ihre Hautkühle oder Hitze, ihren Saft, dessen Geruch fremd bleibt. Ihr Geheimnis ihres Innenraums bleibt ihr Geheimnis.
Ich will sie quälen. Mit Lüsten, die ich ihrer Hülle antue. Sie soll dieselbe Sehnsucht verspüren und sie nicht erfüllt bekommen. Nur das Prallen gegen Mauern, unser Voneinanderabstoßen.
Ich bekomme die Gelegenheit, als mein Handy klingelt. Ein Internetbekannter ist dran. „Ich kenne ihn noch nicht", sage ich zu Andrea. „Ich habe nur eine Geschichte auf seiner Homepage gelesen."
Ich fange sie mit einem Hauch von wohldosierter Verlegenheit bei dem Wort „Geschichte".
„Eine Geschichte?", fragt sie. „Was für eine?"
Sie zieht die Augenbrauen hoch und klingt für ihre Verhältnisse verdammt zweideutig.
„Erotische", sage ich. Sie hat es gewollt.
„Aber wie er seine Website aufmacht, gefällt mir nicht. Sie ist zu pornografisch. Nichts gegen Pornos ..."

„Aber die meisten sind Schrott", sagt Andrea.
„Viele", sage ich. „Aber nicht alle."
„Ach jaa?" Sie horcht auf. „Wo hast du die denn gesehen?"
Es gibt kein Halten mehr.
„Im Pornokino."
Sie schaut mich an. „Ich wusste gar nicht, dass es sowas im Internetzeitalter noch gibt."
„Ja, allein hier sind es drei."
„Ich würde mich ja nie alleine in ein Pornokino trauen ... oder mit wem warst du da?"
„Mit D. Und mit A."
„Echt." Sie macht eine kurze Pause. Dann sagt sie: „Bring mir doch mal einen guten Film auf DVD mit."
Sag's nochmal!
Ich möchte unter deiner schaurigen Schnodderigkeit duschen, dahinter deine Weichheit erahnen, mich an dein Schnellreden anlehnen. Ich mit meinem leicht versiegenden Singsang, meiner Jammertendenz, meiner Hingabemasche. Vor unseren Augen glitzert der See. Kleine Wellchen in Blau und Grün. Andrea hat sich aufgesetzt, die Brustwarzen haben sich aufgestellt. Und sie schaut überrascht auf das Wasser.
„Es ist irre hier", sagt sie. „Fast wie am Strand."
Wenn ich wollte, könnte ich sie zu allem überreden. Wenn ich meine Finger in ihre Wärme stecken würde, würde sie unter mir glucksen und dem glasigen Glanz in ihren Augen nachgeben. Mit ihr könnte ich spielen. „Was hast du denn, du kleines Biest? Warum schaust du mich so schimmernd an?"
Die Finger langsam quälend in ihr hin und her schieben.
„Warum stöhnst du so? Geiles Luder."
Sie fest in sie hineinstoßen.
Ihre Fußnägel sind sanft lila lackiert. Als wir vor Tagen zum ersten Mal am See waren, damals noch am Badehosenstrand, sie war oben ohne, hat sie ihre Fußnägel auf der Luftmatratze lackiert. Wenn sie aufgestanden ist, hat ihr Busen mir zugewinkt. Ihre Nachgiebigkeit hat mir Hoffnung gemacht, von Anfang an.
Ihre schnelle Pingpong-Kommunikation, die keine Verlegenheit aufkommen lässt. Sie sagt immer sofort Ja.
Oder Nein.
„Das ist mir heute echt zu viel", schreibt sie via SMS am Abend der Bierzeltverabredung. „Diese lauten grölenden Menschen. Ich krieg meine Tage."
Ohne Hintergedanken. Da ist kein Stauraum hinter ihrer Psyche, keine blubbernde Seelenblase, womöglich kurz vorm Platzen. Keine Vorbehalte und keine heimlichen Ängste. Keine Aversion.
Mir fällt mein Zustand ein beim Anschauen solcher Filme, ich sehe mich und sie so wie jetzt nackt auf den Handtüchern zu Hause bei ihr auf dem Sofa, ich spüre eine Sinnesverwirrung. Ich bin zu weit gegangen, ich kriege dicke Hartgummibeine und -arme.
„Naja", sage ich und wünschte, ich säße im tiefsten Erdloch. Warum kann ich auch nie den Mund halten. „Wo soll ich den denn hernehmen?"
„Weißt du was?", sagt sie. „Ich trau mich jetzt was. Ich gehe zum Wasser. Splitternackt."
Sie steht auf. Ich wage nicht, ihr nachzuschauen. Erst als sie einige Meter tief im Wasser steht, die langen Haare mit der kecken Spange fallen über ihre Brust, riskiere ich einen Blick. Sie winkt.
Es ist spät geworden. Ich muss gehen. Ich ziehe mich an, packe ein. Sie schaut aus dem Wasser zu. Ich winke ihr zum Abschied, sie wedelt mit dem Arm.
Wir sehen uns morgen im Büro.

Julija Goyd

Alexis W.

Von Carla Carl

Wie ich von Corona Tripper bekam

Zwei Menschen haben mich während der Ausgangsbeschränkungen gerettet.
Eine Freundin, die ich zum Kaffeetrinken besuchen durfte.
Und mein Liebhaber.
Beide empfand ich als mutige und starke Menschen, die mit ihrem Verhalten einen Protest gegen die staatlichen Maßnahmen Gleichgesinnte in meinem Umfeld zu haben.
Doch zum Schluss war ich allein.
Ich saß gerade am Isarstrand, als die SMS von meinem Liebhaber kam: „Ab Montag Ausgangsbeschränkungen." Die Sonne blendete mich, das grünliche Wasser plätscherte friedlich. Um mich herum waren schon einige nackt an diesem Tag im März 2020. Es war Freitag, Wochenende und Pause für unsere Beziehung. Denn

Tonia R. Alvarez

ausdrückten. Maßnahmen, die mir Angst machten wie einem Kind die schimpfenden Eltern. Ich sah in meiner Freundin und meinem Liebhaber Menschen, die sich ebenfalls nicht vorschreiben lassen wollten, zu wem sie wann und wie Kontakt haben dürfen. Deshalb habe ich es geliebt, sie zu treffen. Es fühlte sich so reich an wie nie zuvor, ich war ihnen dankbar für ihre Gegenwart. Ich glaubte, wir haben eine Affäre und beide andere Hauptbeziehungen. Es funktioniert aber seit über einem Jahr, einmal die Woche, immer wieder mittwochs. Und ansonsten lassen wir uns unser Leben in den anderen Welten.
Als ich an diesem Märzfreitag am Isarstrand saß, hatte ich schon wieder ein bisschen Sehnsucht nach ihm und schrieb ihm: Wenigstens hier sehe ich schon ein

paar nackte Männer. Und dann seine Antwort: Ausgangsbeschränkung.
Das Wort machte mich auf der Stelle depressiv.
Ich konnte nicht fassen, dass ich ab Montag nicht mehr hier sitzen durfte, nicht mehr nackte Männer anschauen, nicht mehr die Sonne genießen. Dass alle hier das auch nicht mehr dürfen sollten. Dass dieser Isarstrand, mein privates Paradies und das vieler anderer, quasi okkupiert werden sollte von der Staatsmacht. Dass mein Alltag der freien Entscheidungen – ziehe ich mich heute auch aus oder schaue ich nur – von ganz oben bestimmt werden sollte.
„Wo?", fragte ich. „In Österreich?"
Denn er ist Österreicher, fährt am Wochenende immer dorthin.
„Nein, in München", zerstörte er meine Hoffnung.
Ich hatte am Anfang ein extremes Entfremdungsgefühl durch die Maßnahmen. Ich hätte gerne Empfehlungen befolgt, ich hätte an Debatten über Für und Wider teilgenommen. Ich hätte Rücksicht auf Mitmenschen genommen. Aber „Maßnahmen". Ich fühlte mich wie eine Gefangene.
Am Abend schaute ich aus dem Fenster bei meinem Lebensgefährten. Dort standen dieselben Bäume in schönem Grün wie immer. Aber alles war so dunkel, obwohl es hell war. Unten fuhr der Lieferwagen eines Lebensmittelladens vor. Er brachte dem alten Ehepaar im Erdgeschoss Tüten voller Essen. Sie trauten sich nicht mehr heraus.
Ich erinnerte mich an den Abend des Amoklaufs im Münchner Olympiazentrum im Jahr 2016. Damals meldete die Polizei, dass der oder die Täter noch immer mit Waffen unterwegs seien. Wir waren Kilometer vom Olympiazentrum entfernt, doch ich hatte Angst, erschossen zu werden, wenn ich vor die Tür gehe. Damals hatte ich wirklich nicht den Mut, etwas aus dem Auto zu holen, mein Lebensgefährte machte es kopfschüttelnd. Als ich am nächsten Tag erfuhr, dass die Polizei den Täter um diese Uhrzeit bereits gefasst hatte, die Fernsehzuschauer aber immer noch in der Angst ließ, bekam ich eine Mordswut. Ich dachte an die Szene im Hofbräuhaus, wo die Menschen sich unter die Tische warfen aus Angst, jeden Moment erschossen zu werden.

Tonia R. Alvarez

Als sie wieder auftauchten, da nichts geschah, kamen die Bedienungen schnell zum Abkassieren. Vorher hatten sie selbst unter den Tischen gelegen.

In diese Zustände hatte die Polizei mit ihrer Nicht-Information die Menschen versetzt. Man mag sagen, sie waren sich vielleicht wirklich nicht sicher, ob weitere Täter mit Waffen unterwegs waren. Bei mir blieben Zweifel.

Als ich unten den Lieferwagen vorfahren sah, war mein erster Impuls, rauszugehen, jetzt erst recht, die Welt zu erobern. Anders als damals beim Amoklauf, Mut zu beweisen, dass mir nicht der Himmel auf den Kopf fällt beziehungsweise mich das Coronavirus befällt. Ich fragte mich, ob das alte Ehepaar wirklich glaubt, in der Wohnung sicher zu sein vor dem Miniatur-Erreger. Und ob dieser, sollte er hier vorbeikommen, sich von einem geschlossenen Fenster abhalten ließe. Er könnte ja außerdem auch an den Papiertüten hängen, in denen der Mitarbeiter des Ladens die Lebensmittel brachte. Es erschien mir absurd.

Ich hatte ein großes Misstrauen gegenüber der Angst, die uns gemacht wurde. Und spürte sie trotzdem. Dreimal bekam ich plötzlich Übelkeit, einmal im Supermarkt. Ich sah das Bild vor mir, in einem alten Schwarzweiß-Video, als während der Spanischen Grippe jemand tot umfällt. Einmal abends im Bett. Den Gedanken: Und wenn ich es jetzt habe. Ich bemerkte, dass Angst das Gleiche ist wie Übelkeit. Ich konnte mir vorstellen, wie man auch an Angst sterben kann. Ich machte mir die Angst bewusst, ich ließ das Gefühl zu, erlebte es in aller Intensität und schaute genau hin. Stellte nach den Anfällen fest, dass ich noch lebte und gesund war.

Wenn mein Freund und ich in diesen Tagen rausgingen, kam ich mir vor, als zögen wir in eine Schlacht, wie Soldaten. Es war eine adrenalingeschwängerte Handlung, das Haus zu verlassen. Aber ich fühlte mich auch wahnsinnig einsam. Die anderen Menschen auf der Welt waren mir plötzlich genommen. Sonst war ich in der Großstadt umgeben von Möglichkeiten. Gruppenansammlungen überall, so viele, dass die Auswahl schwerfiel. Aber auch wenn ich verzichtete und zu Hause auf dem Sofa blieb, genoss ich das Wissen um das Brodeln um mich herum. Wenn ich aufstehen würde, könnte ich hierhin und dorthin gehen und diese und jene treffen. Das alles sollte plötzlich weg sein? Ich fühlte mich wie ein kleines Kind. Ich wollte meinem Freund nicht mehr von der Seite weichen, sah in ihm jetzt eine Art Mama, zu der ich mich flüchten konnte. Ich war froh, dass ich wenigstens ihn hatte. Wenn ich mir vorstellte, ich wäre jetzt Single. Meinen Liebhaber aber traute ich mich nicht zu treffen, weniger aus Angst vor dem Virus als aus Angst vor der Polizei. Was, wenn ich in der U-Bahn gefragt worden wäre, wohin ich wollte, wenn dadurch vielleicht die ganze Affäre rauskam. Ich musste lachen, als ich von einer Aktion eines Mannes in Nordrhein-Westfalen hörte. Er schrieb via Twitter an die Polizei, ob er seine Geliebte besuchen dürfe, sie wohne gleich um die Ecke. Leider las das auch seine Frau.

Fünf Wochen lang sahen wir uns nicht, mein Liebhaber und ich, und das, obwohl er nicht nach Österreich fahren konnte und zwischen unseren Wohnungen nur etwa zehn U-Bahnstationen lagen. Er schrieb mir immer auf meine Absagen Dinge wie: „Schade, ich bin doch gesund. Ich habe doch zu niemandem Kontakt.“

RickB

An einem Mittwochabend hatte ich dann plötzlich einen Anfall. „Ich komme jetzt zu dir", schrieb ich ihm. Es war für mich eine revolutionäre Tat, in die U-Bahn zu steigen. Er erwartete mich an der Haltestelle. Ich dachte an den spaßigen Satz aus der Friedensbewegung, als ich Studentin war: Ficken für den Frieden. Jetzt hieß es ficken für die Freiheit. Oder ficken gegen das Virus. Ich hatte einen großen Teil meiner Angst überwunden. Das fühlte sich gut an. Mein Liebhaber erklärte, er verstehe meine Angst und meine Depressionen nicht. Er habe die ganzen Wochen kein Problem mit der Situation gehabt. War er so gleichgültig? Oder so mutig? Wir hatten also unser Mittwochsdate jedenfalls wieder, trotz Ausgangsbeschränkungen. Es war für mich heilsam, ein Lebenselixir. In einer Zeit, in der man Abstand haben sollte, sich distanzieren, hatte ich den intensivsten Kontakt, den man haben kann. Und ich sagte mir, er und ich, wir ficken für die Freiheit, gegen Corona. Wir lassen uns nicht wie Gefangene behandeln. Wir zwei sind ein ganz besonderes Freiheitskämpfer-Team. Leben einen Protest der besonderen Art. Ich tankte bei ihm auf. Er war ein Pfeiler, auf dem ich stehen konnte in diesen unsicheren Zeiten.

An den Wochenenden schrieb mir meine Freundin, ob ich nicht vorbeikommen wollte. In einer Zeit, in der ich glaubte, alle würden schreiend davonrennen, wenn ich nur in ihre Nähe käme, lud sie mich ein. Es war so herrlich verboten und so intensiv. Ich war ihr so unglaublich dankbar. Wir machten das alles in schöner Regelmäßigkeit. Kaffeetrinken bei der Freundin, ficken beim Liebhaber. Ich empfand beide als meine Tröster, als die Starken, die mir Kraft geben in meiner Schwäche und Depression, von der ich beiden erzählte. Beide gaben sich stark, hatten offensichtlich weder Angst, noch Depressionen, beteuerten, es gehe ihnen gut, sie litten nicht unter der Situation. Ein bisschen wunderten sie sich offensichtlich selbst darüber. „Bin ich gefühllos?", fragte meine Freundin einmal. Und mein Liebhaber sagte Ähnliches.

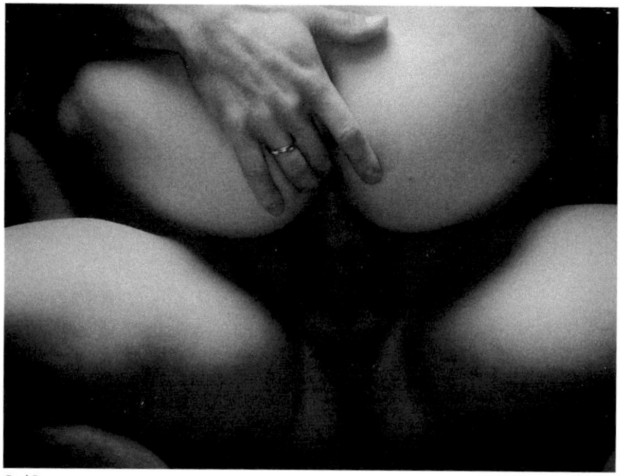

RickB

Dass das jetzt doch schon so lange gehe, er aber immer noch keine Schwierigkeiten damit habe. Obwohl er jetzt schon so viele Wochen nicht mehr nach Hause zu seiner Frau fahren konnte. Ohnehin eine zerrüttete Ehe, sagte er.
Doch je mehr meine Stärke wuchs, desto mehr bröckelte anscheinend die meiner beiden Retter.
Meine Freundin möchte inzwischen nicht mehr aus dem Haus gehen. „Ich bin so faul geworden", sagte sie, als ich fragte, ob wir wieder so wie früher ins Café gehen wollen, weil das doch wieder geht. Wenn ich sie dann doch erneut besuchte, hatte ich ein komisches Gefühl. Sie wirkte so eingekastelt in ihrer kleinen Welt. Sie verließ die Wohnung nur noch zum Einkaufen, mit dem Radl im selben Stadtteil. Die Masken findet sie gut, sie will anderen Menschen nicht zu nahekommen. Ihr Mann arbeitet im Home-Office. Täglich gibt es Kaffee und Kuchen auf der Terrasse. Ihr Tanzpartner, mit dem sie früher ausging, kommt ins Haus und sie tanzen im Wohnzimmer.
Sie hat sich verändert. Um sie herum sind Mauern gewachsen, die sie nicht mehr überwindet. Als ich ihr schrieb, ich war doch jetzt oft genug bei dir, du musst dich auch mal wieder bewegen, war sie beleidigt.

RickB

RickB

Auch mein großer starker Liebhaber, mein Trost, mein Kumpan im körperlichen Protest, hatte sich verändert. Er maß Fieber. Er hatte Angst vor den Lockerungen. Zu schnell, fand er. Er war gegen die Lockerung der Reisebeschränkungen. Zu gefährlich. Und er war wohl doch sehr einsam, an den sechs Tagen, an denen wir uns nicht sehen. Während ich glaubte, wir beide sind die einzigen, die es wagen, hatte er mindestens eine andere Einsame gefunden. Sie hat ihn mit Tripper angesteckt. Er mich. Ich habe ihn verlassen.

Corona zerstört viel. Auch Beziehungen. Auf unerwartete Art und Weise.

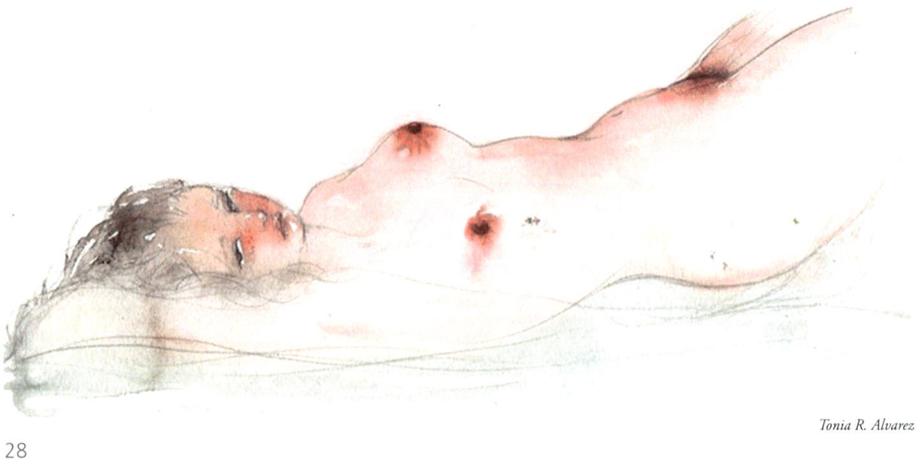

Tonia R. Alvarez

Isolde Asbeck

Mondlicht

schattengleich
wandert
der mond
weiß über den kies
schritte
dämmernder morgen
untergang
des silberlichts
die nacht
war zu kurz
um alles
zu sagen
morgen
werden
wir
schweigen

Jede Minute

du
Wochen
lang
nur du
spürbar
jede Minute
so nass
jede Sekunde
du
sechs
Wochen
oder länger
jede Minute
Sex
jede Sekunde
Du
unfassbar
anders
völlig neu
nie zuvor
gefühlt
nie wieder
so
jede Minute
Du

Moment

Mein Glück wäre vollkommen
diesen Moment zu teilen
mit dir an meiner Seite
an der einen Seite

und mit dir an meiner Seite
an der anderen Seite
diesen Moment zu teilen
mit euch zweien

Mein Glück wäre vollkommen
euch beide
nicht zu teilen
mehr als einen Moment lang

mit mir
an eurer beider Seiten
mich zu teilen
mehr als einen Moment lang

das wäre mehr als Glück
mein Herz
mein Herz

Ulrike Voss

Wie eine dunkle Wolke

„Natürlich können wir uns sehen", sagte ich, „wir sind doch nur je eine und wie ein einziger Hausstand, auch wenn wir nicht zusammenwohnen. Was regst du dich so auf? Komm einfach vorbei."

Wir trafen uns seit Jahren ein, zwei Mal in der Woche. Wenn wir uns besuchten, setzten wir uns zusammen auf den Balkon oder an den Küchentisch, tranken Wein und Sekt (bei ihr, bei mir Bier) und redeten. Oft gingen wir (auf Beates Initiative hin, sie besorgte einfach Karten) ins Theater oder Kino, was uns weiteren Stoff für unseren selten versiegenden Gesprächsfluss lieferte. Und wir hatten Sex. Es war uns beiden bewusst, dass das anfängliche Gefühl, immerzu Sex haben zu wollen, verschwunden war, wir fielen also nicht mehr bei jedem Treffen als Erstes übereinander her. Das war schon lange vorbei. Aber dass Sex regelmäßig stattfand, war uns wichtig, Zärtlichkeiten austauschen.

Ich bewunderte Beate immer wieder aufs Neue. Das Gefühl konnte von einer Sekunde auf die andere aufwallen. Wie klug sie war! Ihre Kommentare und überraschenden Anspielungen, auch dann, wenn ich gar nicht damit rechnete. Wenn wir uns über Banales wie eine Baustelle an der Straße vor unserer Haustür austauschten oder Scrabble spielten. Meistens gewann sie, und wenn nicht, konnte sie sich rührend darüber ärgern. Mir wurde dann immer ganz warm vor Liebe. Dass sie sich so sehr auf alles, was sie tat, einlassen konnte. Auch wenn sie meistens bald in ihre ironische Abgeklärtheit zurückfand.

Wenn sie mich in diesen Wochen besuchte, unterhielten wir uns wenig. Anstelle dessen stichelte sie unablässig. Über die Unordnung. Darüber, wie ich angezogen war. Sie verstehe nicht, wie man sich so gehen lassen könne. Manchmal stritten wir auch über die Corona-Maßnahmen. Besonders nach Einführung der Maskenpflicht. Es verging kein Tag, an dem sie nicht am Telefon oder persönlich eine Bemerkung fallen ließ über die dämlich zugeklebten Gesichter. Sie sagte nicht Gesichter, sondern Fressen, zugeklebte Fressen. Ihr fehlte das tägliche Unterwegssein. Sie arbeitet in einer Bürgerbegegnungsstätte, trifft sich oft mit Freundinnen, singt in einem Chor, ist in politischen Initiativen aktiv. Vor dem Lockdown war sie dauernd unterwegs, immer voller Energie. Auch ihre nicht versiegende Energie bewunderte ich. Seit Beginn des Lockdowns konnte sie nichts mehr organisieren oder unternehmen, ihre Begegnungsstätte war geschlossen, ihr Chor fand nicht statt. Sie hielt es kaum aus.

Ich hingegen genoss das Dasein zu Hause. Vom Bett direkt an den PC, ein bisschen Homeoffice, viel gab es nicht zu tun. Manchmal blieb ich den ganzen Tag im Schlafanzug, an anderen tauschte ich ihn gegen eine alte Jogginghose und eins der Hemden mit Flecken, die sich nicht mehr herauswaschen ließen und die ich sonst nicht tragen konnte. „Wieso schmeißt du den Müll nicht weg?", fragte sie. Wieso sollte ich mich zu Hause oder wenn Beate und ich zu zweit spaziergingen schick anziehen? Sie fühlte sich persönlich durch mein Null-Outfit beleidigt. Es war nicht nur die Kleidung, sondern auch die wachsende Unordnung in der Wohnung. Mich selbst pflegte ich wie immer. Feilte mir die Nägel, bevor sie kam, bald überflüssig, wie sich herausstellen sollte, duschte täglich, wusch Haare. Die wachsenden Haare störten mich

am meisten. Ekelhaftes Gefühl, das kratzige Gefussel am Hals. Besonders schlimm an warmen Tagen, und davon gab es viele.
Ich versuchte, Haare zusammenzuzwirbeln und in einen Gummi zu zwingen, es missglückte. Dafür waren sie noch zu kurz. Eines Tages nahm ich die Papierschere und schnitt alles weg, was störte.
„Was für eine peinliche Topffrisur", war Beates Kommentar, als wir uns das erste Mal danach wiedersahen. Immerhin lachte sie dazu, zeigte einen Hauch ihrer alten Ironie. Ihr kräftiges Haar war immer schon länger gewesen, es fühlte sich anders an, weicher als meins, es kratzte nicht. Sie behauptete, meins sei weicher. Nach ein paar Wochen ohne Friseur reichte es ihr bis auf die Schultern. Wie eine dunkle Wolke um ihren Kopf. Zum Verlieben!
Gerne hätte ich Fotos von Freundinnen mit herausgewachsenen Frisuren gesehen, doch keine postete das. Die wochenlange Schließung der Friseurgeschäfte sah man auch den Politikerinnen und Politikern im Fernsehen an. Am Abend des Tags mit ihrer Bemerkung zu meiner Topffrisur machte ich sie bei Anne Will oder einer anderen Corona Talkshow darauf aufmerksam, aber sie konnte nicht mehr lachen.
„Selber schuld", sagte sie. „Dass sie alles ohne Nachdenken geschlossen haben, wird ihnen schon noch um die Ohren fliegen. Das war sinnlos, denn ..." – „Es ist nicht sinnlos", unterbrach ich, „wenn du Politikerin wärest und die tragischen Bilder aus Italien gesehen hättest und wüsstest, dass auch unser Gesundheitssystem längst nicht so gut ist, wie behauptet wird, was würdest du dann machen?" – „Italien ist anders strukturiert", gab sie zurück, „das kannst du nicht eins zu eins auf uns übertragen. Alte Menschen leben dort viel enger mit jungen zusammen, mehr Berührungen, Begrüßungsküsse. Hier könntest du dich und andere ohne Anstrengung selbstverantwortlich schützen." Diese Diskussionen führten oft zu einem großen Streit. „Du wirst schon sehen, deinen Job bist du bald los." Ich arbeitete in einer kleinen Eventagentur, machte mir aber keine Sorgen. Ich würde etwas anderes finden. Notfalls könnte ich als Lehrerin einsteigen, obwohl ich mir nach meiner Referendariatszeit sicher gewesen war, den Beruf nie auszuüben. Ich vermied das Thema schließlich. Über anderes konnten wir uns kaum mehr unterhalten. Unser Gesprächsfluss versiegte.
Seit den ersten Warnungen kaufte ich nur noch einmal in der Woche ein. Edeka um die Ecke war unangenehm voll, kaum einer beachtete die Abstandsregeln. Deshalb ging ich im weniger vollen Bioladen einkaufen. Ein

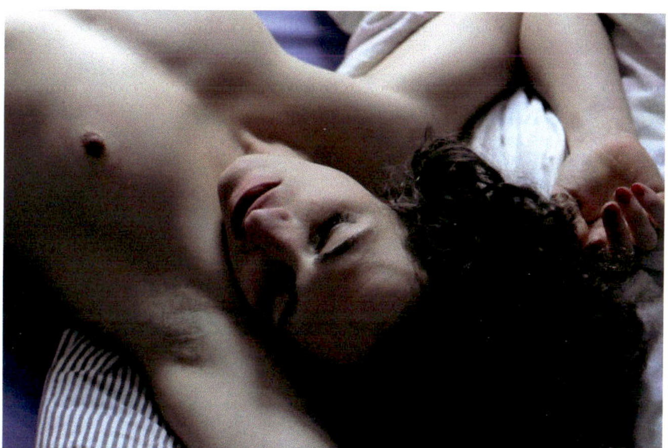

Goodyn Green

Anlass für Beate zum Giften: „Dass du dir das leisten kannst! Ich könnte es nicht. Die sind absolut überteuert und deren Biozeug ist keinen Deut besser als von Edeka!"
Auf unseren langen Spaziergängen entspannte sich Beate etwas und wir plauderten manchmal wie vor der Zeit. Redeten über das warme Wetter und den Klimawandel und machten ein Spiel daraus, wer von uns die Namen welcher Pflanze kennt. Ich bestellte ein Pflanzenbestimmungsbuch. Doch kaum waren wir zu Hause, kam ihre schlechte Laune zurück. Es folgten Sätze wie „Ich möchte jetzt mit dir in einem Lokal sitzen, was Gutes essen und ein Bier trinken", was mich zu der Bemerkung veranlasste: „Da bist du also verschwenderisch, aber bei den bisschen Mehrkosten für Bioladeneinkauf wird gemeckert." – „Ich kann ja nicht verschwenderisch sein, es ist alles geschlossen. Bescheuert! Selbst kochen kostet auch was und deine Gemüsepfannen gehen mir auf die Nerven. Kannst du nicht mal was anderes ausprobieren! Oder was beim Italiener holen. Das geht ja noch, Essen abholen." – „Du könntest ja auch mal kochen, wenn ich dich besuche." – „Mir reichen Brote", und so weiter. Es gab keinen Sex mehr. Ich war gereizt durch ihre Gereiztheit und setzte nicht zu Zärtlichkeiten an, und sie ließ es auch. Wir sprachen nicht darüber. Wir besuchten uns seltener. Mich störten die Einschränkungen auch Wochen nach Beginn des Lockdowns wenig. Mir fehlte nichts. Unsere Reisen und Besuche von Kulturveranstaltungen waren immer von ihr ausgegangen. Wenn es nach mir gegangen wäre, hätten wir uns nur mit Lesen, Reden, Fernsehen, Spazierengehen und kleineren Ausflügen in die nahe Umgebung beschäftigen können. Doch ich hatte alles jedes Mal genossen, war ihr dankbar dafür, dass sie mich verlockt hatte, und betonte, dass ich ohne sie vieles nicht gesehen und erfahren hätte.
Am ersten Tag, an dem die Buchläden wieder geöffnet hatten, ging ich in den Laden, in dem ich alle Bücher kaufte. Ich ließ mich immer von derselben Buchhändlerin beraten, für die ich seit Langem

Jo Pollux & Kat Siurek

schwärmte. Eine schöne Frau um die vierzig mit schwarz glänzendem Haar und einer Mimik, in die ich mich hineinwerfen könnte. Sie nahm sich viel Zeit für ihre Kunden und beschrieb Bücher, die sie empfahl, detailliert. Ich versank in ihren bewegten Lippen, den Grübchen und Falten drum herum, den blitzenden dunklen Augen, hörte oft nicht zu, was sie zu dem jeweiligen Buch zu sagen hatte, und kaufte alles, was sie mir vorschlug. Ihr sinnlicher Lippenschwung, ironisches, nahes, warmherziges und liebevoll amüsiertes Mienenspiel. Beate und die Buchhändlerin konnten beide auch ohne Worte reden.
Ich konnte nicht hinsehen. Sie mit Maske. Es fehlte so viel. Nach ein paar Malen hatte ich mich an den Anblick gewöhnt und sah sie wieder an. Ihre Augen, Augenbrauen, Falten in Augenwinkeln und Stirn sprachen deutlicher als zuvor (wahrscheinlich bildete ich mir das ein, weil beim Blick in ihr ganzes Gesicht nicht eine Partie so hervorstach wie jetzt). Ich hatte mich schon oft gefragt, was wäre, wenn sich eine private Begegnung ergäbe. Wenn sie lesbisch wäre (was ich nicht wusste) – ich würde sofort auf jeden Flirtversuch anspringen. Ich hatte in der Zeit mit Beate schon einmal eine kurze Affäre gehabt, was meine Liebe zu ihr nicht getrübt hatte.

Ich erinnere mich selten an meine Träume, aber in der Zeit begann ich, in vielen Variationen von sexuellen Begegnungen zu träumen, oft wachte ich mitten in den Bildern eines solchen Traums auf und konnte mir einige merken.
Im ersten Traum kam die Buchhändlerin vor. Ich war in der Buchhandlung. Wir unterhielten uns über ihre Arbeit und über meine Arbeit. Kein Mensch in der Buchhandlung trug Maske, was mich beunruhigte. Ich wollte mich nicht anstecken. Der Laden leerte sich, wir unterhielten uns weiter. Auf einmal kam sie mir ganz nah, dann küsste sie mich mit nasser weicher Zunge. Mich durchzuckte Angstlust. Sie sagte: „Wir lassen uns hier nichts vorschreiben!" Und dann küsste sie weiter und

ergänzte: „Das, was wir jetzt tun, möchte ich schon lange und du möchtest es auch." Der Laden verwandelte sich in eine leere Lagerhalle. Wir lagen auf hartem, kaltem Steinfußboden. Sie drückte meine Schenkel kraftvoll auseinander, spreizte mich und stieß übergangslos ihre Hand in mich, ohne ein Wort, bis ich mich weitete, bis sie mich fistete, ich schrie und wand mich um ihre harte Hand, entkam nicht, sie bockte mich hoch, mein Arsch hing in der Luft, und dann riss sie ihre Hand aus mir, ich knallte auf den Boden, den Schmerz spürte ich nicht, aber fühlte mich furchtbar leer. Ich jammerte. Sie kam wieder, jetzt mit der Zunge, und sie war schon lange nicht mehr die Buchhändlerin, sondern eine kräftige Butch, die ich nicht kannte. Sie leckte so gut und knetete zugleich meine Brüste. Sie knetete viel härter, als ich es in Realität je hätte ertragen können, ich mag es nicht, wenn die Nippel gequetscht werden, aber im Traum ist alles möglich, Schmerz und Lust katapultierten mich aus mir hinaus, da verschwand auch sie und ich erwachte, verlassen, kurz davor. Ich machte es mit mir selbst, eine Sekunde und ich flutete meine Hand. Danach schlief ich wieder ein und versuchte, an das Traumgeschehen anzuknüpfen. Ob es mir gelang, daran erinnerte ich mich nicht. Die muskulöse Butch würde ich gerne wiedersehen.

In einem anderen Traum hatte ich Sex mit Beate. Sie besuchte mich in einem Kleid. Sie trug nie Kleider und wirkte wie aus einer anderen Welt gefallen. Es war ein altes leuchtend blaues Kleid mit weitem Rock und berüschtem Busenteil. Sie sagte, sie habe es von ihrer Großmutter aufgehoben. Dann umarmte sie mich, ich fuhr ihr nacktes Bein hinauf unter den Rock und traf sofort auf ihre Möse. Eine Unterhose trug sie nicht.

Ein weiterer Traum spielte auf einer seltsamen Reise. Ich war mit einer Freundin aus früheren Zeiten in Hamburg. An diese Freundin hatte ich schon lange nicht mehr gedacht. Ich trug einen Fisch durch die Gegend, den wir auf dem Markt gekauft hatten. Es waren viele Menschen unterwegs, keiner mit Maske, darüber wunderte ich mich im Traum. So tief war das Maskentragen schon eingedrungen, dass ich mich im Traum über meine Art zu träumen wunderte. Wir waren auf einmal am Meer in einem Schlafsack und vögelten vergnügt. Inmitten von Spaziergängern, und der große Fisch lag neben uns. Als ich die Menschen um uns herum wahrnahm, versuchte ich mich unsichtbar zu machen, wie ein Kind hielt ich mir die Hände vors Gesicht. Die Freundin lachte mich aus.

Ich dachte darüber nach, Beate die Träume zu erzählen. Wir könnten ein Spiel daraus machen, eine Art Tausend und eine Nacht, uns abwechselnd jeden Abend, an dem wir zusammen waren, einen der Träume, in denen Sex vorkommt, erzählen. Was träumte Beate? Wenn sie nichts zu erzählen hätte, hätte ich genügend Stoff. Wir könnten uns nach dem Bericht

Kai Siurek

in die Traumfiguren verwandeln und den Sex nachspielen, natürlich nicht in der surrealen Härte des Traums, aber in die Richtung. Einmal setzte ich im Bett dazu an, ihr den Traum zu erzählen, in dem sie vorgekommen war. Sie würgte mich ab, sagte, „mich interessieren deine Träume gerade nicht, entschuldige."
Obwohl sie neben mir schlief, hatte ich in dieser Nacht wieder einen erotischen Traum, aus dem ich heiß erwachte. Ich war noch einmal mit der Freundin aus der Vergangenheit unterwegs. (Es war schon lange her. Seitdem ich das erste Mal von ihr geträumt hatte, erinnerte ich mich wieder an viele Details unserer Beziehung. Wir waren beide sehr jung, als wir zusammen waren, und hatten eine erotisch äußerst experimentierfreudige Zeit miteinander. Alle möglichen Sexspielzeuge und Varianten, von Dildos über sanften SM und härteren SM, haben wir durchprobiert. Aber dann verliebten wir uns fast zeitgleich jede in eine andere).
Wir waren im Wald. Auf einer Lichtung hatten wir ein paar Erdbeerpflanzen gesetzt und ernteten die ersten. Da kam ein Paar aus dem Wald, Mann und Frau,

sahen uns drohend an und sagten, das sei ihre Wiese. „Wie kommt ihr dazu, hier etwas zu pflanzen?“, sagte der Mann. Die Frau, groß, stark, herbe Gesichtszüge, ergänzte etwas freundlicher: „Okay, ihr dürft die Erdbeerpflanzen hier lassen. Sie schmecken besonders gut, ich dachte es wären wilde. Ihr müsst uns aber im Tausch gegen das Nutzungsrecht ein paar Pflanzen besorgen.“ Ich sagte sofort: „Ja, bei mir zu Hause habe ich noch welche. Sie können sie abholen.“ Ich war auf einmal scharf auf diese starke große Frau, sah sie auf der Wiese stehen und malte mir im Traum aus, was passieren könnte, wenn sie die Pflanzen abholt. Dass wir auf meinem Sofa landen und ich ihre wunderbar weichen Brüste liebkose und küsse und mich währenddessen an ihren starken Beinen reibe, auf ihren Hüftknochen aufsitze, sie reite, auf ihr herumrutsche und ihr die Hand in die heiße, von schwarzem Haar umrahmte Möse stoße. Sie hat dunkle Lippen, in deren Innern es zartrosa einladend leuchtet. Ich war nass, als ich neben Beate aufwachte, drückte die Oberschenkel zusammen und beendete es ganz leise und ohne mich mit Händen zu berühren, sodass Beate nicht aufwachte. Ich trieb es seitdem oft zum Einschlafen mit mir selbst. Beates Berührungen fehlten mir gewaltig.

Ihre Gereiztheit war einer Art Lethargie gewichen. Sie wurde sichtbar unglücklicher. Ich versuchte, mit ihr darüber zu sprechen, doch sie wiegelte ab. Vielleicht, fürchtete ich, war es mehr als Lethargie, vielleicht war es eine Depression. Ob ich ihr raten sollte, sich professionelle Hilfe zu suchen? Ihre enorme Energie, die sie so breit verstreuen konnte und vielen schenkte, lief seit vielen Wochen ins Leere. Das konnte krankmachen.
Nach Friseuren, Buchhandlungen und anderen Läden öffneten schließlich auch Restaurants und Cafés wieder. Sie konnte wieder hinaus. Auch wenn der Chor und ihre politischen Arbeitskreise noch nicht stattfanden und ihre Arbeit nur beschränkt wieder losgegangen war, konnte sie sich mit Freundinnen treffen. Ich blieb unverändert zu Hause. Einmal lud eine Freundin sie zu einer kleinen Lesung mit Abstandregeln ein, sie fragte mich, ob ich mit ihr hingehen wolle, ich wollte nicht, sie ging alleine. Danach saßen sie und eine Gruppe enger Freundinnen noch lange zusammen. Sie rief mich spät in der Nacht an, berichtete, fröhlich und betrunken. Mir fiel ein Stein vom Herzen. Es ging ihr besser. Am Tag darauf besuchte sie mich. Wir gingen spazieren. Ich hatte eine Jacke angezogen, von der ich wusste, dass sie die gernhatte, und auch keine ausgeleierte Jogginghose, sondern Jeans. Auf einer Lichtung im Wald – es war die aus dem Traum mit den Erdbeeren – blieb sie plötzlich stehen, drehte sich zu mir um und sah mich an. Schwieg, setzte an, etwas zu sagen, schwieg wieder. Mir lief es heiß und kalt den Rücken herunter. Wollte sie mir etwas eröffnen? Vielleicht, dass sie sich trennen wolle? Dass sie in der Lockdownzeit bemerkt habe, dass unsere Beziehung am Ende sei. Dass sie mich nicht mehr liebe. Was ist das überhaupt, Liebe?, wappnete ich mich innerlich für eine Antwort. Ich realisierte, dass wir in den sieben Jahren, in denen wir zusammen waren, uns nie etwas versprochen hatten. Unsere Liebe drückten wir mit Blicken, Küssen, Gesten und Gesprächen aus, aber nicht damit, oft zu sagen, ich liebe dich. Wir hatten es beide sicher schon einmal gesagt, aber ich konnte mich nicht mehr

daran erinnern, wann und bei welcher Gelegenheit. Schwüre wie „Ich liebe dich für immer“ waren keiner von uns über die Lippen gekommen. Oder wollte sie mir etwas noch Schlimmeres mitteilen? Vielleicht, dass sie eine tödliche Krankheit habe. Dass ihre Ärztin gesagt habe, sie sei zu spät gekommen, statistisch blieben ihr nur noch wenige Monate. Mir fiel ein, wie sie mich einmal angerufen hatte, ich begleitete eine von uns organisierten Auftrittsreise einer kleinen Frauenband und war ausnahmsweise einige Tage ohne sie unterwegs gewesen. Mein Handy klingelte, ich nahm ab, ihre Stimme: „Ich habe schlechte Nachrichten.“ Dann eröffnete sie mir, dass eine sehr nahe Freundin unerwartet gestorben sei.

Endlich begann sie zu reden. „Wir haben so lange keinen Sex mehr gehabt. Lass es uns tun, jetzt sofort, hier!“ Sie zog den Reißverschluss meiner Jacke herunter – „Du hast ja meine Lieblingsjacke an“, sagte sie und legte meine Brüste frei. Ich blieb unbewegt stehen, überrascht und erleichtert. Der kühle Wind ließ die Brüste ihr entgegenwachsen. Sie sah mich an. „Wie lange habe ich deine Titten nicht bewundert!“, dann sprangen wir beide aufeinander zu und umarmten uns. Sie stieß mir ihr Knie zwischen die Beine, dass ich aufschrie, vor Schmerz und Lust, die dorthin schoss, wo ihr Knie eben war. „Zieh dich bitte aus, ganz“, sagte sie dann, und ich folgte und ließ mich in die Wiese fallen. Sie betrachtete mich von weit oben, bis sie endlich zu mir herunterkam und wir zu ficken begannen. Sie flüsterte mir freche Kleinigkeiten ins Ohr, ich spürte Ameisen auf meinen Beinen krabbeln und dachte darüber nach, ob sie gestern Nacht mit ihren Freundinnen über mein messiehaftes Lockdowndasein gelästert hatte. Und dann kam ich.

Jo Pollux & Kat Siurek

Titus Grab

Sie achtete schon immer darauf, nicht ihre wahre Körpergröße anzugeben. Er wusste, dass sie ein wenig schummelte und auf einen Meter sechzig gerne aufrundete. Wie perfekt ihr allerdings sein selbst für ihn weites schwarzes Seidenhemd stand, dies war ihm neu. Das hätte er nicht erwartet.

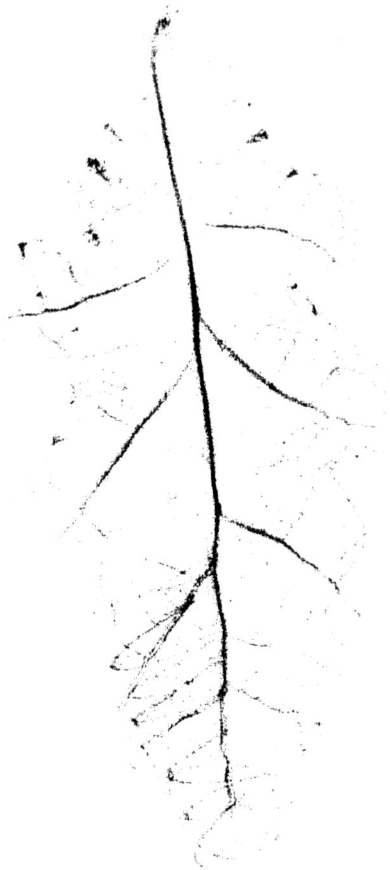

Eine Schulter ließ sich blicken. Ihre Oberschenkel als Kleid halb bedeckend, bauschte es sich im sommerlich warmen Wind, der immer wieder drehte und sich anfühlte, als käme er direkt aus der Wüste. Mal betonte er die eine Körperseite, dann die andere, mal länger, mal nur kurz. Und er mochte sie alle, ihre Seiten!
Sachte umwehte der Wind sie von allen Seiten, umspielte den Körper, den er so liebte. Einander nahe gekommen waren sie einige Jahre lang nicht mehr.
Sie hatten sich abgesprochen, sich an diesem Tag viel Zeit zu lassen.

Eng lag an ihm das ärmellose, schwarze Oberteil an. Er hatte es extra zu eng gekauft. Seine Brust wurde zart gestreichelt. Sie stand darauf, wie der Schnitt seine Muskeln betonte. Die ihr seit Jahren wohlbekannten verwaschenen Jeans, die er trug, waren knalleng und lenkten ihren Blick auf sein nach links ragendes und sich deutlich abzeichnendes Glied. Die Beule unter dem Stoff sprach eine deutliche Sprache. Sie war entzückt und betrachtete ihn ebenso ungeniert und lüstern, wie seine Augen ihren Körper in den Blick nahmen. In den von der Hitze gezeichneten Bäumen spielte der Wind. Beide genossen mit allen Poren die in der Luft liegende Spannung, tranken vom Anblick des Gegenübers. – Bis sie schließlich langsam aufeinander zu traten, einander weiter tief in die Augen blickend. Sie streifte sein verpacktes Glied, er ihre schwerer gewordenen, so vertrauten Brüste unter der Seide. Atmen und Stöhnen trug der Wind über Schlehenhecken, die voller Früchte hingen, ins Dickicht der sie umgebenden Natur. Lästige Unterwäsche hatten sich beide erspart.

Die Hüllen fielen. Sie liebkosten einander synchron das Geschlecht, die Blicke weiter aufeinander gerichtet. Schon immer

liebten sie es so. Sex auch – und gerade!
– mit den Augen: Blicke ins Innerste. –

Als die Spannung sich zum Bersten anfühlte, fanden ihre Körper saftvoll auf dem vorbereiteten Lager im trockenen Gras zusammen. Zeugin ihrer innigen Vereinigung wurde jene kleine Eiche, die just an dieser Stelle emporgekeimt war, nachdem sie sich exakt an dieser Stelle vor Jahren einander hingegeben hatten. Er hegte und pflegte sie. Sie erkundigte sich bei ihren Telefonaten regelmäßig nach dem Befinden des Bäumchens. Sie wuchs heran zur Eiche ihres nie erlöschenden beiderseitigen Begehrens. Mit der Sprache ihrer beiden Körper erneuerten sie den Schwur ihrer unauslöschlichen Verbundenheit, egal was oder wer in ihre Leben träte. Raum und Zeit lösten sich auf. Kaum bemerkten sie Spielende, dass sich die Nacht langsam über sie breitete.
(...)

Über ihnen begannen die Sterne zu leuchten.
Oder war es ein ganz
anderes
Leuchten
? !

Später suchten sie lachend das Gelände im Dunkel nach ihren abgestreiften Kleidern ab und konnten nicht voneinander lassen. –

Der kleine Baum schien außergewöhnlich gut zu gedeihen und hatte im Laufe der Zeit ungefähr ihre Größe erreicht, ganz leicht aufgerundet natürlich.

Thomas Karsten

Dagmar Fedderke

Tagebuch eines immerzu verliebten Mädchens

(Ein kurzer Auszug)*

5.11.62
Es ist noch nicht lange her, dass ich das letzte Mal geschrieben habe, und doch ist unendlich viel seitdem passiert.

1. Zu Vinzenz (dem Dicken):
Neulich habe ich für das Rote Kreuz gesammelt. Da kamen Plattkopf und Vinzenz die Straße herauf. Sie haben sogar gespendet. Ich muss sagen, nett ist er immer noch, obwohl von Liebe natürlich keine Rede sein kann.
Ich glaube, dass ich das Wort Liebe direkt missbraucht habe. Seit ich das Tagebuch zu meinem Geburtstag im März bekommen habe, habe ich immer wieder geschrieben, dass ich einen Jungen liebe. Aber ich habe noch nie richtig geliebt, und ich werde auch lange noch nicht richtig lieben. Ich will damit nicht sagen, dass ich alles widerrufe, was in diesem Buch steht. Ich habe die Jungen gemocht, vielleicht auch sehr und wirklich gerne gemocht. Aber unter Liebe stelle ich mir etwas anderes vor. Etwas, das länger hält als bis dahin, wo ein Netterer auftaucht.

2. Heinz:
Heinz ist nach den Ferien noch nicht wieder aufgetaucht. Obwohl Christel behauptet, sie hätte ihn gesehen. Ich glaube nicht daran. Hier muss ich gleich sagen, dass ich auch Heinz nie geliebt habe. Auch wenn ich das geschrieben habe. Jetzt, nachdem es vorbei ist, sieht es anders aus.
Ich glaube, dass ich ihn immer als großen Bruder und Beschützer verehrt habe. Er war ja auch mindestens zehn Jahre älter als ich. Vati ist nie zu Hause. Und wenn er jeden Tag zu Hause wäre, wäre er doch nicht immer für mich da. Denn er hat sich um den Beruf, um Mutti, um Kirsten, um Oma und mich zu kümmern. Heinz hat sich um mich alleine gekümmert. Und das hat mich beeindruckt. Es war mir neu, dass sich jemand Reifes so um mich kümmert. Womit ich nicht sagen will, dass Vati sich nicht um mich sorgt. Leider ist dieses so nette und kameradschaftliche Verhältnis nun vorbei. Ich hoffe, dass er mich nicht ganz vergessen hat.

3. Lothar:
Ja, der Lothar. Nun muss ich mal überlegen, wie ich da anfangen soll. Vor etwas längerer Zeit starb Opa**. Daher fiel für mich eine Tanzstunde aus. Während dieses Nachmittags habe ich den Beweis erhalten, dass Lothar mich mag. Er hat sich nämlich sozusagen „betrunken", nur weil ich den Kursus abbrechen musste. Aber dann durfte ich doch weitermachen. Dann kam der Mittelball. Vati und Mutti konnten nicht mit, Lothars Eltern auch nicht. Wir saßen zusammen mit Erich und Gisela. Nach Kaffee und Kuchen tranken wir zwei Flaschen Wein. In der ersten Pause rasten wir mit Erich und Gisela einmal ums Schlossrondell und kehrten artig zurück. Aber dann kam die zweite Pause, die hatte es in sich, jedenfalls für mich.
Also: Am Anfang der Pause gingen wir gleich auf die andere Seite, um allein gehen zu können, dann bogen wir in die Bahnhofstraße ein. Von da aus in eine dunkle, sehr dunkle Seitengasse. Hier waren wir ganz allein. Automatisch legte er

einen Arm um meine Schulter. Wir gingen weiter, langsamer und immer langsamer. Plötzlich blieb er stehen und küsste mich. Ich war ganz verdattert und benommen. Dieser Kuss, mein erster richtiger, war teils schrecklich und teils schön gewesen. Schrecklich das Gefühl der leckenden Zunge. Schön als Beweis dafür, dass ich ihm nicht gleichgültig war.

Wir gingen weiter, bogen in die nächste Straße ein. Auch hier waren wir ganz allein. Im Stillen habe ich gebetet: nicht noch einmal, nur das nicht. Dem zum Trotz blieb er wieder stehen und küsste mich. Und wieder hatte ich das gleiche Gefühl. Dann gingen wir auf die andere Straßenseite und wieder nahm er mich in den Arm und küsste mich, diesmal länger als vorher. Und gleich noch einmal und noch einmal sehr lange. Dann fragte er, ob wir denselben Weg zurück nehmen sollten oder einen kürzeren. Ich sagte natürlich: „Den kürzeren."

Es war wie ein Traum. Ich habe nur Gisela davon erzählt, denn sie ist die einzig richtig treue und verschwiegene Freundin, die ich habe.

In der nächsten Tanzstunde war es ähnlich. Was sollte ich tun? Manchmal habe ich etwas Angst vor ihm. Er ist mir so völlig überlegen. Heinz war es auch, aber doch ganz anders. Andererseits muss ich sagen, dass ich nicht so ganz unwillig war. (An das leckende Gefühl der Zunge hatte ich mich gewöhnt). Hoffentlich küsse ich überhaupt richtig. Ich hatte ja bisher nicht das Vergnügen.

10.11.62

Ich bin traurig. Ich schäme mich, dies zu schreiben, denn ich habe es sehr gut. Ich liebe meine Mutti so sehr. Ich weiß, dass Mutti mich auch liebhat, sie kann ja nichts dafür, dass sie ganz tief im Herzen, ohne sich dessen bewusst zu sein, Kirsten lieber mag. Es tut mir weh, dass ich das schreiben muss. Aber ich habe Beweise.

21.12.62

Ich konnte nicht zum Abschlussball. Ich war krank.

Uschi versucht schon immer, Lothar für sich zu interessieren. Sie ist stockbetrunken gewesen. Da hat Lothar sie nach Hause gebracht und geküsst.

Zwei Tage später bekam ich einen Brief, in dem er sich für alles rührend entschuldigt hat. Ich wäre ihm auch so nicht böse gewesen.

Ich liebe Lothar und ich glaube, damit nicht das Wort missbraucht zu haben. Ich glaube auch, dass er mich mag. Ob er mich liebt, weiß ich nicht. Er hat mir nie ein Kompliment gemacht und hat auch nie gesagt, wie er mich findet. Wir haben uns gerade mehr als zehn Mal geküsst. Und die ganze Zeit haben wir umschlungen auf dem selben Platz gestanden. Ich liebe Lothar und ich liebe das Küssen. Am 5.1.1963 wird er kommen. Darauf freue ich mich genauso wie auf Weihnachten. Letzte Nacht habe ich von Lothar geträumt. Ich möchte diese Nacht wieder von ihm träumen.

5.2.63

Leider ist er am 5.1.63 nicht gekommen. Er wollte neulich kommen. Da habe ich gesagt, ich hätte Krankenhausdienst,

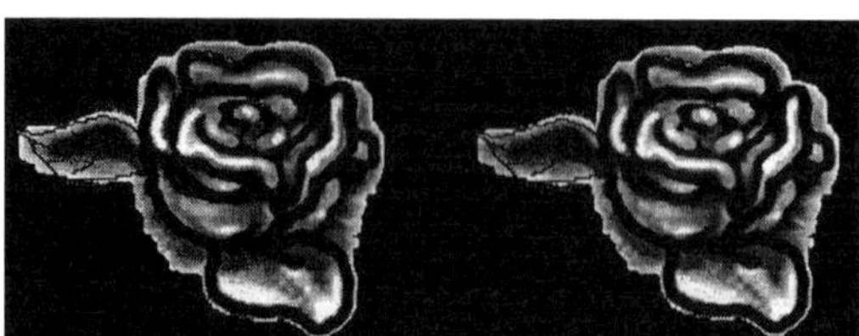

weil ich nicht wollte, dass er kommt. Ich glaube, ich wäre enttäuscht, wenn ich ihn jetzt wiedersehen würde. Ich habe ihn mir in meiner Phantasie so zurechtgestutzt. Ich weiß nicht genau, ob ich ihn liebe. Es ist alles schon so lange her.

Sommer 1964
Ich habe was sehr, sehr Schönes erlebt, ja, mit Bernd. Ich war mit Bettina in der Badeanstalt und wir gingen zusammen ins Wasser. Ehe ich ihn überhaupt gesehen habe, kam er auch rein. So was hat die Welt noch nicht erlebt. Es wurde ein richtiges Raufen. Dann tauchten wir zusammen. Unter Wasser zog er mich an sich, und das ging so schön und fühlte sich durch das Wasser so wunderbar weich und doch kraftvoll an. Ich kam mir wie eine Puppe vor. Im Wasser ist ja alles leichter. Als wir hochkamen, wusste ich nicht, was ich sagen sollte, wir lachten nur, und dann wollte er nochmal tauchen. Wir gingen zusammen runter und unten hat er mich geküsst. Es ist ein merkwürdiges Gefühl, unter Wasser geküsst zu werden. Ich habe mir nie träumen lassen, dass Bernd mich doch noch einmal küssen würde. Ich glaube, er hat die Augen unter Wasser aufgemacht. Ich nicht. Wie ich wohl ausgesehen habe? Wir haben uns danach noch mehr als geküsst, auch unter Wasser. Der Tag in der Badeanstalt war ein sehr schöner Tag. Aber das Süßeste war doch, wie er mich unter Wasser geküsst hat. Ich kann das alles gar nicht so goldig aufschreiben. Aber leider ist Bernd viel zu jung für mich.

Ich war eine Woche mit Vati und Mutti zusammen in Cuxhaven-Dunen. In dieser Woche war alles Schöne, was ich mir bisher erträumt habe. Es hat mich sozusagen erwischt, richtig erwischt, ohne Einschränkung. Ich liebe. Ich liebe mit jeder Faser meines Herzens. Ich liebe Micky. Ich hoffe, dass ich alles noch in der richtigen Reihenfolge aufschreiben kann.
Vati, Mutti, Kirsten und ich gingen ins Nordseecafé. Dort waren wir die einzigen mit Eltern. Trotzdem blieben wir. Gleich beim ersten Tanz wurde ich aufgefordert, Kirsten nicht. Ich tanzte mit einem von der Marine, aber in Zivil. Da hatte ich aber Micky schon unbewusst gesehen. Er saß an der Bar, hatte einen Pepita-Anzug an, außerdem Bart und eine Brille. Den nächsten Tanz machte ich mit einem blonden Bullen. Diesmal tanzte Kirsten auch, mit Günter, Mickys Bruder. Dann wurde ich noch von einem grässlichen Jungen aufgefordert, der mir zuwider war. Dann kam Micky. Mutti und Vati gingen. Ich tanzte nun jeden Tanz mit Micky. Wir haben auch gleich „du" gesagt, er wird am 18.8.1964 einundzwanzig und heißt Werner, hört aber auf Micky. Im Moment macht er ein Praktikum für Ingenieure.
Noch an diesem Abend fingen wir an, eng zu tanzen. Wenn ich ehrlich bin, fand ich zuerst Günter besser, aber da kannte ich meinen Micky noch nicht richtig. Am nächsten Abend hatten wir uns wieder verabredet. Jedes Mal, wenn er mich fester an sich zog, habe ich dem Druck nachgegeben und habe ihn auch fester gehalten. Ich machte meinen Körper ganz weich für ihn. Da hat er mir zum ersten Mal das Ohr geküsst. Ich hatte eine Sache am Mund und war natürlich untröstlich, weil ich glaubte, das könnte ihn abstoßen. Aber nicht meinen Micky! Wir tanzten wunderschön, sodass ich nicht um mich sah, ich vergaß alles, lag in seinen

Armen und schwebte wie auf Wolken.
Im Watt bei Nacht hat er mich dann das erste Mal richtig geküsst.
Ich habe mir oft lange Küsse, bezwingende und leidenschaftliche Küsse ausgemalt, diesmal bekam ich sie wirklich. Noch nie wurde ich so geküsst. Sein Bart kratzte in meinem Gesicht. Er nahm mich seitwärts runtergebogen in die Arme und beugte sich über mich. Später setzten wir uns in einen Strandkorb und er küsste mich auch dort. Nichts liebe ich mehr als Micky.
Am nächsten Tag sind wir auch wieder Watt gelaufen, und zwar so weit, dass wir beinahe nicht mehr zurückgekommen wären, weil die Flut kam. Er küsst ganz anders als alle anderen Jungen. Ich liebe ihn so sehr und so ehrlich. Wir haben uns oft ganz lange in die Augen gesehen. Er hat braune Augen. Sie sind so schön. Ich habe in diesen Tagen öfter Stiche im Bauch gehabt als im ganzen letzten Jahr. Nachdem wir uns eine Weile angesehen hatten, küsste er mich immer. Manchmal auf den Mund, manchmal auf die Stirn. Und ich küsste ihm manchmal den Hals und den Bart. Ich liebe seinen Bart.
Und dann kam die schönste Zeit meines Lebens. Wir gingen in die Strandkörbe. Er stellte zwei ganz dicht zusammen und wir krochen dort hinein. Wir zogen die Fußbänke aus und konnten liegen. Er lag normal und ich quer auf seinem Schoß mit meinem Kopf. Wir fassten uns an den Händen und legten sie zusammen auf meinen Busen. Aber ich hatte ja meinen Mantel an. Er kann gar nichts gefühlt haben. Er hatte weiche Lippen und wir haben uns ganz anders geküsst als sonst. Eigentlich nur mit weichen nassen Lippen und immer neu abgesetzt, wie angehaucht, und das immerzu, für lange Zeit.

Dann nahm er auch manchmal meinen ganzen Mund zwischen seine Lippen. Dann haben wir uns auch anders hingelegt. Und ich drehte mich immer mit Schwung. Ich weiß nicht, wie hoch mein Rock manchmal gerutscht sein mag. Und dann lag mein Kopf wieder auf seinem Schoß und auf seinem Arm. Ich sah ihn an und fühlte selbst, dass mein Blick verzehrend gewesen sein muss. Ich hätte ihm auch alles geben können. Denn ich liebe ihn. Ich liebe ihn wirklich.

Er will mir schreiben. Und im Herbst will er sich ein Auto kaufen und mich besuchen. Ob er mich liebt? Er hat es nicht gesagt. Aber so, wie er mich geküsst hat, so, wie er außer Atem gekommen ist, so, wie er mich gestreichelt hat, muss er mich doch eigentliche echt mögen. Es kann nicht Spiel sein. Ich liebe ihn im tiefen Inneren meines Ichs. Ich weiß, dass es mehr als Schwärmerei ist. Ich habe versucht, es ihm mit meinen Augen zu sagen. Und er hat mich daraufhin immer geküsst. Ich bin so glücklich. Liebe macht so glücklich.

Ende September 1964
Ich liebe Micky, aber es ist schwer, wenn man sich nie sehen kann. Und schreiben, ich kann ihm nicht eher schreiben, dass ich ihn liebe, bevor er es mir nicht geschrieben hat.
In Norderney waren wir zu zehnt an einem Abend weg. Ich war die Jüngste. Ich war nicht einmal verliebt in den Brückeburger. Trotzdem haben wir uns abgeknutscht. Ich schwöre mir jedes Mal, wenn so etwas gewesen ist, nie!! will ich sowas wieder tun. Aber ich kann es dann nicht lassen. Ich kann nicht von den Gedanken an Micky leben.

1965
Im Moment bin ich fest mit Volker befreundet. Ich habe festgestellt, dass ich Volker doch sehr liebe. Zuerst war ich mehr in Peter verliebt als in ihn. Aber jetzt weiß ich, dass ich bei ihm körperliche und geistige Liebe empfinde. Ich hoffe, dass es nicht aus ist. Er ist in Norwegen und ich warte schon eine Woche auf Post. Ich kann mich oft nur für den Moment interessieren und kann in unseren tollen, unheimlichen Gesprächen über die Tiefgründe des Lebens nicht mitreden, weil ich zu dumm bin, weil ich über sowas nicht nachdenke. Ich bin viel zu erotisch. Ich bin zu bequem, mich ernsthaft mit Philosophie zu beschäftigen. Ich küsse lieber.

Etwas später im Jahr:
Ich bin in Paris gewesen. Frankreich ist ein wunderbares Land. Hervé, wie bin ich in dich verliebt! Noch nie habe ich mit einem Jungen, den ich ernsthaft mochte, solche Gespräche geführt. Er sagte, ich sei sehr gebildet. Und er glaubte, ich sei schon achtzehn. Und er hat mir gesagt, er dürfe mich nicht richtig lieben, weil er dann auch mit mir schlafen wolle. Und er fragte mich ganz ernsthaft, ob ich schon einmal mit einem Mann geschlafen habe. Ich sagte „nein" und er „gut". Dann fragte er mich, ob ich mit ihm schlafen wolle, und ich sagte wieder nein. Und er sagte, er würde auch nicht mit mir schlafen, weil er dann vor in sechs Jahren nicht fertig wäre. Er hat mir schon geschrieben. Hoffentlich darf ich im Herbst nach Paris. Dort könnte ich ihn wiedersehen. Alle Franzosen sagen, ich würde immerzu lächeln.

** Aus dem Originaltagebuch der Autorin (sie war zu Beginn vierzehn). Unveränderte Abschrift. Klingen heutige Tagebücher aus der Zeit (vielleicht etwas früher beginnend) anders?, fragt sich Verlegerin C.G.*
*** Ein Text über den Opa findet sich in „Konkursbuch 56. Tod", 2020.*

Beate Groß

Aufgeklappt, doch dir entzogen
Träum ich, wie du mich beschaust
Dasselbe träumt das Katzentier
Das in meinem Schoße haust

Unter kosendem Wort und kosender Hand
Bäumt sich aus seinem Fellchen
Hungrig ein feuchtes Schnäuzchen
Öffnet sich, bezaubert dich

Bis ein rotseidener Falter
Dir weit seine Schwingen breitet
Und du mit Hand und Mund
Leis zu seinem Pförtner schreitest

Hoch und höher türmen sich
Steil ozeanische Wellen empor
Und mit unbändigem Sirenensang
Durchbricht ein stolzer Dampfer die Gischt

Das Meer wird etwas stiller beben
Bis Wogen der Gier sich neu erheben

Stadtsonett Nr. V

Als sie schon fast zu Eis gefroren war
Ließ sie zum Glück sich noch einmal nieder
So erreichten sie die Strahlen wieder
Und lagen ihr glänzend im Haar.

Was sie nicht sollte und wollte, nun muss sie es doch.
Sie kann nicht anders, als nachzugeben –
Sie muss die andere Haut erleben!
Tag und Nacht. Und noch und noch.

Sie kann allein das Eine nur denken
Und will sich immer neu verschenken.
Wie eine Diebin streicht sie durch die Stadt,

Schnüffelt gierig nach ihrer Beute,
Die sie vielleicht schon vergessen hat,
Im Millionengewühl der eiligen Leute.

Dagmar Fedderke: Ich fürchte, ich bin eine Nymphomanin. Computermalerei auf dem Mac, 1989

Sabine Reifenstahl

Erstes Mal in Budapest

Sommer 1987. Nach der elften Klasse machten meine Freundin und ich Ferien in Budapest. Ein Jahr lang schwärmte sie von den prickelnden Erlebnissen mit dem heißblütigen Lasló, weckte damit Vorfreude auf ähnlich erregende Erfahrungen. Ungarn galt als freier, ungezwungener als die DDR und lockte mich magisch. Ich ersehnte weit mehr als harmloses Sightseeing.

Da Janine mit ihrem Liebsten verschwand, zottelte ich allein durch die Großstadt. Mein Abenteuersinn blieb schnell hinter der bunt schillernden, lärmenden Realität zurück. Fluchtartig bestieg ich einen Bus zum Gellértberg. Dessen heiße Schwefelquellen begrüßten mich mit dem durchdringenden Aroma fauler Eier, das mich beim Aufstieg zur Zitadelle begleitete.

Am Wasserfall unterhalb der Freiheitsstatue machte ich halt und passierte ein schmiedeeisernes Törchen. Halbbogenförmig führte ein schmaler Pfad zum Wasser. Feiner Sprühnebel prickelte auf der sonnenverbrannten Haut, erfrischte und kühlte.

Stöhnen ließ mich herumfahren. Den Rückweg versperrte ein schmieriger Kerl, links und rechts ging es steil abwärts. Nackt bis auf einen geöffneten Mantel stand er da und holte sich einen runter. Angewidert suchte ich nach einem Fluchtweg.

„Hau ab!", brüllte eine tiefe Stimme und vertrieb den Exhibitionisten. „Ist dir was passiert?" Ein junger Mann kam näher. Gebannt taxierte ich meinen Retter: tiefbraune Haut und dunkles Kraushaar, auffallend blaue Augen.

Er zwinkerte. „Zufrieden?"

Verlegen zuckte ich die Schultern. „Wollte nicht starren, hab' nur noch nie so 'ne Augenfarbe gesehen!"

„Bei 'nem Farbigen!", ergänzte er und grinste. „Das hör' ich häufig!"

Sein warmes Timbre vibrierte im Magen. Dort kribbelte es, als marschierten tausende Spinnen im Gleichschritt. Mittagshitze oder Aufregung trieben mir Schweiß auf die Stirn.

„Wie heißt du? Ich bin Maurice!"

„Andrea."

Der Händedruck elektrisierte, ließ Lava durch aufgewühlte Eingeweide fluten und meine Wangen glühen. Ich erntete ein hinreißendes Lächeln, versank im durchscheinenden Blau von Maurice' Augen und vergaß zu atmen. Mein Herz setzte aus, als er nähertrat.

„Vielleicht sollten wir irgendwo hingehen?", schlug er vor und erriet meine Gedanken.

Wie fühlt sich deine Haut an? Das eng anliegende T-Shirt betonte den schlanken Körper, barg ein Versprechen, dessen Einlösung ich entgegenfieberte. „Wohin du willst, Hauptsache, wir sind allein!"

Sein Blick wirkte skeptisch.

„Bin ich zu forsch?", fragte ich. „Willst du vielleicht meinen Ausweis sehen? Bin fast volljährig!" Das sah man mir nicht an: zierlich, mit blonden Zöpfen, kurzen Hosen und einem lockeren Shirt wirkte ich viel jünger. Daher holte ich das blaue Dokument hervor. „Du bist hoffentlich keiner von *Horch und Guck*?", versuchte ich zu scherzen.

Kurz erstarrte Maurice. „Nee, ganz sicher nicht. Du bist von drüben?"

„Rostock! Kein Problem, oder?"

Sein verführerisches Lächeln ließ mich aufatmen. „Egal! Wir zwei, das muss Schicksal sein!"

Ich nickte. Wohlige Schauer jagten meinen Rücken hinab, Erregung ließ den Schritt erwartungsvoll pochen. Wie er es nannte, war mir gleich. Fern der Heimat wollte ich die Freiheit genießen, ohne ans Morgen zu denken, die besondere Stimmung hier aufsaugen. Alles schien farbiger, die Gerüche intensiver – die Männer heißer.
Mit einem Taxi gelangten wir auf die Fischerbastei. Unter uns teilte die Donau das hügelige Buda vom flachen Pest.
Mein Begleiter hielt galant die Wagentür auf und zog mich enger heran. „Wunderschön, oder? Wir könnten eine Stadtrundfahrt machen, ich zeige dir …"
„Dich!", beendete ich entschlossen und deutete zum Hilton. Die Glasfassade spiegelte einen Teil der imposanten Burg. Doch nach Architektur stand mir kaum der Sinn. Klare Augen, die mich unter schwarzen Wimpernkränzen hervor fixierten, raubten den Verstand. Das sinnliche Lächeln lockte weit mehr als mittelalterliche Bauten.
Vom Luxushotel nahm ich nichts wahr, klammerte mich an Maurice' Arm und sog dessen Duft ein: irgendein Parfüm, darunter die körpereigene Note, herb und anziehend. Bei diesem Mann stimmte einfach alles – bis auf eins. Ich verdrängte, dass er bald wieder hinter dem *Eisernen Vorhang* verschwinden würde, strich seinen Unterarm herauf, spürte, wie sich die feinen Härchen aufrichteten. Erregt wurde ich von Maurice ins Zimmer geschoben und landete in einer Umarmung. Er hob mein Kinn und sah mich an.
Ich wartete ungeduldig, fühlte erst eine sachte Berührung der Lippen. Ich leckte darüber, stieß verlangend die Zunge vor, umklammerte die schmalen Hüften, ließ die Hände tiefer gleiten.
Hart drängte Maurice gegen mein Becken und hob mich hoch. Automatisch schlang ich die Beine um ihn. Unsere Küsse raubten mir den Atem. Finger glitten meinen Bauch hinab, öffneten den Hosenbund. Ungewollt verspannte ich.
Kurzes Zaudern, dann folgte die leise Frage: „Bin ich dein Erster?"
Ich nickte, lauschte der vor Lust rauen Stimme und umklammerte Maurice. Mit mir im Arm setzte er sich aufs Bett und wartete, bis unsere Herzen ruhiger schlugen. „Möchtest du es wirklich?" Seine Hand lag auf meinem Rücken.
Ich rekelte mich dagegen. „Ja!"
„Dann soll dein erstes Mal was Besonderes werden, etwas, das uns verbindet!"
Langsam wurde ich entkleidet. Sanftes Knabbern den Hals herab ließ die Spinnenarmee im Magen erneut zur Parade antreten. Ich schwankte zwischen bebendem Verlangen und einem viel tieferen Gefühl. Mir wurde bewusst, dass Maurice sich zurückhielt. Daher streifte ich sein T-Shirt nach oben, bedeckte die dunkle Haut mit Küssen, bewunderte ihre Weichheit. Auch für ihn sollte es unvergesslich werden.
„Du machst es schwer mit langsam!", keuchte er, stand auf, streifte Jeans und Shorts gleichzeitig herunter.
Seine Küsse prickelten wie Sekt auf der Zunge, steinhart drückte er gegen meinen Unterleib. Hektisch befreite ich mich von den restlichen Sachen, strich Maurice' Bauch hinunter, griff tiefer. Voller Verlangen streichelte ich die samtige Männlichkeit, spürte erregtes Zittern.
Krampfhaft umklammerte Maurice mich, suchte immer wieder meine Lippen. Beim Kommen sank er mir in die Arme.
„Lass uns duschen!", bat ich atemlos.

Warmes Wasser liebkoste unsere Leiber. Wir standen einander gegenüber, ich bewunderte den dunkelhäutigen Traum, stellte die Dusche ab und schäumte dessen Körper ein, von den breiten Schultern abwärts zum Waschbrettbauch und weiter nach unten. Die Berührungen weckten Maurice' Mitte erneut. Zärtlich wusch er mich, massierte jeden Quadratzentimeter empfindlicher Haut. Schließlich hielt ich es nicht länger aus und stellte die Brause an, um die Schaumreste abzuspülen.

Nach dem Abtrocknen taumelten wir zum Bett. Dort erwartete ich ihn, der neben mir niedersank und meine Brüste streichelte, mit der Zunge feuchte Spuren den Bauch hinab zog und dann in mich tauchte. Vor Wonne keuchend, wölbte ich den Rücken, hob das Becken. Die Finger krallte ich ins Kraushaar, gab mich vollends hin. Meine Sinne begannen zu schwinden, der Leib brannte, Muskeln zogen sich zusammen.

Maurice glitt höher und stützte sich auf den Händen ab.

Mittlerweile prickelte es im Innern, die Mitte schmolz vor Begehren. Ich griff ein bereitliegendes Kondom und half beim Überstreifen, schlang die Beine nachdrücklich um Maurice' Hüften. Mit einer Hand half er nach. Instinktiv spannte ich die Muskeln, fühlte den Druck, den eigenen Widerstand.

Wir verharrten, dann krallte ich die Hände ins Gesäß meines Liebhabers, drückte ihn tiefer. Er verstand und stieß zu, ich kam ihm entgegen. Etwas zerriss, doch der Schmerz verging, wich der Lust, Maurice in mir zu spüren. Langsame Bewegungen füllten mich aus, wurden schneller. In seinen Armen trieb ich davon, spürte, wie jeder Muskel anspannte, ein Ziehen ging durch meinen Unterleib, ließ mich beben. Ein weiterer Stoß, Maurice zitterte, umklammerte mich wie ein Ertrinkender und blies mir lebensspendenden Atem ein.

Gemeinsam kamen wir. Der Höhepunkt spülte machtvoll über uns hinweg, trieb uns immer weiter. Heiße Wellen schossen durch Nervenbahnen, Muskeln kontrahierten. Wir atmeten im Gleichklang, unsere Herzen schlugen wie eins.

Lange blieben wir verschlungen liegen, ich streichelte Maurice, er fuhr meine Wirbelsäule herauf und herunter, sorgte für wohliges Schaudern. Wir konnten nicht genug voneinander bekommen. Zum ersten Mal kostete ich männliche Lust, wurde von den Gefühlen berauscht wie von Champagner und wünschte, diesen Augenblick ins Unendliche ausdehnen zu können.

*

Am nächsten Morgen landeten wir im realen Leben. Ich löste mich, wollte aufstehen, wurde aber festgehalten. „Nur noch einen Moment! Muss heute Mittag abreisen!"

Die Nachricht traf mich unvorbereitet, Tränen verschleierten meine Sicht. Ich umklammerte Maurice, er presste mich an sich.

Bedrückt stieg ich in meine Sachen. „Gib mir deine Adresse, dann schreibe ich dir!" Hastig kritzelte er etwas auf den Hotelblock. „Schreib deine Anschrift auf, ich komm dich besuchen!"

Von ihm unbemerkt notierte ich eine Entschuldigung, erklärte, wieso wir keinen Kontakt haben durften.

Mein Geliebter rief ein Taxi. Ein letztes Mal küssten wir uns, der Abschied tat körperlich weh. Angestrengt prägte ich

mir die Gesichtszüge ein, bekam zur Erinnerung ein Foto. „Ich melde mich bei dir!", versprach Maurice.
Mehr als ein Nicken brachte ich nicht zustande, fühlte Nässe auf den Wangen. Die restlichen Ferientage verliefen freudlos. Während der Zugfahrt heimwärts betrachtete ich das Bild und weinte ununterbrochen. Es galt, zwischen Lebenstraum und einer irrealen Liebe zu entscheiden. Schon ein harmloser Briefwechsel mit Maurice würde die Aussicht auf den Studienplatz an der juristischen Fakultät verbauen. Bis Prag haderte ich, öffnete schließlich das Fenster und warf den von Schweiß und Tränen feuchten Zettel mit der Adresse hinaus, sah dem entschwindenden Fetzen sehnsuchtsvoll nach.
Zwei Jahre später änderte sich alles, und ich erkannte, dass ich für eine nun vage Zukunft auf meine große Liebe verzichtet hatte. Doch manchmal bekommt man eine zweite Chance, ohne sie zu verdienen. In der Ostsee-Zeitung fand ich kurz nach dem Mauerfall eine Anzeige.
Melde dich, wenn du Budapest auch nicht vergessen kannst! M.

Alexis W.

Michael Sonntag

FKK, Akt, Erotik und Pornografie in der DDR

Ich wurde 1986 eingeschult. Der böse Krieg, von dem alle immer wieder sprachen, war über 40 Jahre vorbei. Für mich, mit sieben Jahren, der ich sicher und behütet aufwuchs, war das eine unvorstellbar lange Zeit und eine völlig fremde Welt, die für mich unvorstellbar war.
Nun ist es 31 Jahre her, dass die Mauer zwischen der DDR und der Bundesrepublik fiel. Für viele Kinder und Jugendliche ist die DDR eine genau so fremde Welt, die sie nur aus Erzählungen, Filmen und Büchern kennen. Immer wieder gibt es Fragen über das Leben in der damaligen Zeit. Von Ostalgie verklärt oder wegen der politischen Debatten verteufelt, wird die DDR oft extrem und verzerrt dargestellt. Versuchen wir, uns mal ganz unbefangen mit einer Frage genauer zu befassen: „Wie war das eigentlich mit Sex in der DDR?"

Spricht man vom Leben in der DDR, dauert es meist nicht lange, bis auch das Thema FKK angesprochen wird. Hüllenloser Urlaub an der Ostsee, Sonne, FDGB-Heim oder Jugendherberge sind Dinge, an die man sich immer wieder gern erinnert. Man schätzt, dass in den Achtzigern etwa 80% der DDR-Bürger FKK auslebten.
Oft heißt es, dass FKK die Form von Freiheit war, die man sich nahm, um zumindest für eine Weile den Zwängen und Unfreiheiten des Arbeiter- und Bauernstaates zu entkommen. Vielleicht mag dies eine kleine Rolle gespielt haben, doch es wäre engstirnig und wohl auch realitätsfremd, es darauf zu reduzieren. Denn zum Ersten war die FKK-Bewegung absolut unpolitisch und zweitens hatte es sicher nur geringe Auswirkung auf das politische Geschehen eines Landes, wenn man einfach nackt am Strand lag und sich entspannte. Zumal auch Parteifunktionäre ihre grauen Anzüge gern mal gegen die Ungezwungenheit des nackten Lebens eintauschten.

Es mag also andere Ursachen gegeben haben.
Schon als Kinder wuchsen wir mit einem ungezwungenen Umgang mit Nacktheit auf. In den Kinderfilmen der DeFa war es nicht unüblich, dass Kinder ab und an nackt zu sehen waren. Heute wäre das nicht mehr möglich, es würde sehr schnell der Vorwurf „Kinderpornografie“ ausgesprochen. Damals hat sich niemand etwas Böses dabei gedacht. Gerade dieser natürliche Umgang war völlig asexuell.
Ein schönes Beispiel ist der Film „Gritta von Rattenzuhausbeiuns“. Gritta wächst frei auf und stört sich nicht daran, draußen zu duschen oder nackt mit ihren Freunden über die Felder zu toben. Bis sie in ein Kloster geschickt wird. Die strengen Regeln dort sind dem Mädchen fremd und es kann sich dem einfach nicht unterwerfen. Als sie durch einen Zufall die Intrigen der Oberin durchschaut und in Gefahr gerät, flieht sie mit den anderen Mädchen. Kaum, dass sie entkommen und in Sicherheit sind, reißen sie sich die Kleider vom Leib und baden und spielen nackt. Das passt: Strenge Kleidung als Sinnbild für Grenzen und Zwänge, dagegen die natürliche Nacktheit, die für Freiheit und Lebensfreude steht.
Ein ähnliches Beispiel gibt es in dem Film „Till Eulenspiegel“ mit Winfried Glatzeder. Während seiner Abenteuer trifft Till auch auf den Kaiser. Diesen kann er bereits im ersten Moment mit seiner Offenheit beeindrucken. Völlig unverblümt spricht er ihn mit „Bruder“ an, und als er dafür von einem Diener gerügt und aufgefordert wird, dem Kaiser untertäniger gegenüberzutreten, sagt er direkt heraus: „Wir sind alle Brüder, von Adam her.“ So wird er

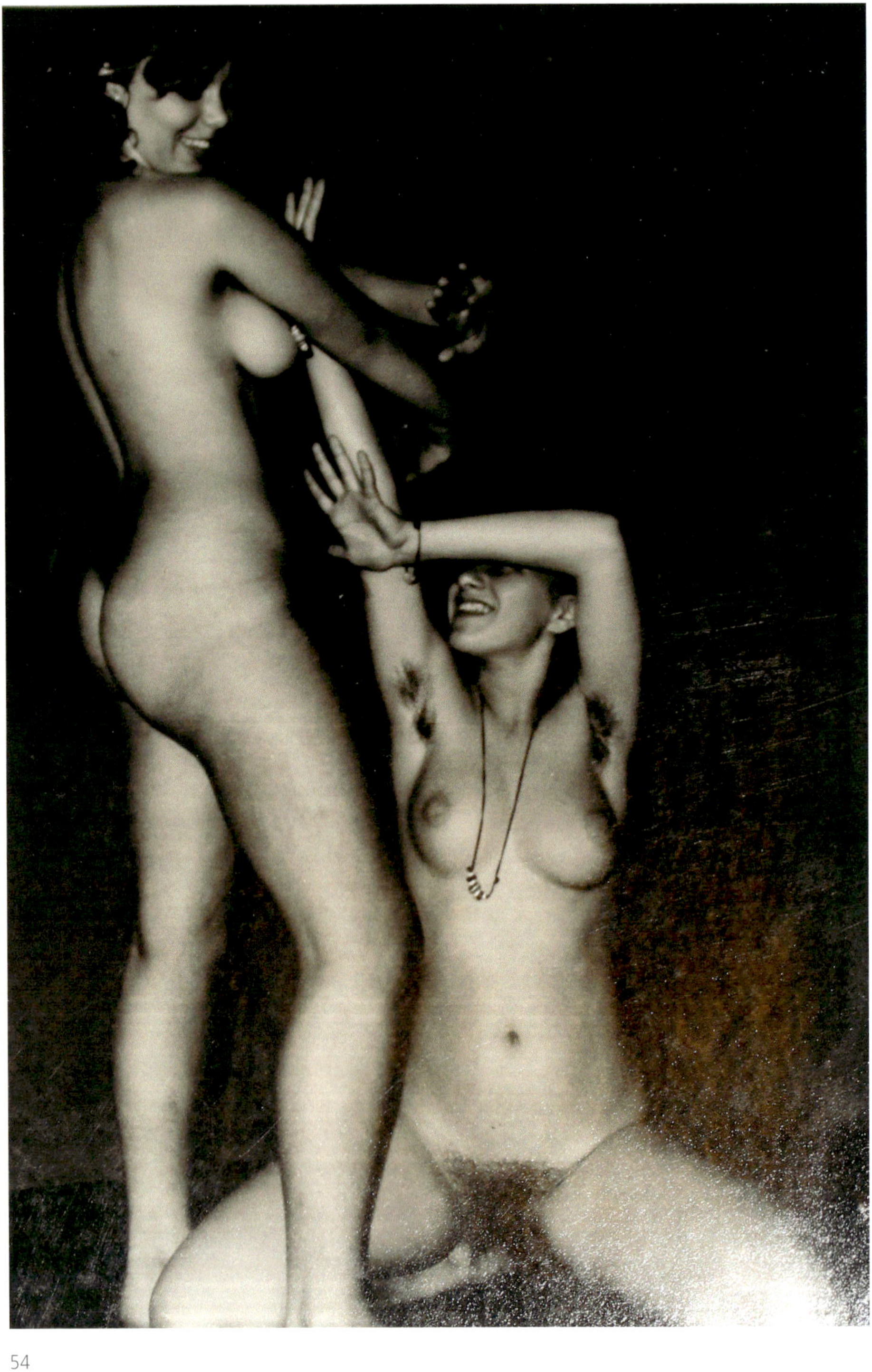

Berater des Kaisers und versucht, ihn auf die Bedürfnisse des armen Volkes aufmerksam zu machen. Einen Höhepunkt finden diese Versuche im Badehaus. Völlig nackt bewegt sich der Kaiser mit den einfachen Menschen. Eine Gesandtschaft vom Hofe wird von Eulenspiegel weggeschickt, mit den Worten: „Dieser Mann ist nicht der Kaiser. Er ist völlig nackt und lacht." In dem Augenblick, in dem der Kaiser also seine Amtskleidung ablegt, wird er zu einem Menschen, der die Last der Krone nicht mehr tragen muss und selbst Spaß am Leben haben darf. Nacktheit als ein Faktor, der alle Menschen gleich macht und Machtgefüge abschafft. Das passt perfekt in das (zumindest offizielle) Weltbild der DDR.

Eine andere Bedeutung hat es in dem Film „Abschiedsdisco". Einem für die DDR sehr mutigen, weil kritischen Film. Der fünfzehnjährige Henning trauert um seine Freundin Silke, die bei einem Verkehrsunfall ums Leben kam. Zusätzlich belastet ihn, dass das Heimatdorf seines Großvaters wegen des Braunkohletagebaus abgerissen werden soll. Während er also von Tod und Zerfall umgeben ist, steht seine Erinnerung an das (unschuldige) Nacktbaden mit Silke für eine glücklichere und unbeschwertere Zeit.

So geht es auch der 15-jährigen Kathrin in dem Fernsehfilm „Das Mädchen und der Junge". Sie ist ein junges Mädchen ihrer Zeit, mit ganz normalen Problemen des Heranwachsens. Die Schule, ein überfürsorglicher Vater und die erste Liebe. Der Moment, in dem sie beim Baden ihre Kleidung abstreift, ist der einzige Moment im Film, in dem sie sich von dem Stress des Alltags befreien kann und unbeschwert wirkt.

Ein anderer Grund für diese Ungezwungenheit war das soziale Gefüge. Die Men-

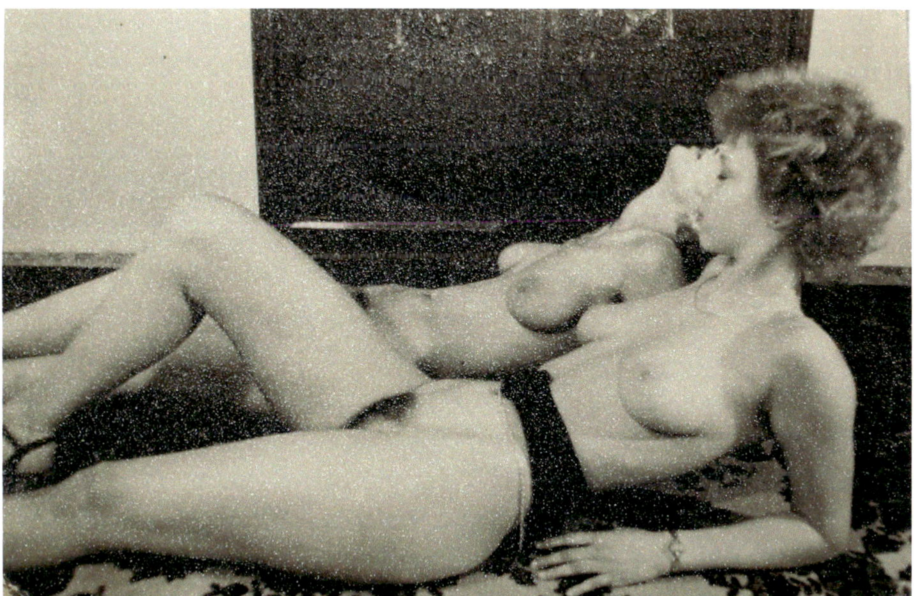

schen gingen unkompliziert miteinander um. Lästereien wegen billigerer Kleidung, körperlicher Nachteile oder anderer Umstände gab es kaum. Westliche Modezeitungen und Strip- oder Pornomagazine waren nicht oder nur sehr schwer zu bekommen. Somit konnte sich die Vorstellung von einem „perfekten" Körper, von BMI und Idealmaßen nicht so stark wie im Westen in den Köpfen festsetzen. Damit war selbstverständlich auch der Umgang mit der Körperlichkeit ein anderer, weniger befangener.

Und gerade weil Pornografie weniger verbreitet, schwerer zugänglich war, wurde Nacktheit weniger sexualisiert.

Tatsächlich gab es für einige Besucher auch praktische Gründe: An den FKK-Stränden gab es keine oder kaum Strandkörbe. Ein junges Elternpaar sagte mir einmal, dass sie dort die Kinder besser im Blick hatten und unbesorgter waren, da sie die Kleinen nicht immer zwischen den Strandkörben suchen mussten. (Für andere mag genau das der Grund gewesen sein, nicht an den FKK-Bereich zu gehen, weil sie die Bequemlichkeit der Strandkörbe genießen wollten.)

Aber einige störten sich an dem nackten Vergnügen. Johannes R. Becher, zu diesem Zeitpunkt Kulturminister der DDR, rief 1951 einer Frau beim Nacktbaden zu: „Schämen Sie sich nicht, Sie alte Sau?" Kurze Zeit später verlieh er der Autorin Anna Seghers den Nationalpreis. Als er die Laudatio hielt, unterbrach sie ihn mit den Worten: „Für dich, Hans, immer noch ‚alte Sau'!"

Seit 1952 gab es ernsthafte Versuche, das Nacktbaden zu verbieten. 1954 wurde das Verbot erlassen. Ursache war ein Artikel im

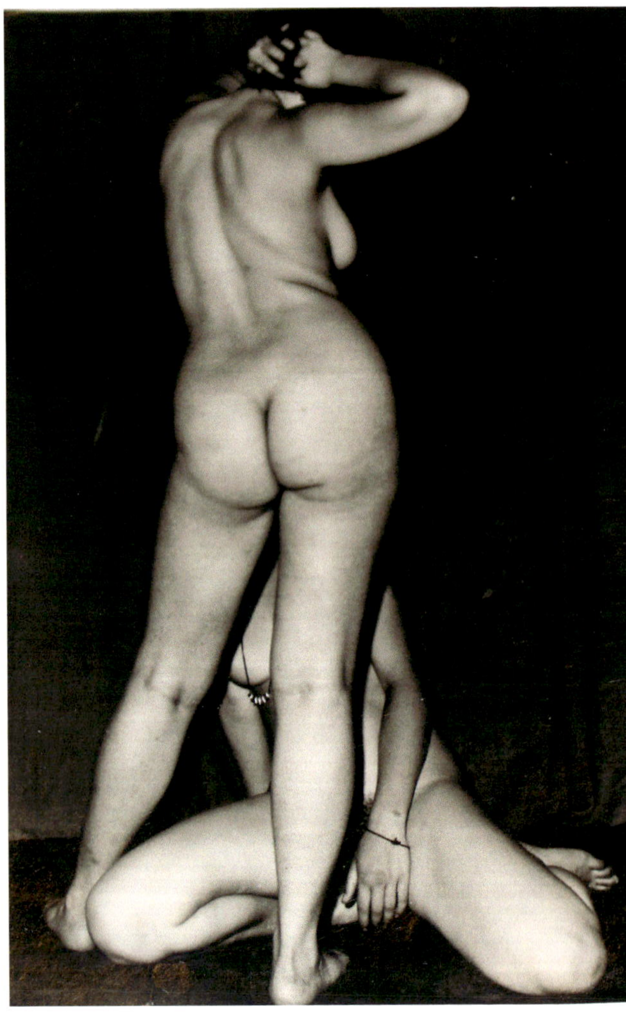

Spiegel, in dem es um die FKK-Bewegung in der DDR ging. Die Parteifunktionäre sahen dadurch den „guten Ruf der DDR" gefährdet. Das Verbot löste jedoch eine große Protestwelle aus, bei der es auch zu Übergriffen auf Textilbadegäste kam. Diese wurden einfach ihrer Badekleidung beraubt an Bäume gefesselt. Natürlich bekam die ausländische Presse auch Wind von solchen Aktionen und reagierte darauf. Die Regierung gab nach und erließ am 18.05.1956 eine „Anordnung zur Regelung des Freibadewesens". Danach war das Nacktbaden nur an speziell ausgewiesenen Stränden zulässig. Durch den hohen Andrang wurden die betreffenden Strandabschnitte im Lauf der Zeit immer mehr erweitert.

Widmen wir uns nun der Aktfotografie der DDR.

Diese war fast schon legendär und gilt heute noch als Standard. Passend zur FKK-Mentalität war die Aktfotografie sehr natürlich angelegt. Die Hintergründe spielten eine große Rolle. Wälder, Seen, die Ostsee, Felsen waren bevorzugte Orte, vor denen sich Männer und Frauen in ihrer ganzen Schönheit zeigten. Posen waren nicht gefragt, sondern es wurde der Moment eingefangen. Auch auf Körperspannung wurde nicht so geachtet, wie es heute in der Aktfotografie oft der Fall ist, sondern vielmehr auf Entspannung und eine natürliche Körperhaltung. Eine Stimmung, die festgehalten wurde und sich auf den Betrachter übertragen sollte. Wenn gestellte Posen im Spiel waren, waren meist die Statuen des griechisch-römischen Klassizismus oder die Malerei der Renaissance Vorbilder. Also Motive, die die Schönheit des menschlichen Körpers zeigen wollten, ohne vordergründig sexuell motiviert zu sein. (Was nicht heißen soll, dass sie unerotisch gewesen wären).

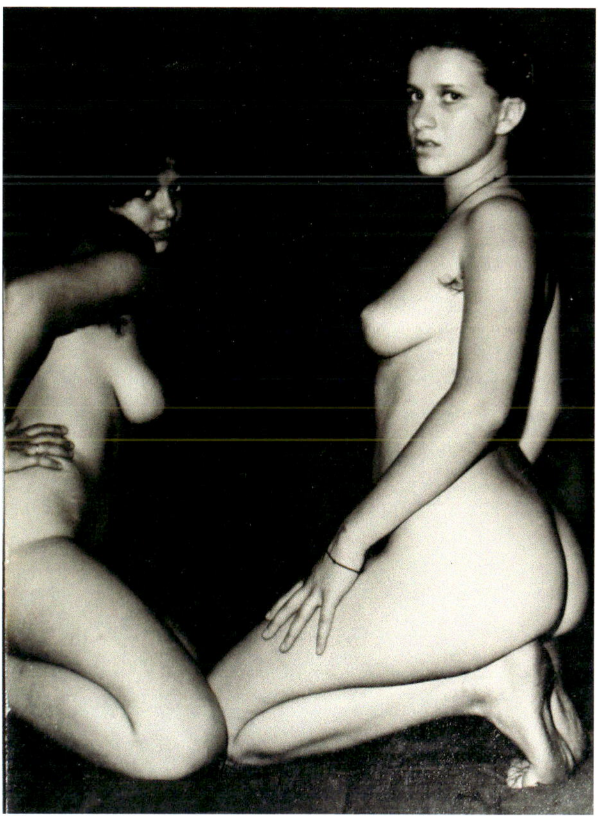

Für diese Natürlichkeit gab es einfache Gründe: zum einen gab es das Verbot von Pornografie, zum anderen wurde sehr genau darauf geachtet, dass in kein Foto irgendeine politische Aussage hineininterpretiert werden konnte. So, wie in der Renaissance der religiöse Kontext genutzt wurde,

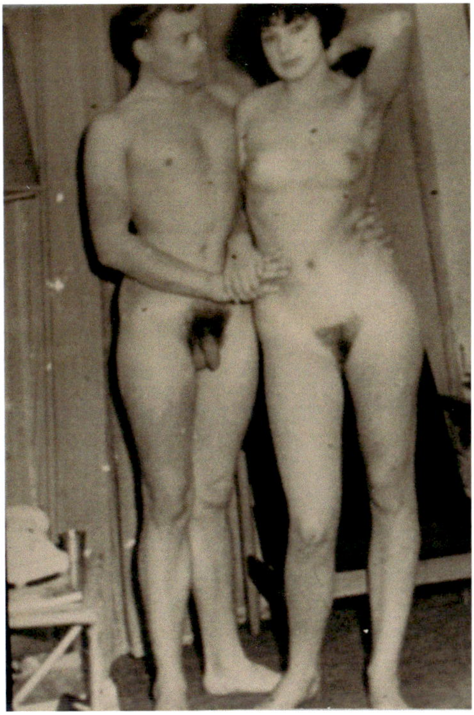

nackte Körper malen zu dürfen, war in der DDR die Natürlichkeit der Ausweg, dem Pornoverdacht zu entgehen.
Models zu finden war an den FKK-Stränden nicht schwer.
Viele der Fotos waren eher für private Zwecke oder die Sammlungen von Fotografen gedacht. Denn es wurden nur relativ wenige Bilder publiziert. Was natürlich nicht heißen soll, dass es gar keine Veröffentlichungen gegeben hätte. Als Erstes fällt einem „Das Magazin" ein, in dem in jeder Ausgabe ein oder mehrere Aktfotos, später auch männliche Akte, gezeigt wurden. Oder die Satirezeitschrift „Eulenspiegel", in deren Beilage „Die Funzel" ein Bild einer unbekleideten jungen Frau mit einem frechen Spruch zu finden war.
Die wenigen Bilder, die es in diesen Zeitschriften gab, wurden von einigen Sammlern sorgfältig ausgeschnitten und liebevoll in Fotoalben archiviert.
Eine Rolle spielten auch die Fotoclubs und -vereine der Betriebe und des Kulturbundes. Um die Menschen mehr an die Betriebe und die „sozialistischen Abläufe" zu binden, gab es sehr viele organisierte Freizeitaktivitäten. Fotozirkel waren sehr beliebt. Auch wenn nach außen hin viele Landschaften, kulturelle und historische Einrichtungen usw. abgelichtet wurden (wovon es viele und qualitativ hochwertige Ausstellungen gab), wurde doch ein Großteil der Filme für die Aufnahmen unbekleideter Kolleginnen und Kollegen verschossen.
Für private Amateurfotografen sah die Sache schwierig aus. So standen sie immer in Gefahr, sich nach §124 „Erregung öffentlichen Ärgernisses", § 125 „Pornografie" oder § 146 „Verbreitung von Schmutz- und

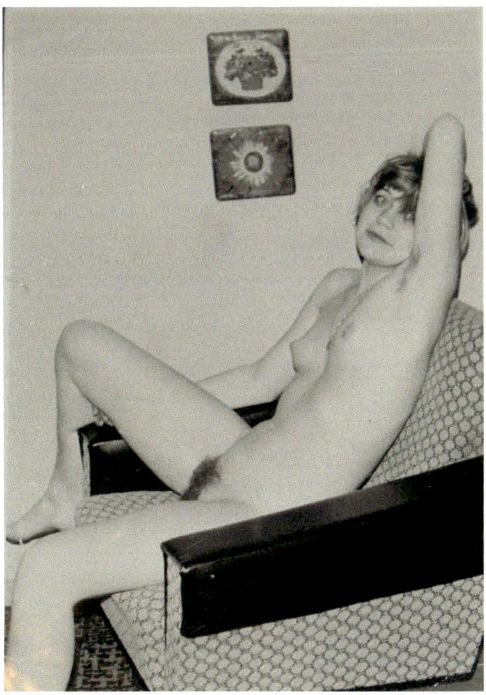

Schunderzeugnissen“ strafbar zu machen.
Einer vielleicht gewünschten Veröffentlichung in einem Fotomagazin stand die mögliche Ablehnung im Wege, weil die Fotografien nicht mit den „Grundsätzen der sozialistischen Moral und Ethik“ übereinstimmten.
War natürliche Nacktheit in Filmen normal, sah es mit Sexualität anders aus. Zwar kam diese durchaus vor, wurde aber nicht explizit gezeigt.
Ein sehr schönes Beispiel sind die Fernsehspiele nach den „Tolldreisten Geschichten“ des Honoré de Balzac. Mit einer Leichtigkeit, die dem Verfasser sicher gefallen haben dürfte, wurden erotische Verwicklungen dargestellt und mit einem glücklichen Ausgang aufgelöst. Dabei mangelte es nicht an freizügigen Frivolitäten.
Ein anderes Beispiel ist der Film „Mir nach, Canaillen“ nach dem Roman „Eine Sommerabenddreistigkeit“ von Joachim Kupsch. Bis heute einer der beliebtesten und erfolgreichsten DEFA-Filme. Der junge Schafhirte Alexander, dargestellt von Manfred Krug, soll zum Soldatendienst gezwungen werden. Damit beginnt für ihn eine Reihe von Abenteuern, die ihn bis an den Hof Augusts des Starken führen. Zwar werden die sexuellen Handlungen nicht offen gezeigt, aber das Spiel aus Verführung und Lust ist der Faktor, der Alexander immer wieder in die abenteuerlichsten Situationen bringt, und er selbst ist weder der schönen Schäferin, noch der bezaubernden Ulrike von Übbenau oder der verführerischen Kurtisane, an deren Tisch er seinen Hunger stillt, abgeneigt.

Kultstatus erreichte die französische „Serie Rose“, die vom DDR-Fernsehen synchronisiert und unter dem Titel „Erotisches zur Nacht“ ausgestrahlt wurde. Es wurden in 26 Episoden Geschichten von unter anderem Guy de Maupassant, Nicolas Edme Restif de La Bretonne, Marquis de Sade, Giovanni Boccacio, Marquis de Foudras, Daniel Defoe, Anton Tschechow, Jin Ping Mei, Aristophane und Isabelle Mergault verfilmt.

Pornografie war schwerer zu bekommen. Vieles wurde aus dem Westen eingeschmuggelt, was aber mit einem Risiko verbunden war. Meist kamen die entsprechenden Magazine auch gar nicht an, sondern wurden schon an der Grenze abgefangen. Ob nun offiziell eingezogen oder ob sie in Privatsammlungen von Grenzern verschwanden, lässt sich nicht nachvollziehen und bleibt somit der Fantasie überlassen. Trotzdem gab es einen Austausch der besonderen Form: Schaffte es einmal ein Heft über die Grenze, wurde es seitenweise oder Bild für Bild abfotografiert und die Bilder (meist nur in Schwarzweiß) weitergetauscht. Ähnlich auch Kalenderseiten oder Ähnliches. Aufgrund des Pornoverbots war diese Art des Tauschens nicht jedem möglich. Die Filme einfach zum Entwickeln abzugeben hätte unter Umständen zu einer Anzeige und einer Freiheitsstrafe von bis zu zwei Wochen führen können. Man musste schon über ein eigenes Fotolabor verfügen, und so entstanden auch private Sexfotos.

Doch auch in der DDR galt natürlich „Sex Sells“. Es gab sogar Streichholzbriefchen mit Bildern unbekleideter Frauen oder auch Kartenspiele, Bierdeckel usw., die das Interesse potenzieller Käufer auf sich ziehen sollten.

Für die wenigen Akt-Bildbände oder sonstigen Druckerzeugnisse wurden von Sammlern hohe Preise verlangt und gezahlt. Bis zu 550,- Mark gingen manche Angebote. (Ein durchschnittliches Einkommen lag monatlich bei etwa 400,- Mark, eine Mietwohnung war für 40,- Mark im Monat zu haben).

Homosexualität wurde misstrauisch betrachtet. Treffen waren sehr schwer zu organisieren. „Blind Dates“ wurden über die Wände öffentlicher Toiletten an Bahnhöfen, Autobahnraststätten oder Strandbädern vereinbart. Man schrieb, wann man da war, und hoffte, dass das Loch in der Zwischenwand, das notdürftig mit Papier verstopft war, zur gewünschten Zeit geöffnet wurde. Toilettenkabinen als eine Form der heutigen „Glory Holes“.

Im Nachhinein wird die DDR oft in die eine oder andere Richtung verklärt dargestellt. Doch bei aller politischen Unfreiheit und wirtschaftlichen Problemen, im privaten und sexuellen Bereich war vieles freier und lockerer, als es im Vergleich zur Bundesrepublik war und vielleicht teilweise sogar bis heute ist.

Regina und Jörg Holz

Markus Peters

Bornholm 81

Anna rauchte wieder. Sie hatte aufgehört, kurz bevor wir uns kennengelernt hatten, und auch nach unserer Trennung hatte sie nicht wieder angefangen. Das hektische Saugen an der Zigarette war das Erste, was mir auffiel, nachdem ich in ihrer Wohnung stand, Monate nach meinem letzten Besuch. „Ich muss dir was zeigen", hatte sie getextet, und jetzt war ich hier, direkt nach meiner Arbeit und nach einer hastig hingenuschelten Begrüßung.
Anna und ich waren vier Monate zusammen gewesen. Wir hatten uns bei einer Computerschulung kennengelernt und eines kam zum anderen. Es wurde eine Mittelgewichtsbeziehung ohne besondere Höhepunkte und Herausforderungen – und mit einem vorhersehbaren Verlauf. Wir wussten immer häufiger nicht, worüber wir reden sollten, also trennten wir uns wieder. Es war keine große Sache. Wir blieben nicht unbedingt befreundet, aber im Kontakt.
Das letzte Mal hatten wir uns bei der Beerdigung ihrer Mutter vor zwei Monaten gesehen. Anna hatte sie mit ausdruckslosem Gesichtsausdruck in ihrer kleinen Wohnung liegend gefunden. Ob es nun ein Herzinfarkt oder ein Schlaganfall war, blieb vom Ergebnis her unerheblich. Ihr Vater war schon vor vielen Jahren gestorben. Die Mutter, eine überschlanke, passionierte Raucherin mit grauem Teint und grotesk dunkelrot gefärbten Haaren, wurde 68 Jahre alt.
Anna, die eigentlich keinen Fernseher besaß, hatte ein altertümliches TV-Gerät in ihrem kombinierten Wohn-/Schlafzimmer aufgebaut, daneben einen Videorekorder, den sie, wie sie mir später erzählte, mit einiger Mühe im Internet ersteigert hatte. In ihn steckte sie jetzt eine abgegriffene VHS-Cassette, auf die mit lila Filzstift „Bornholm 81" geschrieben war. „Dorthin sind sie damals immer gerne gefahren", bemerkte Anna knapp und drückte auf „Start".

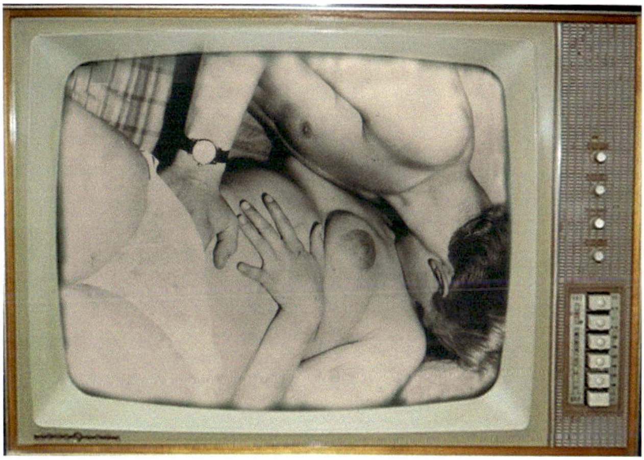

Nach einigen kurzen, grob pixeligen Szenen von einem Zeltplatz zeigten die Aufnahmen Annas Mutter deutlich jünger, mit kurzen, vollen, schwarzen Haaren und einem grünen Tanktop bekleidet, ansonsten nackt. Neben ihr erschien ein Mann mit ausgeprägten Geheimratsecken, älter, komplett unbekleidet und mit einem imposanten Bauch.
„Das ist definitiv nicht mein Vater", bemerkte Anna nüchtern. Im Video lachte Annas Mutter halb verlegen, halb amüsiert. Sie hatte ein Koloraturlachen, das

sich quasi selbst von hinten aufrollte und das mir immer sehr gut gefallen hat.
Sie zögerte einen Moment, dann nahm sie das Genital des Unbekannten in die Hand, stülpte den Mund darüber und machte das, was in so einer Situation sachdienlich ist – zunächst ohne nennenswerten Erfolg. Dann schließlich ging es doch, Annas Mutter öffnete die Beine und der Dickbäuchige legte sich dazwischen. Für die nächsten anderthalb Minuten zeigte die Kamera vor allem seinen hektisch zuckenden, voluminösen und gleichzeitig faltigen Hintern. Schließlich rollte sich der Mann mit hochrotem Kopf von Annas Mutter herunter, murmelte etwas Unverständliches in die Kamera und Annas Mutter lachte wieder. Abschließend Landschaftsaufnahmen, etwas Strand, schließlich wieder das digitale Schneetreiben.
Anna drückte die Stopp-Taste: „Sie hatte mir nie von diesem Film erzählt. Dabei haben wir immer über alles reden können." Ich fühlte mich etwas unbehaglich. Anna hat die Angewohnheit, beim Sex sehr klare Anweisungen zu geben, die keinen Widerspruch duldeten, was mich regelmäßig überforderte. Bestimmt hatte sie auch darüber mit ihrer Mutter gesprochen. Sie hatte inzwischen Tee gemacht: „Es ist nicht gerade das, was man im Nachlass seiner Mutter zu finden erwartet. Eigentlich hatte ich nur die fünf Krügerrand-Münzen gesucht, von denen sie immer erzählt hat."
Ich erinnerte mich an meine Zeit als Messdiener. Damals war der Altpfarrer in meinem Dorf überraschend gestorben. Als wir sein Zimmer im Obergeschoss des Pfarrhauses ausräumten, entdeckte ich in seinem Nachttisch ein abgegriffenes Heft mit 48 Seiten Hochglanzbildern von pubertierenden Jungen, die komplett nackt Fußball spielten. Den schwedischen Aufdruck „Fotokonst" kann man offenbar weit auslegen.
Anna stand jetzt auf dem Balkon, hatte die nächste Zigarette angezündet, die Tasse Tee in der anderen Hand. Ich legte meinen Arm um ihre Schulter, mehr aus Hilflosigkeit als aus Zuneigung. Sie sagte leise: „Ich kann das doch nicht löschen. Es ist das einzige Video, das ich von ihr habe. Und in dem ist sie fast nackt und …" „… fickt herum", brachte ich den Satz zu Ende. Wir wussten beide nichts zu sagen. Nach einer Pause sagte sie: „Wie konnte sie mir das antun? Ich werde mir das nie wieder ansehen können. Ich werde nie wieder Sex haben, weil ich diese Bilder dann immer im Kopf haben werde."
Ich dachte nach: „Es ist ja eigentlich kein Porno, es ist mehr so eine Art … Dokumentarfilm." Sie drehte sich zu mir um: „Ein Dokumentarfilm? Meine Mutter vögelt auf Video mit einem Typen, den ich nie gesehen habe, und du meinst, das wäre ein Dokumentarfilm?" Ich sagte nichts. Sie schien zunächst empört, doch allmählich gefiel ihr der Gedanke: „Dokumentarfilm? So etwas, was auf Arte läuft? Nach dem Motto ‚Meine Mutti und ihr fetter Ficker – eine kritische Kopulations-Exegese aus den frühen 80ern'?"
Ich zuckte mit den Schultern, weil ich nicht wusste, ob sie jetzt lachen oder weinen würde. Anna ging zum Fernseher zurück und startete den Film erneut, ließ ihn mit schneller Geschwindigkeit vorlaufen, was grotesk aussah. Anna lächelte halbherzig, doch ihr Blick blieb ernst.

Einige Wochen später bekam ich von ihr kommentarlos per E-Mail einen Link geschickt. Ich klickte darauf und es öffnete sich ein Videoportal, das für rezeptfreies Viagra und für ältere Hausfrauen mit viel Tagesfreizeit warb. Der Link führte direkt zu einem kurzen Film mit dem Titel „Family Album". Ich musste nicht erst starten, um zu wissen, was dort zu sehen war. Immerhin gab es bei gut 2.400 Zugriffen 68 % positive Bewertungen, obwohl die Bildqualität und die Dramaturgie für erfahrene Nutzer doch einiges zu wünschen übrig ließ.

Mit Anna traf ich mich am ersten Todestag ihrer Mutter auf dem Friedhof. Sie hatte die Krügerrand-Münzen doch noch gefunden und in einen Grabstein investiert, ebenso wie die knapp 34 Dollar, mit denen sie der Betreiber des Videoportals an den Werbe-Erlösen durch den Film beteiligte: „Über 14.000 Zugriffe in einem halben Jahr, verrückt, nicht? Ob die Typen ahnen, dass sie längst nur noch zwei Handvoll Asche ist?" Sie sortierte die mitgebrachten Blumen in der Vase: „Aber irgendwie glaube ich, das würde meiner Mutter gefallen."

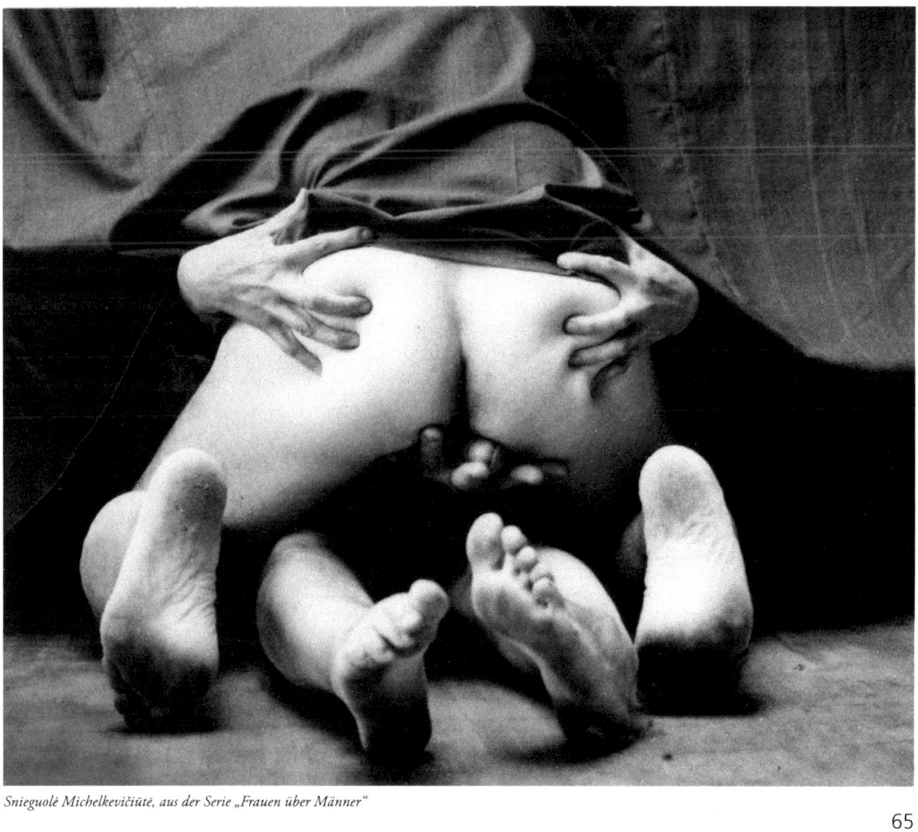

Snieguolė Michelkevičiūtė, aus der Serie „Frauen über Männer"

Andreas Maria Kahn

Jenny Schon

Klatschmohn

Die Frau vor mir in der Reihe hat einen Nacken. Ich schaue auf ihn, möchte ihn berühren, marmorn kühlt er mich, weil er weiß ist, zieht mich an, weil er warm ist, duftet. Aphrodite, aus Schaum geboren, sitzt vor mir. Hat schwarzes Haar, einen lockeren Knoten an eben diesem Nacken. Ich möchte sie zur Freundin. Weiß aber nicht, wie ich sie ansprechen soll.

Sie hat sich umgedreht und ist meine Freundin geworden. Wir sind nach Hannover zur Beerdigung von Benno Ohnesorg. Wir jungen Leute zu Tausenden im Konvoi, mit den Trostworten von Pfarrer Gollwitzer, weil ein Student aus unseren Reihen von der Westberliner Polizei beim Schahbesuch erschossen worden war. Er kam aus Niedersachsen.
Ihr Name passt allerdings überhaupt nicht zu einer griechischen Göttin, sie heißt Margarete Wutz. Auf der mehrstündigen Strecke nach Hannover einigen wir uns, unsere Namen zu modernisieren: Margarete und Johanna passen so gar nicht in die Zeit, finden wir, jetzt, wo wir auf dem Weg sind, Revolutionäre zu werden.
Wie würdest du mich denn nennen, fragt sie: Margarete, ne, sage ich, Maggie vielleicht? Ist zu englisch, widerspricht sie.
Wie wäre es mit Marga?
Sie überlegt. Ihre marmorne Stirn, aus der die dunklen kräftigen Haare herausgekämmt sind zu dem Knoten im Nacken, legt sich in Falten: Ja, Marga, ist gut. Und was machen wir aus der Johanna?
Josef! platzt es aus mir heraus, weil ich sie gerne küssen würde, so süß sieht sie aus. Sie lacht. Jo, wär ja nicht schlecht, das ist die Kurzform von Johanna und von Josef. Was meinst du?
Ja, Jo, ja, ich heiße von nun an: Dscho! Ich schreie es fast heraus, weil es so sehr meinen Gefühlen entspricht, und irgendwie auch chinesisch klingt, denn ich überlege schon eine Weile, ob ich nicht Sinologie studieren soll.

Während ich vor meinem Studium Buch- und Kunsthändlerin war, und Kunst und Lesen mein Beruf war, hat Marga leider wenig Ahnung. Ich hatte in der Schule Teile von Virginia Woolfs Orlando übersetzt und wusste nur zu gut, dass ich in Marga Virginia sah, weil ich auch in Virginia eine griechische Göttin gesehen hatte, die Ähnlichkeit ist verblüffend. Und auch das Rollenspiel als Jo gefällt mir wahnsinnig gut, ist doch auch Orlando nicht eindeutig eines Geschlechts.
Weder von der griechischen Göttin noch von dem Rollenspiel erzähle ich Marga, und auch anderen gegenüber wäre nicht opportun, solche Gedanken zu äußern, da die Zeit sich anschickt, ein anderes Rollenspiel vorzugeben, das wenig mit der Klassik zu tun hat.
Marga war bei ihrem Vater im Geschäft in Hamburg tätig gewesen, bevor sie sich doch für ein Studium entschied, natürlich zunächst Betriebswirtschaft, würde sie doch das Geschäft des Vaters übernehmen, dann behielt sie BWL als Nebenfach und wechselte wie viele von uns zur Politologie, ich auch, und so lernten wir uns kennen.
Der Vater war Händler wie alle Hanseaten. Er verkauft unter anderem chinesische Seide, chinesische Teppiche, chinesisches Porzellan, er hat Kontakte zu China, aber zu Taiwan. Wir haben ja keine Beziehungen zur Volksrepublik China wegen der

Amerikaner, die haben uns das verboten, wir müssen mit Taiwan Handel treiben. Nach Benno Ohnesorgs Trauerfeier in Hannover waren wir bei ihren Eltern zu Hause, da haben wir über das Entsetzliche gesprochen, was in Berlin passiert ist. Die Eltern sind ganz nett und tolerant.

In der Uni war der Teufel los, es gab viele Sit-ins bis zu den Semesterferien. Meine griechische Göttin hat mich erneut zu ihren Eltern nach Hamburg eingeladen. Zur bestandenen Zwischenprüfung hat sie ein neues Auto bekommen, mein Traumauto, ich hab leider keine reichen Eltern, einen weißen 2 CV, eine Ente.
Auf nach Hamburg, Jo, sagt sie, eine Jungfernfahrt zum Jungfernstieg.
Holt mich ab, und wir düsen mit achtzig Sachen die Landstraße nach Hamburg. Eine Autobahn dorthin gibt es nicht. Ich war zuvor nur den einen Tag im Juni in Hamburg gewesen. Habe noch nie die Nordsee gesehen.
Man sieht sie in Hamburg auch nicht, aber man kann sie riechen. Salzig, herb, frisch. Es ist unvorstellbar schön.
Weißt du was, Marga, ich möchte richtig ans Meer. Lass uns nach Seebüll fahren zu Emil Nolde.
Kenn ich nicht. Ist das ein Verflossener von dir?
Ach, du. Da wär ich aber reich. Das ist ein expressionistischer Maler. Der hatte bei den Nazis Malverbot, er zog sich weit in den Norden zurück, wo er geboren wurde. Du wirst sehn, ganz einsam, an der dänischen Grenze. Hoffentlich ist der Himmel so schön, wie er ihn gemalt hat.
Die Luft schmeckt würzig, viele Blumen sind leider schon verblüht in dem Garten, den Emil Nolde selber angelegt hatte. Viele Stauden haben Samentöpfchen an den Stengeln. Hätte ich einen Balkon, nähme ich ein paar Kinder von ihm mit. Aber noch nicht mal auf dem Fensterbrett bei mir kann ein Blumentopf stehen, so schmal ist es. Ich wohne im Gartenhaus, wobei weit und breit kein Garten zu sehen ist, das heißt in Berlin nur so, das Hinterhaus, sonst würde niemand einziehn. Ich sehe nur auf Autos, die im Hof stehen, zwei Treppen rechts, braune Wohnungstür, kleiner Flur, kleine Küche, Gaskocher mit zwei Flammen, in die Küche selber eingebaut eine Dusche, ein Fenster, Wohnstube mit braunem Kachelofen, zwei Fenster. Podestklo für vier Parteien im Treppenhaus, eine halbe Treppe tiefer, 45 Mark Miete kalt.
Aus meiner Buch- und Kunsthändlerinnenzeit hatte ich eine Zeitlang einen falschen Nolde an der Wand mit Klatschmohn, meiner Lieblingsblume. Ich habe ihn ausgetauscht durch ein Plakat, auf dem unser geliebter Revolutionär Che Guevara abgebildet ist.
Wie bin ich glücklich hier zu sein, danke, Marga. Ich küsse sie. Dieser Himmel, dieses weite Land … wie konnte ich es nur so lange in dem düsteren Berlin aushalten.

Du guckst doch nur nach den schönen Studenten bei den Demonstrationen, da ist doch der Berliner Himmel egal.
Ach Marga, sei nicht so sarkastisch, du weißt, dass ich mich mit Tom rumquäle. Das ist gar nicht so lustig. Guck lieber mal, wie Nolde die Blumen malt.
Auch Marga scheint sich langsam zu erwärmen für Noldes Art, mit den Farben umzugehen.
Ich liebe die Musik der Farben, schreibt er. Hört sich schön an, Musik der Farben. Marga nickt.

Ist ja auch komisch, da malt er ungemalte Bilder, über 1.000, sage ich, und dann existieren sie tatsächlich. Schau mal, da sind einige davon.
Marga liest weiter auf den Schrifttafeln. Das ist ja unerhört. Die Nazis verbieten ihm zu malen, und er malt doch. Ist ja gerade wie Galilei.
Ich lese auch. Mein Gott, Marga, hör mal. Er hat die Ungemalten in Aquarelltechnik gemalt. Nach den Nazis begann er, einige davon in Öl zu malen. Wenn ich sie alle malen sollte (in Öl), müsste meine Lebenszeit mehr als verdoppelt werden, soll er gesagt haben.
Wahrscheinlich hätten die Nazis es gerochen, wenn er Öl verwendet hätte. Nazis haben alles gerochen, auch wenn einer ein Jude war.
Ich stimme Marga zu.
Marga, ich muss unbedingt im Kopf behalten, wie Emil Nolde signiert. Merk dir die Signaturen auch, du hast doch ein fotografisches Gedächtnis. Ich kaufe mal gleich die Bücher über ihn. Weißt du, ich hab doch einen Nolde gemalt, Klatschmohn nach einer Fotovorlage, natürlich ohne Signatur, die muss unbedingt noch drunter, auch wenn jetzt Che Guevara über meinem Bett hängt, im Winter will ich sicher wieder den roten Klatschmohn haben in meiner düsteren Wohnung.
Wir gehen noch mal durch den blühenden Garten, die späten Sommerblumen, Herbst-astern an den Zäunen und Sonnenblumen. Mein geliebter Mohn, roter, rosa, blauer Mohn. Meine Nase stupst die Blüten.

Jocelyne & Alxandre Dupouy

Marga erzählt ihren Eltern davon, die kannten Noldes Bilder und fanden auch den Garten schön.
Wir liegen in ihrem Bett und tauschen wunderschöne sanfte Gedanken aus. Von Kindertagen und was werden wird und was denkst du jetzt und wie fühlst du dich. Wir streicheln uns. Einfach schön. Eigentlich will ich keinen Mann.
Als ich aufstehe, habe ich eine dicke Nase. Noldes Blüten haben mir eine Allergie beschert. Oder vielleicht eine Wespe? Ich gehe zum Arzt. Der gibt mir eine Creme zum Abschwellen. Wenn Sie eine Wespenallergie hätten und dies eine Wespe gewesen wäre, wären Sie mehr verquollen als jetzt. Da hamse ja noch mal Glück gehabt.
Margas Ex-Mann lernt mich mit einer Knubbelnase kennen. Wir machen eine Hafenrundfahrt und ich könnte wie die Möwen schreien, so wohl fühle ich mich trotz der geschwollenen Nase.
Jens hat den gleichen marmornen Götternacken wie seine Exfrau, ein paar schwarzgraue Löckchen kringeln sich dort, wo andere Haare haben, die Stirn ist kahl. Schade. Früher hatte er sicher einen wuscheligen Afrokopf. Er lädt uns zum Abendessen ein, Marga will nach Hause. Ich würde gerne auf der Alten Liebe, einem ausrangierten Schiff, eine Fischpfanne essen, von der Jens schwärmte. Wo gibt es schon in dem eingesperrten Berlin frischen Fisch, sage ich.
Wirklich lecker und frisch und der Abend dann so still … nur die Möwen schreien, wir sitzen am Ufer und lassen die Beine baumeln. Schiffe tuten, in Willkomm Höft wird die Nationalhymne der Herkunftsländer der Schiffe gespielt, bis auch sie schweigen.

Als wir am nächsten Morgen bei Marga zum Frühstück aufkreuzen, ist sie freundlich wie immer. Dann packen wir, verabschieden uns und fahren nach Berlin.
In Berlin habe ich eine quälende Beziehung zu Tom, er wirft mir vor, dass er meinetwegen nicht könne, weil ich zu emanzipiert sei, weil ich oben liegen oder es im Stehen machen will. Das widerspricht aber der tradierten Rolle der Frau und führe zu psychischen Störungen, besonders beim Mann, also bei ihm, das hatte ich Marga erzählt.
Bei Jens hatte ich keine Schwierigkeiten, und er auch nicht.
Kommt Jens dich in Berlin besuchen, fragt Marga?
Du weißt doch, dass ich noch mit Tom liiert bin.
Na, das beende aber mal, der ist ja neurotisch hoch drei. Ich bin nicht eifersüchtig, wenn du mit Jens was anfängst.
Ach Marga, wir sind doch zu weit voneinander entfernt, mit der Grenze dazwischen. Jens ist Lehrer, er hat das Jahr über eine Menge Ferien … sie lächelt.
Oh Göttin, du.
Jens kommt in den Herbstferien, Tom ist da und schlecht gelaunt, obwohl er gekifft hat.
Was willst du hier, giftet er Jens an, ich ficke mit ihr. Er greift mich.
Lass das, Tom, wehre ich ihn ab. Ich hab dir doch gesagt, dass es aus ist.

Ich reiße das Fenster auf, ich brauche frische Luft, ich ersticke …
Jens umarmt mich, beruhige dich, ich zittere, mein Herz rast.
Während wir reden, klickt die Wohnungstür. Wir schauen aus dem Fenster. Unten geht ein Schatten, ein böser Schatten.
Das Böse hatte meinen Brustkasten zusammengedrückt. Ich schreie. Die Angst verlässt mich wie eine Stichflamme. Ich friere.
Jens, lieber Jens. Noch im Stehen dringt er in mich. Ich wärme dich, sagt er, ich wärme dich.
Wir sind Mutter und Kind, eine Familie in meiner Schöpfungsvulva, ich vermisse Marga.
Weihnachten bin ich allein. Jens und Marga sind in Hamburg. Alle, die ich liebhabe, werden auch Neujahr in Hamburg sein.
In der Silvesternacht schreibe ich:
Marga, du, ich sitze vor dem Telefon, ein Uhr nachts, ich möchte dich streicheln … deinen Nacken liebkosen. Du weißt, wie sehr ich ihn liebe.
Gehst du gerade schlafen, während ich mir eine Zigarette anzünde und versuche, Kringel in den Raum zu pusten wie wir drei neulich? Einer größer als der andere, bis sie sich um das Lampenlicht vereinigten. Unsere letzte gemeinsame Nacht …
Bist du bei ihm?
Ich stehe auf und hänge Che Guevara ab. Noldes Klatschmohn aus der Mappe versehe ich mit der Signatur, die Marga in Seebüll nachgezeichnet hat.
Ich wusste es ja, im Winter habe ich immer Sehnsucht nach Klatschmohn …

Im Jahr 2019 gab es in Berlin mehrere Ausstellungen, die Noldes Rolle und die anderer Expressionisten im Nationalsozialismus beleuchteten (Hamburger Bahnhof, Brücke Museum).

Aisha

Im Moor

Komm mein Schatz, es geht ins Moor,
ich habe etwas Schönes vor:
Wir suchen Pilze, groß und klein,
nur essbar müssen sie auch sein.

Der Sommer ist schon fast vergangen,
es hat zu regnen angefangen,
das Moos ist feucht und feucht der Wald,
wo abends dann die Büchse knallt.

Am Weg, da steht ein Birkenpilz,
die Rotkappe im Nadelfilz,
der Steinpilz hat sich gut versteckt,
weil der ja auch am besten schmeckt.

Schau her mein Schatz, wie schön ich bin,
fast eine Wasserkönigin,
und du ein echter Wassermann,
der mir gleich zeigt, was er so kann!

Lass uns im weichen Moos versinken,
an feuchten Küssen uns betrinken,
und nur der Moorfrosch sieht uns zu,
bloß gut kennt der auch kein Tabu.

Der Korb ist voll, das Herz voll Glück
durch diesen abgefahr'nen F…
Oh Mann, das war ein toller Tag,
wie ich ihn einfach gerne mag!

Alexander Kress

Die Nacht ein Gedanke

Ich weiß nicht, ob ich überhaupt geschlafen habe, aber irgendwann bin ich wach, richte mich auf und schalte das Licht an. Es ist unerträglich heiß im Zimmer, seit Tagen schon kühlt es nachts nicht ab, und der Ventilator surrt sinnlos vor sich hin. Ich öffne die Balkontür, schaue ins Dunkle und lege mich wieder hin. Mein Hemd ist nass geschwitzt, das Bettlaken feucht. Auf dem Nachttisch liegt das Buch von Joan Didion, in dem ich vorhin noch gelesen habe, aber jetzt ist es zu warm und zu stickig, um irgendwas zu machen. Ich starre an die Decke und denke an die letzten Seiten, in denen Didion über den Tod ihres Mannes schreibt, in völliger Klarheit, fast emotionslos, und doch spürt man, dass es ein schreckliches und lähmendes Ereignis gewesen sein muss. Und sie weiß, dass sich das Leid nur langsam wandeln wird.

Ich schalte den Ventilator ab und gehe raus auf den Balkon. Der Himmel ist klar, aber ich kann keine Sterne sehen, weil ich meine Brille nicht aufhabe. Ich sehe rüber zum seitlich angrenzenden Balkon der Nachbarwohnung und sehe jemanden auf einer Liege schlafen. Die Frau liegt auf dem Bauch. Der Körper lang gestreckt, ein Bein leicht angewinkelt, ein Arm hängt zur Seite. Sie ist nackt. Es gibt nichts Falsches an der Situation, höchstens, dass ich dastehe und sie betrachte. Ich kann sie atmen hören. Auf dem Boden liegt ein zusammengeknülltes Leintuch. Die Wohnung war längere Zeit leer gestanden, aber vor ein paar Monaten ist die Frau eingezogen, ich habe sie ein paar Mal im Flur gesehen, ohne zu wissen, dass sie neben mir wohnt. In den letzten Wochen war sie nicht da gewesen. Ich gehe zurück, dimme das Licht und nehme das Buch von Didion zur Hand. Lese eine oder zwei Seiten, ohne irgendetwas aufzunehmen. Ich muss an die Frau auf dem Balkon denken. Ich gehe wieder raus und nähere mich vorsichtig der seitlichen Balkonabgrenzung. Bevor ich erkenne, dass die Liege leer ist, sagt die Frau leise, aber doch so, dass ich sie wahrnehmen muss: „Nicht erschrecken", aber da ist es schon zu spät. Ich zucke zusammen, sie steht direkt neben mir. „Das wollte ich nicht."

„Das macht nichts", antworte ich. Ich sehe ihre großen Brüste, die bei jeder Bewegung wippen. „Tut mir leid, dass ich hier so ... aber drinnen kann ich

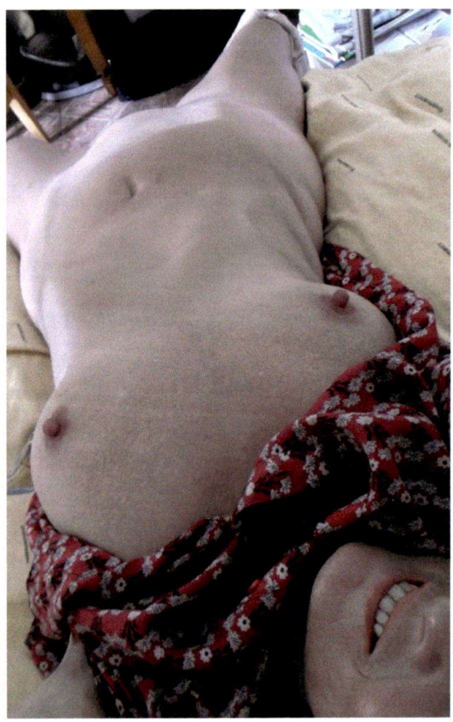

Jana

nicht schlafen. Es ist viel zu heiß." Ihre Nacktheit macht mich befangen und ich denke mehr über die Situation nach als über den nächsten Satz. Über meine verzögerte Antwort, dass ich auf baldigen Regen hoffe, ärgere ich mich gleich. Wir stehen eine Weile regungslos und schweigend nebeneinander, getrennt durch die hüfthohe Zwischenwand des Balkons. „Hast du Feuer?", fragt sie. Ich gehe nach drinnen und suche nach den Streichhölzern. Als ich zurückkomme, hat sie sich ein helles T-Shirt übergezogen, das knapp unter dem Bauchnabel endet und ihren Unterkörper frei lässt. Ich weiß nicht, ob es mit Absicht geschieht. Sie steht einfach so da. Als sie näherkommt, und das Licht auf ihren Körper fällt, kann ich die weiße Haut ihres Unterleibes sehen. Die Stelle, die bedeckt war, als sie in der Sonne lag. Der restliche Körper ist gebräunt. Es entgeht ihr nicht, dass ich sie anschaue. Ich gebe ihr Feuer, und sie nimmt einen tiefen Zug. Es dauert, bis sie den Rauch wieder ausatmet. „Ich habe meine Brüste immer aufdringlich gefunden", sagt sie plötzlich und auf eine Art, die ich nicht deuten kann. Mir fällt nichts ein, was ich hätte sagen sollen. Ich mag eher kleine Brüste, aber ihre finde ich schön. Irgendwann dreht sie sich um, streckt mir ihre Hand entgegen und sagt förmlich, aber doch mit einer gewissen Selbstverständlichkeit, „Ich bin Ioanna." Dabei lächelt sie vorsichtig und schaut mich erwartungsvoll an. Ich merke, dass meine Reaktionen zu langsam sind, ich wollte eigentlich mit niemandem mehr sprechen heute. Die Umstände überfordern mich. Ich nenne ihr meinen Namen und wir schütteln uns die Hände. Wir flüstern, um in den Nachbarswohnungen niemanden aufzuwecken. „Eigentlich mag ich, wenn es so heiß ist", sagt sie, „bei uns ist es im Sommer immer so", und nach einer Pause, „aber die Landschaft riecht anders." Sie sagt es ernst und mit einem Hauch Melancholie in der Stimme. Sie zieht an ihrer Zigarette. „Die letzten Wochen waren schlimm. Kennst du das Gefühl, wenn man so müde ist, dass man nicht schlafen kann?" Ich nicke und spüre, dass sie zögert, weiterzureden. Als sie sich über die Brüstung beugt, um die Asche ihrer Zigarette abzuklopfen, sehe ich ihr nacktes Hinterteil. Während ich mir versichere, dass das keine Bedeutung hat, fragt sie mich, ob ich rüberkommen möchte, sie habe noch etwas im Kühlschrank.

Ich ziehe kurze Hosen und ein frisches Shirt an, gehe ins Bad und schütte mir kaltes Wasser ins Gesicht. Als ich in ihrer Wohnung bin, erzählt sie mir, dass sie Griechin sei und ihre Familie in Thessaloniki wohne. Sie bringt eine eiskalte Flasche Weißwein und zwei Gläser. Sie trägt einen kurzen Jeansrock, setzt sich in einen der Sessel und schlägt die Beine übereinander. Ihr Körper hat etwas Muskulöses, mein Blick streift über die festen Oberschenkel und Waden, die aussehen, als ob sie anstrengende Arbeit gewohnt wären. Aber ihre Gesichtszüge sind fein, und wenn sie spricht, langsam und akzentuiert, ohne Fehler in der Grammatik, bleiben ihre Hände in ständiger Bewegung. Sie ist vor einem dreiviertel Jahr in die Stadt gekommen, um eine Stelle an der Klinik anzutreten. Gestern erst kam sie aus Griechenland zurück, wo sie ihren kranken Vater besuchte. Es gehe ihm besser jetzt, „aber er wird sterben. In ein paar Wochen oder Monaten, vielleicht noch

in diesem Jahr. Es ist schwer, dass ich gerade nicht dort sein kann." Ich sehe sie an, als sie das sagt, aber sie sagt es ruhig und mit fester Stimme. Ich frage mich, ob es daran liegt, dass sie als Griechin an Leid gewohnt ist. Aber es gibt viele Arten von Leid, und diese ist nur eine davon. Trotz der bedrückenden Situation strahlt sie eine Sehnsucht nach Leben aus, ich mag, wie sie dasitzt, zugewandt und präsent, ich spüre die Nähe ihres Körpers. „Manchmal ist es besser hier zu sein als dort, wo alles in Trauer versinkt" sagt sie und schenkt ihr Glas nach. Ich schaue auf die schmalen Lippen ihres Mundes, die sich beim Sprechen kaum öffnen. Fast so, als stünde ihr nicht zu, was sie sagt. Der süße Wein ist mir zu Kopf gestiegen, und ich schwitze. Aber ich bin wach jetzt und höre zu, was sie erzählt. Als sie sich eine Zigarette nimmt und auf den Balkon hinausgeht, warte ich ein paar Sekunden, bis ich ihr folge. Ich stelle mich neben sie ans Geländer und lausche ihren Atemzügen. Es ist immer noch heiß, aber die Luft ist nicht so stickig wie in der Wohnung. Als sie mit der Zigarette fertig ist, legt sie mir ihre Hand auf die Schulter. Ich bin überrascht, aber ich rühre mich nicht und warte ab. Als ich mich zu ihr drehe und mit der Hand ihr Gesicht berühren möchte, wendet sie sich ab und geht ins Zimmer zurück. Im Licht der Straßenlaternen schwirren die Fliegen.
Mein Glas ist leer, und in der Flasche ist nur noch ein kleiner, abgestandener Rest. Sie steht auf, um in die Küche zu gehen, und ich betrachte ihre Waden und die gebräunten Füße mit den rotlackierten Nägeln. Ihr Gang ist weich, aber ebenso bestimmt. Sie kommt mit einer Flasche Imiglykos zurück, setzt sich mit angezogenen Beinen in den Sessel und beginnt, von ihrem Vater zu erzählen. Ich stelle Fragen, wenn die Unterhaltung stockt, auch weil ich merke, dass es ihr guttut, über ihn zu reden. Sie liebt ihn. So wie Töchter ihre Väter lieben, wenn alles glatt lief in der Familie. Der bevorstehende Verlust macht ihr Angst, sie weiß nicht, wie sie damit umgehen soll. Sie wird Gefühle haben, die sie nicht kennt.
Nach der zweiten Flasche Wein reden wir über Politik, über Tsipras, und als ich sage, dass er ein paar Dinge falsch gemacht habe, stimmt sie mir nicht zu. Sie redet klug und überlegt, und ich muss mich anstrengen, um meinen Standpunkt zu verteidigen. Sie weiß viel mehr als ich. Sie sitzt jetzt aufrecht und nach vorne gebeugt, die Brüste zusammengepresst, und schaut mich mit ihren großen Augen an. Auf ihrer Stirn glänzt der Schweiß, und auf ihrem Shirt hat sich auf Höhe des Bauchnabels ein Fleck gebildet. Ich mag ihren Geruch. Wie gerne hätte ich ihre Haare berührt, ihren Hals, ihren Nacken. Aber sie weiß, dass ich es nicht versuchen werde.

Als es hell wird, sitzen wir still beieinander. Wir nippen an unseren Gläsern, schauen uns immer wieder an. Durch die geöffnete Balkontür kommt endlich kühlere Luft ins Zimmer. Vielleicht kann ich noch eine Stunde schlafen. Als ich gehe, umarmt sie mich. Ich spüre ihren Schweiß, und sie zittert. Ich weiß nicht, ob sie weint.

Christoph Jäger

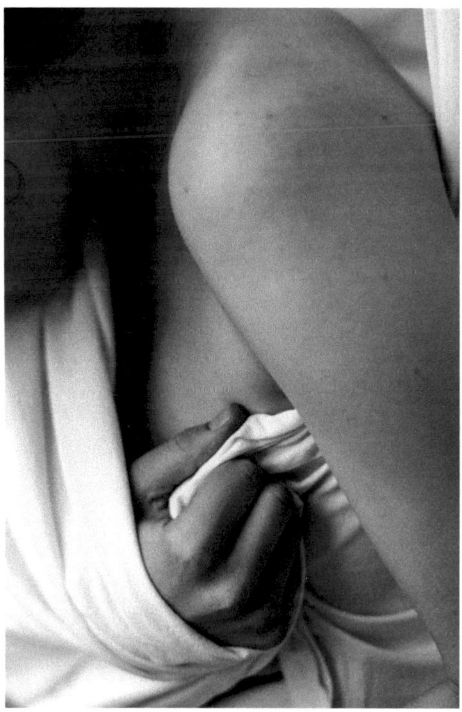

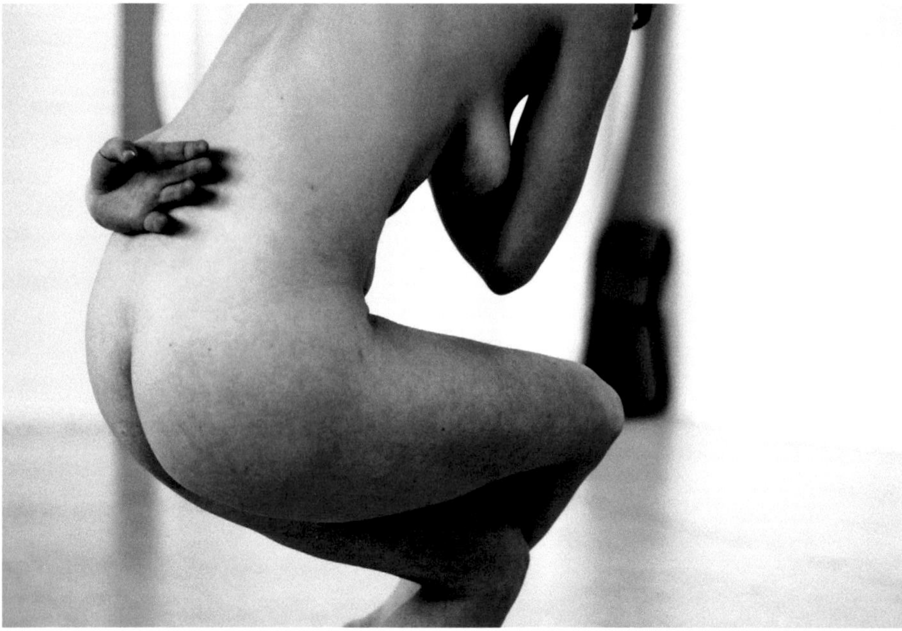

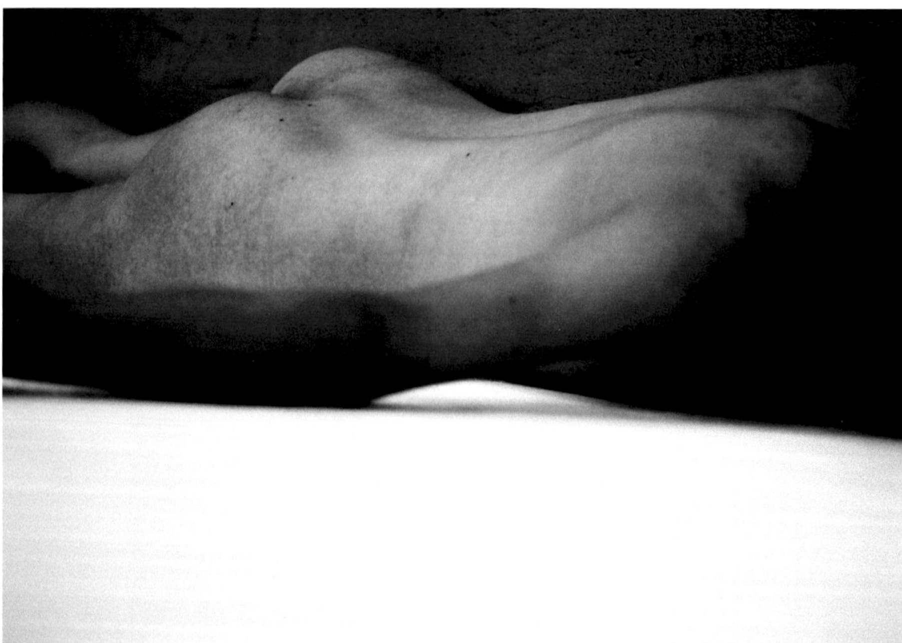

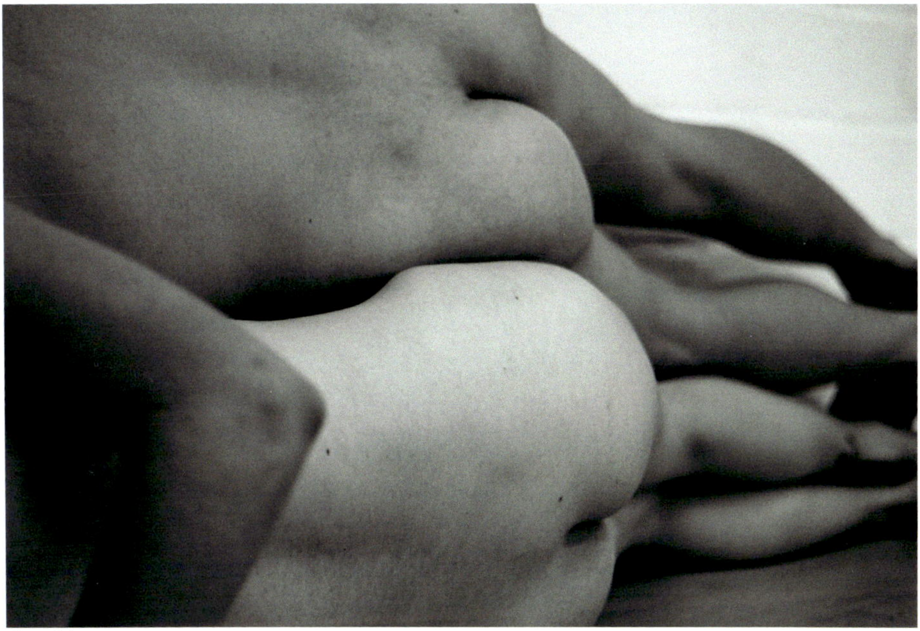

Christoph Jäger

Gülizar Oflas

Barfuß

Barfuß wandere ich durch deine muskulösen Straßen.
Fühle deine Sehnen zwischen meinen Fußspitzen.
Dein Blut beginnt zu brodeln,
deine Körpertemperatur steigt.
Barfuß steige ich deinen Körper empor.
Deine schnell schlagende Brust unter meiner kalten Haut.
Barfuß werde ich nicht mehr sein,
wenn dein Mund meine Zehen umschließt
und sie mit deiner feuchten Zunge liebkost.
Barfuß,
wenn der Rest meines Körpers
von dir bekleidet wird.

Barfuß gehe ich sehr gern
diesen steilen Weg,
bis dein innerer Vulkan durch
meine Fußreibung explodiert und
die Lava
sich wie eine weiße Decke
über meine Füße legt.

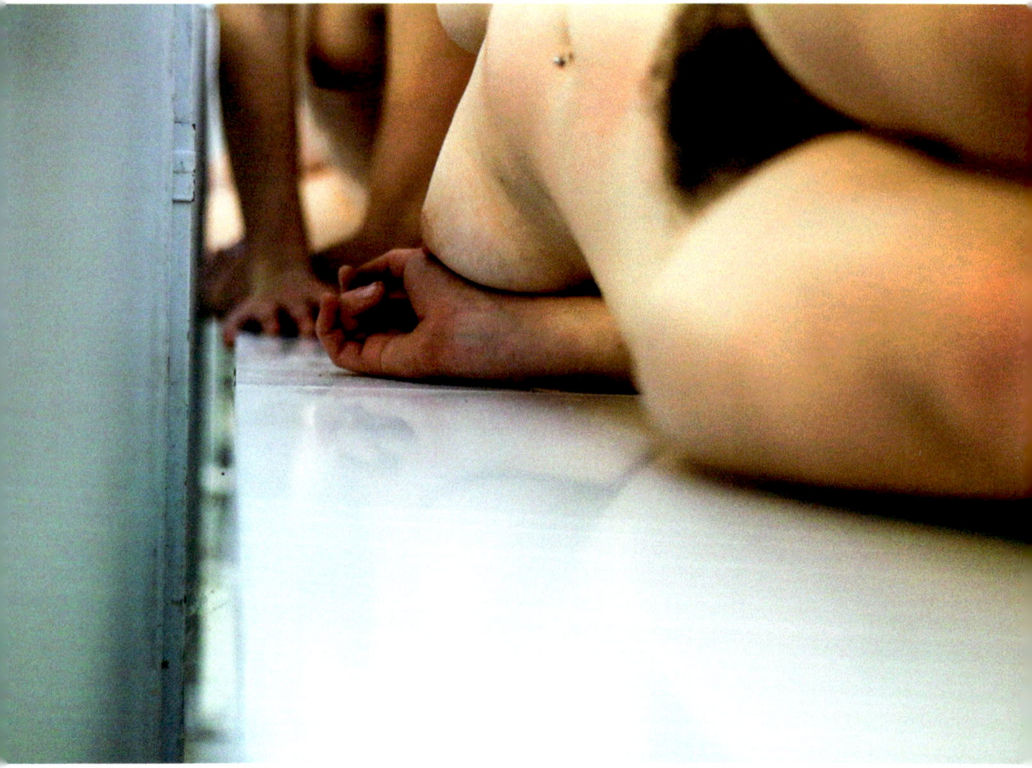

Christoph Jäger

Christian Stielow

Die Massage

„Hier dürfen Sie ablegen und sich gerne schon hinlegen, der Kollege kommt gleich.“ Annette schaute sich im Raum um. Die Salzkristalle verströmten ein warmes Licht, die Teppiche und Wandvorhänge sorgten für eine wohlige Atmosphäre, das Glucksen des kleinen Wasserbrunnens entspannte sie zusätzlich. Der Stress des zurückliegenden Arbeitstages fiel allmählich von ihr ab. Annette konnte die in ihrer Funktion als Betriebsratsvorsitzende hitzig geführte Debatte mit dem Geschäftsführer abstreifen wie ihre Kleider. Als sie es sich auf der Massageliege bequem machte, dachte sie nicht mal mehr an die harten Verhandlungen, die in den nächsten Wochen auf sie zukommen würde; auch vor ihrer Firma hatten die Folgen von Corona keinen Halt gemacht.
Nun war Annette hocherfreut über den Massagegutschein, den ihr Mann seiner Gattin zum 15. Hochzeitstag geschenkt hatte. Zunächst war sie von Hermanns Geschenk etwas enttäuscht gewesen. Mehr als die Behandlung eines Fremden hätte sie sich über die schönen Hände ihres Gatten, die sanft ihre Muskeln durchkneteten, gefreut. Annette liebte Hermanns Hände, eher zart für einen Mann. Und doch konnten sie zupacken, wenn er wollte. Was leider in den zurückliegenden Monaten viel zu selten vorgekommen war.
Endlich hörte Annette Schritte auf dem Flur, dann öffnete sich die Tür. Da Annettes Kopf bereits in der für ihn vorgesehenen Vertiefung lag, konnte sie den Mann nicht sehen.
„Guten Abend, Frau Ribbe!“ Die Stimme des Masseurs klang freundlich. Er positionierte sich neben der Liege, dann begann er mit seiner Arbeit. Die Hände des Masseurs waren angenehm warm, ohne dabei schwitzig zu sein. Sanft ölte der Mann Annettes Oberkörper ein, strich über ihre Schultern, fuhr über die Schulterblätter die Wirbelsäule hinab und wiederholte die Bewegung mehrfach. Annette entspannte vollends. Der Masseur hatte die perfekte Technik, ein Mix aus festem Druck und sanftem Streichen.
„Angenehm so?“, fragte er.
Annette brachte nur ein wohliges Stöhnen hervor.
Nun wendete sich der Mann ihren Beinen und Füßen – einer äußerst erogenen Zone ihres Körpers – zu und bei Annette kam neben der totalen Entspannung eine neue Gefühlskomponente hinzu: Erregung.
Und kurz darauf: Scham. Nach Hermanns Prostataerkrankung hatte ihr gemeinsames Sexualleben ein jähes Ende gefunden.
Noch war es den Ehepartnern nicht gelungen, sich auf die neue Situation einzustellen. Für Hermann, deutlich älter als seine Ehefrau, bedeutete seine Männlichkeit viel. Er war stolz auf seine Potenz; umso schmerzhafter ihr Verlust. Annette hatte sich bemüht, ihrem Mann klar zu machen, dass es bei ihrer gemeinsamen Sexualität nicht nur auf eine handfeste Erektion ankam, sie liebte doch auch seine Hände so sehr. Zudem stellte Hermann sich mit seiner Zunge nicht ungeschickt an.
All das hatte Annette Hermann in langen Gesprächen dargelegt. Doch ihre Mühe war vergebens. Hermann verhielt sich zunehmend übellaunig, tendierte sogar zur Eifersucht auf jüngere Männer, was vor seiner Erkrankung nie ein Thema gewesen war. In Folge der ausbleibenden Zärtlichkeiten erkaltete auch Annette

zusehends. Ausgerechnet jetzt, dank Hermanns Geschenk, empfand sie seit einer gefühlten Ewigkeit wieder Lust. Annette war hin- und hergerissen, ob sie sie zulassen sollte. Darüber verkrampfte ihr Körper.
Der Masseur, erfahren in seinem Tun, bemerkte es. Kurz ließ er von ihr ab, fast schien es so, als würde er sich Instruktionen holen. Schließlich massierte er weiter, forscher als zuvor.
„Entspannen Sie sich!", hauchte er mehr als dass er es sagte und entfernte daraufhin das Handtuch, das Annettes Gesäß bisher bedeckt hatte. Sie erwog kurzzeitig, die Liege zu verlassen und den fremden Mann zurechtzuweisen, doch seine Berührungen waren einfach herrlich.
Annette beschloss, sich hinzugeben. Sie ließ es geschehen, dass der Masseur ihr vorsichtig den Slip auszog. Während der Mann mit kreisrunden Bewegungen ihre Pobacken knetete und immer wieder ihre Kerbe entlangfuhr, spürte Annette, wie Feuchtigkeit an der Innenseite ihres Schenkels entlangrann. Sie presste ihre Beine zusammen, nur um sie kurz darauf doch wieder zu öffnen und ihre Hüften sogar leicht anzuheben, sodass der Mann hinter ihr mit seiner Handfläche Annettes Venushügel hinauf- und hinabfahren konnte.
„O Gott, was mache ich hier bloß?", dachte Annette für einen Augenblick und war kurz davor, die Massage an dieser Stelle abzubrechen. In fünfzehn Jahren Ehe war sie Hermann stets treu geblieben. Heute jedoch würde es sich ändern. Annette hatte einen Entschluss gefasst. Begierig streckte sie dem Masseur nun ihren Hintern entgegen; sie schob den Gedanken beiseite, ob er dem vermeintlich wesentlich jüngeren Mann wohl gefalle. Jetzt wollte Annette nur noch eines: Der Masseur sollte beenden, was er begonnen hatte, er sollte sie bis zum Orgasmus verwöhnen. Der Masseur spürte, was von ihm verlangt wurde. Mit seinem Mittelfinger streichelte und drückte er Annettes Klitoris, drang dann mit demselben Finger tief in ihre feuchte Vagina ein, während er mit seiner anderen Hand ihren Anus bespielte. Woher wusste der Masseur nur, dass ausgerechnet dies Annette so gut gefiel?
Langsam, aber unaufhörlich steigerte sich ihre Begierde. Annettes seit Monaten angestautes Verlangen entlud sich in mehreren Wellen, die ihren Körper durchströmten, ihren Unterleib wild zucken und sie laut aufstöhnen ließen.
Nachdem Annettes Lust langsam wieder abebbte, sich ihr Puls beruhigte und die Röte aus ihrem Gesicht wich, bedeckte der Masseur ihren Körper wieder mit dem Handtuch und zog sich diskret zurück. Annette spürte noch eine Weile ihrem Höhepunkt nach. Das war genau das, was sie mal wieder gebraucht hatte. Sie war Hermann dankbar für dessen Geschenk. Hatte Annette ein schlechtes Gewissen? Etwas vielleicht. Würde sie es ihrem Mann sagen? Eher nicht.
Als Annette sich langsam von der Liege erhob, sah sie hinter einem der mit Vorhängen verdeckten Separees eine Person sitzen. Sie brauchte nicht lange, um zu erkennen, wer es war.

Christine Langer

Lied zur Nacht

Die Sonne sank vor deinen Schoß und ließ Gedanken los –
Du nimmst ihr Leuchten auf und gibst es mir –
Das Zimmer hier ist unser Wald – die Sonne sank –

Bald steht der Mond in deinem Schoß – der Mond
Der nimmer geht – hörst du wie es weht
In den Kronen unsres Walds – ist es der Wind

Der niemals vorübergeht – der Mund
In deinem Schoß bis in die Kronen unsres Walds – hörst du
Wie es weht - es ist das Dröhnen im Schoß das nie vorübergeht

Die Lichter deiner Augen

Lichte Zweisamkeit
Die lichte Zeit mit dir
Das leichte Durchwandern gemeinsamer Stunden
Das ständige Durchleben von dir und mir
Das Durchlieben unseres Atems
Das Durchkreuzen von Grenzen
Der grenzenlose verborgen leuchtende Weg
Dein Leuchtkörper
Die körperlose Bewegung in uns
Die Regung zur Mitte
Die Mitte der offengelegten Weite
Zur Himmelsleiter

Pepper

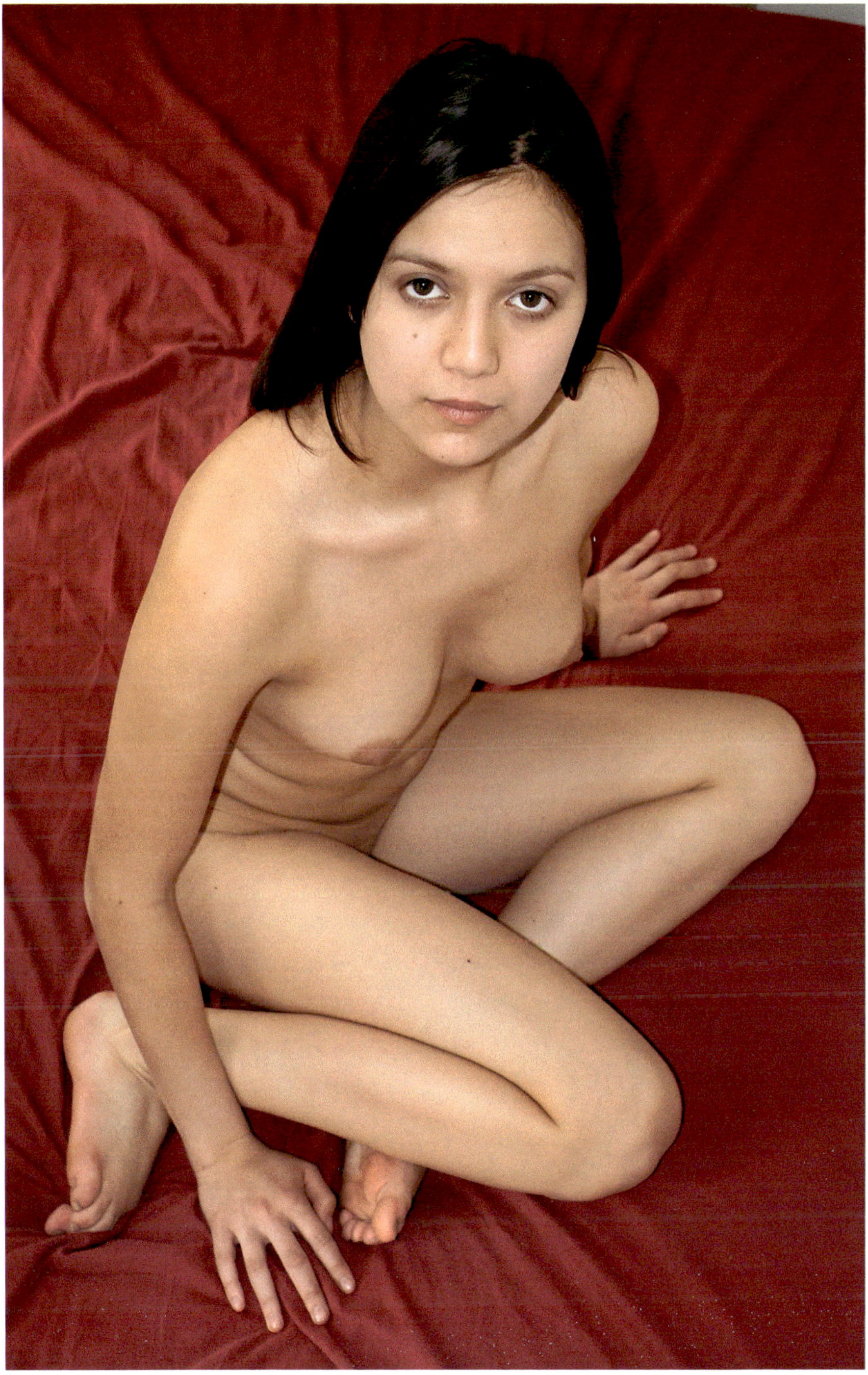

Pepper

Roberto SaM Balducci

Wie ein heimliches Auge

Sie sieht fantastisch aus, keine Frage – erinnert Kurt an eine der griechischen Statuen aus dem Lateinbuch: lange schlanke Beine, helle Haut – alles hell. Hell und verletzlich. Makellos, fast schon unwirklich. Man sieht ihr hinterher. Nicht aufdringlich, sondern eher diskret, wenn es Diskretion an Orten wie diesen gibt.

Den hellen Bademantel aus Seide – wahrscheinlich ist es keine echte, sieht aber so aus – , behält sie noch an, weil der Beleuchter noch nicht fertig ist.

Er hingegen strahlt etwas aus, das Kurt wenig behagt. Nicht, dass er groß und muskulös ist, besorgt ihn, sondern die Art, wie er auf sie zugeht. Der Kerl ist ein ungehobelter Bauarbeiter, wo haben sie den aufgegabelt?, denkt er, ein dummes Pferd, höchstens geeignet, einen Pflug durch die Erde zu ziehen. Aber der Kerl lächelt sie allesamt freundlich an. Immerhin. Arrogant scheint er nicht zu sein. Sie lachen zusammen. Wichtig für die Atmosphäre.

„Lagebesprechung!“, verlangt Kurt. „Dich brauch ich nicht“, ruft er dem Beleuchter zu, weil er weiß, er wird seine Arbeit perfekt machen. „Dich schon! Die Kamera zu mir!“ Er wartet, sitzt am Tisch, Kaffee steht bereit, frisch gebrüht. Sie können sich nehmen, wenn sie einen brauchen.

„Was ich will, ist wirklich nicht schwer zu verstehen. Ganz einfach. Du ...“ er deutet auf Hans, den Kameramann, „erkundest ihren Körper. Deine Linse wandert über sie, als wolltest du sie sanft berühren. Kein Zoom auf ihre Titten. Du hebst sie nicht raus, indem du draufhältst, sondern du betrachtest sie als Kunstwerk. Wie ein Modell Botticellis. Jeder ihrer Körperteile ist Ausschnitt des Ganzen – nicht mehr! Zeig, wie schön sie ist, mach sie aber nicht billig. Sie ist eine Göttin, keine Straßendirne.

Du führst die Kamera wie ein heimliches Auge. Hast du das verstanden? Sei ein Voyeur, einer, der unentdeckt bleibt. Keiner

Pepper

der aufdringlichen Spanner! Kapiert?"
„Ich denke schon", sagt er. So richtig weiß er aber nicht, was der Chef will. Egal, er macht, wie er denkt und wird schon sehen.
„Nun zu dir: Du bist wunderbar. Eine Göttin. Genau das zeigst du. Nichts Gieriges. Spiel nicht die billige Nutte oder so was in der Richtung. Sei zärtlich. Lass deine Erregung zu, zeig aber keine Geilheit." Sie nickt. Er glaubt, sie weiß, was er will und freut sich drauf, es zu sehen. Für einen Moment hängt sein Blick an ihren Lippen. Es gibt Frauen, die sind anbetungswürdig schön.
Er dreht sich um, nimmt den Kerl in Augenschein, der ihr ungehemmt auf die Titten starrt und sich dabei im Schritt kratzt. Seine Unterhose ist ausgebeult, als habe man eine Hasenpfote mit hineingetan. Er sorgt sich. Der Kerl könnte alles vermasseln. Ein Blick in seine Augen reicht: Vor ihm steht ein brünstiges Tier. Er kann nichts Feines entdecken. Kurt aber will, dass er diesen großen, muskelbepackten Körper mit aller Sanftheit einsetzt. Er soll sich bewegen wie in Zeitlupe. Die helle sanfte Schöne soll von dem dunklen Kriegsgott – ja so sieht er aus, irgendwie archaisch! – behutsam geöffnet werden. Er stellt es sich genau vor, wie sie ihn, von starken Händen getragen, im Stehen, Arme und Beine um ihn geschlungen, mit sanft kreisenden Bewegungen lockt. Sie erobert ihn und spürt den Pfahl zwischen ihren Schenkeln, dem sie sich entgegendrängt, und er lässt sie gewähren, bis der bedrohlich dunkle Schwanz wie von allein ganz sanft in sie hineingleitet, behutsam und sinnlich das zarte Rosa öffnet und dann teilt.
„Sie setzt einen Kontrapunkt zu deinem athletisch bulligen Körper. Die Kraft hältst du zurück. Leg ihr die großen Hände auf ihren weißen Hintern, ohne dass du wirklich zupackst. Lass sie darin ruhen, heb sie an, ohne ungestüm zu werden, hilf ihr, sich auf deinen Schwanz zu setzen, ohne, dass du gleich zustößt. Du bist der Araberhengst, der auf den Galopp verzichtet, sondern in Erhabenheit und Stolz schreitet. Kapiert?"
„Araberhengst. Klar Chef!" Er lacht, sieht in die Runde zu den Männern, die genauso dämlich sind. Es ist klar, dass er nichts verstanden hat.
„Piano. Kapiert?"
„Klar Chef."
„Und noch was: Nachdem du im Stehen in sie eingedrungen bist und die Kamera eingefangen hat, wie dein gigantischer Schwanz in ihrem weichen feuchten Fleisch seinen Platz gefunden hat, trägst du sie da rüber ...", Kurt zeigt auf das weiß bezogene Bett. „Du legst sie behutsam ab, und du mein Engel ...", er sieht sie an, zärtlich fast, „öffnest weit deine Beine, lässt dich nach hinten in den Spagat fallen, kippst ihm das Becken entgegen ... Keinen Zoom!" Er meint Hans, der nickt und die Mahnung verstanden zu haben scheint.
„Wie ein geheimes Auge, ich weiß", flötet er. „Nicht geheim. H e i m l i c h . Das ist ein feiner Unterschied, du Torfkopf!", faucht er. „Und dann setzt du deine gesamte Kraft ein", er sieht wieder den Kerl an, „stellst dich auf die Zehenspitzen, gestreckte Beine, abgestützt auf die Unterarme, besser noch auf die Hände wie im Liegestütz. Die Beine so weit es geht auseinandergestellt. Ich will dich als einsatzbereite Maschine. Klar? Die vollkommene Reduzierung auf zwei Geschlechter. Die empfangsbereite Möse in meisterlicher Symbiose mit dem harten Riemen, der

unendlich langsam in sie gleitet. Kein brutales Ficken. Nur Verschmelzung. Eure Körper berühren sich kaum. Klar? Nur Schwanz und Vagina. Die Kamera aber fängt die ganze Szene ein. Doppelt: Durch Hans von oben, dann schräg von der Seite von dir!“ Er sieht den Typ flüchtig an, der nur manchmal aushilft, es aber kann, keine Frage. „Erstmal keinen Zoom. Das ist zu billig. Nicht, wie in den üblichen Pornos. Ich will was für's Auge, das nicht vulgär an die Öffentlichkeit gezerrt wird, sondern im Geheimen bleibt. Fast jedenfalls. Habt ihr das alle verstanden? Kunst statt Porno. Und dann, erst wenn es kaum noch auszuhalten ist ... ich gebe dir ein Zeichen ...“, sein Blick wandert kurz zu Hans, „... holst du sie ganz langsam näher, wanderst in die Mitte und fängst ein, wie dieser monströse Schwanz überlegen und dennoch sanft in ihre feuchte weiche Mitte gleitet.“

Sie nicken, sehen sich aber irritiert, teils belustigt an, und der eine oder andere fasst sich erregt in den Schritt.

„Geiles Zeug, was der Alte da redet“, flüstert einer der Assistenten.

„Dann los!“ Kurt fuchtelt mit den Armen, scheucht sie hoch und will, dass sie loslegen. „Du! Wie ein heimliches Auge! Nicht vergessen“, ruft er Hans noch mal zu.

„Und ich?“, die Aushilfe.

„Du auch!“

„Wie ein heimliches Auge“, flüstert der und grinst dümmlich. Die Anweisungen scheinen ihn zu amüsieren, was Kurt beobachtet, aber nicht weiter kommentiert.

Sie ist fantastisch. Jede ihrer Bewegungen ist die einer geschmeidigen Katze.

Der Beleuchter, Tschack, turnt weit oben im Gestänge herum, und der Chef sieht hinauf, wieder einmal fasziniert von dem drahtigen Körper, der vom Klettern – früher hieß es so, heute haben sie eine andere Bezeichnung dafür – so trainiert ist. Wie kann man nur so einen Arsch haben, denkt er anerkennend, sieht noch einmal kurz hin, weil es sich gerade so anbietet, konzentriert sich dann aber wieder auf die helle Schöne.

Tschack taucht sie in das Licht des Himmels, lässt sie noch verletzlicher wirken, erreicht, dass man sie berühren will. Grandios!

Auch Hans ist perfekt, haucht ihr mit der Kamera Anmut ein, verehrt sie und bewahrt Ruhe. Ihre Schönheit reicht auch für längere Einstellungen, und er lässt sich nicht beirren und zu keiner Annäherung mit der Kamera verführen.

So könnte es bleiben, beziehungsweise weitergehen. Tut es aber nicht. Das dunkle Vieh nähert sich. Schon das Spiel seiner Rückenmuskeln wirkt gefährlich. Er küsst sie. Herrgott, was ist das für ein Scheiß! Er frisst in ihr Gesicht wie in einen kandierten Apfel vom Weihnachtsmarkt und leckt ihr gierig über die Lippen.

Abbrechen geht nicht. Die Sequenz ist zu kurz. Sie können später rausschneiden, was nicht passt. Er sieht hoch zum Beleuchter, damit er sich sammeln und noch mal mit seinen Augen über den perfekten Arsch wandern kann, erkennt aber nichts, weil die Scheinwerfer ihn blenden.

Als er wieder zu ihnen sieht, ist er beruhigt: Der Hengst hebt sie tatsächlich sanft auf seine Arme und sie umschlingt ihn mit langen Beinen. „Jetzt langsam!“, flüstert er, wartet darauf, dass der dunkle Schwanz das zarte Fleisch teilt und feucht hineingleitet. Die großen starken Hände liegen, wie er es gesagt hat, auf den weißen Halbkugeln und streicheln sie sanft.

Er hätte es sich denken können, aber in dem Moment, als es passieren soll, gleitet der Bulle nicht sanft in sie, sondern stößt hart von unten zu und der bescheuerte Kameramensch, der eben auch nur ein Mann ist, zoomt aufdringlich alles groß. Die Möse und den Schwanz, der ohnehin schon riesig ist und nun wirkt wie ein Torpedo auf offener See. Verdammt noch mal. Diese Dilettanten! Er ist außer sich, geht hin zu ihnen und gibt Zeichen, aber das grobschlächtige Pferd hämmert weiter den harten Schwanz in ihre Möse, dass es nur so klatscht, und bekommt nichts von seinen Versuchen, die Situation zu retten, mit. Sie wirft sich nach hinten, krallt sich an ihm fest und spornt ihn auch noch an. Fast reißt er ihr den Arsch auseinander, so fest packt er zu und ihr scheint es auch noch zu gefallen ... Es ist nicht zu fassen: Sie vögeln wie die Tiere. Der dunkle Krieger schwitzt und sie leckt über sein Gesicht, holt sich seine Zunge und sieht ihm dann besitzgierig in die Augen, hält inne und ... bereitet sich vor, will nur noch kommen! Doch jetzt noch nicht!, jammert Kurt innerlich laut auf und ist fassungslos. Für einen Moment sieht sie aus, als hätte sie Presswehen, dann schreit sie und ergießt sich mit einer mächtigen Ejakulation, die dem Hengst über seinen Sack und auf die Oberschenkel schießt. Oh, mein Gott. Das gibt's ja nicht! Kurt hat schon viel gesehen ... aber so was? Wieder zoomt Hans und die Woge ihres inneren Ozeans sprudelt und strömt weiter und überschwemmt alles und spritzt in einem letzten Aufbäumen dem Zuschauer quasi direkt ins Gesicht.

Es ist, als gösse sie Öl ins Feuer, denn mit ihm geht es nunmehr völlig durch. Er fickt und fickt. Mit tiefen langen Stößen nimmt er sie, hält sie mit starken Armen und küsst sie mit breiter Zunge. Sie stöhnt, schreit bald wieder, umspült ihn nochmals,

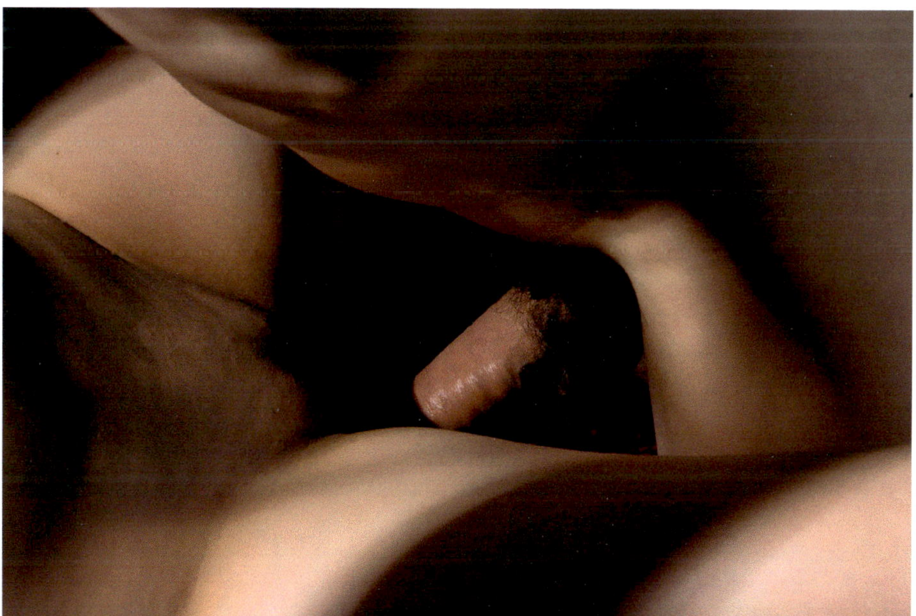

Peru John

und er schlägt ihr mit einer seiner großen Hände anspornend immer wieder beherzt auf den Arsch. Ekstase pur.
„Ja, lass es raus meine kleine Nutte!"
Kurt fasst es nicht: Das bullige Vieh schwitzt vulgär und sieht aus, als würde er sie mit einem Genickbiss töten und dann fressen wollen. Bald ist alles im Eimer. Die Szene lässt sich nicht retten. Wie auch? Der Idiot hat eine seiner Pranken in ihre langen Haare vergraben und zerrt an ihr herum, als wollte er ihr den Kopf abreißen. Ihre Wimperntusche ist verlaufen. Das Gesicht, nassgeleckt, hat nichts mehr von einer Fee. Das ist doch alles Scheiße, denkt Kurt, während der Hengst rüber zum Bett geht. Eins muss man ihm lassen, der Typ kann unbeirrt weiter ficken, obgleich er quer durch das Set läuft, schießt es ihm durch den Kopf. Anstelle einzugreifen, um zu retten, was zu retten ist, starrt er ungläubig zu ihnen rüber. Statt sie sanft abzulegen, wirft er sie aufs Bett, schmeißt sich über sie und nennt sie „Schlampe".
Das mit dem Spagat klappt, das mit der Liegestütze tatsächlich auch und für einen Moment sieht er, was er sehen will: Die Möse verbindet sich mit dem dunkelverfärbten Riemen eines wilden Kriegers.
Die Vereinigung zweier Geschlechter in Perfektion. Was macht sie denn? Mädchen, ich hab's dir doch erklärt! Sie schreit: „Fick mich du Bulle!", und krallt sich mit der einen Hand in seinem Rücken, mit der anderen in seinem muskulösen Arsch fest. Er stößt zu. Fester und zunehmend brutaler, legt sich bald ganz auf sie und vögelt sie um den Verstand. Mit weit geöffneten Beinen liegt sie da und schreit aus Lust, wenn ihr Beschäler den Schwanz rauszieht, ihn in die Hand nimmt und ihn energisch auf ihre geöffnete Vagina schlägt und den Kitzler trifft.
„Oh mein Gott!", schreit sie gleich mehrmals hintereinander und er schlägt noch ein bisschen fester zu und wird rasend, wenn er mit einem seiner Daumen in sie fährt und sie ihn daraufhin mit hohem Schwall nass macht. Alles schwimmt. Er stürzt sich in ihren Schritt, säuft gierig ihre Lust und steckt dann den Schwanz zurück.
Kurt sieht verzweifelt zu ihnen rüber. Sie haben alles zunichtegemacht, sagt er resigniert zu sich und ist entkräftet, spürt aber, wie sein eigenes Ding mitmachen will und sich schmerzhaft gegen den Latz schiebt.
„Schluss jetzt!" Bevor alles versaut ist, schreitet er ein. „Was glaubst du, wo du hier bist, du Schwachkopf!", schreit er außer sich. „Das war's für dich! Wofür mache ich zuvor eine Besprechung, wenn dann jeder macht, was er will. Gebt ihm seine fünfhundert und dann raus mit ihm!"
Der Krieger erhebt sich und stellt sich mit bedrohlich aufgerichtetem Schwanz einen Moment vor ihn und durchbohrt ihn mit seinem Blick, winkt der Schönen, die derangiert wirkt, zu und will verschwinden. „Dann eben nicht!", sagt er.
„Bist du bescheuert oder was? Da kann endlich mal einer ficken wie ein Stier und du störst die Nummer!", keift sie und zieht beleidigt mit dem Krieger ab.
„Scheiße, so kann ich nicht arbeiten!"
Mit einiger Verzweiflung greift Kurt sich an die Stirn, verlangt Kaffee und steckt sich eine Zigarette an. „Kamera aus!"
„Ist aus!"
„Beleuchter zu mir!" Wieder verfolgt er ihn mit Blicken, wie er vom Gestänge turnt und kann sich nicht sattsehen. Und du ...", er sieht ihn an, registriert, dass nicht nur der Arsch perfekt ist, sondern das Beleuchten wohl erheblichen Spaß gemacht haben muss, „... machst deine Sache

gut“, stottert er und will ihn kurz berühren, den großen Schwanz, der sich quer in die Hose gelegt hat, besinnt sich aber. „Die Szene muss heut noch in den Kasten! Hol die beiden Idioten zurück, bevor ich ausflippe“, brüllt er dem Assistenten zu und schlägt mit der Hand auf den Tisch, tätschelt dann anerkennend den trainierten Beleuchterarsch. „Drehen wir eben doch einen richtigen Porno. Scheiß auf die Kunst.“

„Okay Chef! Wird gemacht. Mehr Kontraste. Alles hart, richtig?“
Da grinsen sie beide zweideutig und der Beleuchter lässt für Kurt beiläufig einmal seinen Schwanz zucken.
„Genau! Wenigstens einer, der mich versteht. Also wieder rauf mit dir.“ Mein Gott, was hat der für einen unglaublich geilen Arsch, denkt er und dann geht es endlich weiter.

Peru John

Anna Breitenbach

Bayerischerbeamtermitflügeln, alle vier Bilder

Streitlust

Ich könnte eine kleine
Abreibung vertragen!
Sagen wir: sehr sehr
nötig haben.

Notaufnahme

Mach mir deine Haut
auf, lass mich schnell
zu dir rein.

Sanfte Frage

Ich will ja nicht in dich dringen.
Aber könntest du mich auch
mal wieder so von oben herab
behandeln, niederringen, mich
stolz auf die Knie zwingen?

Stundenkleber

Der harte Abstand
hält uns ganz
schön zusammen.

Sehvermögen

Mein Sehvermögen ist, was dich
betrifft, beträchtlich und recht
umfangreich! Weil:
Sehe ich dich, dann immer gleich
und ganz von Kopf bis Schwanz.
Ich seh nur dich. Du, in Sicht!
Ausschhießlich, exklusivlich: dich.
Viel mehr und sonst noch was
seh ich erst mal nicht, gleich
und ganz, hals über Kopf, von dir
bekifft

Warte auf mich,

wenn ich nicht schon da bin und
außer Atem dir kaum alles auf
einmal sagen und man mich nur
mit Küssen stoppen kann …

Warte auf mich, auch wenn
Ich nicht komme.

Dorothy Parker, Warten.
Als das Telefon nicht klingelte,
wusste ich, dass du es warst.

Ben Marcato

Ben Marcato

Ulrike Lynn

Saudade

Als wir uns das erste Mal treffen, fangen meine Wimpern Feuer an deinem Blick. Der Abend ist warm, letzte Reste des Lichts fallen aus deinem Lächeln und du hältst deine Handfläche mir hin, eine Frage auf ihrem Teller wie etwas Wertvolles.
... Und ich lege meine Antwort hinein: Finger, die lang sind und starr, weil ich zu Holz geworden bin, seit du mich ansiehst. Die Berührung unserer Hände schlägt, wie beim Klavier, eine Saite an, die schwingt, die wie ein Summen in mir wächst, schwillt und sich vor den Atem stellt, so, dass er sich nicht mehr frei bewegen kann und also schneller wird.
Du sprichst zu mir und eine Melodie fremder Klänge liegt mir im Ohr wie Tautropfen früh morgens auf Gras. Ich glaube, du fragst nach meinem Namen und ich flüstere mich in die Nacht. Das tiefe fremde Braun deiner Töne liegt mir auf den Stimmbändern und es ist als würde ich singen, so sehr vibriert mir der Hals.

Dann drängelt die Musik sich zwischen uns, leckt mir über die geschlossenen Lider, zittert mir durchs Blut. Es hat uns die Sprachen verschlagen, und dafür bin ich dem Abend dankbar. Meine Hand liegt noch in deiner – du erinnerst mich an ein Land mit B, wo Frauen rote Kleider tragen, auf die ihr schwarz gelocktes Haar fällt; wo es heiß ist und wo das eigentliche Leben erst nachts durch die Venen jagt.

... Und der Tango steht zwischen uns, aufrecht mit eigener Wirbelsäule, wie eine unsichtbare Grenze... wie eine Kluft zwischen uns und wie eine Brücke.

Ben Marcato

Ein Lied lang beim Tanzen wissen, dass mein Schoß genau da ist, wo er sein sollte, dass meine Brüste dir auf den Lungenflügeln liegen, während die Musik den Rhythmus unseres Atems vorgibt, auch wenn er stockend zwischen die geschlos senen Lippen bricht wie Stücke einer Halbwahrheit.
Ich versuche, Stimme zu unterdrücken.
Ein Lied lang.
Dein Geruch brennt sich in meine Sinne und sitzt dort, lauernd auf die Erinnerung an ihn, an dich und daran, wie du duftest.

Beim Abschied bäumt mein Becken sich dir entgegen, ich berühre deine Hüfte unbeholfen im Vorübergehen. Mein Haar bleibt in dem Knopfloch deines Hemdes hängen und es zieht meinen Kopf nach hinten, so, dass ich nur noch Himmel

seh. Deine Finger entwirren mich. Deine Finger mir im Haar, als wühltest du mit beiden Händen im Laubhaufen. Eine alte Erinnerung.
Nachts, endlich aus deinem Gesichtsfeld, aus deinem Blick mich ans Ufer gerettet, schlinge ich mich um einen Baum, die harte raue Rinde kratzend auf meiner hochempfindlichen, meiner rohen, offenen Haut. Zwischen den Beinen zittert, was auf dich wartet.
Ich reibe mich wund am Holz, den Herzschlag der Bäume im Schritt, pochend, und ich denke zurück, wie oft ich schon schreiend in Wäldern ...
deine Hände.

Beim nächsten Mal, als wir uns begegnen, scheinen deine Lippen voller als sonst, und du duftest nach Wasser.
Dein Nacken liegt brach. Auf ihn möchte ich tropfen.
Einen Nachmittag lang schwitzen die Worte uns auf den Lippen, meine nackten Füße, deine Zehen im Gras, und unsere ernsten Blicke, obwohl klar ist, dass wir verloren haben: uns.
Wir tauchen die Köpfe in den weißen Schaum des Springbrunnens, du einmal und ich immer wieder, weil die Sonne durch meine Schädeldecke bricht, weil mir heiß ist und ich mich fiebrig fühle in deiner Gegenwart. Ein Schwindel erfasst mich, ich möchte fallen, in deine Arme stürzen, mit dem Gesicht in deiner Achsel landen und nehmen, was mir zusteht: dein heimlicher Geruch, das Salz deiner Drüsen, die verklebten Haare da, wo mein Fieber sitzt.

Und wieder passiert nichts, außer dass wir lachen und uns – wie zufällig– an den Stellen unserer Körper streifen, die nackt sind: meine Schultern, Knie, meine Hände und Wangen, meine Füße und Waden, meine Stirn.
Es atmet mich laut, als du mir die triefenden Haare von den Schläfen streichst und dann verrät mich mein Puls auf der freigelegten Haut, ein Hämmern, das meine Gedanken enthüllt, ein Pochen, so als sei ein Zahn krank und man durchwacht eine ewige, eine nicht enden wollende Nacht, währende der Nerv den Kiefer aushöhlt, nur dass es jetzt mein Puls ist, der wummert, weil du meine Haare berührst, weil dein Finger an meiner Schläfe entlang geht und dein Atem mir wehtut, so wund bin ich von dir.
Und ich will fragen, ob wir nochmal tanzen gehen, ob du dir das vorstellen könntest: nochmal meine harten Brustspitzen wie Dornen in deinen Lungen, nochmal mein Schritt an deinem Knie und das leise Schmatzen, von dem ich hoffe, dass du es nicht hörst und doch wiederum will, dass du weißt ... dass du merkst, wie nass ich bin. Ob du dir vorstellen könntest, mein Nylon mit deiner Zunge zu streifen, die Naht auszumachen, ob du dir vorstellen könntest, mit deinen Händen an meine ... all das will ich fragen, aber ich weiß nicht wie, ich kenn deine Sprache nicht, nur ein Wort, nämlich Sehnsucht: saudade, und also sage ich nichts und halte mich lange an deinen Schulterblättern fest, während wir uns zum Abschied umarmen.
Noch Tage später fällt mir das Laufen schwer, weil der Gang geschwollen ist und träge in seiner Erwartung.

Ich sehe dich an einem Sonntag wieder, ich denke ununterbrochen an Raps, es riecht so süß alles und meine Hände kleben – ich weiß, heut wird, heut muss

Ben Marcato

etwas geschehen, ich fühle mich wie aufgeschlitzt vom Schritt bis in die Bronchien.

Ich fackel nicht lange, ich mach kurzen Prozess ... am Arm ziehe ich dich hinter mir her, wortlos, wie man einen Hund durch den Regen schleift, und du wehrst dich nicht, vielleicht weißt du, was kommt. Ich schlenkere mit meinem Schlüssel vor deinen Augen, ein universales Zeichen, eine Geste, die mein Land kennt und deines auch, endlich, endlich nickst du. Und dieses Nicken heißt, du hast mich verstanden, und es heißt auch: in dich hinein.

Unser Kuss schließlich ist wild, schnell, hektisch, ungeduldig, aber lange.
Die Zungen wie Vögel, wie nervöse Libellen in grünlichem Schilf, aber unsere Arme dafür sind ruhiger als noch vor Tagen.
Du schmeckst nach Frühherbst, frischem Laub, und dein hastiger Atem fällt zwischen die Maserung des Dielenbodens.
Wir liegen auf Holz, bearbeitetem, geschliffenem Holz, aber ich denke mich zwischen Zweige, meine Handgelenke im Moos, deine Finger um sie gewickelt.
Alles an uns zittert. In deinen Achseln fängt sich mein Atem und wie eine Handvoll Apfel füllt mein Busen dich aus.

... Und du greifst nach meinem Hinterkopf und legst mein fieberndes Gesicht dir in den Schoß. Ich fühle einen Baum aus dir wachsen. Dein Sommer schwillt und die Hitze ist unerträglich geworden. Mir brennt die Haut wie Feuer dort, wo ich auf deine treffe, als würde im tiefsten Meer eine giftige Qualle mich lecken.

Deine Hände wachsen als Wurzelgeflecht mir in den Schoß und meine Vulva platzt auf wie die gesprungene Schale reifer Kastanien. Dahinter:
deine braunen Berührungen.
Deine Zungenspitze auf dieser feucht-kalten Frucht
und meine lodernden Finger dabei dir im Haar.

Aus unseren Schößen läuft Neugier,
es tropft hungrig die Lust auf den Boden
die nasse Nacht ist Meer – Wellenschlagen unsere klatschenden Körper ...

... bis der Sturm kommt
und alles um uns herum verschwindet.

Das erste Zucken im Schenkel.

Und ich scheuche, was wie Flügel sich annimmt, von mir und lege deine flatternden Finger, deine heiße Hand auf mein wild rasendes Herz.
... Aber dein Blick reißt und die Wärme, die von hinter meinem Brustkorb dir zuwächst, macht dich irre.

Metallkalt die Klinke, mit der du die Tür öffnest und gehst.
Dann nie wieder.

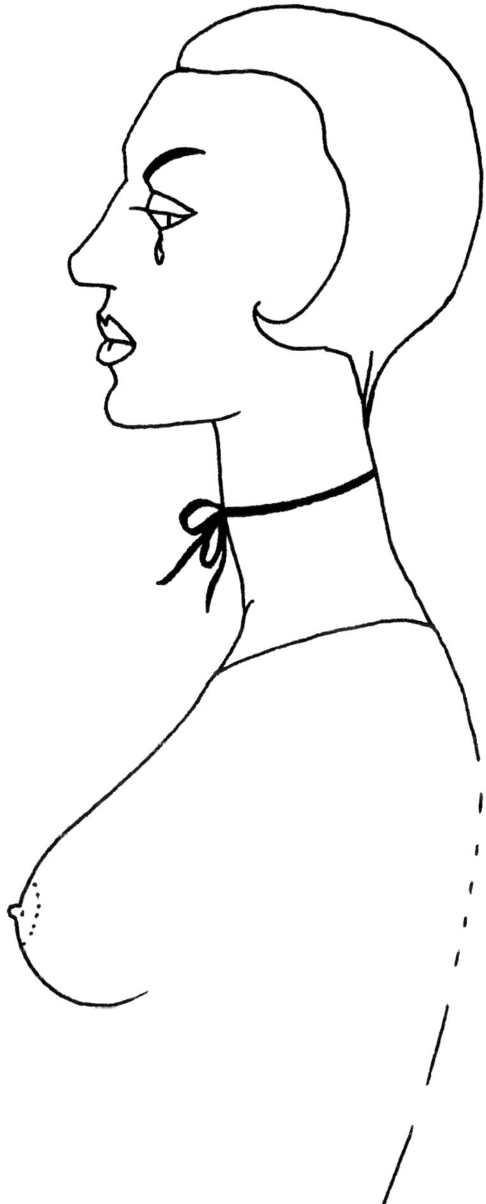

Laura Pérez Vernetti

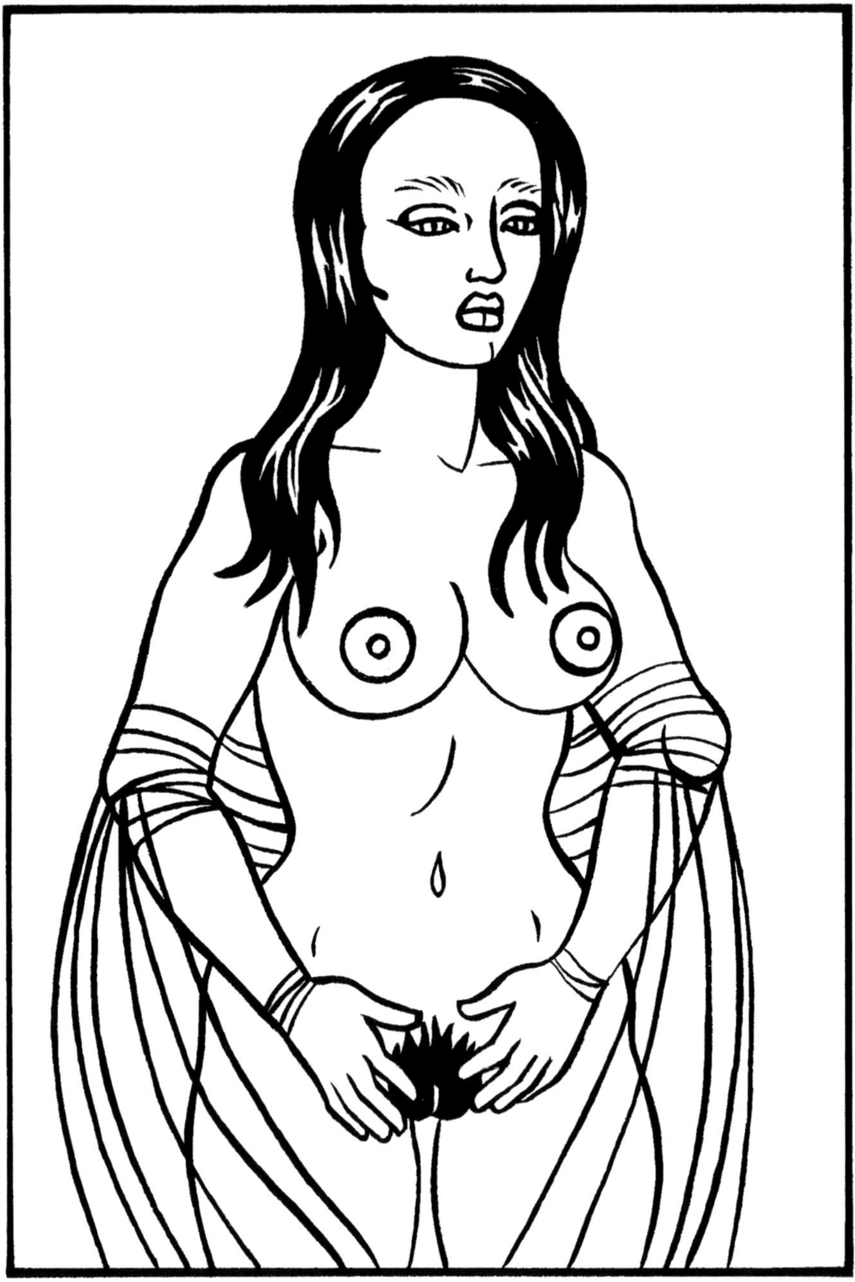

Ester Solivan

Andenken

Antwortend auf die Wärme meines Kissens spreche ich mein
Liebster in den Raum
schaue, wie es schwebt und sich verfängt
im Schweißgeruch des Hemdes, das noch am Fußende des Bettes
hängt, als käme da gleich einer
lecke ich in die Luft nach einer Zunge aus Luft
die gestern noch fleischig war
die man einsaugen kann, wenn man will
wenn man fest verzapft auf ihm sitzt
und drückt die Schenkel auf seine Hüften, nachschaukelnd und fast lachend
weil ich sehe, dass mein Hintern rot ist und heute vergissmeinnicht-
blau trägt einen gut
ein paar Tage durch die anbrechende Woche

Berührung

Ein Streicheln wie ein Nackenbiss
bin ich schon (Brustwarzen vor
zum Greifen,
spitz, zum Kneifen
nah) einen Moment
wie gelähmt bis zwischen die
Beine – bereit
gebraucht zu werden.

Von Hand zu Mund

Zwischen deinen Knien auf meine gehn
Die Wange an den Schenkeln reiben
Denn was man liebt, das leckt man, und ich lecke
Gern alles ab, was man mir gibt
Von Hand zu Mund
So schulmädchenbrav
Hast du mich sicher selten
Man diskutiert halt schlecht so und
Besser gut gestopft, als wenn ich dir es noch verriete:
Ich täte alles, alles jetzt; und wenn du willst,
Kannst du mich weiter mit der Hand bedienen

Michael Siegel

Ich arbeite am liebsten mit dem Mund
Du schmeckst so gut
Wohin geht diesmal die Bescherung
Da bist du frei und ich dir zur Verfügung
Von vorn und
Hinten feucht erwart ich's auf den Fersen
Ach, ich krieg's so gerne von dir
in Gesicht und Mund.

Michael Siegel

Verena Halvax

Etwas ganz Großes

1.

So etwas Großes wie mit dir habe ich noch nie erlebt.
Er küsst mich auf den Mund, öffnet mit seiner Zunge meine Lippen, drückt meinen Kopf auf die Matratze. Ich schaue auf seinen rechten Mundwinkel. Dieser Mundwinkel scheint eine Stelle zu sein, die unverletzt geblieben ist vom Leben. Diese Stelle hat etwas Kindliches, Unschuldiges, gleich daneben aber wie eine Mondsichel die tiefe Furche der Arroganz und der Fröhlichkeit. Dieser Mundwinkel und diese Furche erregen mich. Wenn ich an ihn denke, sehe ich immer diesen kleinen Ausschnitt.
Ich liebe dich, sagt er und fährt mir mit der Zunge über das ganze Gesicht.
Mein Magen verkrampft sich.
Ich liebe dich auch, sage ich und spanne dabei meinen Bauch an.
Er merkt es nicht.
Ich wollte immer schon einmal barfuß über gefrorene Erde gehen. Irgendwann muss ich das ausprobieren. Das fällt mir jetzt ein.
Und dass wir uns seit zwei Monaten kennen, das fällt mir auch jetzt ein.
Ich fühle mich ziemlich angezogen von dir, sagt er.
Es tut mir leid, sage ich, in mir ist Unruhe. Langsam ziehe ich mich aus seinen Armen zurück und stehe auf. Es tut mir wirklich leid, aber ich kann nicht anders.

Vorige Woche war er zwei Tage bei mir. Am ersten Tag war schlechte Stimmung, am zweiten Tag mittelschlechte. Dazwischen lag eine gute Nacht mit ihm. In der Früh standen wir uns in der Küche gegenüber, aßen Haferbrei im Stehen. Gerade als ich mir einen Löffel voll in den Mund steckte, kam er auf mich zu und küsste mich. Seine Zunge in meinem Brei. Ich schloss den Mund, drehte mich weg, schluckte hinunter.
Ich liebe dich, sagte er.
Ich liebe dich auch. Vielleicht, sagte ich. Mit angespanntem Bauch. Aber nicht nur mein Bauch war dabei angespannt, auch mein Beckenboden. Er lachte und gab mir einen leichten Faustschlag in die Rippen. Vielleicht, wiederholte er. Und wieder zog er mich an sich heran.
Er merkte nicht, wie hart mein Bauch war.

Es ist ein Probieren. Wie probiert man am besten? Viel zu schnell das Gefühl von Verschlungen-Werden, dabei ein schlechtes Gewissen.

Wenn ein neuer Mensch in mein Leben tritt, fällt es mir schwer, seinen Namen auszusprechen. Es fällt mir schwer, mit einer Selbstverständlichkeit den Namen jener Person zu verwenden. Dieser Wiener ... Das käme mir leichter über die Lippen. Aber von Raimund zu reden, ist mir beinahe unmöglich. Auch wenn er nicht Raimund hieße, sondern Oliver oder Markus oder Thomas. Von „dieser Wiener" zu „Raimund" ist ein langer Weg.

Am Abend besuchen wir eine Lesung. Eine Freundin von mir stellt ihren ersten Roman vor. Er interessiert sich für alles, was mich interessiert. Ich weiß nicht, ob das gut ist. Wir sitzen weit vorne und halten uns an den Händen. Ich mag es, wenn du deine Haare zusammengebunden hast, flüstert er mir ins Ohr, dein

Gesicht ist dann so pur. Du bist eine schöne Frau. Nicht klassisch schön. Keine Puppe. Darüber kann ich mich nicht freuen. Ich habe meine Haare selten zusammengebunden. Aber wenn, sagt er genau das. Immer dieselben Worte. In derselben Reihenfolge. Er. Der Wiener. Er. Raimund. Seine Hand zu spüren, tut gut. Ich konzentriere mich auf die Lesung, er konzentriert sich auf die Haut in meiner Handinnenfläche. Ich schließe die Augen, um Monas Worte besser zu verstehen, spüre aber nun seine Finger intensiver. Ich öffne die Augen wieder, sehe ihn von der Seite an. Unauffällig. Nur aus den Augenwinkeln. Seine Furche. „Warum kommst du gerade heute? Heute ist kein guter Tag. Heute wollte ich mich verstecken", liest Mona gerade. Das hätte *ich* sagen können. Ich drücke seine Hand, vielleicht versteht er das Zeichen. Er lächelt mich an. Er versteht es nicht.

Sammlung Karl-Diether Gussek

Nach der Lesung gehen wir mit Mona auf einen Drink. Sie kennt Raimund noch nicht persönlich. Bloß vom Telefon, da habe ich ihr von „dem Wiener" erzählt. Sie tauschen höflich ein paar Sätze aus, dann reden Mona und ich. Nur wir beide. Raimund bleibt gut gelaunt, obwohl er nichts zu sagen hat. Ich habe wirklich den Eindruck, er freut sich einfach, an meinem Leben teilzuhaben.

Ich liebe dich, sagt er, als er mich im Bett umarmt.
Das war ein schöner Abend, sagt er, als er mich im Nacken küsst.
An dich könnte ich mich gewöhnen, sagt er, als er mein T-Shirt langsam nach oben schiebt.
Du gefällst mir, sagt er, als er mich mit seiner Zunge berührt.
Ich begehre dich, sagt er, als er mich küsst und mich fest an sich drückt.
Ich fühle mich ziemlich von dir angezogen, sagt er, als er meinen Slip mit seinen Zehen nach unten zieht.
Ganz große Gefühle, sagt er, als er seinen Finger nass macht.

Jedes Mal, bevor wir uns treffen, nehme ich mir vor, die Beziehung zu beenden. Ich weiß genau, was ich sagen werde. Aber ich sage es nicht. Obwohl da zu wenig Gefühl ist, wenn ich ihn sehe. Aber dann küssen wir uns. Und ich denke mir, vielleicht ist da doch mehr Gefühl. Und dann schlafen wir miteinander. Und ich denke mir, wahrscheinlich ist da doch viel Gefühl. Und es wäre doch schade. So etwas Großes. In der Früh stehen wir uns in der Küche gegenüber und ich spanne den Bauch an. Wie jetzt. Ich schüttle den Kopf, will diese Gedanken nicht haben, will dieses Gefühl nicht haben, will gar kein Gefühl haben, obwohl ich mich jetzt drei Jahre nach viel Gefühl gesehnt habe.

Manchmal, wenn er über mir ist, im Bett, vielleicht auf allen Vieren, erinnert er mich an eine Bartagame. Natürlich sieht er nicht aus wie eine Bartagame. Ich weiß nicht, warum dieses Bild plötzlich da ist. Aber ich will nicht mit einer Bartagamen Sex haben. Ich versuche dann, mir andere Bilder herbeizuholen. Und meistens gelingt das auch. Öfter schaut er mich von oben bis unten an, ohne den Kopf zu bewegen. Wie jetzt. Er rollt nur seine Augen. Es ist ein bewusstes Augenrollen. Ich glaube, nein, ich weiß, es soll mir symbolisieren, dass er mich jetzt will. Dass er mich begehrt. Alles an mir. Die Richtung seiner rollenden Augen soll mir zeigen, was er gerade begehrt. Ich durchschaue ihn. Ich mag es nicht, wenn ich Menschen durchschaue. Dieser unbewegte Kopf und die rollenden Augen, vielleicht schauen Bartagamen so.

Was denkst du, fragt er mich und bewegt nun doch seinen Kopf und hört mit dem Rollen der Augen auf.
Raus damit, sagt er.
Ich schließe die Augen. Wie ein kleines Kind, das nun glaubt, nicht mehr gesehen zu werden. Dabei schmiege ich mich an ihn. Umarme ihn. Küsse ihn. Wieder mit hartem Bauch.
Wir könnten die neue Ausstellung anschauen, sage ich.
Du lenkst ab, sagt er.
Oder wir gehen spazieren, sage ich.
Er schaut mich an, spricht mit den Augen. Ich antworte mit einem Achselzucken und gehe ins Bad. Kein Gefühl. Oder viel Gefühl. Diese zwei Zustände gibt es. Sie sind nicht vorhersehbar. Und Raimund hält das alles aus. Jetzt plötzlich viel Gefühl. Ich drehe das Wasser ab, wickle mir ein Handtuch um meinen Körper und gehe zu Raimund, gebe ihm einen Kuss auf den Mund. Und noch einen. Hab dich lieb, sage ich und verschwinde wieder im Badezimmer.
Was stimmt nicht mit mir?

Wir entscheiden uns für einen Spaziergang *und* die Ausstellung. Hand in Hand stapfen wir los, noch mit Haube und Schal, obwohl seit zwei Tagen die Schneeglöckchen blühen. Er sagt kein Wort und darüber bin ich unsagbar froh. Ich sage auch nichts. Meine Sinne sind so schon bis an die Grenze gefordert mit dem Zwitschern der Vögel und mit meiner Hand in seiner Hand.

Der Großteil unserer Welt funktioniert in diesem Zustand. Null, eins. Vielleicht kann auch ich in diesem Zustand funktionieren. Kein Gefühl, viel Gefühl. Ein ständiges Wechselspiel. Wenn auch nicht programmierbar. Das müsste funktionieren. Ich versuche zu spüren, ob da gerade kein Gefühl ist oder viel Gefühl. Und spüre es nicht. Aber meine Hand in seiner, das fühlt sich gut an.

Nach ein paar Metern bleibt er stehen, schaut mich an, drängt mich mit seinem Körper sanft gegen einen Baum. Er rollt mit den Augen, küsst mich, hält seinen Mittelfinger vor meinen Mund, damit ich ihn ablecke, ich tu es nicht, er macht es selbst und streicht mit dem nassen Finger meinen Hals entlang, unter dem Schal hindurch in Richtung T-Shirt, dabei drückt er seinen Körper an meinen.
Ganz große Gefühle, sagt er.
Ich stoße mich vom Baum ab und gehe weiter.
An dich könnte ich mich gewöhnen, sagt er.

Er ist Kunsthistoriker und ich hätte nicht mit ihm in diese Ausstellung gehen dürfen. Schon beim zehnten Bild kann ich ihm vor Langeweile nicht mehr zuhören. Er aber wird nicht müde zu erklären und in der Ausstellung hängen bestimmt fünfzig Bilder.
Ich gehe auf einen Kaffee, sage ich, wir treffen uns später wieder.
Ich kann gleich mitkommen, sagt er und leckt mit seiner Zunge kurz über meine Lippen.
Mein Magen, ein Stein. Ich brauche dringend Ruhe.
Aber. In zwei Stunden fährt er wieder nach Wien, dann gehören die nächsten sechs Tage mir alleine.

2.
Er: Sehen wir uns morgen?
Ich: Diese Woche geht nicht. Das weißt du doch.
Er: Wir gehen auch bald schlafen, versprochen.
Ich: Hab schon um 8.00 Uhr einen Termin.
Er: Hätte große Lust.
Ich: Nein. Mit dir habe ich immer zu wenig Schlaf!
Er: Liebes!
Ich: Es geht diese Woche nicht!
Er: Wir haben uns drei Tage nicht gesehen.
Ich: Ich weiß.
Er: Ich flüstere dir eine Gute-Nacht-Geschichte ins Ohr, du kuschelst dich an mich, ich berühr dich sanft ...

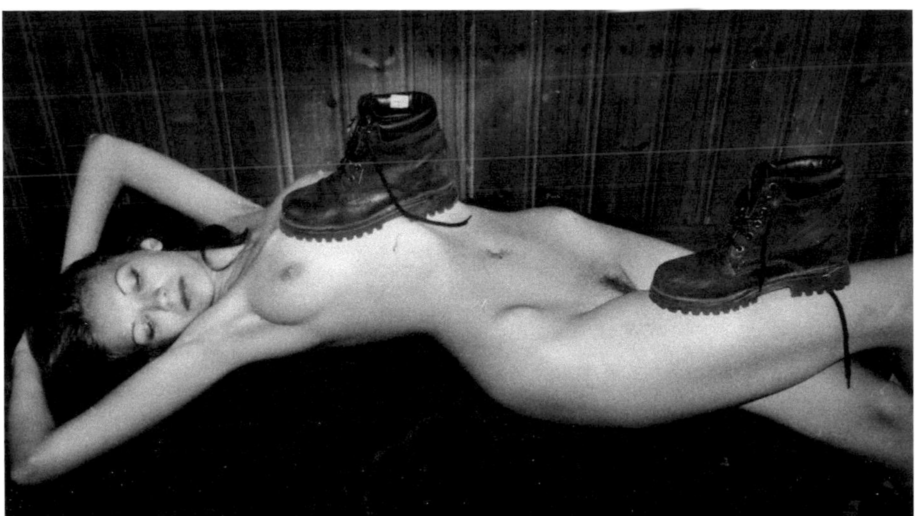

Rimaldas Vikšraitis

Ich: Hör auf.
Er: Du fehlst mir.

Er: Ich hätte heute gut Zeit.
Ich: Ich leider nicht.
Er: ..
Ich: Was ist?
Er: Ich wundere mich.
Ich: ...
Er: Ich wundere mich, dass du mich nicht öfter sehen willst.
Ich: Aber darüber haben wir doch erst gesprochen!
Er: Du hast jetzt vier Tage für dich gehabt.
Ich: An zwei Abenden hatte ich Termine, das weißt du. Untertags arbeite ich. Und die Kinder gibt es auch noch.
Er: Ich finde ja bloß, wir sollten unsere Chance nutzen.
Ich: Tun wir ja!
Er: Vertane Zeit.
Ich: Es ist nicht meine Aufgabe, deine Bedürfnisse zu befriedigen.
Er: Natürlich nicht. Aber etwas so Großes wirft man nicht einfach weg.
Ich: Wir werfen ja nichts weg. Und wir sehen uns doch bald.
Er: Wann?
Ich: Freitag. Wie ausgemacht.
Er: Auf Dauer ist mir das zu wenig.
Er: Sehen wir uns vielleicht doch heute? Ich könnte so um acht kommen.
Ich: Wir sehen uns eh morgen!
Er: Das ist noch so lang. Kann es kaum erwarten, dich zu halten, Liebes.
Ich: Ich kann nicht früher.
Er: Sicher! Am Abend arbeitest du ja nicht.
Ich: Ich hab Kinder!
Er: Die sitzen doch nicht den ganzen Abend bei dir.
Ich: Darum geht es nicht.
Er: Also, für eine Beziehung musst du dir schon ein bisschen Zeit nehmen.
Ich: Ich weiß!
Er: Da haben wir so etwas Großes und du wirfst es weg.
Ich: Ich werfe es nicht weg! Ich brauch bloß etwas Zeit für mich.
Er: Sag ich ja immer! Wir sollten dringend Alltag probieren. Ich bleib ein paar Tage, dann wird alles leichter. Da bleibt auch genug Zeit für dich.
Ich: Darüber reden wir ein anderes Mal.
Er: Wann?
Ich: Morgen.

3.

In der Nacht werde ich munter. Er hält mich immer mit einem Arm umschlungen. Löffelchen-Stellung. Wenn ich auf die Toilette will, wacht er auf. Dann gibt es vorher noch einen Kuss und eine Umarmung und ein paar Worte und eine kleine Streichel-einheit und ... Bis ich sage: Gleich pinkle ich ins Bett. Also versuche ich vorsichtig, mich aus seinen Armen herauszuschälen. Millimeter für Millimeter. Wie man das bei kleinen Kindern macht, die gerade in deinen Armen eingeschlafen sind. Bloß nicht wecken! Bei ihm gelingt es nicht. Ein Kuss, eine Umarmung, ein paar Worte, eine kleine Streicheleinheit. Gleich pinkle ich ins Bett. Am Klo Räuspern, Husten. Am liebsten würde ich nicht mehr zurück ins Bett gehen. Ich werde morgen wieder todmüde sein, während er sich ausschlafen kann. Ich räuspere mich ausgiebig und lege mich zurück ins Bett. Kuss, Umarmung, Worte, Streicheleinheit, Sex, Schlaf.

Alltag also. Vielleicht lernen wir uns so besser kennen, habe ich mir gedacht, vielleicht gibt es bald nur noch viel Gefühl, vielleicht ist es ja gut so. Für eine Beziehung muss ich mir schließlich Zeit nehmen.

Am Abend sitzen wir an der Donau, jeder ein Bier in der Hand, ich auch eine Zigarette. Es ist noch hell und warm. Die Sträucher bewegen sich leicht und winken mit ihren jungen Blättern.
Schön ist es da, sagt er. Ich finde es auch schön, denke es sogar, ärgere mich aber über diese Aussage. Eine Allerweltsaussage. Ich liebe den Frühling, sage ich. Auch nicht besser.
Ich weiß nicht, wohin mit dem Zigarettenstummel. Also stecke ich ihn in die Jackentasche. Ein Schiff fährt vorbei, die Donau klingt jetzt wie das Meer.
Ich fühle mich ziemlich angezogen von dir, sagt er.
Ich will nicht zuhören, lege meinen Kopf in seinen Schoß, schaue zur Donau, lausche dem Meer, sehne mich nach einer Hand, die behutsam über mein Haar gleiten soll.

Die letzten Tage waren gewöhnungsbedürftig. Vor allem für die Kinder. Raimund und ich sind nie vor Mittag aus dem Schlafzimmer gekommen. Wie immer hat er jede Nacht den Sex zu seinem Spiel gemacht, ihn in die Länge gezogen, bis zum Maximum. Nie unter zwei Stunden, oft auch drei, vier. Das Gleiche beim Aufwachen. Er weiß, wie er mich verrückt macht. Tagelang habe ich mich dieser Gier nicht entziehen können. Als wäre ich machtlos. Programmiert. Durch die immer gleichen Spielchen, den immer glei-

Laura Pérez Vernetti

chen Ablauf. Ein Standard-Prozedere, das mir schön langsam unheimlich wird. Untertags bin ich total gerädert. Mit allem im Rückstand. Wie immer, wenn er da ist. Er lacht über mich, sobald ich mich beklage, zieht mich zu sich heran, war doch schön, sagt er dann und rollt mit den Augen. Er scheint nichts zu tun zu haben. Nie.

Die Donau ist wieder ruhig. An dich könnte ich mich gewöhnen, sagt er und fährt mir mit der Hand unter das T-Shirt, streicht mit der Hand über meinen Bauch hinauf zu meiner linken Brust, nimmt die Hand wieder weg, leckt seinen Finger ab, kommt wieder unter dem T-Shirt zu meiner Brust, macht die Warze nass, mit seinem Finger, dreht Runden über die Warze, macht wieder den Finger nass, streicht nun mit der Hand nach unten, fährt in meine Hose, macht den Finger nass, fährt in meinen Slip. Mein Körper reagiert, läuft wieder in diesem Programm. Automatisch. Aber. Jetzt nicht auf den Körper horchen. Jetzt nicht die Augen schließen. Jetzt nicht mehr davon wollen. Ich setze mich auf. Er schaut mich groß an. Zieht mich zu sich heran, greift von oben in mein T-Shirt, steckt mir die Zunge in den Mund. Ich stehe auf.
Komm, sagt er.
Mein Bauch wird hart. Da war keine Hand, die behutsam über mein Haar gestrichen hat. Ich öffne mir noch ein Bier, gehe damit zum Ufer, zünde mir eine Zigarette an, möchte ewig da stehen bleiben, will nicht heim mit ihm. Ich höre, wie er auf mich zukommt. Mein Herz klopft schneller. Er steht neben mir.
He, sagt er und schaut mich durchdringend an.
Ich zucke mit den Schultern.
Er verschwindet hinter einem Baum. Pinkelt. Wie er danach auf mich zugeht, spüre ich, dass das mit uns nie etwas werden kann. Als ginge er auf Zehenspitzen, als wolle er unscheinbar sein, den Kopf leicht zur Seite und nach vor gebeugt, die Schultern eingezogen und ebenfalls nach vorne hängend, dabei mich anlächelnd, bemüht. Dieser Ausdruck, ein Kontrast zur Furche. Dieser Ausdruck, nicht echt. Die Furche nun als ehrlichstes Merkmal. Abgründe habe ich in seinen Augen gesehen, bei unserem Kennenlernen. Diese Augen haben mich fasziniert. Obwohl sie auch etwas Kaltes hatten. Warum geht er so? Irgendetwas stimmt nicht mit ihm. Das ist mir jetzt klar. Plötzlich, da, am Ufer der Donau. Mein Herz rast. Er umfasst mich, zieht mich zu sich heran, drückt mein Becken fest an seines. Ich werde ihn nicht mehr los, schießt es mir durch den Kopf. Still und steif stehe ich an ihn gepresst. Die Zigarette noch in der Hand. Für einen Moment denke ich, ich könnte sie ihm in die Augen oder auf die Furche ...
Muss ausdämpfen, murmle ich, während ich mich mit Kraft von ihm löse.
Null Gefühl, so klar alles auf einmal.
Ich fühle mich ziemlich angezogen von dir, sagt er.
Ich nicke, bemühe mich um ein Lächeln.
Wir sollten dann heim, sage ich, zu den Kindern.
Wieso, sind ja keine Babys mehr, sagt er, ist doch gerade so schön. Er umfasst mich von hinten, drückt sich an mich, fährt mit seiner Hand langsam, aber direkt in meine Hose.
In mir ein Schreien. Ich wage es nicht, mich auch nur einen Millimeter zu bewegen. Konzentriert atme ich durch die

Nase, meine Lippen zusammengepresst. Das kenne ich aus Momenten höchster Gefahr. Seine Zunge leckt über meinen Nacken. Seine Finger haben mein Schamhaar erreicht.
Da drehe ich mich um, stoße ihn mit den Fäusten weg.
Hau ab!, schreie ich.
Hau ab! Hysterisch schreie ich es in die Nacht.
Ich laufe zurück zum Auto. Dort warte ich. Wir sind mit seinem Auto da, ich habe keinen Schlüssel. Nach ein paar Minuten kommt er nach. Nicht schleichend. Auch nicht wütend. Langsam. Sein Körper gespannt. Als müsse er jede Zelle kontrollieren.
Was soll das? Spinnst du?, sagt er ganz leise und ganz nah an meinem Gesicht. Seine Augen sind Schlitze.
Mein Herz rast wieder.
Ich gehe zwei Schritte zur Seite. Atme mehrmals tief durch. Blicke auf den Boden. Zittere.
Es tut mir leid, sage ich, bitte bring mich heim.
Minutenlang stehen wir vor dem Auto. Niemand spricht. Dann sperrt er das Auto auf, steigt ein. Alles höchst kontrolliert. Ich steige auch ein.
Du bist verrückt, sagt er, mit dir stimmt etwas nicht.
Als er das Auto startet, dreht sich in mir alles. Meine Arme und Beine kribbeln. Ich sitze stocksteif im Sitz. Was ist, wenn er mich nicht heimbringt. Er fährt los. Er fährt tatsächlich zu mir. Ich atme aus.
Vor dem Haus bleibt er stehen, schaut mich an. Ich kann seinen Ausdruck nicht deuten.
Bitte, fahr heim, sage ich.
In mir alles verschwommen.
Meine Sachen darf ich aber schon holen, sagt er, steigt aus und knallt nun doch die Tür zu.
Ich reiche ihm den Schlüssel.
Soll ich da jetzt alleine rein, fragt er.
Ich nicke. Er schüttelt den Kopf, reißt mir den Schlüssel aus der Hand.
Ich warte vor dem Gartentor, zähle die Holzstäbe, zähle die Steinplatten am Boden, ziehe mir einen Zweig an die Nase und schnuppere daran. Es vergehen Ewigkeiten, bis Raimund die Haustür zuwirft und mit harten Schritten auf mich zukommt, gleich an mir vorbeigeht und sich in sein Auto setzt.
Es tut mir leid, rufe ich.
Mit Erleichterung sehe ich, dass der Schlüssel an der Haustür außen steckt.

Dora Schönefeld

sächsische arabesken

ana ahibbak zu sagen nicht
erlaubt der zauber vergeht
mit seiner offenbarung nur
manchmal pflücke ich die
worte von deinen lippen
a na a hib bik

DOPE
WE'RE ALL STARS NOW
SILVER STALLION

MIAU · MIAU · MIAU · MIAU

Mara Wagenführ

Dora Schönefeld

sächsische arabesken

lichtertanz am horizont
damaszener camouflage
an meinem gesicht ganz
nah das dunkle goldene
vlies und die phallische
syrische seide die berge
nachts sind noch immer
die wohnungen der götter
f. c. b. die viel zu kurzen nächte

ein pas de deux mit dir
aus einem guss wenn du
mich aus der mitte biegst
singen im blut rhythmus
in den knochen irgendwie
muss ich noch einen fuss
auf die erde kriegen
die viel zu kurzen nächte

Mara Wagenführ

rosarot das tuch ach sagst
du ich liebe rosarot wie
schön dein rosarot wie rot
dein rosarot möchte immer
dein rosarot küssen –
bis es ganz schwarz ist die viel zu kurzen nächte

Kevin Muhr

Siebzig minus eins

Oft lege ich mich auf den Rücken und spiele die Sechs. Dann spielt meine Freundin die Neun. Sie kniet sich anders herum neben mich und hebt ein Bein über meinen Kopf hinweg.
Ihre Muschel weitet sich zu einem aufregenden Blick auf zwei Flügeltüren, sperrangelweit geöffnet. Große Flügeltüren, manchmal bewaldet, manchmal geschoren. Darin kleine Flügeltüren, die meinen Blick ins hellrosa Innere lenken.
Dann senkt sie sich, damit sich unsere Münder finden können, meiner und ihr zweiter.
Meine Augen sehen, meine Lippen berühren, meine Nase riecht und meine Zunge schmeckt. Ein tierisch-geiler Geruch und Geschmack nach Pisse und Scheidenfluss.
Mein Blick fällt vor allem auf den kleinen Finger in der Mitte, den die Franzosen nett verniedlichend „das verborgene Näschen“ nennen. Jetzt ist es gar nicht mehr verborgen, vielmehr angeschwollen in Lust und Erwartung.
Ich lege meine Hände um ihre Pobacken und küsse mich ihre Oberschenkel hinauf. Dort drücke ich meine Lippen erst mal in die Kuhlen, in denen die Frauen ihre Muschel verwahren. (Männer haben diese Kuhlen nicht.)
Dann ein tiefer Kuss ins Innere. Aber mein Kuss ist nicht nur tief, sondern auch innig. Denn – nicht jetzt aber später – werde ich daran denken: Dort, wo ich hineinschaue,

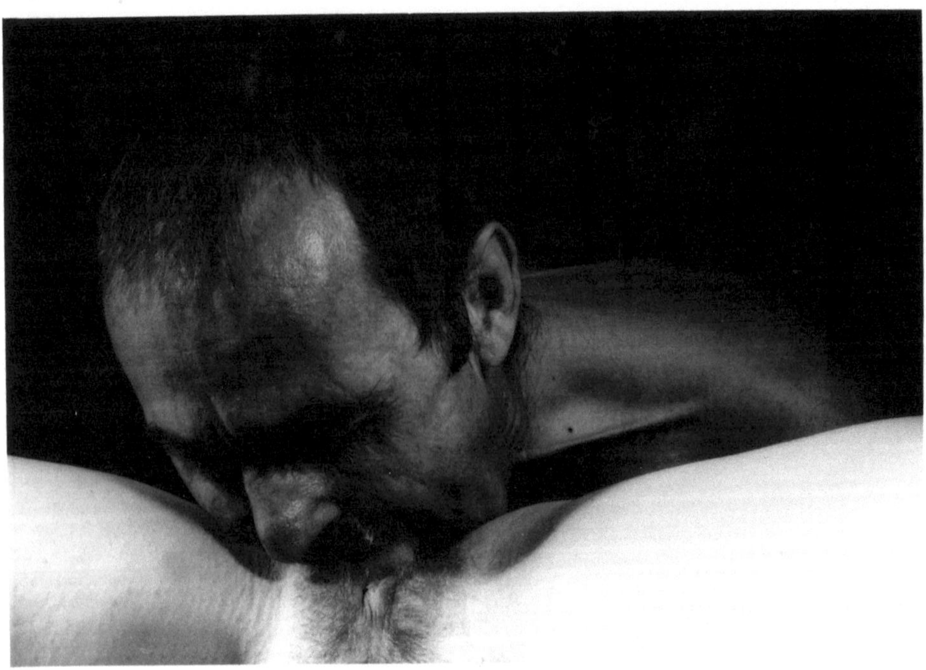

Kateer Kosz

wird vielleicht eines Tages ein Baby herausschauen. Denn diese Höhlung ist eigentlich nicht für meinen Blick geschaffen, sondern für dieses Wunder des Lebens.
Meine Zunge striegelt die Innenseiten der großen Flügeltüren.
Ich sauge das Näschen tief in den Mund. Sie hebt sich brüsk ab. Oh, das war wohl zu stark. Also nochmal. Diesmal ganz zärtlich mit der Zungenspitze. Ich führe sie immer wieder über das Näschen hinweg, von links nach rechts und von oben nach unten. Abwärts mit breiter weicher Zunge, aufwärts mit zusammengerollt steifer. Und auch immer wieder kreuz und quer durch die Innenhöhle.
Vor allem natürlich über die Spitze, sein Köpfchen, das unter einem halb übergezogenen Kapüzchen hervorschaut wie eine Perle. Außerdem über die Stelle unmittelbar unterhalb dieses Köpfchens, wo sich die Kleinen Lippen teilen. (Dort – kaum breiter als die Zungenspitze – soll frau besonders empfindsam sein.)

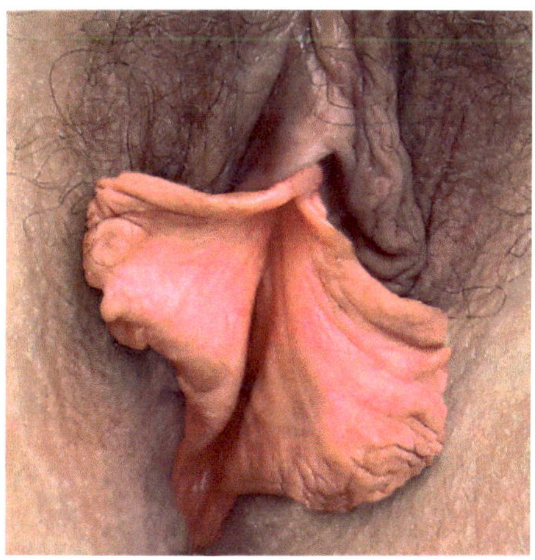

Grit Scholz: Das Tor ins Leben

Plötzlich saust ihre Hüfte hoch. Ein Tsunami durchrollt ihren ganzen Körper. Zucken, aufbäumen, absinken, aufbäumen, zucken. Sie kann sich nicht mehr halten und lässt sich auf mich plumpsen.
Nun nehme ich mich zurück. Nun sollte sich die Frau selber auskosten können. Aber ich drücke meine Lippen ganz sanft gegen ihr Näschen. Und so erlebe ich mal wieder, was ich den Wonne-Tanz der Klit nenne: Ein faszinierender Lust-Tanz. Fast im Sekundentakt zuckend, wird die Klitte wechselnd prall und fest, dann wieder flach und weich: Prall – weich – prall – weich – prall. Aber das kann dauern.
Und ich bewundere es jedes Mal.

Ange

Kaum hatten wir uns umarmt und geküsst und hingelegt, rutschte Ange an mir herunter und leckte ausgiebig meinen Sack.
Nur wenige Männer und Frauen scheinen zu wissen, welche Wonnen das bereitet. Ich wusste es auch nicht, und ich stellte mir die Frage: Wusste sie es? Oder machte es ihr einfach nur Spaß? Sie tat es bestimmt zu ihrem und meinem Vergnügen, aber vielleicht hatte sie noch einen anderen Grund, und zwar einen abergläubischen. Einmal sagte sie nämlich: „Da hast du unser Baby drin. Das soll es jetzt schon gut haben." Darüber musste ich natürlich schmunzeln.
Wie viele Frauen war meine Freundin am Anfang unserer Zeit der Meinung, die entblößte Eichel – freigeschnitten oder bei zurückgeschobener Vorhaut –, sei besonders empfindlich. Irrtum. Streicht frau über die Eichel, spürt mann, zumindest ich, fast nichts oder es ist sogar leicht unangenehm. Wonne empfindet die Vorhaut.
Es ging weitere. Den Stängel etwas „anmelken", damit er schön steif wird. Fest auf seinen Kopf drücken, ohne die Vorhaut zuvor auf links zu wenden. Oder die Vorhaut ein paar Mal kurz zurückziehen, aber gleich wieder über die Eichel stülpen. Dann über die besonders empfängliche Unterseite des Stängels streichen, vom Sack bis zur Spitze, mit dem Finger oder mit der Zunge (Wonne). Die Vorhaut am äußersten Zipfel behutsam zupfen und zurückschnappen lassen oder sanft zwirbeln (große Wonne). An ihrer unteren Naht zärtlich herauf- und herunterfahren (eine besondere Wonne). Die Lippen um die Vorhaut legen, sie küssen, züngeln, dran nuckeln und schließlich, vielleicht, den Stängel tief in den Mund ziehen.
Dann kniete sie sich über mich, öffnete so ihre Muschel sperrangelweit und nahm meinen Stängel zwischen ihre großen Lippen wie in eine Zange und fuhr an ihm herauf und herunter. Toll. Schließlich ließ sie ihn mit einem kleinen Hüftschwung in ihre Vagina schnappen. Wutsch war er tief drin. Dann ritt sie mich, vornübergebeugt auf ihre Hände abgestützt.
Wir liebten und paarten uns in stürmischer Ausgelassenheit.
Von einer heftigen Lustschmelze erschöpft, streckte sie sich danach wohlig auf mir aus. Es war wunderbar, sie auf mir liegen zu spüren, ihr durch die Haare zu fahren und ihren Rücken zu streicheln. Wange an Wange geschmiegt, hörte ich, wie sie langsam wieder zu Atem kam.

Schließlich glitt sie seitlich von mir herunter, rollte sich auf den Rücken und zog mich dabei über sich. Dabei packte ihre Vagina so fest zu, dass ich nicht herausrutschen konnte. Sie wollte mein Begehren nach ihr und meine ganze ungestüme Kraft spüren – in ihrer Muschel und in ihrem ganzen Körper. In diesen Minuten war sie völlig außer sich. Sie bäumte sich auf, wälzte sich hin und her, stieß ihre Beine steil in die Höhe, versuchte mich abzuwerfen, nur um gleich wieder ihre Beine anzudocken und sie um meine Hüfte zu schlingen. Meine Stöße wurden immer heftiger. Die wuchtigsten Stöße waren ihr gerade wuchtig genug. Mein Sack klatschte jedes Mal heftig gegen ihre Pobacken. „Fick mich, fick mich", schrie sie, als ob ich nicht gerade dabei wäre. (Sie hatte vorsorglich die Balkontür zugezogen.)
Nach dem allerletzten Ganztiefhinein und dem erlösenden Verspritzen spürte ich, wie ihre Möse mich bis auf den letzten Tropfen ausaugte: Da rollten Wellen, mich rings fest umschließend, von außen nach innen. Sie verebbten erst nach einer Minute. Ich wusste, was das bedeutete, und bin bis heute glücklich darüber: Wir hatten unsere Lustschmelze gemeinsam erlebt. Danach verbrachten wir Seite an Seite lange Minuten der Erholung.

Für sie gehörten zu diesen Wochenenden auch stundenlange ernsthafte Gespräche. Über Politik und Alltägliches und über Artikel, die sie gelesen hatte. Sie las die Zeitschriften, die im Projektbüro ausgelegt waren, besonders interessierte sie die „Jeune Afrique". (Das ist so etwas wie der „Spiegel" für die französisch sprechenden Länder Afrikas.)
Dann war sie zu Scherzen aufgelegt. Dann durfte ich sie von der Stirn bis zu den Zehen kosen.
Natürlich auch ihre Muschel küssen und züngeln und auslecken. Deren rosarote Mündung, von schwarzen Lippen feierlich umrahmt, leuchtete wie ein hell loderndes Freudenfeuer in der Nacht der Wintersonnenwende.

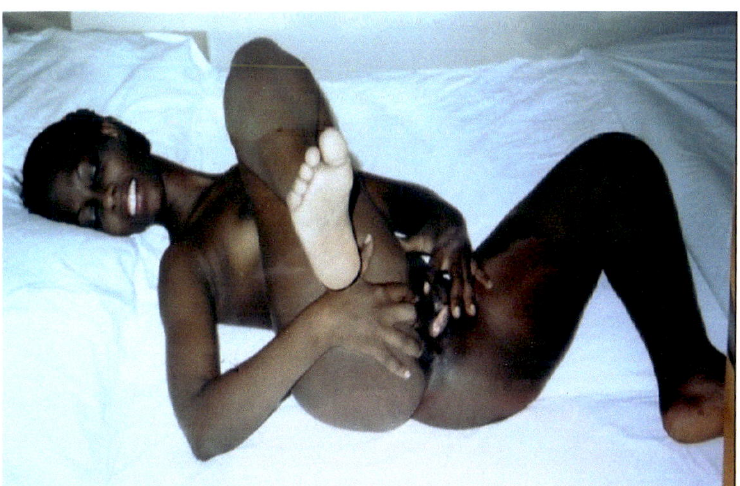

Kevin Muhr

Unter griechischem Himmel

Der Sandstrand auf der Nordseite von Santorin ist wie geschaffen für die Liebe – bei Nacht natürlich. Santorin, das ist die griechische Insel nördlich von Kreta, die vor ungefähr dreitausendfünfhundert Jahren einem Vulkanausbruch zum Opfer gefallen ist.

Gerd Buschendorf

Dort – an diesem Strand ... wir beide, der schwarze Nachthimmel, die Sterne und der Mond. Wir waren in so ausgelassener Stimmung, dass sie plötzlich baden wollte. Badezeug hatten wir nicht dabei. Brauchten wir auch nicht. Es war Nacht und niemand anderer da.

Erst schwammen wir ein wenig, dann legten wir uns in die niedlichen kleinen Wellen, deren silberne Schaumkrönchen im Mondschein glitzerten und leise plätschernd rings um uns ausrollten. Sie geriet völlig aus dem Häuschen.

Wir hielten uns fest umschlungen. Die warmen weichen Wellen schwappten über uns, und ihre Beine, über meinen Hüften verschränkt, zogen mich tief in sie hinein. Wir tauschten so viele Zärtlichkeiten, wie es Sterne im Nachthimmel über uns gab. Es verging der schönste Teil einer halben Ewigkeit, bevor ich meinen Samen in sie verströmte. Mir war, als ob ich mich in ihr auflösen würde. Selten habe ich mich so mit ihr eins gefühlt. Und nie haben wir uns ausgelassen glücklicher geliebt als in jener Nacht in den Wellen am Strand von Santorin. Glücklich sind wir vorher und nachher immer wieder gewesen, aber bestimmt nicht ausgelassener.

Wir lagen am Rand der ewigen See und hatten das ewige Himmelszelt über uns. Und so haben wir uns nicht nur ineinander vereint – wir haben uns auch gemeinsam mit dem All vereint.

Es war im wahrsten Sinne eine himmlische Vereinigung. Solch himmlische Vereinigungen sind im Leben so selten, dass man sie an einer Hand abzählen kann. Vielleicht sogar nur an einem oder zwei Fingern. Aber nur, weil sie so selten sind, sind sie auch so himmlisch.

Ria Karlotti

La dolce vita

Das Meer
grenzenlos
so weit das Auge reicht

Die Sonne
heiß
auf meinem Gesicht

Meine Füße
geborgen
in deinem Schoß

Deine Lippen, die
hungrig
das Salz von meiner Haut
küssen

Das ist Leben
Mehr brauche ich nicht

Lutz Rathenow

Das Paar am Strand

Das Paar im Sand,
Hand Haut Strand,
der Sand liebt den Strand,
der Strand braucht den Sand,
Haut Mund Meer. Weg wischt
die Hand den lästigen Sand.

erd Buschendorf

Siljarosa Schletterer

die farbe unsrer liebe trägt wasser

– eine erklärung in 7 teilstücken

I

vor jahrhunderten schon habe ich dir
flussworte geschickt – geschickt wurden
dann zuneigungen in den wellen ertränkt
– gekränkt hast du sie wieder geborgen

II

wieder geboren haben wir sie in den kör-
perdeltas und ihnen das schwimmen bei
sternregen unterm offenen herzenszelt
diktiert – an den wildesten bächen dem
puresten sommer vergruben wir unsre
liebe unter trauernden weiden mit dem
versprechen „these feelings won't go
away" ignorierten wir töne der distanz
– sperrten sie ein im echoraum der selbst-
beschweigung: unsrer front

III

nur der horizont wusste um die narben –
denn wir bewarben uns in zurückhaltung:
haben uns in die ferne geliebt – aus der
nähe verschwiegen und lediglich dem
wind unsre treue erzählt – lebensabschnit-
te wurden dann nur talweit gewechselt
– abschiede in den kältesten betten be-
zwungen und mauern erbaut – die nur
schluchten verstehen

IV

verstanden hast du es trotzdem 7 sekun-
den später und errinnerungsreich leise
töne über den äther gesandt in jenem
jahr als wurzeln verloren gingen und neu
erdichtet wurden: „ain't no sunshine when
she is gone" schriebst du mir da in die
liebesquadratur der flussläufe

Année Galande, 1775, Sammlung H.-J. Döpp

V
den flussläufen gleich wurden fortan
augen:blicke in gefühlslängen gemessen
– über alle wetterlagen hinweg wellenzei-
chen gemorst – weil nur wasser unsre nähe
besiegelt und sehnsüchte in der richtigen
tonart buchstabiert – in diesem rauschigen
nass werden wir uns wasserversprechen
schenken: du wirst mir herzkristalle fischen
und ich für dich als nixe an land gehen –
denn nur bei dir wirft mein herz anker

VI
sanfter feiert das schilf unseren schwur –
eher du die sandspuren durch hautzittern
ersetzt – wir die landschaft benetzen und
jetzt unser verlocktes glück in die azurmagie
singen

VII
in jahresringen werden wir die geister im
spiegelich wecken und uns die freiheit
des meeres zu füssen legen– weil wir uns
nicht brauchen aber lieben – in jahrhun-
derten noch

Anleitungen
erste anleitung
berühr mich über die enden des raumes
webe wortfäden von mir zu dir
und geh damit ans äußerste

kreiere armverlängerungen
dann foltere tagträume bei nacht
mache öffentlich was nicht passiert
das eingesprochene gefühl
zum beispiel

die vernötigung von leichtigkeit
oder dieses archaisierende drama
verjetzter poesie

zweite anleitung oder grammatik der
berührung
stell mich an den äußersten rand

schick wurzelstückwerk
und beobachte das flimmern ihrer
mondessüchtigen blüten

fang dann den atem ein
und die weichheit der welt
aber warte ein zugeständnis der geräusche ab
oder das fluten ihrer sehnsüchte

dritte anleitung
taussendfingrig befühle unsre goldschalen
jene die ich dir schenkte auf dem weg der nachtigall
zwitschere auch du worte in den horizont
pupillenbreit und blauarmig
da lächle mit deinen beinen und hör dem tropfen der uhren nach
dann warte eine augenblickshälfte lang bis uns
die sprachlosigkeit dekliniert am ende der stiftspur

BESAGTE NACHT
wenn der wind die gräser zerzaust
und dem see die schönsten locken schenkt
da holen wir das himmelsrauschen heim
messen sternfunkeln in traumweite
  unterm sterahimml nennsch du s'dahoam
  dr tâlkessel deckt ins mit gschichta zua
  nua nachtfâlter, âdler und d'dsunnwendkäfer zoaga ins n weg
  zu dem platzle des scho âlleweil a hintertiarle wâr in a ândre wâlt
im feuerspiegel dann das wiederbegegnen
ein uferloses du – animalisch und warm
dort öffne ich meine blüten den königskerzen gleich
in die magie der sprachlosigkeit pocht
jahrtausendalter atem
  dâ bin i bei dir, innigekrocht in viel z'groases gwând und doch nâckat
  nur d'reach und a fux werâs secha zuluage wia ma inser gschicht nüa
  schreiba mit herzpinsl und fuarfârb

zwischen tür und angel – der muse – der festgehaltenen gewidmet
hast mir den kopf befleckt reihenweise begatte ich nun rein weise seiten
weite worte aus ejakulationsgleich bis du
versbenetzt mir viceversa
nässer nur an mir den stiftangriff vornimmst – ich möchte reime in die
räume deines körpers schreiben wortspuren
hinterlassen die türen mit
zeilenschnüren den schwüren versperren
und der aufschrift: zutritt
nur auf eigene gefahr – hier wohnt ein
BISSIGES GEDICHT

Sammlung Wolfgang Pitsch

aus coronanotizen

#tag13 donnerstag 26.3.
was zählt ist immer noch das gleiche:
der glutkern als atemfundament
in dir – wenn man es nur fände
ein feuerzeug gleich

#tagx donnerstag 2.4. oder hier könnte ein anders datum stehen
weißt du die frühlingssonne
kann voller schatten sein
wenn du nicht da bist

ich werde meine sehnsucht einfrieren
bis mein körper die umarmungen vergisst
bis zum ersten unbekümmerten gedicht

und dann ja dann irgendwann gibt es ein fest der aufgetauten gefühle
ob es dann matsch wird, liegt an uns

#tag x Samstag 4.4.
1.)   in den körperkonten gehen die umarmungen aus-
verkauft die küsse oder friert das verlangen ein
+ fragt: was würde der frühling tun?
körpergebet in klausur

erheben sich deine hände zum gebet in mir
folge ich dir in die berufung der lust
in die lechzenden blicke folge ich dir
in das wortöffnen meiner lippen

durchpocht uns dann regen
erkennen wir uns im spiel der becken
am boden des erbebens erkenne ich dich
dort werden schlunde sperrberührt

dürstet es mich nach den wassern deiner becken
such ich dich in den tempeln der blicke
im zittern werde ich dich suchen
du feuersegel und goldengel

aus die erträumte reise
DAS ANKOMMENSHOFFEN
wir sehen uns im spiegel der haine
in der sprache der wolken buchstabieren wir sie
denn dort will ich die einzige sein – die weiß du hast sie vermisst
das heimkommen an unbekannten orten

das kapitel der nacht
leergeträumt die begegnung
das rot, das sie dir zu füßen legt
als ob es dir gehörte
da tauchst du wieder auf – da öffnen wellen deine lippen
leuchtturm berührt die spiegellichter von fern
ein paar wellen weit vor san marco
in den schönsten versen tausendjähriger schönheit

AM LIDO SPÄTNACHTS
folgst du den einladungen der meere:
blicke dann geben wellen den takt an
bis zum wasserhöchststand dort mittelst du das meer
mit dem fünfgezackten kamm
den nur seezungen verstehen

geflutet und schreiverzückt
krallst auch du dich da fest
bis
sich der himmel öffnet und lediglich
sandspuren hinterlässt

Sex in Times Of Corona

Lutz Rathenow

ErSie SieEr ErEr SieSie

Bitte lege eine Maske an
und nimm sie später ab
damit ich Dein Gesicht
für mich entdecken kann.

Als alles begann

In Deinem Mund ruhen
und schaukeln, das Zünglein
an der Zunge. Eine kleine Höhle
die sich weitet. Wer beatmet wen –

ein Zeppelin steigt auf. Wie
lange wird er unter den Wolken
schweben

Sex in Times Of Corona

Der Film „Sex in Times Of Corona" und die auf S. 109 bis S. 121 abgedruckten Fotografien „Behind the Scenes" entstanden zur Zeit des Lockdowns als kollektive Arbeit von Candy Flip, Theo Meow, Jo Pollux, Finn Peaks, Doxytocine, Katy Bit, Binx, Johnny Jane, Doloris Maria,Toni Karat, Manon Praline, Hyenaz, Harvey, Frau Dark und spir@lena. Wenn Sie den Film sehen möchten: mehr in der Autor*innenübersicht unter „Kollektiv".

Behind the Scenes

Lutz Rathenow

Dancing
„Schuld war nur der Bossa Nova" (Schlager)

Ich kann nicht wirklich tanzen, überhaupt nicht.
Ich habe bisher nie einen Bossa Nova zu Ende gehört,
flüchtete aus der Tanzstunde vor seiner Schrittfolge.
Gestern Nacht, drei Stunden Radio, die „Lange Nacht"
des Bossa Nova (ohne dämliche deutsche Schlager),
Dieser so einfache wie raffinierte Rhythmus –
leichter und fast im Takt bewegte ich mich
zwischen den Zimmern, sortierte beschwingt
Steuerunterlagen. Und dachte an Dich, wie schön
wäre es jetzt einen Bossa Nova zu tanzen, mit Fingern
auf Deiner Haut, ein Tippen und Wippen, Gleiten
und Geleiten – in einen Raum voller Zärtlichkeit.

Thomas Luthardt

An einem Sommertag in meiner Straße

Der Sommer explodiert.
Die Straße,
Menschenleer,
Flimmert.
Ich stehe,
Schweißfilmüberzogen,
Nackt,
Am offenen Fenster;
Kein Luftzug geht
Durch die Wohnung.
Schräg gegenüber,
In Sonnenhelle,
Verknoten sich zwei,
Die dabei
Das Kamasutra
Verblassen lassen ...
Natürlich könnte ich
Mein Fenster verlassen
Ich könnte
Und würde gewiss
Erstaunliches verpassen ...

Behind the Scenes

Laura Lay

Mein heimliches Fenster

Du kommst nachts. Stets kommst du nachts, wenn sie dich nicht vermutet. Ich allerdings kenne jetzt deinen Rhythmus, und ich bleibe wach. Ab Mitternacht fange ich an, Kaffee zu trinken und ein Buch zu lesen, nichts allzu Aufregendes, es soll mich nicht fesseln, sonst vergesse ich womöglich die Zeit und verpasse dich. Kurz nach drei gehe ich ins Bad, um mir Parfum hinters Ohr zu tupfen und mich im Spiegel anzuschauen. Ich lege dein blaues Tuch um. Ich taste über mein Gesicht, die Haut fühlt sich zart an, und ich stelle mir dein Gesicht vor. Dein verwegenes Lächeln. Wenn ich ins Wohnzimmer zurückkomme, zünde ich die Kerzen an. Das Radio drehe ich aus und lasse Stille durch die Räume wehen. Ich kippe das Fenster zur Straße an, um das Brummen deines Motors zu hören, und während die Kerzen in der hereinströmenden Nachtluft beginnen, unregelmäßig wegzuschmelzen, streiche ich mit den Fingerspitzen über den Feldstecher auf dem Sims.

Du kommst halb vier.

Du kommst nicht jede Nacht, du kommst nicht einmal jede Woche, aber wenn du kommst, dann halb vier. Ich weiß, warum. Halb vier ist niemand mehr unterwegs, die Stadt ist in einen weicheren Modus gefallen, nur Nacht und nebelumfaserte Neonlichter, unzerhackt von Geschrei und Getrappel. Selbst die Bar im Erdgeschoss hat dann zu, und das einzige Geräusch ist das Sirren der Lichtreklame an der Mauer, direkt unter meinem Fenster – ein elektrisches Britzeln, das die Stille ringsum nur verstärkt. Um diese Zeit schwankt nur selten ein Betrunkener durch die Straßen, um die Wände oder den Mond anzusingen. Es ist zu spät dafür. Oder zu früh.

Ich habe das Fenster jetzt weit geöffnet, die Nacht trägt die Geräusche. Ich lausche. Manchmal treibt ein Wind Papier durch die Straße, manchmal fällt Graupel knisternd auf die Fensterbretter, und die Heizungsrohre rauschen in den Mauern. Und irgendwann höre ich es dann: das Geräusch deines Motors.

*

Ich drehe mich um, gehe zum Tisch und zu den Regalen und lösche die Kerzen. Der Rauchgeruch der ausglimmenden Dochte stimmt mich feierlich. Von außen ist die Wohnung jetzt nichts als ein lichtloses Loch im Dachgeschoss. Ich schleiche zurück zum Fenster.

Am Ende der Straße taucht dein Motorrad auf, und wie jedes Mal sieht es aus, als würde es dampfen. Als dünste es Wolken aus, oder als hätte es eben noch gebrannt. Dabei ist es nur Nebel, der, sobald du in den Lichtschein einer Straßenlaterne gerätst, in Bewegung kommt und feine Verwirbelungen um dich bildet. Ob du weißt, wie das aussiehst? Von oben betrachtet, vom Dachfenster meiner Wohnung aus? Ich fühle mich manchmal wie in einem Baumhaus, hier, im fünften Stock, als lebte ich in einem schwankenden Raum zwischen Ästen, um mich herum nur Rauschen und Luft, und ich spähe durch die Blätter zu dir und ihr.

Am Haus gegenüber hältst du an, das Motorengeräusch erstirbt, die Lichter am Motorrad erlöschen, und die Nacht scheint sich enger um alles zu schließen. Ich beuge mich weiter hinaus, spüre die Luft kalt in meinen aufgerissenen Augen,

Bernd Spriewald

an den gestreckten Halssehnen. Ich höre das kratzende Geräusch deines Schlüssels im Schloss der Tür gegenüber.

*

Noch immer besitzt du ihren Schlüssel. Dabei habt ihr euch getrennt. Ich habe es beobachtet.
Ich habe gesehen, wie sie deine Sachen über den Balkon warf, während du unten

standest und etwas zu ihr hochriefst. Ich habe gesehen, wie deine Hosen flogen und sich blähten, wie Socken konfettigleich hinunterrieselten, und wie am Ende ein Platzregen aus Schuhen herabprasselte. Ich habe gehört, wie sie die Balkontür zuwarf. Ein lauter Knall, der jedes andere Geräusch in der Straße übertönt hatte.
Nach so einem Abschied wäre wohl kaum einer zurückgekehrt.
Du aber hast nur gelacht, bist dem Unwetter aus fliegenden Klamotten ausgewichen und hast später die Straße abgesammelt. Hast alles in einen blauen Müllsack gestopft, den du hinter dich aufs Motorrad geschnallt hast. Bist abgefahren.
Und zwei Wochen später, nachts um halb vier, bist du zurückgekehrt. Ich weiß nicht, warum, aber ich war plötzlich aufgeschreckt in meinem Bett, und das Geräusch deines Motors – dieses heisere Röhren, als wäre der Motor krank – hatte mich ins Wohnzimmer und ans Fenster gezogen. Tatsächlich – du warst zurück.

*

Ein Tuch hattest du vergessen.
Nachdem du damals deine Klamotten von der Straße gelesen hattest, war dir dieses Tuch als Einziges entgangen. Es hing an einem der geduckten Büsche vorm Haus, und im Vorübergehen zupfte ich es ab und nahm es mit.
Dunkelblau ist es, weich und kühl – wie etwas aus Mitternacht. Wenn ich es umlege, streicht es mir über den Hals wie Nebel.

*

Warum bist du in tiefster Nacht zurückgekehrt? Warum nicht mittags?
Vielleicht, weil sie sich nachts anders verhält als am Tag. Wärst du bei Tageslicht gekommen, hätte sie dir sofort den Schlüssel abgenommen. Sie hätte dich angebrüllt und aus der Wohnung gestoßen.
Nachts ist sie nachgiebig und weich. Der Schlaf verwirrt sie. Nachts würde sie dich nicht aus der Wohnung werfen.
Sie geht gegen Mitternacht ins Bett, liest noch bis eins. Dann schließt sie die Augen und dämmert weg. Das Nachtlicht, das sie immer anlässt, umrahmt ihr Gesicht, das helle Haar. Ich kann den Blick nicht von ihr wenden. Halb drei geht ihr Atem gleichmäßig, ich habe es mit dem Feldstecher beobachtet, während die Nacht rankte und wuchs und wisperte. Gegen halb vier beginnt sie zu träumen. Dann bewegen sich die Augäpfel unter ihren Lidern wild hin und her, dann zucken ihre Hände auf der Decke, mahlen die Kiefer. Halb vier ist sie wunderschön: konzentriert und zugleich verloren. Verschwunden in den Labyrinthen des Schlafs, tief im Innern ihres Kopfs – sie ist nicht vorbereitet auf etwas, was von außen kommt.
Als du damals das erste Mal halb vier in ihre Wohnung eingedrungen warst, ahnte sie also nichts. Ich aber – vom Fenster gegenüber – habe alles gesehen. Das Nachtlicht hat euch aus dem Dunkel gehoben, euch mir präsentiert wie einen Film, der nur für mich gedreht wurde. Das erste Mal habe ich dieses Schwanken in mir gespürt, dieses Gefühl, in einem Baumhaus zu sitzen, unter mir der Abgrund und ein heftiger Wind, und die einzige Brücke zu etwas Haltbarem war der Blick von mir zu euch.
Auch heute ist das Nachtlicht an, und ich sehe, wie du neben das Bett trittst und dich deiner Stiefel entledigst. Den Rest lässt du an. Jeans. Hemd.

Brian Cann

Du kommst nachts, denn der Tiefschlaf macht sie betrunken, und das nutzt du aus. Du ziehst ihr die Decke weg und bist mit einem Sprung über ihr. Ihre Arme presst du mit den Knien in die Matratze und gegen ihren Körper. Sie sieht zu dir auf, und die Traumreste ziehen noch an ihr, als deine Hände ihren Pyjama aufknöpfen. Langsam. Behutsam. Ohne Hast. Sie beginnt sich unter dir zu bewegen, wird heftig; sie versucht sich herumzuwerfen, doch dein Gewicht hält sie fest. Du öffnest den Pyjama wie den Vorhang einer Bühne.
Und da sind sie.

Brian Cann

Manchmal frage ich mich, ob ihre Brüste die zwei Gründe sind, immer wieder zu ihr zurückzukehren. Ist es ein Fetisch? Bist du süchtig?
Du siehst ihr ins Gesicht, als deine Hände sich über sie senken. Über die beiden Wölbungen. Sie sieht dich an.
Ihr seid schön. Ihr seid wie etwas, was man träumt. Träume kann man nicht anfassen, nicht wegschließen, nicht besitzen. Man kann sie nur anschauen.
Noch berühren deine Handteller ihre Brustspitzen nicht. Du wartest, und um mich herum verdichtet sich die Finsternis. Und während ich mich mit einer Hand am Fenstersims festkralle, um nicht zu schwanken, stelle ich mir vor, wie der Baum, der mein imaginäres Baumhaus trägt, sich langsam ins Rote verfärbt.

*

Deine Hände schweben etwa einen Zentimeter über dem weichen Fleisch, und ohne

dass sie berührt worden sind, erwachen ihre Brustspitzen zum Leben. Ich habe das Bild mit dem Rädchen scharf gestellt. An den Rändern des Blickfelds ballt sich die Nacht, und der Dunst um die Laternen zittert. Deine Handteller senken sich tiefer, und sie windet sich – diesmal nicht mehr, um dir zu entkommen, sondern um ihren Oberkörper emporzuheben, sich dir anzubieten. Bitte.
Sie formt das Wort mit den Lippen. Du lachst. Deine Hände berühren sie endlich, umfassen ihre Brüste, vermeiden aber den Kontakt mit den Spitzen. Ihre Brustspitzen

sind nicht blass. Rosig sind sie, und die Erregung färbt sie noch dunkler.
Dein Gesicht, und wie es sich hinabneigt. Und als du ihr so nahe bist, dass sie deinen Atem spüren muss, pressen sich deine Daumen übergangslos auf ihre Brustspitzen, drücken sie flach. Ihr Mund öffnet sich, als hätte ein Messer Ober- und Unterlippe voneinander getrennt. Ein Laut dringt aus ihrer Kehle. Ich kann ihn nicht hören, natürlich nicht. Was ich höre, ist das Gelächter des Windes und das Rauschen meines Bluts. Mein Atem beschleunigt sich.
Du legst deinen Mund auf ihre Lippen und erstickst ihr Stöhnen. Deine Daumen kreisen langsam.
Es muss eine unsichtbare Leitung zwischen ihren Brustspitzen und meinen geben. Wenn deine Daumen sich bewegen, scheint diese Leitung zum Leben zu erwachen und elektrische Lust daran entlangzuzittern, denn ein Laut dringt aus meiner Kehle, tief, rau und ich muss den Feldstecher absetzen. Sitzen. Atmen.

*

Die nächsten Bilder sind grell, aber wie hingewischt, wie zu schnell mit einem Pinsel aufgetragen: Ich sehe etwas in deinen Fingern glitzern wie Ohrringe, und augenblicklich bin ich hellwach.
Es sind keine Ohrringe, natürlich nicht. Ihren Ohren hast du nie so viel Aufmerksamkeit und Fantasie geschenkt wie ihren Brüsten. Noch bevor sie die Augen geöffnet hat, um zu sehen, was vor sich geht, hast du die pinzettenhaften Klammern an ihren Brustspitzen festgeklemmt. Sie dreht sich. Versucht dich abzuschütteln oder wenigstens ihre Hände unter deinen Knien hervorzuziehen. Vergeblich.

Brian Cann

Die Klemmen sind durch eine kleine Kette miteinander verbunden. Du scheinst zu wissen, wann der Schmerz nachlässt und das Fleisch betäubt ist, denn in eben diesem Moment legst du deinen Zeigefinger unter die Kette und ziehst sie ein wenig in de Höhe. Die Kette spannt und ihre Brustspitzen dehnen sich. Ich weiß nicht, wieso, aber ich bin verbunden, unsichtbar, wie durch Magie, denn ich spüre etwas, was nur sie spüren kann: eine kurze Schmerzexplosion im Hirn. Ich atme durch die Nase, summe leise, um den Schmerz zu übertönen, wiege mit einer Hand meine Brüste.
Sie will, sie muss dir ihren Oberkörper entgegenheben und den Bewegungen deines Fingers unter der Kette folgen, um dem Schmerz zu entgehen. Doch du hältst sie unten. Die Finger deiner anderen Hand bewegen sich über ihren Venushügel. Und

dann nimmst du die Hand wieder fort. Du spielst mit der Kette wie beiläufig, ziehst sie mit leichtem Finger mal nach links, mal nach rechts, und streichelst mit der anderen Hand jetzt über ihr Gesicht, sanft und zärtlich, führst sie dann wieder über ihren Bauch hinab zu dem Hügel, senkst langsam, allzu langsam die Hand tiefer, und ich kann nicht sehen, was du dort machst! Ich sehe, dass die Hand wieder hervorkommt, zwei Finger sind gestreckt, und wieder verschwindet die Hand. Ich sehe, dass du flüsterst, du flüsterst die ganze Zeit, und der Ausdruck auf deinem Gesicht ist lockend, während ihre Züge feucht sind von Schweiß, von Anstrengung und Lust.

Ihre Brüste zeigen hektische rote Flecken. Sie antwortet dir jetzt, ich weiß nicht, was, es muss abgehackt sein, atemlos. Schweißperlen rinnen von der Schläfe in ihr Haar. Sie fordert irgendwas von dir. Dass du abhauen sollst? Oder dass du schneller werden sollst, heftiger? Sie zittert. Sie ruft es noch einmal. Da ziehst du dich abrupt von ihr zurück. An der Enttäuschung in ihrem Gesicht erkenne ich, dass es nicht das war, was sie gewollt hatte. Ohne Ankündigung machst du die Klammern gleichzeitig los. Sie macht den Mund auf und zieht die Luft scharf ein, so wie auch ich, denn das zurückströmende Blut bringt einen intensiveren Schmerz mit sich als die Klammern selbst. Du schiebst ihr deinen Zeigefinger zwischen die Lippen, und sie leckt daran. Du streichst damit über ihre wunden Brustspitzen. Sie glänzen feucht, und du beugst dich darüber und bläst sie wieder trocken, bis sie erschauert. Dann streckst du die Zunge aus und legst die Spitze leicht auf einer Brustwarze auf. Nichts sonst. Bitte, nimm sie wie beim letzten Mal, als du ihre Brüste zusammenschnürtest mit einem weichen Band, so dass sie, emporgehoben und nach vorn geschoben, sich dir entgegenstreckten! Und lass sie dann dein Hemd öffnen. Lass sie sich wieder über dich hinwegbewegen, dass ihre geschnürten Brüste deine eigenen berühren! Lass sie das schwere Busenfleisch sanft über dein Gesicht streifen, über die Augen, die Lippen, und saug ihre Brustspitze tief ein, reib die Zunge an ihr, schlag die Zähne hinein, mach sie groß, und lass sie ihre Brüste dann über deinen gespannten Bauch bis zu deinem Schwanz hinabstreichen.

Manchmal möchte ich mein Versteck verlassen, um bei euch zu sein.

Wenn sie vor dir im Bett hockt, die Beine weit gespreizt, und du sie aufforderst, ihre Brüste vor deinen Augen zu liebkosen, wenn ihre schlanken Finger über die Fülle gleiten, darüber hinwegfahren und dann plötzlich zupacken und das Fleisch zu kneten beginnen, wenn sie sich lustvoll unter ihren eigenen Berührungen zu wiegen beginnt und ihre Augen sich dabei verdunkeln – dann möchte ich bei euch sein, hinter ihr, in ihrem Rücken, meine eigenen Brüste gegen ihre Schulterblätter gepresst. Und während sie deinen Anweisungen folgt und mit Daumen und Mittelfinger ihre Brustspitzen reizt und an ihnen zupft, möchte ich ihr mit dem mitternachtblauen Tuch die Augen verbinden und eine Hand unter ihrem Hintern hindurch in ihre Nässe schieben. Und während sie an ihren Daumen leckt, um sich dann feucht über die Brustspitzen zu fahren, sehe ich dir in die Augen, sehe, wie du sie beobachtest, die Blicke auf ihre Brüste geheftet, und ich werde nicht aufhören, sie zu ficken, tief, langsam, beharrlich, solange, bis keine Töne mehr aus ihrer Kehle dringen, kein einziger heiserer Laut mehr, solange, bis sie auf dem Bett, unter meiner tauchenden Hand und unter deinem Blick zusammensinkt. Erst dann wirst du gehen. Und erst dann werde auch ich zur Ruhe gekommen sein.

*

Du kommst nachts. Stets kommst du nachts, wenn sie dich nicht vermutet. Du bist süchtig nach ihren Brüsten. Und ich bin süchtig nach euch.
Nein, ich werde mein Versteck nie verlassen. Aber ich liege auf der Lauer, jede Nacht, in meinem rauschenden Baumhaus im fünften Stock des hässlichen Mietshauses gegenüber. Ich sehe hungrig zu ihr herüber und warte auf dich.
Manchmal fragen Freunde mich, warum ich nicht umziehe. Die Gegend ist schrill und heruntergekommen, die Luft schlecht. Im Sommer riecht es nach heißen Reifen, im Winter weht der Wind Asche und schmutzigen Schnee in die Rinnsteine. Der Ausblick aus meinem Fenster ist enttäuschend: eine dürftige Straße mit Büschen, die sich bücken, als hätten sie vor irgendwas zu viel Respekt. Direkt vor mir ein grobporiges, graues Haus, fünf Stockwerke hoch wie meines. Zwischen die Änderungsschneiderei und den Ein-Euro-Laden im Erdgeschoss ist ein Kiosk mit verklebtem Schaufenster eingeklemmt. Bäume gibt es nicht. Offenbar hat niemand den Mut, hier welche zu pflanzen. Es ist zu dunkel zwischen den Häusern, die Luft ist eng und das Erdreich zugegossen von Beton. Die einzigen Pflanzen, die hier wachsen, sind diese kränklichen Büsche und selten einmal ein Löwenzahn, der sich verbissen durch den Asphalt gekämpft hat. Eine kümmerliche Gegend. Es gibt nichts hier, was einen zweiten Blick lohnt.
Aber seit ich euch kenne, ist mein Ausblick immens. Die Nacht scheint sich auszudehnen in all ihrer funkelnden Schwärze, mit ihrem wilden Geäst und den Nachtvögeln. Sie dringt langsam sogar in meinen Tag ein. Das sage ich niemandem. Das ist mein Geheimnis.
Ich beobachte sie am Tage, wenn sie aufsteht und sich zur Arbeit fertig macht. Wenn sie sich befreit hat aus den Labyrinthen der Träume. Und ich beobachte sie, während sie schläft und ihr Busen sich sanft unter ihren Atemzügen hebt und senkt. Ich warte, und manchmal stehlen sich meine Finger über meine Brustspitzen, die aufgerichtet sind, als würden sie lauschen.
Ich warte auf das Brummen deines Motors, ich ersehne das kratzende Geräusch deines Schlüssels im Schloss.
Komm bald! Ich halte Ausschau …

Bartholomeo Veneto (1502–1555)

Suzanne Valadon (1865–1938)

Jan-Eike Hornauer

El Greco (1541–1614)

Zauber des Augenblicks
ein poetologisches Schmetterlingsgedicht

Im Sonnenlicht erstrahlen herrlich Deine Brüste.
Wie wenn ein ganzes Heer von Musen einen küsste,
so fühlt man sich in dieses Wunders Gegenwart,
in dem sich Kunst mit Lust zu purem Leben paart.

Ach, wie muss da der Dichter in mir jubilieren
– und nicht nur der! Ich will sie nun genau studieren …
So köstlich lebensprall, dazu ästhetisch rund:
ein Göttergruß, besagt mein fachlicher Befund.

Muss jetzt das Dichterherz nicht schlichtweg überquellen,
ja, muss sich hier die Schrift mir nicht von sich aus stellen?
Oh weit gefehlt, welch Leid, welch Wehe, wilde Schmach:
Es liegt ja just das Schreibenkönnen völlig brach!

Bestürmt von vielen Musen, mitten im Gedränge
ist's angenehm, doch nichts gibt's, was da gleich gelänge.
Man wird im besten Fall für später inspiriert,
sofern man sich den Glanz im Geist gut archiviert.[1]

[1] Folgerichtig – der findige Leser wird sich dies bereits gedacht haben – ist es so, wie es auch tatsächlich ist: Der Poet hat diese Verse erst verfasst, als die beschriebene Situation längst vorüber war, wenngleich er sich im Tempus für Präsens entschieden hat, um den auch inhaltlich schlüssigen Effekt der erhöhten Unmittelbarkeit für den Text zu erreichen. Zum Zeitpunkt des Verseschreibens befand er sich allein und drinnen, draußen regnete es, der Himmel war den ganzen Tag hinter einer dicken Wolkendecke verschwunden. Wieder einmal zeigt sich also: Dichter lügen – und sprechen so wahr.

Rasmus Stelling

Andrea

Ich liebe Brüste. Ich schaue hin. Wenn sie sich durch Hemden und T-Shirts abzeichnen, bei manchem Licht plötzlich ganz sichtbar werden, ein heimlicher Kick. Und ich liebe Dekolletés. Kleidungsstücke mit runden oder mit V-Ausschnitten, die groß genug sind, einen Einblick zu ermöglichen. Ein Spalt, der eine verlockende Spur legt inmitten eines einladend herausquellenden Busens. Ich möchte der Spur folgen. Auch kleine Brüste können aus Dekolletés herausquellen. Dazu sind ausnahmsweise BHs praktisch: Push-up. Dunkle Nippel, helle Nippel, manche wachsen bei Berührung enorm, eine harte Stange, andere wenig, manche sind weich, manche ein Hügel, darauf eine Spitze, wie ein kleiner Busen auf dem Busen, andere verstecken sich. Nachgiebiges weiches Fleisch, kleine Brüste, größere Brüste. Bin ich mit meiner Freundin zusammen, liebe ich es,

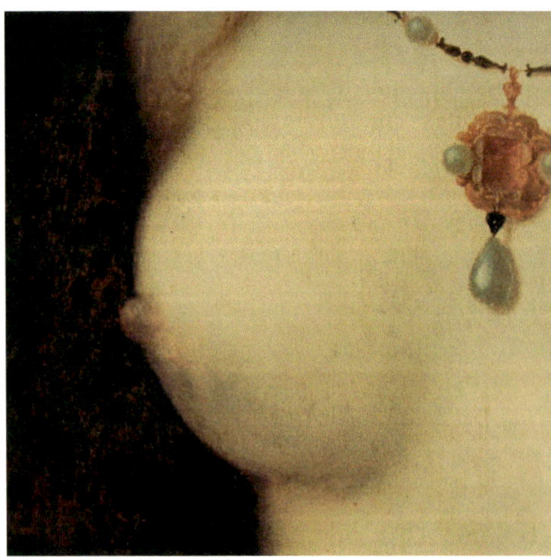

Schule von Fontainebleau, 16. Jhd.

an ihren Nippeln zu saugen und mich an ihre weiche Fülle zu schmiegen, während sie mich mit der Hand zum Orgasmus bringt. Ihre Nippel sind dunkel, der Hof groß.
Bin ich eine Busenfetischistin? Ich liebe auch ihre dunkle Möse, ihren ganzen Körper, ihre Art, sie als ganze Person. Fetischismus ist vielleicht etwas anderes, ten wirklich zu ihnen gehört. Das kleine Schwänzchen, ja, das ist ihr Körper, aber das Riesenteil, was daraus wächst, ist was Ausgelagertes, Abgetrenntes. Das ist ein primitiver und sicher nicht ausreichender Erklärungsversuch dafür, warum mehr Männer Fetischisten sind. Dazu kommen Kindheitserlebnisse, die das Begehren sich an einem Ding festhaken lassen können.

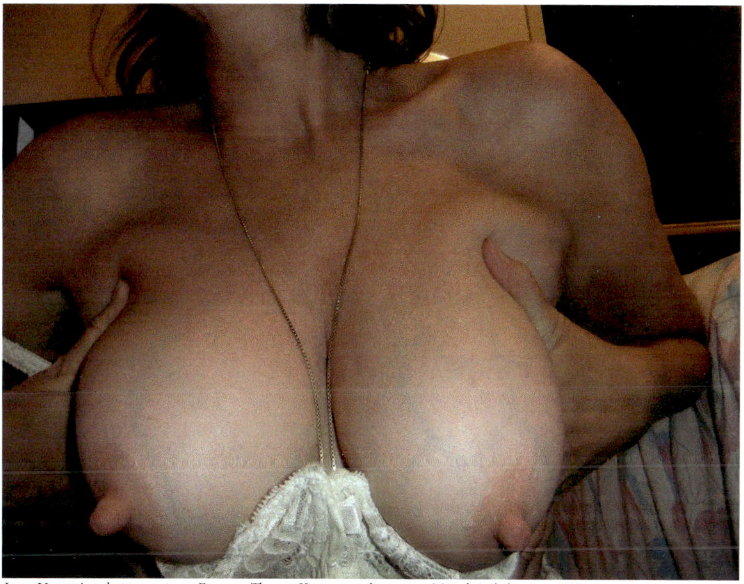

Jana. Unten Ausschnitt aus einem Foto von Thomas Karsten, erschienen in „Mein heimliches Auge 25“.

als sich einfach gerne Brüste anzusehen, gerne Brüste zu berühren. Es ist ein stilles Vergnügen, meine sexuelle Lust ist nicht daran gebunden. Ich denke, Fetischismus ist eher eine Sache für Männer. Manche können einem Ding oder einem Körperteil alles andere unterordnen und ihre sexuelle Lust ist daran geknüpft. Sex können sie, vermute ich, auch in anderen Zusammenhängen haben, aber „Befriedigung“ erfahren sie nur mit dem Einen. Ich finde lustig, wie manche Männer auf ihren erigierten Schwanz schauen. Als könnten sie nicht fassen, dass das da un-

Doch auch die Möse kann sich unfassbar vergrößern, im Innern weiten, der Kitzler, die Lippen, die Brüste wachsen, zwischen männlich und weiblich gibt es viel, sie sind nicht getrennt. Nichts an Erklärung stimmt ganz, je genauer wir schauen. Es ist immer nur eine Möglichkeit.

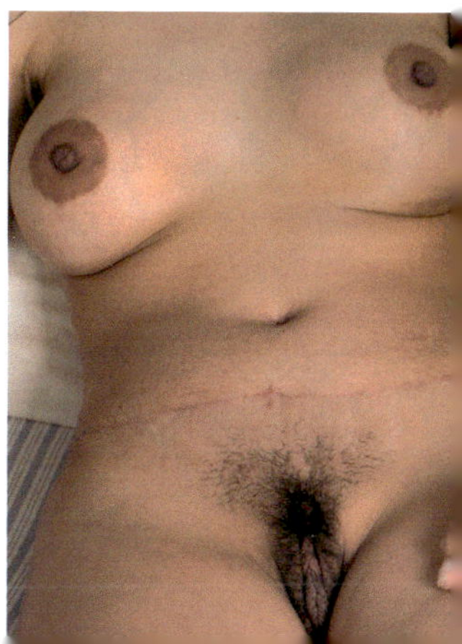

Jochen Stüsser-Simpson

Lauter Sex und schräge Vögel

Ich war gerade dabei einzuschlafen, in meiner neuen Wohnung im Zentrum der Stadt, wie immer im Frühling und Sommer, wenn es nicht zu kalt ist, bei geöffnetem Fenster. Plötzlich hörte ich vom Hinterhof Geräusche, nein, keine gurrenden Tauben, wie ich zuerst dachte, eher kleine Laute des Gefallens, die sich zunehmend steigerten. Weshalb etwas so Intimes wie Sex bei geöffneten Fenstern praktiziert wird, erschien mir wie immer seltsam, es wirkte fast so, als sollte die gesamte Nachbarschaft akustisch am Geschehen beteiligt werden. Dann fiel mir Covid-19 ein, wir sollen die Zimmer stets gut lüften, damit keine Aerosole schwebend im Raum stehen bleiben, die unsichtbaren Flüssigkeitsnebel gleich verweht werden. Und jetzt stöhnte sich eine Frau die Tonleiter hoch; von dem mutmaßlichen Partner war nichts zu vernehmen. Immer lauter wurde das Stöhnen und klang in einem langen Seufzen aus. Na schön, wenn ihr Spaß habt, ich drehte mich auf die andere Seite und versuchte loszulassen. Als der Schlaf mich überkam, ging es wieder los. Ich schreckte hoch und hatte den Eindruck, dass die Lustrufe aus einem anderen Stockwerk des gegenüberliegenden Hauses kamen, sie wurden begleitet vom lauten und rhythmischen Quietschen eines Bettes. Es wurde lauter und lauter und es hörte nicht mehr auf, es dehnte sich zu einem Marathon. Als der ganze Hinterhof voller Hecheln und Japsen war, dieses Mal erkannte ich auch männliche Tonlagen, raffte ich mich auf und schloss die Fenster. Ohne großen Erfolg, die Kopulationsgeräusche waren nur etwas gedämpft, aber ich war hellwach. Eigentlich wollte ich ganz früh aufstehen und ein Frühlingsgedicht schreiben, das ich im Verlauf des Vormittags in dem Redaktionsbüro der größten lokalen Tageszeitung abgeben sollte. Da im Augenblick ohnehin nicht mehr an Schlaf zu denken war, ging ich an den Schreibtisch und versuchte mein Glück. Ist das der Frühling, der mir da gerade mit Kreischen in die Ohren fuhr? Lag es an der dichten Bebauung – ich wohnte vorher am Stadtrand? Vielleicht am Stadtteil, an den Bewohnern, die über ein höheres Erregungspotenzial verfügen und sich hier wechselseitig am prallen Leben gerne teilhaben lassen. Vielleicht war es ein pandemisch geprägter nächtlicher Protest gegen die Kultur des Abstandhaltens? Als draußen wieder eine akustische Kurve startete, fragte ich mich – vor dem Zubettgehen hatte ich in den Tagesthemen eben noch den amerikanischen Präsidenten gesehen – ob es sich bei diesem Lärmen um Fake-News handelte. Draußen endete eine durchdringende Performance gerade in einem Ja-ja-ja-Gehechel. Es konnte aber auch Ansporn und Stimulierung sein, ich sollte positiv denken und endlich mit dem Frühlingsgedicht beginnen.

Gerädert wachte ich am nächsten Morgen auf – es war noch früh, obwohl es schon hell wurde. Ich setzte mich erneut an den Schreibtisch und schrieb meinen angefangenen lyrischen Text noch einmal völlig um, meine akustischen nächtlichen Erlebnisse mit den aktuellen Eindrücken bei geöffneten Fenstern verwebend. Drei Stunden später verzichtete ich schon aus zeitlicher Notwendigkeit auf das Frühstück und fuhr zu meiner Zeitung. Im Büro stand die Chefredakteurin neben den beiden Volontärinnen – und sah mich lachend an: „Na, gestern Abend spät ins Bett

Heinrich Zille, 1916 (Sammlung H.-J. Döpp)

gekommen – oder ein bisschen zu tief ins Glas gesehen, Herr Poet?“ Sie ist immer etwas frech, doch sehr nett. „Aber das Frühlingsgedicht haben Sie hoffentlich dabei, war ja verabredet. Wir betreuen immerhin vier unterschiedliche Ausgaben, in denen einmal im Monat ein aktuelles Gedicht zu jahreszeitlich passenden Stimmungen gedruckt werden soll. Sie wissen es ja, wir eruieren mit einem Fragenkatalog präzise die Wünsche unserer Leser. Gewünscht wurde für übermorgen das Thema Frühling, kombiniert mit Übermüdung oder Schläfrigkeit, da hatten wir die meisten Kreuzchen bei den Feedbacks. Ein solches Gedicht stelle ich mir nicht einfach zu schreiben vor. Das Thema vom letzten Jahr, ‚Frühlingsanfang‘ kombiniert mit ‚Blüten und Blumen‘ erschien mir leichter. Lassen Sie mal hören, Herr Kollege.“

Stefan Weber

Gedichte lässt sie sich immer gerne vorlesen, ich weiß nicht warum, eine Redaktion ist doch kein Poetry-Slam. Alle sahen mich erwartungsvoll an und lehnten sich zurück, ich legte los:

Dirk Hansen

Die Vögelein im Frühling

oder: Verschwörung im Morgengrauen

Die Vögel versuchten vor wenigen Tagen
mit noch spärlichem Singsang und knappen Geräuschen
mit späten Gesängen, gedämpften Klagen
uns Töne Entwöhnte alle zu täuschen.

Irgendwie sind sie recht hintertrieben
was hat sich geändert, was steckt dahinter?
Von der Ruhe und Stille ist wenig geblieben
es wird gerade Frühling, gestern war Winter.

Will müde und spät mich zum Schlafen legen
und schließe ich gerade die Augen zu
aus dem Hinterhof schallt es Ruckediguh
und plötzlich ist überall lebhaftes Regen.

Cherry-tea, cherry-tea, von weit oben herab
schimpfendes Tschak-Tschak aus der Deckung des Baumes
ein klar Gedrosseltes Wake-me-up, Wake-me-up
unschönes Geschwätz aus der Tiefe des Raumes.

Ein klares Flöten verschwindet im Trüben
etwas sinnlos zieh ich die Vorhänge vor
vielleicht hilfreich wäre ein bisschen Üben
sie werden es lassen, ich leg mich aufs Ohr.

Es wird lauter, das Warm-up geht zu Ende
amouröses Gejauchze, Geprunke, Frohlocken
jetzt tönt und dringt es durch Fenster und Wände
sie feiern nicht Frühling, sie wollen mich schocken.

Aus flatternder Höhe, vom Dachfirst sie lärmen
jeder Baum und Strauch und Busch sendet Störung
sie begehen es einzeln, verbunden zu Schwärmen
sie arbeiten an einer großen Verschwörung.

Alle Vöglein haben jetzt angefangen
sie brausen und schallen, ich sitz in der Falle
sie sabotieren mein Schlafverlangen
alle Vögel sind schon da, zur Hölle, wirklich alle.

Vier Monate später saß ich in der ersten Reihe der trotz Abständen gut gefüllten Stadthalle, um an der diesjährigen Abschlussveranstaltung der Gesellschaft für Ornithologie teilzunehmen. Mir war bisher nicht bewusst, dass sich ein biologischer Spezialbereich beim Laienpublikum einer solchen Beliebtheit erfreute. Nach einigen wissenschaftlichen Beiträgen wurden im Verlauf des Abends die jährlichen Preisträger und Preisträgerinnen sowohl im wissenschaftlichen wie auch im künstlerischen Bereich vorgestellt. Nach der Pause wurden die beiden wissenschaftlichen Preise an eine junge Forscherin für eine Arbeit aus dem Themenbereich „Vogelzug" sowie an einen Doktoranden für eine Untersuchung aus dem Bereich der Brutbiologie unter großem Applaus eines freundlichen Publikums vergeben. Die Moderatorin übergab nun das Mikrofon an einen großen weißblonden Herrn, den sie als Professor und Fachmann für Feldornithologie begrüßte. Mit dem Finger klopfte er kurz aufs Mikro und begann mit tiefer Stimme: „Ich freue mich, in diesem Jahr den Ornithes-Preis überreichen zu dürfen. „‚Ornithes', ‚Die Vögel' heißt die berühmte Komödie des griechischen Dichters Aristophanes, der um vierhundert vor Christus im alten Athen lebte. In den Vögeln werden die Zuschauer ironisch aufgefordert, sich zu beflügeln, um in die – bessere – Vogelwelt emigrieren zu können, ein Appell, den ich als Biologe – und als solcher rede ich hier, nicht als Literaturwissenschaftler – nur allzu gerne unterstreiche." Er legte eine kleine Pause ein, bis sich die Heiterkeit wieder gelegt hatte. „Doch wir müssen nicht bis zu den alten Griechen zurück. Wenn wir in die Geschichte der Literatur und insbesondere der Lyrik blicken, stoßen wir immer wieder auf das Lob des Vogelsangs und der Gedichte. Etwa bei dem großen italienischen Klassiker Giacomo Leopardi, einem Zeitgenossen von Goethe, der glaubte, dass das Leben wesentlich aus Leiden bestünde – und dass es nur einige wenige existenzielle stürmische Phasen gebe, die zu einer vorübergehenden Erleichterung und Befreiung verhelfen könnten, nämlich, wenn wir dem Gesang der Vögel lauschen. Das Suchen nach dieser gewichtigen Stimme der Natur kennen wir auch von dem französischen Altmeister Philippe Jaccottet – 2020 feiert er seinen 95. Geburtstag –, der in seinen Gedichten nach den Botschaften von Moosen, Blumen und vor allem der Vögel sucht … "
Ich war überrascht, welche neuen Aspekte der Redner bei seiner literaturgeschichtlichen Reise meinem übernächtigten Text abgewinnen konnte. Auch meine schöne Sitznachbarin mit den feuerroten Lippen wirkte amüsiert. In ihrem Ohrläppchen glänzte ein ellipsenförmiger Ring, das Kleid war ihr über die Schulter gerutscht. Das Schöne begegnet uns oft zufällig, es fällt in die Sinne, wir können es sehen. Aus meinen Überlegungen zu Platons Schönheitslehre wurde ich abrupt durch das laute Klatschen hinter und neben mir gerissen, das das Ende der Rede signalisierte. Ich erhob mich, stieg über die Stufen aufs Podium und gab – noch nachbarlich verwirrt – meinem Laudator die Hand, er zog seine zurück. Die das Programm musikalisch begleitende Streichergruppe im Hintergrund der Bühne begann zu spielen.

Anonym, Frankreich um 1940 (Sammlung H.-J. Döpp)

aah

Yvonne Kuschel

Leichte erotische Brise

Die junge Frau beugt sich und man sieht, dass sie unter dem Kleid keine Unterhose trägt.
Oder vielleicht trägt sie ein String? Die Pobacken würden in diesem Fall ebenso aussehen wie ohne was an. Eine zweite Chance, genauer hinzusehen, habe ich nicht, denn sie steht still und spricht mit einem Mann, das kann dauern ... Es geht kein Wind, leider. Das Kleid ist eng geschnitten. Würde ein Windstoß kommen, er könnte den Stoff vermutlich nicht anheben.
Ein Junge kickt einen roten Ball in die Richtung der Frau und für einen Moment habe ich die unsinnige Hoffnung, sie würde sich nach dem Ball bücken, um ihn zurückzuwerfen ... Aber natürlich tut sie es nicht, sie kickt ihn mit dem rechten Fuß zurück, und da ich sie von hinten sehe, habe ich auch diese Chance verpasst, unter ihren Rock ein prüfendes Auge zu werfen. Mist!
Jetzt hebt sie den linken Arm und streichelt sich am Hals. Sie hebt die Haare hoch, fährt mit der Hand den Hals hinunter, unter das weiße Shirt. Ach, wäre ich diese Hand! Oder wenigstens der Ring an ihrem Finger, oder nur der Nagellack ...
Der Mann geht, das Mädchen bleibt alleine, lehnt sich an einen jungen Baum und hat plötzlich ein Telefon in der Hand. Ich jubiliere innerlich, denn telefonierende Frauen sind eine Augenweide! Sie vergessen augenblicklich ihre Umgebung und fühlen sich unbeobachtet, auch mitten in der Fußgängerzone. Ihr ganzer Körper wird zu einem Instrument der Lust. Sie flirten mit dem Telefon! Nicht unbedingt auch mit dem Gesprächspartner ... Sie weiß um diese unglaubliche Losgelöstheit, die sie in der Öffentlichkeit überfällt, und genießt sie, stelle ich mir vor. Drogenfrei die Kontrolle über sich zu verlieren, auch für wenige Minuten, um danach ohne bleibende Spuren wieder zur Tagesordnung zurückzukehren, das ist etwas, das dem Mobiltelefon geglückt ist.

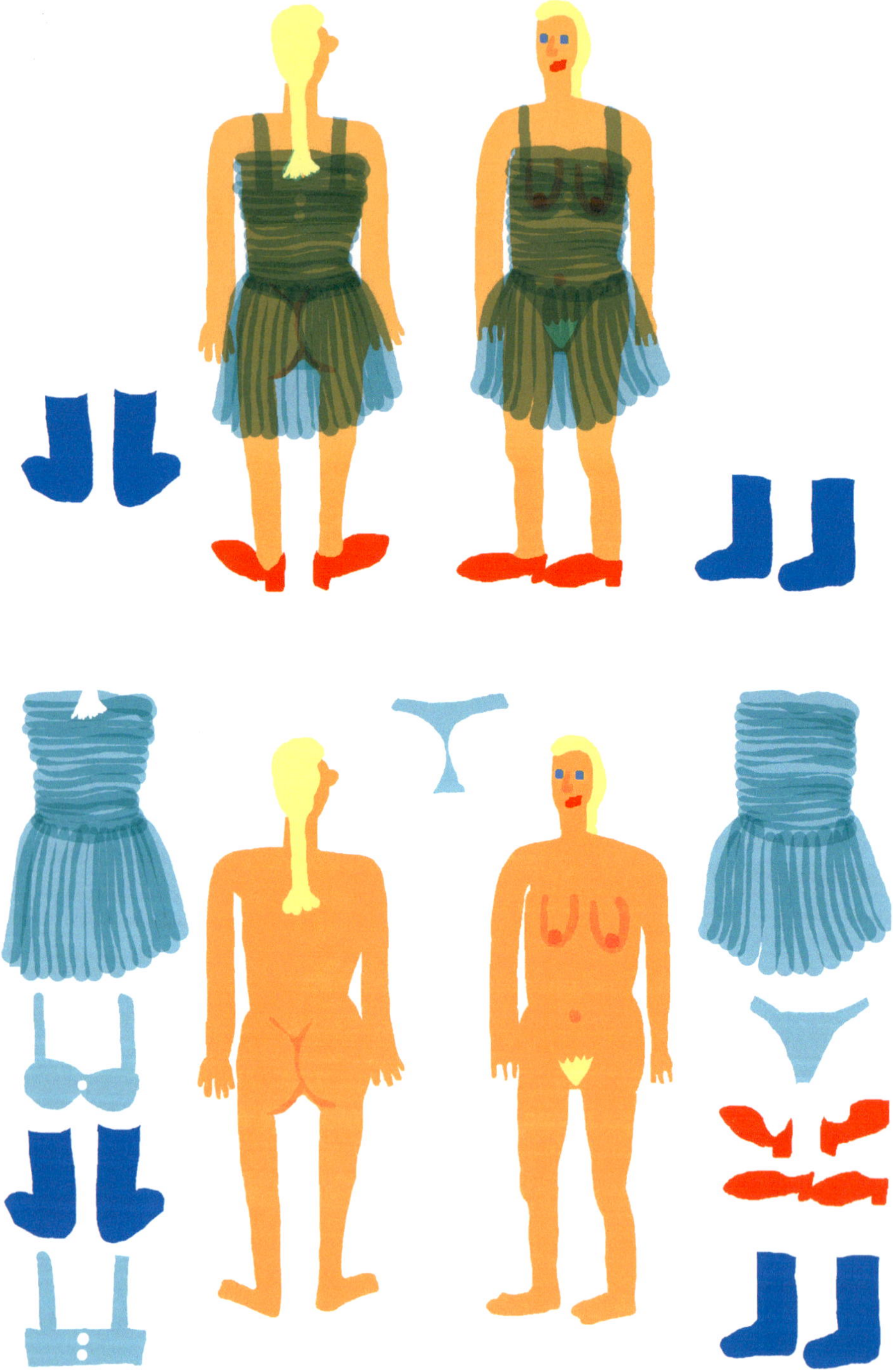

Andreas Seger

sleeping beauty
(komprimiert)

aus
zart
hinauf

dornenlos
berührt

wachgeküsst

Thomas Hald

freitags

für musik im hintergrund
sorgt unser radiosender –
o honey, love me tender,
meinen schwanz im mund.

reite mich ins wochenende!
du sitzt sehr hart auf mir
und zügelst mich behende:
deinen hengst, das geile tier.

Detlef Seydel

Annas Wunder

Unser Kinderfräulein war eine Burgenländerin. Geboren als Älteste von sieben auf einem Zwerchhakenhof in Lebenbrunn. Getauft auf den Namen Johanna.
An Johanna hielten sich meine Eltern. Ich rief sie Anna, und meine beiden jüngeren Geschwister taten mir das nach. Anna schmückte – ich kann das nur mit vielen Adjektiven sagen – schulterlanges, dunkles, dichtes, duftiges, warmes, weiches, welliges Haar. Manchmal träumte ich, es würde mich im Schlaf vollkommen zudecken und für alle unsichtbar machen.
Anna war Anfang zwanzig, als sie zu uns kam. Ich war zwölf und für alles entflammbar, was mein Knabenherz berührte. Annas Gesicht hatte etwas Wildes; ihr Blick war klar und scharf. Er schmerzte mich, wenn sie mich in Momenten meiner Verliebtheit ansah. Obwohl ich für mein Alter als langer Lulatsch galt, überragte mich Anna noch um meine halbe Körperlänge. Brüste schien sie keine zu haben.
Wie Anna aus der damals noch sowjetischen Besatzungszone bis hoch zu uns gelangt war, davon hatte sie nie gesprochen. Einmal fragte meine Mutter sie mit gebotener Vorsicht danach und Anna antwortete ihr mit einem leicht ungarischen Akzent, in den sie fiel, wenn sie etwas verlegen machte: „Das Böse ist immer und überall!“ Verstanden hatte ich nicht, was sie damit sagen wollte.
Ich vermutete, ein Freund habe sie aus Burgenland rausgeschmuggelt und sie dann sitzen gelassen.
Diese mir rätselhafte Formel vom überall Bösen hörte ich von ihr bei verschiedenen Gelegenheiten – auch in Variationen.
Als eine Zeit lang im Radio vom „Status quo“ die Rede war – man meinte damit das Festhalten an den politischen Grenzen im Ost-West-Konflikt – nahm sie das in die Formel auf, setzte es vorn dran und sagte (oder schimpfte uns damit, wenn es ihr passend schien): „Status Quo – Das Böse ist immer und überall!“
Ich erinnere, dass sie mir damit einmal die Tür lachend vor die Nase schlug.
Sie hatte spärlich bekleidet im Zimmer gestanden und ich hatte sie, im sperrangeloffenen Türrahmen stehend, wie benebelt betrachtet.
Was ich gesehen hatte, ihr frauliches Becken und die kleinen Brüste (es gab also doch welche), das hatte mich unempfindlich

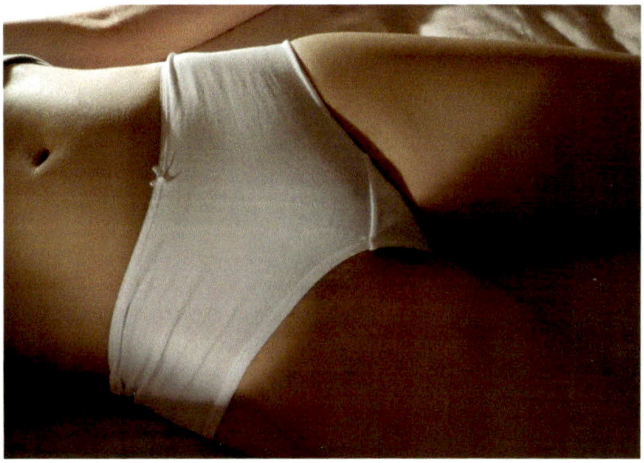

gegen äußeren Schmerz gemacht.
Anna führte bei uns, wie mein Vater es nannte, „ein offenes Haus“. Ich habe nicht die Bärte, die rasierten Kiefer, die braunen, schwarzen oder blonden Locken gezählt, die Anna hineinließ und nach kurzer Zeit mit einem hellen Lachen wieder hinauswarf.
Aus jedem neuen Gesicht blickte mich ein Konkurrent an, über jedes rausgeschmissene triumphierte ich.

Bei aller Turbulenz – ihre Aufgabe, uns zu selbstbewussten Menschen zu bilden, vernachlässigte Anna nicht. Sie kontrollierte unsere Hausübungen, die Sauberkeit unserer Kleidung, lehrte uns die Namen der Blumen und den Gesang der Vögel und das Gute vom Bösen zu unterscheiden. Das Gute, sagte sie einmal, sei nicht allein in der Frau und das Böse nicht allein im Mann angelegt. Es vermische sich – zu unterschiedlichen Anteilen – im Kind, das die Frau zur Welt brächte. Als ich Anna fragte, wie diese Vermischung geschehe, strich sie mir lächelnd durchs Haar und flüsterte mir die „Status Quo"-Formel ins Ohr, wie ich sie mit dieser Innigkeit von ihr noch nicht gehört hatte. „Das Böse" hatte sie diesmal allerdings durch „Das Feinstoffliche" ersetzt.

Eines Sommers beugte sich Anna über mein Rechenheft, um die geometrischen Skizzen darin zu prüfen. Sie trug eine leichte Bluse, die sich vor meinen Augen so weit öffnete, dass ich ihre kleinen Brüste

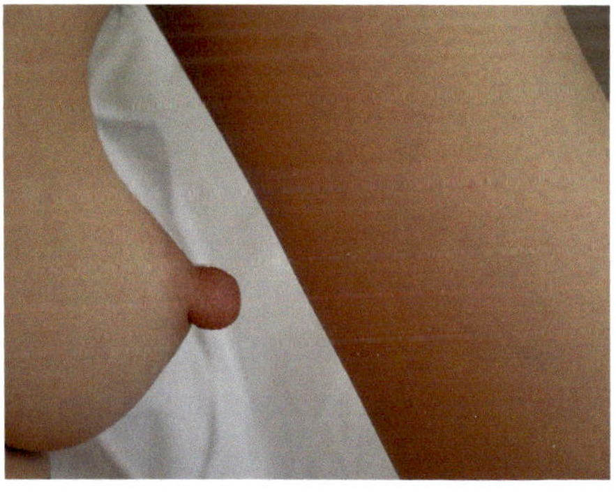

nah vor mir sah. Sie kamen mir jetzt voller und fleischiger vor, als ich sie in Erinnerung hatte.
Wenige Wochen darauf redeten unsere Eltern offen von Johannas „fortgeschrittenem Umstand".

Soviel wusste ich jetzt: In Annas Bauch steckte ein Kind, das eines Tages geboren werden würde. Und dass es zu jedem Kind eine Mutter und einen Vater gibt, das wusste ich auch.
Anna stand als Mutter fest. Der Vater würde sich irgendwann zeigen. Doch bis irgendwann wollte ich nicht warten. Ich fragte Anna. Diesmal konnte ich mit ihrer Antwort noch weniger anfangen. Sie sagte: „Status Quo – Die Liebe ist immer und nirgendwo!"
Anna kotzte täglich zweimal. Als uns ihr Kotzen noch neu war – später lasen wir scherzhaft die Uhrzeit daran ab – fragten wir unsere Mutter, ob Anna sterben müsse.
Es gehe vorüber und komme davon, dass Johanna nicht aufgepasst habe. Uns beruhigte auch, dass Anna nach dem Würgen jedes Mal lächelnd aus dem Klo kam, als hätte sie dort besonders Heiteres erlebt. Und als Anna von ihrem wunderbar schulterlangen, dunklen, dichten, duftigen, warmen, weichen, welligen Haar ganze Batzen verlor, so dass sich auf ihrem Kopf kreisrunde helle Stellen zeigten, scherzte sie über die Spleens, die sich die Natur mit ihr gerade erlaube. Überhaupt geschah in dieser Zeit viel Seltsames mit ihr. Alles schwoll an: ihr Bauch, die Finger und die Füße. Das Seltsamste jedoch

war, dass sie vor unser aller Augen die verrücktesten Dinge in sich hineinstopfte: Saure Gurken tunkte sie zuvor ins Honigfass, Vanillepudding bestrich sie mit scharfem Löwensenf. Wir Kinder sahen das mit interessiertem Staunen, das zur Bewunderung anwuchs, wenn Anna, wie es hin und wieder geschah, Sand und Kieselsteine knirschend im Mund wälzte.

Eine Hebamme hatte ich von drei Straßen entfernt holen müssen, weil es, wie meine Mutter sagte „nun soweit ist". Ich bin dieser Frau nicht mehr von der Seite gewichen. Sie hat Anna Arnikaöl einmassiert, wovon ich meine Augen nicht lassen konnte. Mein Interesse an ihren Handlungen brachte mir das Vertrauen der Hebamme ein. Jedenfalls durfte ich Anna – auf Weisung – einen Speckstein in den Rücken legen, wenn sie stöhnte, und ich durfte ihr Absinth zu trinken geben. Als sich zwischen Annas Beinen nach vielen Stunden ein dunkler Haarschopf zeigte, schrie gleich darauf ein rosafleischiges, faltiges, mit blutigen Fäden verschmiertes Wesen die Zimmerwände glatt.
Aus Annas Leib war – halb gezogen, halb gepresst – ein Mädchen ins Mittagslicht gerutscht.

Von nun an wusste ich, dass Anna geschaffen worden war, Wunder zu vollbringen – immer und überall.

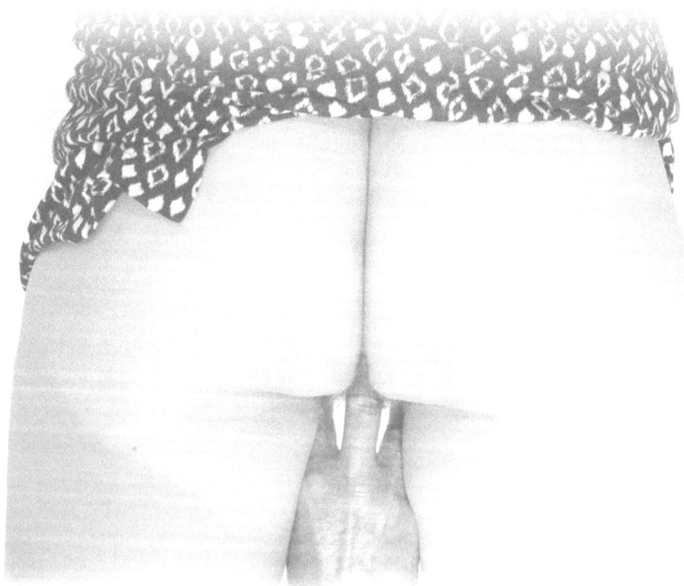

Rückenviertelakt

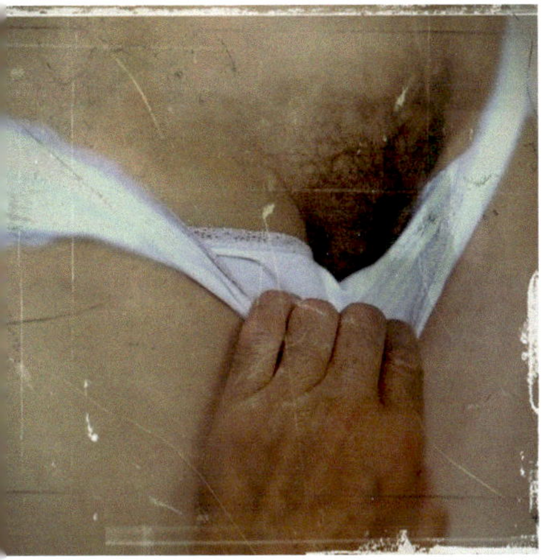

omm, reck' …

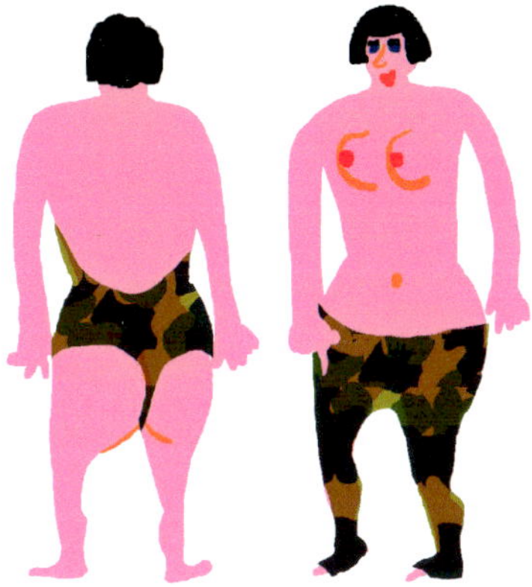

Detlev Seydel

Älterer Mann spricht –
über einen Mindestabstand von 2,5 Metern – jüngere Dame an
(April 2020)

Ich möchte dich – mit ein, zwei Bier im Bauch –
Mal wieder **FICKEN**. Was, du bist erschrocken?
Erschrickt das Weib, ist's Schall und Rauch
Ich will dich **NACKT** – bis auf zwei kurze Socken

Ich will das Himmelreich

Will den rauen Mutterschlauch – Zuck' nur
Dein Stöhnen macht mich redeweich
Und deine **FOTZE** zieht 'ne Schleimspur

Zähl' meine Jahre leise – und mit leeren Lippen
Du sagst, sie trübten dich nicht allzu sehr
Deine Angst, ich könnte mal aufs Pflaster kippen
Soll gelten – Komm, reck' mir deinen **KITZLER** her

Saskia Plotz

Abecedarium

Schreibübungen aus dem Buch „Dirty Writing"

A – Anus. Anilingus, Amorbogen, attraktiv, Augen, Atmung, Augenbinde, Anzüglichkeiten / **B** – BH, Brüste, blasen, BDSM, Blowjob, Bisexualität, Bett, Blicke, Begehren, Bondage, betteln / **C** – Cunnilingus, Cumshot, Catsuit / **D** – Dekolleté, dunkel, Dämmerung, drall, Duft, Dirty Talk, Dominanz, Devotion, Deepthroat / **E** – Erektion, Ejakulat, Eier (Hoden), Erregung, Eis / **F** – Flirten, fingern, fisten, Fotze, flüstern, flehen, Füße, fuck, Flogger, fordern, Femme fatale, feucht / **G** – gehorchen, G-Punkt, Glied, geil, glücklich, grob, groß, Geborgenheit, Gier, Gerte, Glatze, Geschmack / **H** – Handschellen, Höhepunkt, heiß, Hoden, Hintern, Humor, Hals, Hingabe, Hände / **I** – irrational, Intelligenz, intim / **J** – Joint / **K**– Klitoris, küssen, kitzeln, kratzen, knurren, Kosename, Kondom, Kraft, knabbern / **L** – liebkosen, Liebe, Lust, Lusttropfen, lasziv, Luder, leiden, Leder, Lack, Latex, Libido, lecken / **M** – Mund, Masturbation, Mann, Muskeln, Mimik, Musik, Massage, Masochismus, Machtgefälle / **N** – natürlich, neckisch, Neunundsechzig (Stellung 69), Natursekt, nackt, Nacken, Nippel / **O** – oral, Oralverkehr, Ohnmacht, Ohrläppchen, Orgasmus / **P** – Penis, Pein, peinlich, Potenz, Phallus, Paddel, packen, Popo / **Q** – Qual, quälen, Quickie / **R** – Raubritter, Rosen, Rosette, reizen, riechen, Ritual, Reizwäsche / **S** – Sahne, Samen, Scheide, schreien, stöhnen, Sadismus, streicheln, schlagen, sanft, Seide, Scham, Schamlippen, schelmisch, squirten, steif, Schenkel, Stripper / **T** – Titten, Tabubruch, Traum, tief, Taille / **U** – unverhofft, ungehemmt / **V** – Vagina, Vulva, verliebt, Vibrator / **W** – Wollust / X – Y – **Z** – zwirbeln, zwicken, Zunge, (sich) zieren

Drei Wörter

Drei zufällig ausgewählte Wörte aus meinem Abecedarium (mit geschlossenen Augen draufgetippt) und 20 Minuten Zeit:

fuck, Hintern, streicheln

„Darf's noch was sein?"
„Ja … noch drei Kaiserbrötchen, bitte."
„Hol ich dir schnell aus der Backstube. Sind ganz frisch!"
Er nickte und lächelte. Eigentlich brauchte er nichts von all dem, was er gerade in der örtlichen Bäckerei einkaufte. Er kam nur wegen ihr.
Schon in seiner Schulzeit war sie ihm aufgefallen. Jessica. Sie war eine Klasse unter ihm gewesen und hatte den allerschönsten Hintern, den er, Rolf, sich vorstellen konnte. Während beide Klassen parallel Sportunterricht in der Turnhalle hatten, blickte er oft verstohlen zur ihr hinüber. Sehr oft. Einmal hatte ihn der Sportlehrer mit einem dummen Spruch ermahnt und alle hatten ihn ausgelacht. Ob Jessica es mitbekommen hatte, wusste Rolf nicht. Aber von da an zwang er sich, sie nicht mehr anzustarren. Ihren üppigen, runden, festen Hintern, der sich sicherlich wunderbar zart anfühlte, wenn man ihn streichelte …
Sie ahnen es vermutlich, verehrte Leser*innenschaft: Rolf konnte Jessica und ihren wunderbaren Po nicht aus seinen Gedanken verbannen.
Und so stand er auch an diesem Samstag wieder in der kleinen Bäckerei, in der Jessica vor einiger Zeit eine Lehre begonnen

hatte, und kaufte unnützes Zeug, nur um ihr nahe zu sein.
Durch die geöffnete Tür der Backstube konnte er sehen, wie sie sich tief hinunterbeugte, um die Brötchen aus dem Ofen zu holen. Verdammt, er hatte einen Ständer. Hoffentlich bekam es niemand mit. Rolf spürte, wie er rot wurde, konnte aber dennoch nicht verhindern, dass sein Kopfkino weiterlief. Im Geiste folgte er Jessica in die Backstube und schlug mit einer kurzen Handbewegung die Tür zum Verkaufsraum zu. Erschrocken fuhr Jessica herum. Die Knopfleiste ihres weißen Bäckershirts hatte sich geöffnet.
„Wanna fuck, Baby?“, würde er sie cool fragen. Und statt zu antworten, würde ein lasziver Blick in ihre Augen treten und sie würde sich ungehemmt in seine Arme werfen. Er würde ihren wunderschönen, üppigen Po massieren und dann ganz langsam ihre Hose …
„So, drei frische Kaiserbrötchen. Darf’s noch was sein?“
„Wie? Oh, äh … nein, danke.“
Verschämt beeilte sich Rolf zu bezahlen, alle Einkäufe vom Tresen zu nehmen – wobei er zweimal etwas fallen ließ – und nach einem schnellen „Tschüss!“ den Laden zu verlassen.
Jessica sah ihm nach und seufzte. Sie hatte während des Bezahlens unablässig auf seine Hände gestarrt. Ob er es bemerkt hatte? Sie errötete. Wie gern würde sie diese Hände einmal auf ihrem Körper spüren.

Was mir zu Erotik und Pornografie einfällt *10 Minuten Zeit:*
Männer scheinen weniger erotisches Vorspiel zu brauchen, um in Fahrt zu kommen. Beim Porno für Männer ist kaum oder äußerst schlecht geschauspielertes

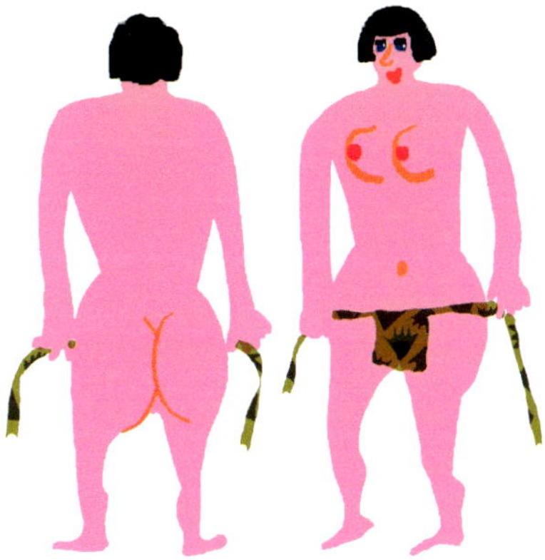

Vorspiel die Regel. Pornos, die für Frauen gedreht werden, widmen sich vor, während und nach dem Sex facettenreichen erotischen Komponenten. Man sagt ja: Frau muss im Kopf „frei“ sein, um Sex bzw. Pornografie genießen zu können. Dafür braucht’s wahrscheinlich die Erotik. Wenn Romantik in Erotik übergeht, dann macht’s Klick! Und dann erst sei eine Frau bereit für „pornografischen“ Sex.
Bei Männern genügt ein eindeutig pornografischer Reiz (nackter rausgestreckter Hintern, offen präsentierte Scheide …) und Klick! Rein erotische Reize verschmähen Männer selbstverständlich auch nicht! Aber sie brauchen sie nicht unbedingt, um ready for Sex zu sein.
Pornografie als plump zur Schau gestellte Sexualität – oder sagen wir statt plump „in Reinform“ – ist laut Ines Witka in „Dirty Writing“ womöglich Teil der Erotik.
Finde ich auch schlüssig, denn nicht nur Männer, auch Frauen kann ein wenig Voyeurismus erregen.
Erotik ist mein Hobby. Alles, was damit zu tun hat: Romane und Sachbücher lesen, erotische Kurzgeschichten schreiben, die auch gern pornografisch explizit werden dürfen, sich darüber austauschen … Mein „Hobby-Begriff“ von Erotik umfasst mehr als nur die Pornografie.

Vor Kurzem haben wir uns kennengelernt. Wir machten beide in einem Queerpornfilm mit. Ich beobachtete ihre Erregung. Der Film hat den Anspruch, Lust zu zeigen, wie sie wirklich ist. In einer Anzeige in L-Mag und anderen queeren Onlinemedien suchten sie Mitwirkende. Es sollten sich nur Frauen vorstellen, die keine Scheu davor haben, „echten Sex“ vor Zuschauer*innen zu praktizieren. Was ist „echter Sex“?, fragte ich mich. Müssen wir „echte“ Orgasmen haben, sollen wir fähig sein, mit Sexsäften um uns zu spritzen, oder reicht es, einfach mit Spaß dabei zu sein? Ich hatte Zeit und Lust darauf, neue Frauen kennenzulernen, und ging zur Vorbesprechung.
Der erste Drehtermin war schon einige Tage danach. Viele Frauen versammelten sich in einer großen Fabriketage, darunter auch einige, das war den Macherinnen wichtig, People of Color.
Ich beobachtete sie. Eine traumhafte Frau (in meinen Augen). Keine der ätherisch Androgynen. Sie war nicht dick, aber rundlich, kräftig, weiche Brüste. Ein andere Frau peitschte sie, zart. Sie verlangte härtere Schläge und die andere schlug kräftiger. Ihr Hintern errötete, ein violettes Muster bildete sich, sie jammerte und stöhnte und wand sich. Als sie genug Schläge hatte, drehte sie sich auf den Rücken, warf sich auf ihren heißen Hintern, bewegte sich, drückte ihre Schenkel zusammen, öffnete sie wieder, ihre Lippen wuchsen fast sichtbar. Sie schien es wirklich zu genießen, vor Publikum heiß zu werden. Dann blieb sie ruhig liegen, Beine angewinkelt, aubergine und darin leuchtend hellrot. Feucht. Ich spürte meine Lippen gierig pochen, die Nässe drängte von innen gegen die noch verschlossenen. Ich bewegte mich zu ihr. Wir sollten improvisieren. Doch oft gab die Frau an der Kamera, in die ich mich auch hätte verlieben können, Anweisungen. Ich nahm einen der bereitliegenden Handschuhe und kniete mich vor sie, in ihren wilden Dunst, fragte, ob es okay sei, und massierte in ihren nassen einladenden Schlund hinein. Scharf! Die schöne Möse! Ich packte ihren Hintern, der noch immer glühte, riss sie hoch zu mir, das Dental Dam auf ihre Lippen. Wie schade, ich möchte sie schmecken, dachte ich, der Duft war umwerfend. Doch für den Film sollte natürlich alles safe sein.
Ihre Flüssigkeit zog sich zurück, sie wollte nicht geleckt werden. So fickte ich sie hart von unten nach oben. Ihre Höhle schien auf einmal unendlich weit, eine Halle, doch natürlich erreichte ich die Fläche und rieb sie, und sie stieß einen Schrei aus, bebte und zuckte, die Wasser liefen aus ihr, die Frau mit der Kamera ganz nah. Ich hatte das Gefühl, selbst auch einen Orgasmus gehabt zu haben.
„Eine tolle Szene“, sagte die Kamerafrau, eine von den schönen Androgynen, und küsste uns alle zum Abschied. Ein weiterer Drehtermin wurde vereinbart und wir erhielten eine Liste mit E-Mail-Adressen der Beteiligten. Ich mailte meiner Sexpartnerin in derselben Nacht. Sie antwortete nicht. Der nächste Drehtermin fiel aus, Lockdown. Ich schrieb eine zweite Mail. Diesmal antwortete sie ein paar Sekunden später. Danach chatteten wir ab und zu. Lena studierte Literaturwissenschaft, ging zu Fridays for Future-Demos und hatte gerne Sex. Als es wieder möglich war, trafen wir uns in einem Café. Ich war befangen. Ein

erstes Date mit einer Unbekannten, in die ich schwer verliebt war – und mit der ich schon Sex gehabt hatte. Es war surreal. Einen weiteren Drehtermin gab es noch immer nicht. Nachdem wir mehrere Kaffees und schließlich ein Glas Sekt getrunken hatten, fragte ich sie, ob sie auch privat auf SM stehe oder das nur eine Action im Film gewesen sei.

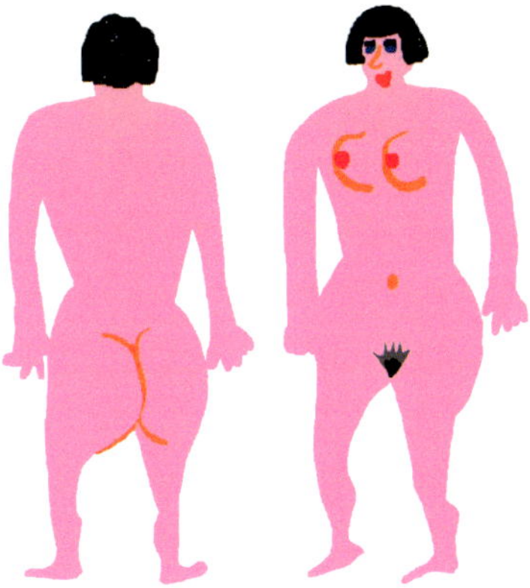

„Nein. Also nicht auf Fetischklamotten und sowas. Ich gehe trotzdem manchmal zu SM-Sessions. Ist nicht leicht, es in einer Beziehung zu bekommen." Oh, sie ist liiert, wie schade, dachte ich. Oder spricht sie allgemein davon? „Eine Frau, die das wirklich mitreißend machte, hat inzwischen Kinder und ist kaum noch aktiv, leider. Mir reichen Streicheln und Küssen und so weiter nicht. Ich brauch es härter, um in Fahrt zu kommen. Schläge machen mich scharf, bringen mich auf Touren. Andere SM-Sachen interessieren mich nicht. Also bisher noch nicht. Fesseln wäre der Horror für mich. Mich nicht bewegen zu können, nein! Aber einfach streicheln und fingern, das funktioniert bei mir nicht." Ich dachte, wart's ab!, und malte mir aus, sie mit zartem, aber beharrlichem nicht endendem Kreisen meiner Handfläche auf ihren Lippen und ihrer Clit an ihre Grenzen zu treiben, während sie weiter redete.

Goodyn Green

Trash Erotica #1

Mari verkrallt sich in den Ärmel des Gi ihrer Gegnerin Rea und zieht. Aber der Würgegriff lockert sich nicht. Beim Jet Kun Do würde sie jetzt hart mit den Ellenbogen ausfahren, im Judo gibt das Strafpunkte. Mari stemmt die Füße in den Boden, bäumt sich zur Brücke auf und wirft ihr ganzes Gewicht gegen die andere. Es reicht gerade dazu, sich seitlich aus dem Griff zu winden. Ihre Gegnerin stößt einen unterdrückten Schmerzlaut aus, als Maris Schulter weich auf deren Oberkörper landet. Mari nutzt die Gelegenheit, wirft sich zur Seite, schleudert ihre Gegnerin über sich hinweg. Bevor sie hinterherkommt, unterbricht die Kampfrichterin.
Beim Richten des Gi beobachtet Mari die Gegnerin: Sie ist groß. Im Rhythmus ihres keuchenden Atems ist deutliches Wogen unter dem Gi zu sehen. Mari verliert einen Moment die Konzentration, als sie sich vorstellt, wie üppig diese Brüste sein müssen, wenn sie noch mit einem extra starken Turnier-BH so deutlich zu sehen sind. Sie realisiert erst, dass der Kampf erneut beginnt, als Rea ihren Gi packt. Rea ist so blitzschnell wie befürchtet. Mari hat in der Wettkampfvorbereitung alle Kampfvideos von ihr angesehen. Rea gilt als faire, harte Gegnerin, stark in Würfen, besser noch in den Bodentechniken. Dass sie dazu verdammt schön ist, hatte Mari gelegentlich von der Vorbereitung abgelenkt. Aber noch nie vorher hat sie sich in einem Wettkampf dermaßen vergessen.

Rea flucht innerlich. Der Würgegriff war die beste Strategie gewesen, diese Gegnerin schnell zu besiegen. La Tigra hat den

Anja Müller

Ruf, nie aufzugeben. Während sie ihren Gi ordnet und tief ein- und ausatmet fällt ihr auf, dass ihre Gegnerin einen fast verträumten Ausdruck in den Augen hat. Trotzdem schafft sie es, den Schulterwurf zu blockieren. Zwei schnelle, erfolglose Angriffe später bringt Rea La Tigra mit einem schlampig angesetzten Wurf halb zu Boden. Ihren Größenvorteil ausnutzend geht sie hinterher und fixiert die Gegnerin von oben unter sich. Zeit läuft. „Unter anderen Umständen wäre ich begeistert, meine Nase in deinem Schoß zu haben", murmelt La Tigra, so leise, dass die Kampfrichterin die Bemerkung nicht hören kann. Rea legt mehr Gewicht in ihren Oberkörper. Ihre Gegnerin lacht, hebt erst den Kopf, um dann schwungvoll in die Brücke zu gehen und sich zu drehen. Mist. Kampfunterbrechung.
La Tigra grinst sie frech über die Matte an, während sie den Gürtel wieder ordentlich

über dem Gi bindet. Sie hat es wahrscheinlich gerochen. Reas Geilheit. Rea weiß schon lange, dass sie beim Kämpfen feucht wird zwischen den Beinen. Normalerweise kann sie es während der drei Minuten auf der Matte gut ignorieren. Aber heute war ein langer Tag, dies ist der fünfte Kampf, keine ausreichenden Pausen zwischendrin. Bisher hatte noch keine gewagt, sie auf der Matte anzubaggern. Es ist wahrscheinlich nur ein taktisches Manöver, um sie abzulenken. Obwohl Rea zugeben muss, dass der muskulöse, androgyne Körper von La Tigra – in einem Jet Kun Do-Video war sie mit Shorts und T-Shirt zu sehen gewesen, nicht im alles verhüllenden Gi – ein angenehmes Kribbeln und ein paar unanständige Fantasien ausgelöst hatte. „Nicht jetzt!", ruft Rea sich innerlich zur Ordnung und starrt ihre Gegnerin kampfbereit an.

Anja Müller

Maris Grinsen wird breiter, als Reas wütender Blick sie trifft. Diesmal ist es Mari, die den ersten Wurf ansetzt. Rea krallt sich in Maris Gi, während ihr Innenschenkel über Maris gleitet. Beim Aufprall auf der Matte verdreht Rea ihren Griff und wirft Mari mit einer unzulässigen Selbstfalltechnik zu Boden. Mari flucht innerlich und schafft es haarscharf, die Faust, auf der sie sich abfängt, neben Reas Brustkorb aufzusetzen. Bevor sie über den Arm abrollen muss, hält Rea sie in einer verbotenen Beinschere fest. Ein Glück, das hätte ein fieser Aufprall werden können! Die Schiedsrichterin unterbricht dem Kampf.

Anja Müller

Rea ordnet ihren Gi und versucht, sich nicht über ihre eigene Dummheit zu ärgern. Die unbedachte Aktion hat sie einen halben Punkt gekostet. Und fast hätte sie dabei sich und ihre Gegnerin verletzt. Über die Matte hinweg starren sie grüne Augen herausfordernd an.
Einen Schulterwurf und drei Versuche später, La Tigra in einem Haltegriff zu fixieren, findet sich Rea in einem Ellenbogen-Hebel wieder. La Tigras linkes Bein drückt auf Reas Brüste, das rechte fixiert Reas Schultern, während ihr linker Arm überstreckt wird. Rea hält mit aller Kraft dagegen, aber sie weiß, dass sie keine Chance hat. La Tigra braucht ihre Hüfte nur wenige Zentimeter anzuheben, um ihr den Arm zu brechen. Stattdessen streichelt ein Daumen über die Rückseite ihres Unterarms. La Tigras Hüfte hebt sich ganz langsam. Als würde sie es genießen, Reas Oberarm in ihren Schritt zu pressen. Sie beißt die Zähne zusammen. Sie will nicht abklopfen. „Dickköpfig", hört sie La Tigra murmeln. Die Zeit scheint sich wie ein Gummiband zu dehnen. Rea atmet bewusst in den Arm. Jeder Atemzug drückt auch schmerzhaft ihre Brüste gegen La Tigras Unterschenkel.
Mari hält die Spannung in Beinen und Hüfte. Sie beißt sich auf die Zunge, um eine weitere Bemerkung über Reas Durchhaltevermögen zurückzuhalten.
Die Kampfrichterin hat den Ruf, sexuelle Anspielungen als schweren Verstoß gegen die Regeln zu werten.
„Ippon!" Endlich. Mari lässt langsam ihre Hüfte zu Boden sinken, löst den Griff von Reas Arm. „Alles okay?", fragt sie im Aufstehen. Rea schenkt ihr ein Lächeln, das nur aus Zähnen besteht, und nickt stumm. Dann stehen sie sich wieder gegenüber, richten die Gis. La Tigra, Mari, wird zur Siegerin des Kampfes erklärt.
Rea sucht sich eine einzelne Duschkabine. Mit einem Seufzen lässt sie das heiße Wasser über sich prasseln. Den Arm wird sie für morgen tapen müssen. Sie schließt die Augen und versucht, den letzten Kampf zu vergessen. Genussvoll seift sie sich ein, Arme, Schultern, Brüste, Bauch. Als sie sich vorbeugt, um ihre Beine einzuseifen, – tut das gut, die Beine so zu dehnen – hört sie Schritte.
„Hier hast du dich also versteckt." La Tigra starrt ihr schamlos auf den Po, wie Rea mit einem Blick durch ihre Beine feststellt. Rea richtet sich auf und dreht sich zu der unerwünschten Besucherin um.

Mari wird beim Anblick von Reas üppigen Brüsten mit aufrechten Nippeln der Mund trocken. Sie schluckt einmal, zweimal.

Rea setzt zu einer ätzenden Bemerkung an. Maris Augen sind so fasziniert auf ihre Brüste gerichtet, dass sie es sich anders überlegt. Spielerisch dreht sie den Oberkörper einmal nach links und rechts und beobachtet amüsiert, wie Maris Augen ihren Brüsten folgen. Dann legt sie beide Hände unter ihre Brüste, genießt ihr Gewicht in ihren Händen und fragt kokett: „Gefallen sie dir?“

Mari nickt schwach und macht einen Schritt auf Rea zu. Langsam streckt sie eine Hand aus, zögert und sieht Rea in die Augen. Rea lässt den angehaltenen Atem los und nickt kaum merklich. Mari kommt näher, die Dusche durchnässt ihr dünnes weißes T-Shirt und ihre Boxershorts. Rea erschauert, als Marie ihr die Brüste aus den Händen nimmt. Marie lässt ihre offenen Handflächen über Reas Brüste gleiten, im Kontrast dazu reizt sie mit den Kampfschwielen an den Fingern die Brustwarzen. Rea seufzt, zieht Mari näher, lässt ihre Hände über Maris Po wandern. Nach langen Minuten beugt Mari sich vor und beginnt Reas Brüste zu küssen. Zärtlich zuerst, dann beißt sie in die linke Brustwarze. Rea kann ein Stöhnen nicht unterdrücken. Sie fühlt Maris Lachen, als sie auch rechts zubeißt. Rea greift Mari in die Haare, küsst ihren Nacken und arbeitet sich zum Ohr vor. Mari hebt den Kopf und ihre Lippen begegnen sich.

Ein wilder Kampf der Zungen beginnt. Mari intensiviert das Bruststreicheln und saugt gleichzeitig immer härter an Reas Zunge. Rea wird schwindelig. Mit einem Schritt zurück sucht sie die Stabilität der Wand. Mari folgt ihr, lässt die Hand von den Brüsten über den Bauch wandern und sieht Rea herausfordernd an. Dann küsst sie vom Hals über beide Brüste, geht elegant in die Knie, ihre Zunge streichelt Reas Bauch, den Bauchnabel. Als Maris Küsse Reas Busch erreichen, beginnt Rea zu zittern, stützt sich an Marie, greift in ihre Locken. Mari nimmt sich Zeit. Ihre Zunge erforscht jeden Winkel von Reas Schoß. Der Duft ist berauschend …

Sammlung Jocelyne & Alexandre Dupouy

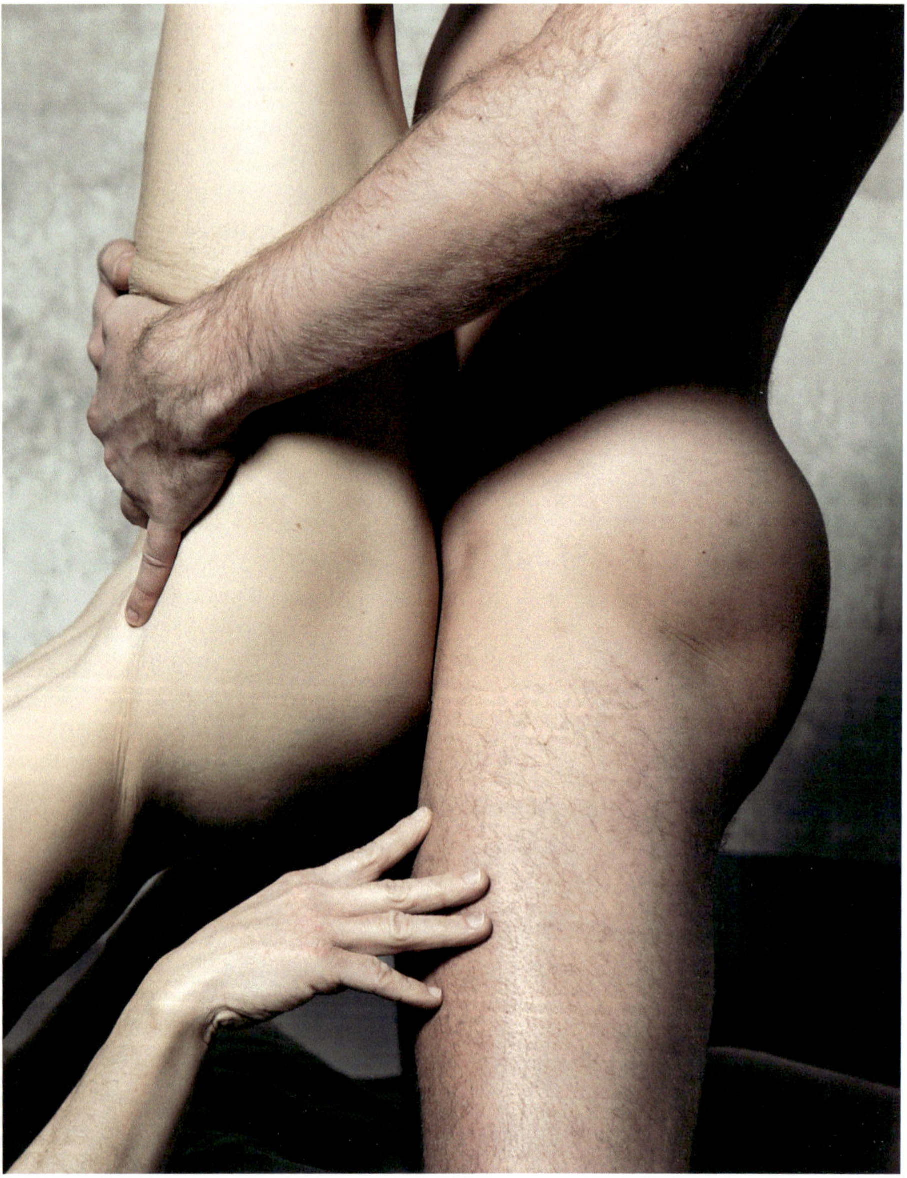

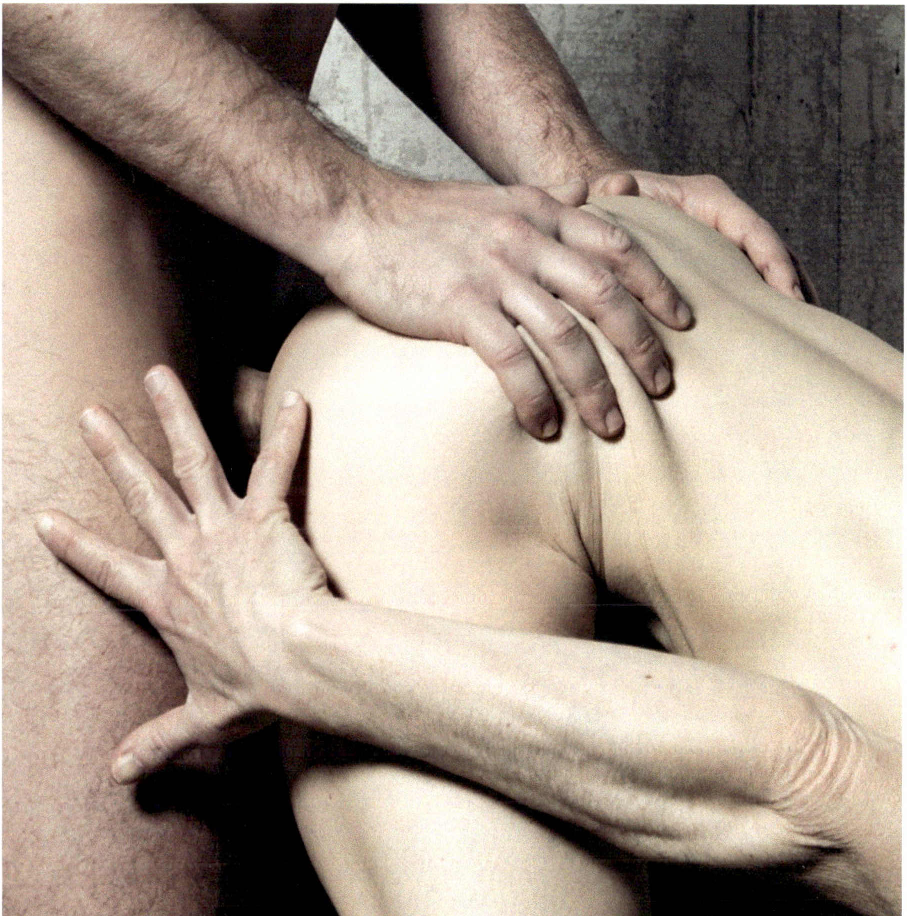

Brisn Cann

Sophia Grünberg

Die Gurke

Rick B.

Das Gefühl, das sie befällt, wenn sie längere Zeit von Léon getrennt ist, kann merkwürdig schön sein, wenn auch immer schmerzlich. In der Ferne – so scheint es – kann er ihr auf besonders intensive Weise nah sein. Dann spürt sie ihn – wie auch jetzt – überall, in ihrem ganzen Körper, im Schlaf, im Traum, beim Denken, beim Schreiben – bis es aber nur noch schmerzt und die Lust umschlägt in ihr Gegenteil.
Und dann macht sie sich auf den Weg zum Supermarkt und sucht sich ihre perfekte Wichs-Gurke, die sie sich in ihre Hauptfotze reinrammen kann.
Die dünnen Gurken waren nichts für sie. Sie brauchte dicke und mittellange wie Léons Schwanz. Genüsslich trug sie die Gurke zur Kasse, absichtlich nur mit einer Flasche Schnaps zusammen, um die Kassiererin zu dem Blick zu provozieren: „Was wird das denn jetzt?“. Man versteht sich eben als Frau – oder eben nicht.
Zu Hause angekommen mit der Gurke und dem Schnaps gab es erst einmal einen Schnaps – und dann die Gurke. Aber die Gurke war jetzt noch ein wenig zu dick, denn das Loch war noch zu eng. Also erst einmal die Finger rein. Erst zwei, dann drei, dann vier … Und nun die Gurke. Diese kalten Metalldildos sind doch nichts. Deshalb bewahrte Sophia ihre Gurken niemals im Kühlschrank auf. Was gab es da schon für Szenen mit Léon, der die Gurken kalt haben wollte, allerdings zum Essen.
Diese Gurke war also frisch, dick und warm und Sophias Hauptloch war nun auch offen genug, um sie ganz in sich aufzunehmen. Erst drückte sie den schmalen Schaft der Gurke ins Sehnsuchtsloch. Das ging gut. Ein paar Nachstöße – und schon öffnete es sich für den dicken Teil, der nun ganz in ihr Loch passte. Und nun begann der eigentliche Gurkenwichs. Minutenlanges Nachstoßen. Es kam ihr schnell und oft. Und irgendwann legte sie einfach die Beine nieder, ließ die Gurke in der Fotze, trank einen Schnaps und träumte vom nächsten Léon-Schwanzfick, von seinem wunderbaren Naturschwanz, den niemals auch nur irgendeine Gurke der Welt hätte ersetzen können. Dann ging sie ganz ruhig an ihre Arbeit.

Frühlingserwachen

Léon war einige Tage im Ausland unterwegs gewesen. Nun fanden sie endlich Zeit für ein gemeinsames langes Wochenende, was nicht leicht war in einer Welt der allgegenwärtigen Verfügbarkeit.
Sophia und Léon hatten vier wundervolle Tage in einem kleinen Hotel an der Ostsee-Ost vor sich. Für diese vier Tage in Abge-

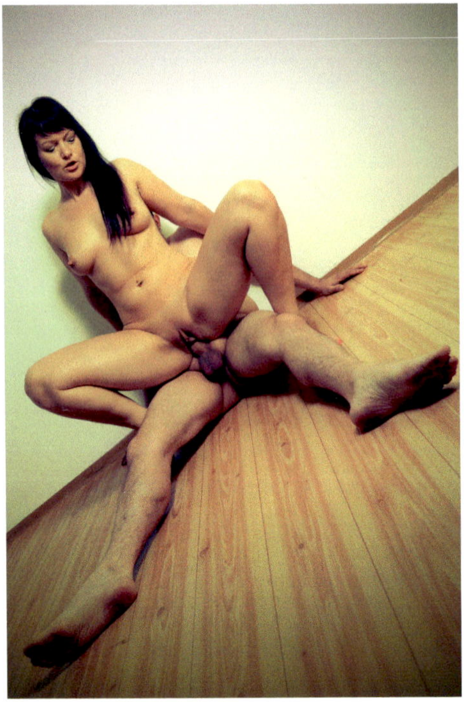

Yvette Costeau

schiedenheit wollten sie alles einander sein: Hengstschwanz und Stutenfotze, Papipuller und Sonnenkindschoß, Muttititte und -loch und kleiner wilder Ficker, der im Schoße der Sehnsucht Ruhe finden will.

Spät am Abend kam der von Sophia lang ersehnte Léon zu ihr. Sophia empfing ihn an der Wohnungstür, noch mit der Gurke vom Sehnsuchtsdauerwichsen und inbrünstigen Schwanzvorstellungen. Bei der engen Begrüßungsumarmung spürte Sophia schon den wunderbar steiferregten Schwanz, den sie ihm sogleich aus der Hose holte, bevor sie die Tür richtig schließen konnten. Léon stieß seiner Sophiafotze die Gurke noch drei Mal fest ins Loch und zog sie heraus, um sie mit seinem dicken Schwanz mehr als würdig zu ersetzen. Das war noch viel besser und mit dem Knall der zuschlagenden Tür erklang der Begrüßungslustschrei Sophias, als Léon ihr den ersten heftigen Stoß versetzte.

Die nun folgende ganze Nacht war ein Lustnähekampf zweier sich endlich wieder aneinander fühlender Leiber, die nicht tief genug ineinander dringen konnten, unklar wo der eine Körper begann und der andere endet …

Am kommenden Morgen schien die Sonne so wunderbar auf ihren Balkon, dass Léon und Sophia sich immer wieder auf der Couch, auf dem Tisch, auf dem Boden bestiegen. Die Zeit überwand sich selbst zur Zeitlosigkeit und schenkte sich ihnen als tiefe Schwanz- und Lochzeit. Das Loch sog Schwanz und Zeit in sich – enthoben in ewige Zeitlichkeit. Die Stunden, ja der ganze Tag – ein märchenhafter Moment.

Yvette Costeau

Yvette Costeau

Nachdem die Sonne langsam den Balkon verlassen hatte, wollten sie noch einen Spaziergang durch die nahe gelegenen Parks machen …
Also zog Léon Sophia ganz nackt aus und streifte ihr, sie zärtlich küssend, nur ein leichtes schwarzes Kleid über und hochhackige Schuhe an. Er selbst entledigte sich des Slips unter seiner Hose. Dann gingen sie Arm in Arm los und Sophia musste ihre Titten entblößen, indem sie sich von ihm ihr Reißverschlusskleid mit einem Ruck aufziehen ließ. Auf dem Weg in den ersten der Parks holte Léon seine schon oder immer noch ganz steife Lustrute heraus und Sophia hielt sich beim Gehen an ihm fest, schon die ersten weißen Lusttropfen in der Hand, die ihn liebevoll abrieb, spürend. Sie kamen an eine in einem Hinterhof gelegene alte Garage, wo Léon – der seine Geilheit kaum noch aushalten konnte – sich ganz nackt ausziehen musste und seinen gepiercten Schwanz mitten in dem Laternenlicht zu zeigen hatte. Sophia sagte zu ihm: „Jetzt zieh die Hose runter! Hol den dicken Schwanz für mich raus! Wichs ihn noch steifer, so dass du meine geile und für dich nasse Hinhaltefotze richtig durchficken kannst!" Er tat's. Sie küsste dabei seine ganz lang herunterhängenden Eier, massierte sie so, dass er aufpassen musste, damit er nicht gleich abspritzte. Er stellte sich nun in seiner Schwanzhaftigkeit, die Sophias Fotze weiß machte, so in die Toreinfahrt, dass ihn jeder Vorübergehende hätte sehen können, und wurde zum wahren Wichsvieh, das eigentlich nur noch ficken wollte. Nachdem sie sich gemeinsam minutenlang gewichst hatten und Sophia, sich an der Garagentür an Léons Knie die Fotze abreibend, bestimmt schon fünf Orgasmen bekommen hatte, zogen sie sich erst einmal wieder an und setzten den Spaziergang durch die Nacht fort.
Das nächste Anlaufziel ihres lustvollen Durchstreifens des Ortes war ein für sie eigentlich viel zu kleiner Lusttempel hinter einem kleinen Theater, an dem sich Paare treffen, um endlich wie der Erotomane Wagner frei zu sein. Das ist ein Treff, nicht das Theatercafé, sondern ein kleiner Nobelpark, in dem man sich im Sommer leger trifft und wo diese Evita-Frauen ihre Armani-Männer zwingen, ihren Schwanz heraushängen zu lassen. Endlich frei – nachdem sie ihre Edelpiercings und Dessous so bedeckt halten mussten. Und endlich nicht mehr dieser Wellness-Kitsch. Natürlich hatten Léon

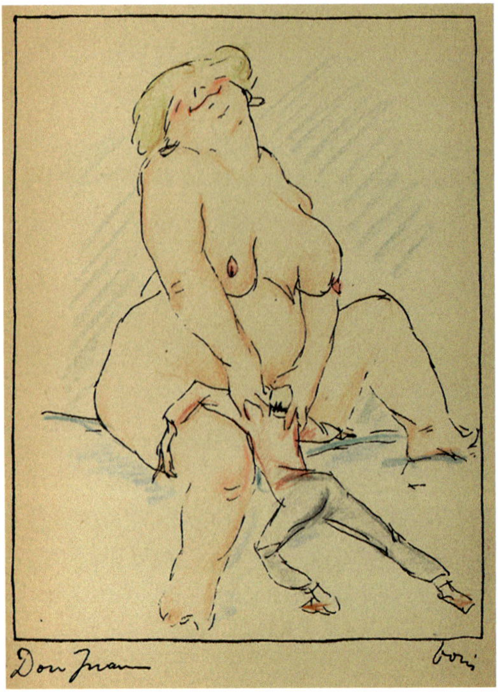

Laszlo Boris, 1920, Sammlung Döpp

und Sophia Champagner dabei – und endlich waren sie frei!
Aber es gibt nicht nur steife Edelschwänze, sondern auch Nacktfotzen und behaarte Fotzen in diesem kleinen süßen Park. Und Léon schob seine Edellatte durch den Park und fickte seine wunderbar hinten behaarte und vorne ganz nacktrasierte Sophiafotze, die sich ihm entgegenstreckte. Sie streckte Léon ihr erzitterndes, von ihm so begehrtes, behaartes Arschloch entgegen und ihr schwarz-weißes Poloch, sodass er sie als seine perfekte Wichsvorlage nutzen konnte. Das würde sie so für niemanden anderes sein. Während sie sich selbst den Kitzler rieb, schwoll seine dicke vibrierende Latte auf Höchstformat an und er stöhnte für die ihm hingebungsvolle und für ihn glattrasierte Fotze. Von jetzt an nannte sie ihn Stöhnsau. Mit dem Lustsaft, der Sophia in die Hände strömte, rieb sie ihren Léon-Traumkörper ein, sodass er intensiv nach ihr roch. Dann küssten sie sich zärtlich, zogen sich erst einmal wieder an und verließen ihren Tempel der Lust, um weiterhin durch den kleinen Badeort zu schlendern. Sie entdeckten einen kleinen Pavillon, und Sophia hockte sich vor Léons immer noch unerbittlich knallhart steifen Schwanz, leckte ihn, streichelte ihn, umarmte seinen gesamten Körper und pisste ihn mit einem entschlossen straffen gelben Whiskey-

Sammlung Karl-Diether Gussek

Strahl an, wobei er seinen Mehrfachspritzschwanz endlich wieder einmal entlud. Glücklich und aneinander saftverschmiert – vereint in den gemeinsamen Körpersäften – lagen sie sich für die Ewigkeit eines Moments lang in den Armen.
Zum Abschluss ihres Spazierganges gingen sie noch ein wunderbar erfrischendes Sommerabendbier trinken und schmiedeten Pläne für ihre kommenden philoso-

phisch-existenziellen Projekte. Und eines wurde Sophia, was sie eigentlich schon immer gewusst hatte, immer klarer: Existenzielle Sicherheit ist Léons Nähe, ihre gemeinsamen Gedanken, ihre Denkwege – und nichts anderes.
Na ja, Sophias straffe Fotze war aber auch nicht schlecht. Vor allem ist sie schön straff, wenn sie ihren Léonschwanz anpinkelt.

Badewanne

Wieder zu Hause angekommen bereitete Léon seinem Sophia-Sonnenkind ein Schaumbad. Erst zog er sie nackt aus und sie schmiegte sich in ihrer reinen Nacktheit ganz eng an seinen Körper, die Brüste zärtlich an ihm reibend, die nackt rasierte Fotze und den steifen, vor Lust ganz nassen Kitzler an ihn pressend, um seinen Schwanz erneut zum Ersteifen zu bringen. Mit der Zunge erleckte sie liebevoll sein ganzes Gesicht, bis er sie, sie streichelnd, in die Wanne legte. Léon setzte sich, nachdem er sich auch ausgezogen hatte, auf den Beckenrand und während er jeden Körperteil seiner Sophia mit dem Schaum einrieb, ersteifte sein Fickrohr mehr und mehr. Aber er beachtete es nicht, sondern wusch Sophia weiter, deren Loch schon Luftblasen in der Wanne erzeugte und wie in einem riesigen Orgasmus der Zärtlichkeit, ihm – immer lauter werdend – entgegenstöhnte. Ohne jegliche Berührung des Schwanzes überspritzte er ihren ganzen Körper. Dann zog Sophia ihn ganz zu sich in die Wanne, die durch ihre sehnsüchtige Nähe immer mehr überschäumte und heißer wurde.

Edouard de Beaumont (1821–18889, Sammlung Döpp

oben: Kaer Kosz, unten: Yvette Costeau

Clemens Schittko **Gedicht für all jene, die keine Gedichte lesen**

Amateure
Anal
Asiatisch
Große Hintern Korpulente Frauen
Blowjob Große Titten
Brünett Bisexuell
Paare Studentinnen Blondinen
Creampie Sammlungen
Abspritzen
Cunnilingus

Doppelpenetration
Dildos/Sexspielzeug Europäisch
Schwarz Gesichtsbesamung Fingern
Fantasie Lustig
Fetisch Homosexuell
Deutsch Gruppensex
Gonzo HD
Haarig
Handjob

Hentai
Anleitungen
Bewerbungsgespräch Gemischte Hautfarben
MILF Küssen
Massage Latina
POV Masturbation Lesben
Unterwäsche Reife Frauen
Strumpfhosen
Öffentlichkeit
Rothaarig

Arschlecken
Romantisch Transe Shemale TS
Rasiert Solo Männer
Solo Mädchen Weibliche Ejakulation
Straight Sex Dreier
Schlucken Klassiker
Teen Voyeur
Webcam
Jung/Alt
3D

Kerstin Möhle

Mittagspause

Es war ein sehr heißer Tag im August und ich bemerkte, wie sich der Schweiß zwischen meinen Schulterblättern sammelte, mir den Rücken entlanglief, um zwischen meinen Pobacken zu verschwinden. Ich saß einsam im Büro, an meinem Schreibtisch, der wie um mich zu ärgern den besten Blick auf das sommerlich verlockende Grün vor meinem Fenster freigab. Ausgerechnet an diesem Tag musste ich über Mittag arbeiten, um noch bis zum Feierabend mit meinem Auftrag fertig zu werden. Alle Kollegen waren verschwunden – wahrscheinlich saßen die irgendwo im Biergarten und genossen die Sonne. Der Ventilator, den ich unter meinen Tisch gestellt hatte, um mir etwas frischen Wind zwischen die Beine pusten zu lassen, funktionierte nicht mehr. Das hatte ich doch schon längst unserem Servicepoint gemeldet? Ob es später jemand bemerken würde, wenn ich meine Unterhose ausziehe? Ich dachte, das mach ich jetzt einfach, sie klebte an mir, fühlte sich unangenehm an, nass von Schweiß. Ich zog sie mir vorsichtig über die Absätze meiner Pumps. Schon besser! Als ich mich wieder meiner Arbeit zuwandte, klopfte es an meine Bürotür. Erschrocken drehte ich mich herum, das Höschen noch in der Hand, und errötete. „Ja, bitte", sagte ich und stopfte es unauffällig in meine Handtasche. Wow, ich war total geflasht von dem Anblick, der sich mir unverhofft bot. Ein extrem gutaussehender Typ mittleren Alters stand da, an meinem Türrahmen gelehnt, und grinste mich an. „Ich soll mich um Ihre Steckdose kümmern – also, ich habe den Auftrag, Ihre Bodensteckdose

Patrick Sarfati

zu reparieren, es wurde mir gemeldet, dass kein Strom mehr anliegt."

Nachdem ich das Blitzen in seinen Augen wahrgenommen hatte und meine Augen wahrscheinlich einige Sekunden zu lange an seinen deutlich im enganliegenden T-Shirt zur Schau gestellten, sehr gut definierten und muskulösen Oberarmen hängengeblieben waren, wurden meine Wangen noch röter. Ich beeilte mich, ihm zu antworten „Oh super, auf Sie habe ich schon sehnsüchtig gewartet! Dann legen Sie mal los. Der Zugang zum Kabelkanal und den Steckdosen ist direkt unter meinem Tisch." Hatte ich jetzt wirklich „sehnsüchtig" gesagt? Zu spät, er zeigte schon wieder sein sehr attraktives Lächeln.

„Sie können gern in der Zwischenzeit Pause machen, schließlich muss ich unter Ihren Tisch, um zu arbeiten."

„Oh, das passt schon“, hörte ich mich sagen. „Ich habe noch dringend was zu erledigen und würde gern weitermachen. Es dauert ja sicher nicht allzu lange bei Ihnen.“
„Okay, wie Sie wollen, dann leg ich mal los“, sagte er und schob sich an mir vorbei. Als er vor meinem Tisch auf die Knie ging, spürte ich ein Kribbeln in der Magengegend. Tief durchatmen, konzentrieren und weiter mit der Arbeit. Ich konnte ihn unter der Tischplatte nicht richtig sehen. Versuchte, mich auf den Bildschirm zu konzentrieren. Zufällig, oder war es Absicht?, streifte seine Hand mein Bein. Ein Schauder zog sich durch meinen Körper. Unwillkürlich öffneten sich meine Schenkel. Meine Muschi meldete sich ganz eindeutig. Ich hörte ihn vor sich hin werkeln. Auf einmal nahm der Ventilator seine Arbeit wieder auf und blies mir mit der höchsten Stufe direkt unter den Rock. Auf einen Schlag war der Blick frei und meine glänzend-feuchte Pussy präsentierte sich ihm direkt. Nach einem kurzen Moment der Stille, nur das Brummen des Ventilators war zu hören, sagte er mit deutlich erregter Stimme: „Die Steckdosen funktionieren wieder, aber hier sehe ich noch etwas, um das

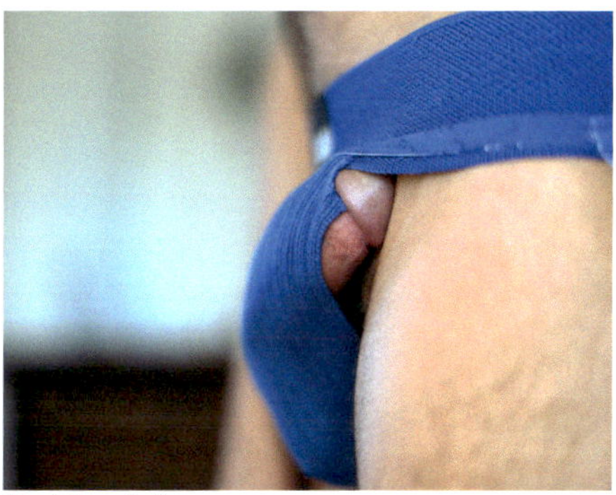

Manel Ortega: Look

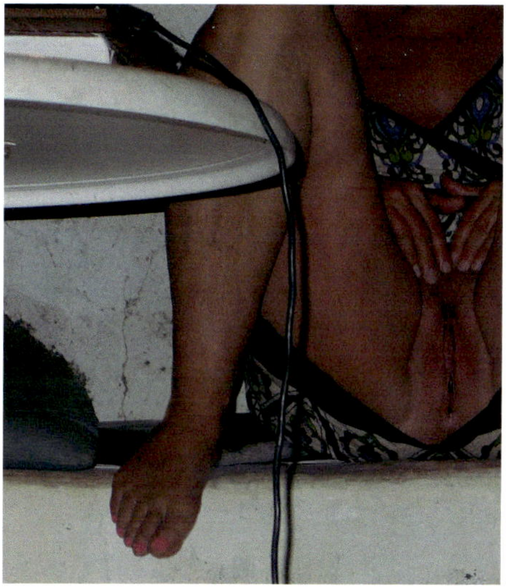

Jana

ich mich kümmern sollte …“ Ich bekam gerade noch ein „Ja, sehr gerne“ heraus und öffnete meine Schenkel weit. Meine Schamlippen waren voller Vorfreude angeschwollen, meine Öffnung zeigte sich von ihrer besten, feucht glänzenden Seite. Ich konnte kaum erwarten, dass er mich endlich berührte. Er streifte an der Innenseite meiner Oberschenkel entlang und näherte sich, ohne sich weiter mit Streicheleinheiten aufzuhalten, meiner empfindlichsten Stelle, steuerte direkt die Klitoris an und begann, sie zu küssen. Jaa! Zum Glück wusste er wie, saugte und leckte in kreisenden Bewegungen an meiner Knospe und um sie herum. Ich wurde megageil, schwang ein Bein über die Armlehne, sodass ich mit noch weiter geöffneten Beinen vor ihm saß. Einen kurzen Gedanken verschwendete ich daran, dass uns jemand sehen könnte, aber dann wurde ich immer geiler, mein Fokus lag nur noch in meiner feuchten Mitte. Seine Zunge bewegte sich immer schneller, ich war kurz davor zu explodie-

Stefan Weber

ren. Auf einmal wurde er langsamer, die Zungenkreise größer. So kam nun auch der Rest meiner Pussy in den Genuss einer Zungenmassage. Er leckte um meinen Eingang und steckte mir in kurzen stoßenden Bewegungen erst einen Finger, dann zwei und dann drei in die Muschi. Das schmatzende Geräusch erregte ihn und mich, ich sah die Geilheit in seinen Augen. Als er seine zweite Hand ins Spiel brachte, war es um meine Beherrschung geschehen. Ein kurzes Spiel mit der Zunge um meinen Anus, und ich wünschte mir die Erlösung von diesen Qualen.
Es brauchte nur noch ein paar Stöße in meinem Arsch und mit den Fingern der anderen Hand in meine explodierende triefende Fotze – Als er dann auch noch gekonnt um meine Perle züngelte, setzte mein Kopf aus und ich hatte das Gefühl, mich im Nichts aufzulösen. Hatte ich geschrien oder ging es lautlos vor sich? Es war gigantisch! Als ich langsam wieder zu mir kam, stand er direkt vor mir und ich konnte endlich seinen großen feucht glänzenden Ständer bewundern. Er musste nichts sagen, ich nahm ihn direkt in den Mund, leckte um seine Eichel. Ein lautes Stöhnen. Ich versuchte ihn langsam und so tief wie möglich in meinen Mund zu nehmen, was bei der Größe nicht einfach war. Ich nahm eine Hand zur Hilfe und begann, ihn rhythmisch zu wichsen. Sein Schwanz wurde megahart und fing an zu pumpen. Ich hielt kurz inne und schaute ihm direkt in die Augen. Er bekam gerade noch raus: „Mach weiter, ich bin gleich soweit – wohin soll ich abspritzen?“.
„Am besten in meinen Mund“, sagte ich, aber ließ ihn nicht gleich wieder darin verschwinden, sondern widmete mich seinen schon stramm gespannten Eiern. Ich leckte sie genüsslich, nahm sie abwechselnd in den Mund und saugte daran.
„O ja, das ist gut“, hörte ich ihn keuchen. Da sein Schwanz vor Geilheit tropfte, nahm ich ihn wieder in den Mund und leckte und saugte an seiner Eichel. Er nahm meinen Kopf fester und fickte mit ein paar kurzen harten Stößen meinen Mund, bis er unter lautem Stöhnen kam und seine volle Ladung Sperma in mich ergoss. Ich schluckte alles. „Sehr lecker“, sagte ich und seine Beine zitterten, als sich die Anspannung löste.
„Das könnten wir öfter machen“, sagte ich, während ich meinen Rock glattstrich.
„Finde ich auch“, lachte er und steckte mir, nachdem er seine Hose angezogen hatte, mit einem Zwinkern seine Visitenkarte zu. „Falls Sie wieder ein Problem haben, rufen Sie mich doch einfach das nächste Mal direkt an“. Wir verabschiedeten uns, inzwischen beide etwas verlegen, und ich konnte mich wieder an meine Arbeit machen. Keine fünf Minuten später kamen die ersten Kollegen zurück aus der Mittagspause. „Und? Wir hoffen, du hast dich ohne uns nicht allzu sehr gelangweilt so allein im Büro?“
„Ach, wenn man Spaß an der Arbeit hat, vergeht die Zeit wie im Flug“, gab ich zurück und meine Wangen wurden wahrscheinlich wieder rot …

Sabine Bellmund

Treu

Der Montag ist der herrlichste Tag meiner Woche, ein Rosenmontag, ein Überraschungsei, ein vollkommen freier Tag. Ich liebe es, vor dem Frühstück über den Wochenmarkt zu schlendern, in einem Arm einen Korb, im anderen Paolo, mein Hündchen. Die Wochenmarktstände defilieren an mir vorbei: saftige Pfirsiche, tiefgrüne Melonen, schillernde Fische, Eier und goldgelbe Käselaibe. Dieser Montag zeigte sich von seiner besten Seite, schmunzelte mir zu, warf sich in die Brust und präsentierte mir mit ausschweifender Geste seine Köstlichkeiten.

Zum Dank machte ich noch einen Abstecher zur Kathedrale, die ihre Türme und Spitzgiebel so keck und herausfordernd in den azurblauen Himmel reckt, dass mir ganz schwindelig beim Hinaufschauen wurde. Leicht benommen von so viel Licht und Freiheit bummelte ich nach Hause. Paolo lief schwanzwedelnd vor mir her, schnüffelte an Hausecken und pinkelte an jede staubige Akazie. Auf der großen Brücke kurz vor meinem Haus blieb ich stehen und blickte in das trüb dahinfließende Wasser, das ausgefranste Bananenschalen und Joghurtbecher transportiert.

Spätestens hier wurde mir seine Anwesenheit bewusst – so bewusst, als ob ich seinen Atem im Nacken gespürt hätte. Er stand regungslos im Schatten der nächsten Hauswand und beobachtete mich.

Er war mir vom Markt bis zur Kathedrale und dann hierher gefolgt, hatte sich nicht versteckt, aber ich hatte ihn nicht bemerken wollen – die Ahnung seiner Anwesenheit hinter meinem Rücken war prickelnd. Er hatte sich an die Wand gelehnt und die schlaksigen Beine weit von sich gestreckt, wie ein halbverhungerter Straßenjunge sah er aus. Sehr jung. Das rötliche, kurzgeschorene Haar, die hohen Backenknochen und die metallisch schimmernden Augen – es war schwer, sein Alter oder seine Nationalität zu erraten. Paolo winselte.

Ich ging weiter die schmale Gasse entlang, jeden seiner Schritte hinter mir fühlte ich bis in die Haarwurzeln. Vor meiner Tür blieb ich stehen, um nach dem Schlüssel zu tasten. Er stand so dicht hinter mir, dass er mich fast berührte. „Darf ich mit hineinkommen“, fragte er so ruhig, fast spöttisch, als ob er meine Antwort schon kennen würde. Ich nickte nur stumm mit dem Kopf.

Warum war ich so verwirrt? Es war ein junger Mann, der etwas zu essen und ein Dach über dem Kopf suchte. Auch wenn ich nicht gerade die Figur einer Mama hatte, eine warme Suppe, ein bisschen Freundlichkeit konnte ich ihm doch bieten.

Ricardo war schon fast ein Jahr fort, aber nächsten Monat würde er zurückkehren und viel Geld mitbringen, so jedenfalls hatte er in seinem letzten Brief geschrieben. Kein Fremder hatte dieses Haus betreten, seit Ricardo abgereist war.

In der Küche war es schattig und kühl, ich konnte die Steinfliesen durch die dünnen Sohlen meiner Schuhe fühlen. Mit einem Kopfnicken bedeutete ich dem Jungen, sich an den Tisch zu setzen, und beobachtete ihn aus den Augenwinkeln. Besonders kräftig sah er nicht aus, aber wer weiß, was er im Schilde führte. Was für rote Haare er hatte und hohe Backenknochen. Paolo ignorierte

Stephan Hederich

den Fremden. Ich stellte den Korb auf den Tisch, zog meine Straßenjacke aus, gab Paolo Futter. Der Blick des Jungen folgte jeder meiner Bewegungen. Mir wurde bewusst, wie durchscheinend das rote Kleid war, das ich für meinen Festtag gewählt hatte. Während ich weiter in der Küche auf- und ablief, um die Zutaten für eine Suppe zusammenzusuchen, saß der Junge bewegungslos auf seinem Stuhl, rauchte eine Zigarette nach der anderen und beantwortete meine Fragen freundlich, aber knapp.

Fresco in Pompeji

Ja, er sei schon länger in Rom, zwei Jahre genau.
Nein, er habe wenige Freunde hier, ein paar Bekannte.
Sein großer Traum sei es, Sprachen an der Akademie zu studieren, aber er habe kein Geld, arbeite mal hier und mal dort.
Als ich dicht am Tisch vorbeiging, um die Suppenterrine zu holen, streckte er wie absichtslos die Hand aus und strich über den krausen Stoff meines Rockes, mehr eine fürsorglich glättende als herausfordernde Geste.
Wir plauderten während des Essens und tranken Rotwein. Vor allem ich erzählte, doch das fiel mir nicht auf. Es wurde schon dämmrig, als ich beschloss, das ausgedehnte Mittagessen zu beenden und in den Garten zu gehen. Er folgte mir so selbstverständlich, wie er alles tat. Schweigend saß er auf einem Mäuerchen, während ich Blumen goss. Mittlerweile war es dunkel geworden; der Innenhof lag im tiefen Schatten unter dem helleren Viereck des Himmels. Ich ließ mich im Gras nieder und streckte die Beine aus. Mit zwei langen Schritten war er an meiner Seite und legte sich ebenfalls ins Gras, seine Hüfte an meine gepresst. Mit schnellen und geübten Griffen knüpfte er mein Mieder auf und schob es zur Seite. Er stützte sich auf eine Hand und betrachtete forschend meine Brüste, dann zupfte er einen Grashalm aus und fuhr damit liebkosend über meine Brustwarzen, bis sie sich steif aufrichteten. Ich konnte mich nicht rühren. Sein Schatten erschien mir jetzt so viel mächtiger als seine Gestalt im Tageslicht gewesen war. Ich hörte ihn kaum atmen, während mein Atem stoßweise ging und mir in den Ohren dröhnte. Ein sanfter Wind streichelte über meine Haut und ließ meine Brustwarzen fast unerträglich hart

werden. Ich wartete. Ich weiß nicht, wie lange wir so lagen, die Zeit entglitt mir. Es wurde kühler. Irgendwann schob er mir den Rock langsam über die Knie bis zur Taille. Oberhalb der schwarzen Strümpfe schimmerte die weiße Haut meiner Schenkel, der Haarbusch war tiefschwarz wie die Nacht. Er strich mit dem Grashalm über den Ansatz der Schamlippen, ein Hauch einer Berührung – Mönchsgesänge und Champagner in einem kühlen Altarraum und ich nackt am Kreuz – nichts hätte mich mehr erregen können.

Wir haben doch keine Zeit mehr, versuchte ich zu denken, während er weiter mit mir spielte, bis sich die Feuchtigkeit zwischen meinen Beinen mit dem Tau vermischte. Unwillkürlich schob ich die Beine weiter auseinander. Aber da stand er auf und ging ins Haus. Fassungslos und zitternd vor Erregung warf ich den Kopf in den Nacken und schrie in den Nachthimmel. Kühl und ironisch blitzten die Sterne mich an, als ob sie sich in ihrer ewigen und unnahbaren Schönheit über mich lustig machten. Als meine Beine nur noch vor Kälte zitterten, schlich ich mich ins Haus. Der Junge schlief auf dem breiten Sofa, zusammengerollt wie ein junges Tier. Wie gern hätte ich ihm über seine kurzgeschorenen Haare gestrichen, aber ich unterdrückte diesen Impuls. Mit letzter Kraft schloss ich die schwere Bohlentür meines Schlafzimmers hinter mir und streckte mich erschöpft auf den weißen Laken aus.

Michael Siegel

Seit diesem Abend blieb er bei mir, schlief auf dem Sofa, aß mit mir in der Küche und verschwand morgens, kurz bevor ich zur Arbeit ging. Er sprach kaum, erzählte wenig von sich und seinem Leben und fragte mich nichts. Die Sprache, in der wir uns verständigten, war die Berührung unserer Körper. Aber da gab ausnahmslos er die Spielregeln vor und verwies mich in eine passive, abwartende Rolle – und ich genoss es. Er kam ins Bad, wenn ich mich entkleidete und schaute mir zu. Danach wusch er mich mit dem weichen, schaumigen Schwamm. Meistens war er behutsam und zärtlich, fast verspielt, aber blitzartig konnte er brutal werden, warf mich bäuchlings aufs Bett, riss den Rock hoch und penetrierte mich mit dem, was er gerade zur Hand hatte: eine Weinflasche, eine Bürste, einmal ein marmorner Mörser, mit dem ich gerade Pfefferkörner zerstoßen hatte – es brannte noch tagelang –, jedoch niemals ließ er es zu, dass ich seine entblößte Haut berührte, ihn an mich zog oder entkleidete.

Am siebten Abend stand ich in der Küche und schnitt den Nudelteig in schmale Streifen. Seit er bei mir lebte, war ich ständig erregt, schreckte bei jedem Lufthauch hoch. Plötzlich fühlte ich ihn hinter mir. Er fasste mich um die Hüften und setzte mich auf den Tisch mitten in das Mehl. Er warf mir ein Tuch über den Kopf, zerrte an meinem Rock, bis der dünne Stoff nachgab und riss. So saß ich dort, still und abwartend, bis zur Hüfte nackt und mit leicht geöffneten Knien. Ich wusste, dass er mich betrachtete, aber er tat nichts, um den Bann zu brechen. Den banalen Akt des In-mich-Eindringens schien er zu verabscheuen. Er genoss mich sozusagen platonisch – in der Fantasie –, aber dies so heftig wie mich nie ein Mann geliebt hatte. Sanft blies er mir seinen Atem zwischen die Beine. Ohne ihn zu sehen, konnte ich ihn viel besser riechen: den Rauch, der in seinen Haaren hängen geblieben war, das Aroma seines Geschlechts, selbst den Duft seiner Sommersprossen konnte ich wahrnehmen.
Ich stützte die Hände hinter mir auf und lehnte mich zurück, schob mein Becken seinen imaginären Stößen entgegen, seinen Blicken, die die Luft um mich vibrieren ließen. Ich kam so heftig, wie ich noch nie zuvor gekommen zu sein glaubte. Das lustvolle Zusammenziehen in meinem Leib, die köstliche Erlösung, die Nässe zwischen meinen Beinen. Erschöpft sank ich zurück und versuchte mich zu beruhigen. Um mich herum Stille, Dunkelheit, kein Laut. Ich riss mir das Tuch vom Kopf: Die Küche lag verlassen da und ich meinte noch, das leise Verhallen von Schritten auf der Straße zu hören.
Er kam nicht wieder. Am nächsten Morgen deckte ich noch für zwei Personen den Tisch, aber schon am Abend aß ich alleine ein bisschen Brot und ging früh zu Bett.
Ricardo kehrte eine Woche später zurück und ich war glücklich über seine Heimkehr. Es vergingen zwei Wochen, bevor er mich eines Morgens – wir lagen noch sanft umschlungen in den Laken – unvermittelt fragte, ob ich während der langen Zeit seiner Abwesenheit mit einem anderen Mann geschlafen habe. Aber ich konnte ihm aufrichtig beteuern, dass dies nicht geschehen sei.

Andrea Beck

Treue

Dampf steigt auf. Dampf wie aus der Hölle. Kochendes Wasser. Von oben fällt Schnee. Dick flüchtet er vor dem Licht der Schwimmbadlaternen, weiße Punkte auf schwarzem Himmel. Hitze kocht die Haut. Der Bademeister spaziert mit einem riesigen Schirm um den Beckenrand. Er schaut verzweifelt. Wie soll er hier jemanden retten können, wo im Dunkel des Winternachmittags nicht einmal die Uhr im Nebel sichtbar ist? Das Wasser hat 35 Grad. Eine Nebeldecke schwebt über seiner Oberfläche. Leiber wälzen sich im Strom, der durch das kreisförmige Becken rauscht, von Düsen angetrieben, kräftig rundherum.

„Hier, Mauro! Hier ist sie!“, ruft eine Männerstimme. Ein Männermund steigt aus dem Wasser auf, Tropfen laufen an den Lippen herunter.

„Hier, Mauro, hier!“

Die Stimme ist angefüllt mit einer ganz bestimmten Art von Liebe. Kinderliebe. Der Mann mit dem schwarzen, am Kopf klebenden Haar spielt mit dem kleinen Mauro, vielleicht zwei Jahre alt, und seiner großen Schwester Laura. Seine Zahnreihe lächelt nass.

Wer ist der schöne Lächler, der Mann, der so liebevoll mit den beiden Kindern spielt? Ist er Lauras und Mauros Papa? Aber warum schaut die Engelsmama dann so ausgestoßen? Warum wirkt sie, als habe sich eine Hoffnung nicht erfüllt? Möchte sie Laura sein, die von den Armen des lächelnden Mannes gesucht wird, immer wieder gesucht, während sich Mama an der grünen Schaumgummischlange festhalten muss? Oder ist er vielleicht nur der Freund der Familie, Mamas Liebhaber, der heute mit ihr (alleinerziehend) ins Abenteuer Warmfreibad gegangen ist? Ihre großen blauen Augen schwimmen so traurig.

Ich möchte Laura sein, denkt Sabrina, die zum fünften Mal an dem italienisch aussehenden Mann vorüberschwimmt. Seine Augen unter der hochgeklappten Schwimmbrille haben sie bei jeder Runde berührt. Sabrina ist nahe an ihm vorbeigedriftet, im schäumenden Strom hat sie seine nasse Haut gespürt. Er war in so guter Stimmung. Er hätte ihr sicher so gerne einfach so seine Wassertropfen von Gesicht zu Gesicht gerieben.

„Laura! Mauro!“, ruft er wieder und jagt mit den Kindern durch den großen Whirlpool.

Welch eine Stimme! Welch ein Lächeln! Zarte Düsen strahlen auf Sabrinas Fußsohlen, während sie im Kreis geht, einfach im Kreis geht, immer wieder an dem Mann vorbei. Mit den Armen Schwimmbewegungen macht. Sich hin und wieder von einer dicken Düse kräftig vorwärtstreiben lässt, umfällt, gegen ein tauchendes Kind prallt oder Zentimeter vor einem lächelnden Mädchengesicht mit Tropfen an der Nase zum Stehen kommt.

„Hier, Mauro! Hier!“

Nein. Eigentlich sollte es nicht der schöne Italiener sein, der sie berührt, weiß Sabrina. Sondern Manuel. Seine Hände sollten hier sein und sein Gesicht. Nur er sollte sie berühren, so wie sie es ihm versprochen hat. Auch wenn Wochen dazwischenliegen, bis sie ihn wiedersieht. Wochen, in denen Männer keine Körper haben dürfen und sie keine Frau sein

darf, in denen andere Dinge wichtig sein sollen. Andere. Völlig andere.
Wir werden zusammen ins Warmbad gehen, sagt sich Sabrina, Manuel und ich werden aneinanderkleben wie das Pärchen dort im Whirlpool. Vier Brillengläser intim miteinander. Wir beide. Wir …
Sabrina prallt vom Strom getrieben gegen die dicke Silberwand des Whirlpools, krallt sich fest, stapft aus dem Strom heraus ins stille Wasser. Gleich wird die Winterkälte ihre nackte Haut packen. Ihre Füße werden auf dem rauen Nass des eisigen Bodens rund ums Becken kalt bis in den Unterleib werden. In der Glastür sieht sie ihr Spiegelbild. Schnell hinein in die Wärme auf dem Weg zur Sauna. Hinter ihr zurück bleibt die Stimme des liebevollen Mannes. „Mauro!" Sabrina beneidet Mauro und Laura. Sie haben die Liebe dieses wundervollen Mannes sicher. Ein Leben lang.
Sabrina nimmt ihr Handtuch, tappt barfuß den Gang entlang. Ein Mann kommt ihr entgegen. Er schaut sie an. Ist er schön? Sabrina trägt die Augen ihres Vaters durch die Welt. Ein leicht erblasstes, sehnsüchtiges Braun, gelb gesprenkelt. Sie hat zugenommen. Ihre Gesichtshaut ist dick unterpolstert und glatt. Die Augen brennen rot vom Chlor. Eine Tür führt von dem warmen Gang auf den kalten Saunahof. Sabrina schlüpft in den Vorraum der Blockhaussauna. Nackte Arme und Beine warten schemenhaft hinter der Tür. Sie zieht ihren Badeanzug am Körper herunter, hängt ihn auf den Haken. Zieht die Tür auf und taucht ins trockene Warm.
Der Sauna-Raum ist voller Menschen. Fleischmassen mit Stimmen umgeben Sabrina. Augen fliegen umher. Männeraugen. Nass und triefend. Streichelnd und schmeichelnd. Männer-Augen kleben an heißer Haut, festgepappt mit Schweiß. Kuss-Auren, Eindring-Auren, Abwart-Auren, Zuschau-Auren, Langsam-Auren, Heftig-Auren, Nass-Auren – wie du bist, wenn du geil bist, will ich wissen, jetzt sofort in dieser Hitze, sagt Sabrinas Blick, der von einem zum anderen schweift. Jetzt, wo es glitzernd von deinem Rücken perlt, sich zwischen den Härchen festsetzt, wo alles ruht außer deinen Augen Augen Augen. Und du! Wie du geil bist! Und du! Und du!

Nein. Heute geschlossen. Kein Eintritt. Nur für Manuel, mit ihm ist es besonders, sie möchte es nicht zerstören. Sie möchte Kanalisierung der Körperlichkeit. Warten und nicht denken. Nicht daran!

Von Sabrinas Körper rinnt kitzelnd der Schweiß. Die Temperatur steigt. Sie packt ihr Handtuch und geht.
Draußen dampft ihre Haut in der Schneekälte. Sie breitet ihr Handtuch auf einem Liegestuhl aus. Sie legt sich nackt darauf. Schaut den dicken Schneeflocken beim Rieseln zu. Sie lässt sich von der kalten Dusche schocken. Taucht in das Gebirgsbachbecken, schwimmt sich hindurch. Beim Herauskommen ist sie in Eisgaze getaucht, schnell die kalte Treppe hinauf in den warmen Saal. Schnell die Füße im Fußbad verbrennen.
Fußbäder. Rund an Rund an Rund angeordnet. Rote Zehen, durchblutete Haut, Beine, auf denen sich Haare kringeln, Handtücher um Hüften geschlungen, Brustwarzen, die zwinkern, Haare, im Wetlook an Köpfe gepappt. Augen, die schauen. Sabrina, die zurückschaut,

alle Gedanken auf den Augenwimpern: Ineinanderzerfließen im Wasserstrom, rotfleckig sich durchbluten, waswärewennkannstdudirvorstellen, der Geschmack des Wassers auf deinen Lippen meinen LippenLippen …

Senk den Blick! Schau dir deine Zehen im Wasser mit dem silbernen Nagellack an. Silbrig kühl. Abkühl.

Brustkorbhaut sich vervielfältigend Hautteppiche glockenhelles Lachen ein Frauenarsch in einer Männerhand, er darf, sie sind zusammen da ...
Manuel wird sich melden. Sie vertrösten. Ihr einen Termin in Aussicht stellen. Schon bald. Manuel ...
Unruhe brodelt. Dampfbad? Tretbecken? Cola-Automat. Pausenzeit zwischen Bademänteln.
Dritter Gang. Blockhaussauna.
Schwindelhitze.
Kältedampf.
Flockenruhe auf der Schneeliege. Segel, segel, riesel, plopp, torkel, fall ...
„Stört es Sie, wenn ich mich neben Sie lege?“
Eine kalte Decke legt sich auf Sabrinas Nacktheit. „Nein.“
Der Mann ist gut gepolstert. Nicht zu viel. Sinnliche-Lippen. Einen schönen ... Nur wenige Zentimeter liegen zwischen ihnen, sie sind getrennt durch eine Wand aus Eis zwischen den Liegestühlen. Schmelzbereit. Jede fallende Schneeflocke ist eine Aufforderung. Er hat hübsche schwarze Haare, die sich dick um seinen Kopf legen. Einen Dreitagebart. Gerade gewachsene Zehen. Wie er wohl ...
„Jetzt kriegen wir ja doch noch mal Schnee dieses Jahr.“
Er lässt seine Stimme erklingen.
„Dieses Jahr, was heißt dieses Jahr, es hat ja gerade erst begonnen“ – soll sie das sagen? Nein, es ist eine völlig unpassende Bemerkung. Lieber etwas Nettes. Aber Unverbindliches.
„Ja, das ist schön.“
Dummer Tonfall, absurde Aussage.
Sabrina hat aufgehört zu dampfen. Sie liegt schon zu lange da. Sie sollte jetzt hineingehen, weg von seinen Lippen und Beinen und Haaren, seiner Wärme, seiner möglichen ...
Manuel. Was macht er in diesem Moment? Sein Körper ersteht vor ihr. Groß gewachsen und muskulös. Hautweißig wie der neben ihr. Brustwarzenlächelnd ganz wie der neben ihr. Haarig und männlich. Genau wie der neben ihr. Und wie der, der eben in der Sauna lag. Der, der vorhin am Fußbad saß. Wie die, die in Scharen nackt über das Gelände ziehen, ihre Männlichkeit ausströmen und über Sabrina ergießen. Warum eigentlich Manuel? Ob Manuel oder ein anderer ...
Beine, Füsse, Hintern, Brustkörbe, nasse Haare, feuchte Augen, Hände ...
Hände! Manuels Hände. Nie in ihrem ganzen Leben hat Sabrina zuvor solche Hände gesehen. Eine Symbiose aus Zartheit und Härte, eine Mischung aus Grausamkeit und sorgfältig gepflegten Fingernägeln, eine Schauer über den Rücken jagende, hässliche Schönheit. Sie möchte vor ihm knien und diese Hände küssen. Und schwören können, dass sie treu war.
Sabrina steht auf, zieht ihr Handtuch hinter sich her und verschwindet in die Dusche.

Naked Moscow

Fedya Ili

Fedya Ili, Naked Pi

Rinaldo Hopf

Roberto SaM Balducci

Camilla!

Es war nicht davon auszugehen, dass in den kommenden Tagen weiß was passieren würde. Als ich meine Sachen packte, sagte ich mir, dass nichts so heiß gegessen wie gekocht wird und man in schwierigen Zeiten zweierlei unter Beweis stellen muss: Mut und Gelassenheit. Man bewunderte mich gleichermaßen, wie man mich für wagemutig, wenn nicht für verrückt hielt, dass ich tatsächlich trotz Virusgefahr flog. (*Stornieren kann ich ohnehin nicht, weil ich nicht krank bin und die Kosten für Panikmacher von der Versicherung nicht erstattet werden.*) Also auf nach Gran Canaria!

Noch auf dem Weg zum Flughafen überlegte ich, einen Abstecher zu meiner Internistin ins Infektiologikum zu machen, um mir eine Abwehrspritze geben zu lassen, hörte aber auf meine innere Stimme: *Kurz mal nachgedacht, mein Lieber: Wer geht denn in diesen Zeiten freiwillig ausgerechnet in eine Praxis, in der es naturgemäß vor Viren nur so wimmelt?*

Ich rief schnell noch meine Freunde auf der Insel an, die glaubhaft versicherten, alles sei wie immer. Fast jedenfalls.

Es ist Freitag, diesmal der 13., aber ich bin nicht abergläubisch, obgleich ich Gründe genug dafür haben würde. *Quatsch, was soll schon passieren? Bis das Virus überhaupt richtig fußfassen kann und merkt, dass ich da bin, sitze ich längst wieder im Flugzeug und fliege zurück.*

Am Flughafen liefen mir ein paar Asiaten mit weißen, perfekt sitzenden Schutzmasken und Handschuhen über den Weg. Wie übertrieben! Man muss ja nicht gleich tun, als befände man sich im Szenario eines Katastrophenfilms!

Beim Check-in skeptische Blicke. In Urlaub fliege kaum noch wer, ließ mich die Dame im blauen Kostüm wissen, lächelte aber professionell.

Die deutschen Sicherheitsbeamten waren beruhigend unfreundlich, baten mich aber nach dem Kontrollrahmen nicht wie sonst zur Leibesvisitation, sondern gaben sich kontaktlos mit einem Sprengstofftest zufrieden. Mir fiel auf, dass sie Latexhandschuhe trugen, und ich fragte mich, ob sie das sonst auch tun.

Das Flugzeug war nicht voll besetzt, um nicht zu sagen: Es war halb leer und erste Skepsis machte sich breit, die ich aber vertrieb, weil es nun ohnehin zu spät war. Augen zu und durch, sagte ich mir.

Warum ich, gerade erst in meinem Resort gelandet, bereits auf die Idee kam, dass manche Männer eventuell nicht ganz so klug sein könnten wie andere, ist leicht erklärt: Sie verstanden selbst einfachste Zusammenhänge nicht – Tröpfcheninfektion, um nur ein Beispiel zu nennen. Auf Gran Canaria hatte man allem Anschein nach noch nichts von dem Virus gehört, denn die Franzosen wurden nicht müde, alle, die sie kannten, mit Küsschen rechts und links zu begrüßen. Diejenigen, mit denen sie geschlafen hatten, küssten sie auf den Mund. Gegen so viel höfliche Aufmerksamkeit war ich machtlos.

Dass ich, trotz aller Abwägung, die falsche Entscheidung getroffen hatte, wurde mir klar, als ich feuchtfröhliche Gäste an der Theke der Poolbar beobachtete, die munter ihre Gläser tauschten.

Die Engländer nannten das Virus liebevoll Camilla, die Deutschen Corinna und die

Franzosen verstand ich nicht richtig, aber einer von ihnen hatte einen trockenen Husten als Klingelton aus dem Internet geladen ... und führte ihn gleich mehrfach vor. Es gibt sie in allen Ländern dieser Erde, die simplen Gemüter.

Alle, die nach der bunten Kollektion von Longdrinks, die sie über Tag abgekippt hatten, noch aus eigener Kraft laufen konnten, beschlossen, die Clubs unsicher machen zu wollen. Sie zeigten mir Intimfotos von Männern, mit denen sie nachmittags schon mal vage Verabredungen getroffen hatten.

„Heute lassen wir es noch mal krachen!" Helmut, aus Bad Mergentheim. Einer der Gründe, warum ich es nicht immer gut finde, im Urlaub auf Deutsche zu treffen: Ich verstehe alles, was sie sagen. Ich fragte mich und schließlich auch ihn, ob das Virus denn wisse, dass es heute noch nicht anstecken solle, und ob es die nur einseitig vereinbarten Spielregeln auch einhalten werde ... Ungläubig hörte ich, dass er von Corona-Party redete und sich persönlich das Virus manneskräftig vornehmen wollte.

In einiger Entfernung entdeckte ich Irfan. Ich verstand nicht, was er sagte, aber er griff sich zwischen die Beine und sah mich auffordernd an. Seine nette Einladung ignorierend, beschloss ich, an meinem ersten Abend lieber mit den anderen älteren Herrschaften im Resort zu bleiben und mit ihnen über Gegenwartsliteratur zu sprechen. Die Franzosen wollten mich zum Ab-

Rimaldas Vikšraitis

schied noch mal küssen, was mir dann aber doch zu viel wurde und mich veranlasste, geschickt auf Abstand zu gehen.
„Morgen bereust du es, nicht mitgekommen zu sein!"
„Passt auf euch auf!", mahnte ich väterlich Helmut und Konsorten, die mich mitleidig belächelten und mich Spielverderber nannten.
„1600 mg Ibu und drei Paracetamol ..." Helmut strahlte und registrierte meinen fragenden Blick. „Gegen Corinna. Zusammen mit Prep, verstehst du?"
Nein, tat ich nicht. Ich wollte schon ansetzen zu erklären, dass sie etwas völlig falsch verstanden hätten, wünschte dann aber einfach nur: „Viel Spaß!"
Die internistische Fraktion musste schließlich auch noch was zu tun haben. Die Wahrscheinlichkeit, dass sie an Magenbluten oder Nierenversagen sterben würden, war nicht von der Hand zu weisen. Vielleicht aber gehörte Helmut ja auch zu den Klugen und die Virologen könnten eine Menge von ihm lernen. Immerhin nannten ihn alle anerkennend *das Toastbrot,* und einen solchen Spitznamen hat nicht jeder.

Am Morgen las ich ungläubig das Flugblatt, das auf meinem Terrassentisch lag, als ich früh mit meinem Laptop unter dem Arm und den ersten Kaffee in der Hand balancierend den Tag begrüßen wollte. Spanien im Ausnahmezustand. Wir unter Ausgangssperre! Wie gut, dass

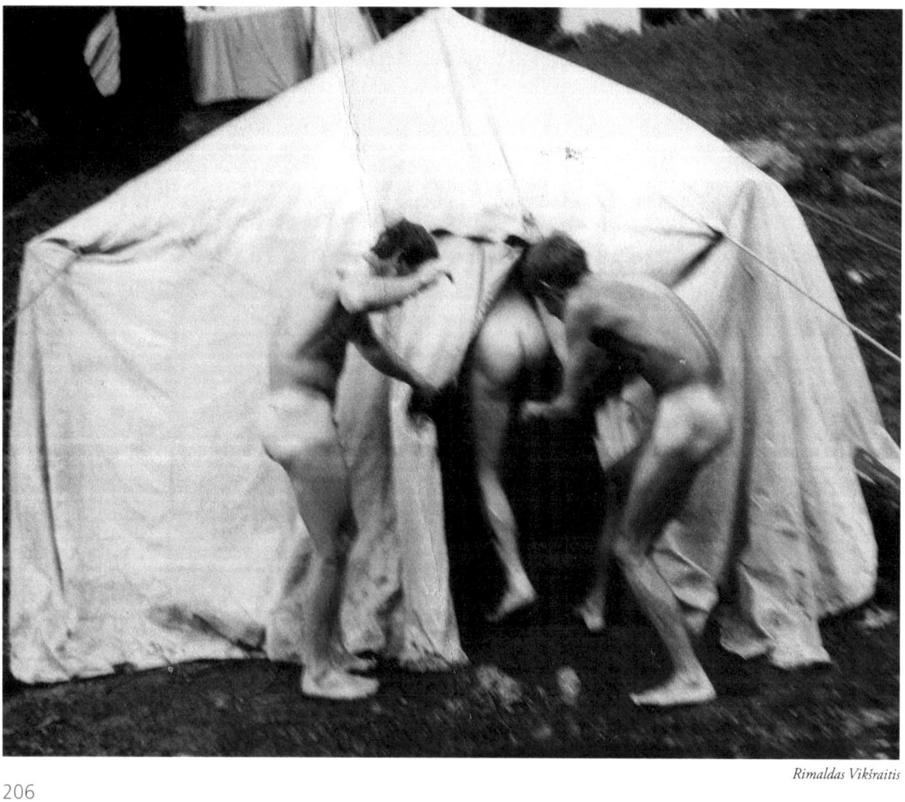

Rimaldas Vikšraitis

ich gestern Abend schnell noch sieben Dosen Bier eingekauft hatte. Die Sonne lugte hinterhältig hinter ein paar Wolken hervor und tat, als sei nichts. Dabei werde ich, das wird mir in diesem Moment klar, weder das Meer, noch meine Freunde aus dem *Reds* treffen können. Das ist nicht gerecht! Ich wollte Urlaub machen, keine Exerzitien.
Mein Telefon klingelte. Mehrere Menschen aus meinem sozialen Umfeld wollten mich über die neuen Verordnungen in Spanien informieren. Wie fürsorglich. „Du wolltest ja nicht hören!“ Für einen Moment sah ich meine Mutter vor mir. Ich drei Jahre alt, soeben zu ihrer Genugtuung von der Mauer gefallen, vor der sie mich unmittelbar zuvor gewarnt hatte.

„Gut dass wir gestern noch mal richtig die Sau rausgelassen haben!“ Helmut war bedauerlicherweise auch schon wach. Vermutlich grinste er, wie er es aus einem Gangsterfilm gelernt hatte, was ich nicht sah, weil ich mich weigerte, Kontakt aufzunehmen. „Mitternacht war Schluss! Die Polizei hat alle Läden dichtgemacht. Die Leute mitten am Poppen, verstehst du? Manche mussten sie mit Gewalt trennen. Echt krass, sage ich dir.“ Sein Deutsch war über Nacht nicht besser geworden. In meinem Inneren stiegen unschöne Bilder auf, die ich schnell wieder loswerden wollte. Helmut wollte sich, nur mit Badehose und Achselshirt bekleidet, an meinen Tisch setzen, um mir Einzelheiten zu erzählen. Da ich um seine feuchte Aussprache wusste und glaubte, dass ihn ganze Virenteppiche umgaben, verwies ich darauf, bedauerlicherweise arbeiten zu müssen.
Später im Frühstücksraum aber war ich dann doch noch gezwungen, den fröhlich hinausposaunten Heldengeschichten Aufmerksamkeit zu schenken. Mich überflog eine leichte Gänsehaut. Es ist die Offenheit der Menschen, die ich gleichermaßen schätze wie fürchte. „Das mit dem Virus geht uns persönlich ja gar nichts an. Gehören wir zur Risikogruppe?“ Er sah auffordernd in die Runde. „Nein!“, kreischte er. „Sind wir hier, um unseren Spaß zu haben? ... Ja!“ Es wurde nicht besser.
Da ich wieder mal weiß angezogen war und sie mich aufgrund dessen bereits „Herr Doktor“ nannten, fühlte ich mich berufen, sie auf ein paar ihrer Fehlannahmen hinzuweisen. Vielleicht konnte ich dadurch Leben retten. Ihr Übergewicht, der Bluthochdruck und die ein oder andere chronische Erkrankung, die sie gesundheitsbedingt in den Vorruhestand

versetzt hatten, so erfuhr ich, seien, entgegen meinen Befürchtungen, als Risikofaktoren unterzubewerten. Ich staunte nicht schlecht. Auch dass sie Kette rauchten – sei strenggenommen kein Problem, weil Asthmaspray alles Enggewordene wieder frei mache.
„Wir sind schließlich nicht alt, weißt du?"
Ich setzte mich schnell wieder auf meinen Platz, damit niemand sah, dass ich freiwillig Kontakt mit ihnen aufgenommen hatte.

Zwei Stunden Ruhe. Sie hatten sich an den Pool verzogen.
„Die Vollidioten haben die Flughäfen gesperrt! Es kommt niemand mehr rein", sagte einer, „wir müssen uns also zufriedengeben, mit dem, was da ist. Kein Frischfleisch mehr!"
Ich verschwand aus ihrem akustischen Radius, nicht ohne meinen Bekannten aus dem Reisebüro zu konsultieren und ihn zu bitten, unter den bestehenden Umständen für mich den nächsten Flug zurück in die Heimat zu buchen. Morgen, spätestens übermorgen, muss ich hier wieder weg sein!
Flüge gab es keine mehr, weil viele gestrichen worden waren und zudem ein gigantischer Sandsturm wütete. Mich wird nichts unterkriegen. Wenn ich gezwungen war, Urlaub zu machen, machte ich eben Urlaub. Es interessierte mich überhaupt nicht, dass der Himmel mit orangegefärbten Wolken behangen war, die keinen Sonnenstrahl durchließen und dass kein Lüftchen wehte. Gut, ich fühlte mich wie gebackenes Brot, aber was soll's!?
Helmut hatte einen blutwurstroten Kopf und Kontakt mit einem Fremden aufgenommen, der, wie er selbst, mit dem Konsum von Alkohol begonnen hatte. Glasige Augen starrten ins Leere. Das verband. Sie unterhielten sich und tauschten gierig mit dem Mund Viren aus.

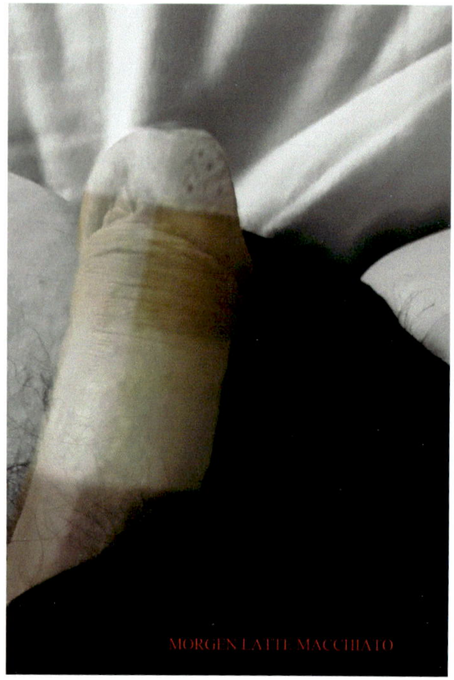
MORGEN LATTE MACCHIATO

„Der Doktor ...", mit dem Kinn deutete er abfällig in meine Richtung, „hat behauptet, die Kappen von der Regierung wüssten schon, was sie tun und hätten die Ernsthaftigkeit der Lage begriffen!"
Helmut sprach gedehnt. Der andere verharrte. Ich glaubte, er brauchte einen Moment, den akustischen Impuls intellektuell zu verarbeiten, brüllte dann aber kindlich erfreut und hielt alles für einen Witz. Gemeinsam verkündeten sie, das Ausgangsverbot könne sie mal am Arsch lecken! „Wir gehen nachher zum Ficken in die Dünen, ob die das nun wollen oder nicht!" *Die Dünen?*, will ich fragen, weiß aber, er würde den Witz

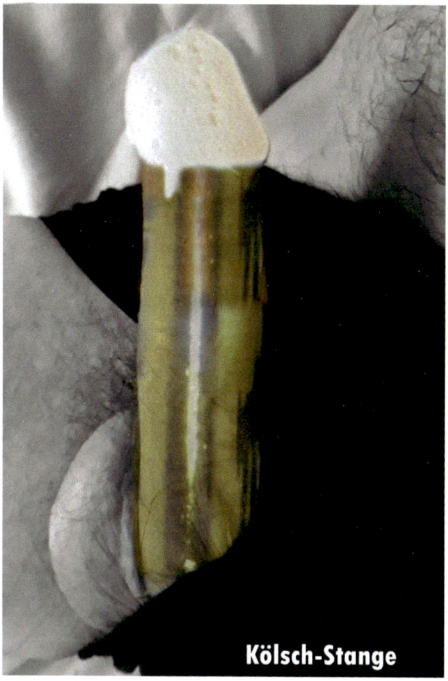

Kölsch-Stange

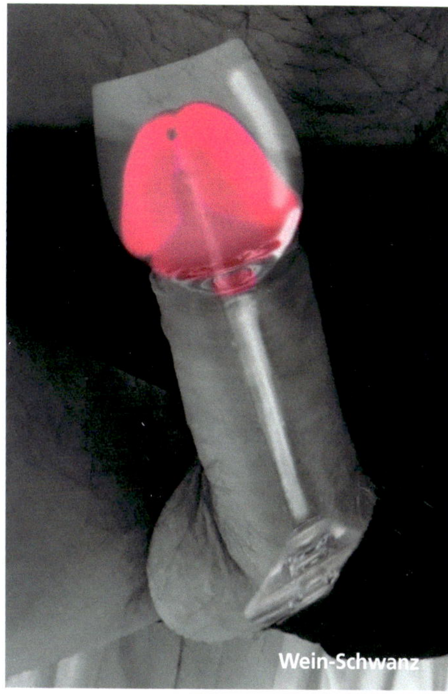

Wein-Schwanz

nicht begreifen. Dass es dazu nicht kommen würde, weil der Rezeptionist ihm die Tür versperrte, wusste er noch nicht.
„Wenn es hier einer hat, haben wir es eh alle!", lallte seine bessere Hälfte.
Ich reagierte deutlich ängstlich. Vermutlich hatte er recht. Schon bildete ich mir ein, husten zu müssen.
Mein Versuch, Kontakt mit meiner Fluglinie aufzunehmen, scheiterte ebenso wie der Versuch, mich auf die Evakuierungsliste der bundesdeutschen Regierung setzen zu lassen. Flüge gab es nur von der Nachbarinsel, der Fährverkehr aber war eingestellt. Dem Vorschlag eines befreundeten Managers, der wie ich nach Lösungen suchte, einen Skipper anzuheuern und sich auf eigene Faust übersetzen zu lassen, folgte ich nicht. Er aber ließ sich nicht abhalten, packte und reiste ab. Ein paar Stunden später schrieb er eine SMS, aus der hervorging, dass sein Vorhaben von den hiesigen Behörden vereitelt worden war und man ihn kurzerhand in Quarantäne gesteckt hatte. *Dumm gelaufen*, dachte ich und mir wurde klar: Ich werde bleiben müssen.
Kein Problem! Ich bin kein panischer Typ, fühlte mich bei guter Gesundheit und beschloss, Camilla – jetzt habe ich schon das Vokabular der Bildungsfernen übernommen ! – zumindest zu überleben. Ich holte mein Desinfektionsmittel aus dem Bungalow und rieb mich großflächig damit ein, während ich Helmuts Angebot, ihm ins Jacuzzi zu folgen, aus Hygienegründen dankend ablehnen musste.
„Wir müssen ja nicht rumknutschen. Gibt ja noch andere Dinge, die wir machen können." Ein Gruselfilm könnte nicht packender sein. Helmut setzte

erneut sein Siegerlächeln auf. „Für die Sicherheitsfanatiker bleibt die Sauna." Er machte eine seine Gerissenheit unterstreichende Pause. „Corinna, äh Camilla, äh Corona", sie brüllten beherzt, „mag es nämlich nicht heiß! Wir nehmen Wodka mit!" Wieder etwas, das sich mir nicht sofort erschloss. „Für innen. Zum Desinfizieren", sangen sie. (Dass einige Wochen später der Präsident der Vereinigten Staaten vorschlagen wird, sich Desinfektionsmittel injizieren zu lassen, wusste ich da noch nicht.) Sie tranken direkt aus der Flasche, die von einem zum anderen wanderte. Jetzt sei alles abgetötet. Was für clevere Kerlchen! Ich dankte Gott, dass ich nicht so war wie sie. Ich glaube, es war der Moment, in dem ich beschlossen hatte, meine Erlebnisse psychisch zu verarbeiten und diese Geschichte zu schreiben.

Als ich in den Bungalow zurückkam, fand ich eine Mail von meinem Bekannten aus dem Reisebüro. Ob ich schon gehört hätte, dass ... Es folgten die Hinweise auf den landesweiten Ausnahmezustand, die Ausgangssperre, und eine fehlende Rückflugmöglichkeit. Immerhin sei mein letzter Buchungsteil noch nicht storniert worden. Na super.

Später beobachtete ich glückliche Männer, die regulär abreisten und folgte ihnen mit neidvollen Blicken bis zum Ausgang. Ungläubig las ich sämtliche Hiobsbotschaften und wurde blass. In Deutschland gab es kein Toilettenpapier mehr!

Die Bildungselite aus dem Heimatland, angeführt von Helmut, positionierte sich gegen Merkel. Man lasse sich ja von der nicht vorschreiben, wie lange man sich die Hände zu waschen habe ... und überhaupt. Nervös registrierte ich derweil das Husten, das aus verschiedenen Richtungen zu mir drang, und nahm besorgt wahr, dass der Ober den zu üppig über meinen Cappuccino gestreuten Kakao kurzerhand fortpustete – wahrscheinlich aber ohne allzu viele Tröpfchen zu versprühen. Mein WhatsApp-Kanal verstopfte sich derweil mit munteren Virus- und Toilettenpapierwitzen der Kollegen vom Frankfurter Lederclub.

Abends saß ich auf der Terrasse und betrank mich mit Dosenbier. Einer der ansehnlichen Männer, die morgen abreisen würden, zeigte sich paarungsbereit, und ich focht einen inneren Kampf aus: Entweder ich hatte Spaß und sterbe oder nicht. Wahrscheinlich traf ich die falsche Entscheidung, aber sterben muss schließlich jeder mal. Man soll gehen, wenn es am schönsten ist. Der letzte Sex meines Lebens folgte. Immerhin küssten wir uns nicht besonders lange und nicht zu häufig dabei und ich achtete darauf, dass wir genügend Wodka tranken, im Falle, dass Helmut doch recht hatte.

Am Tag danach wurden die Pools und die Sauna geschlossen. Der Gärtner sah traurig aus, als er die rot-weißen Markierungsbänder anbrachte. Verständlicherweise maulten die deutschstämmigen Touristen und forderten Freibier. Deutsche beschweren sich ausgesprochen gerne. Ich tat, als würde ich keinen von ihnen kennen.

„Das können die voll vergessen!", sagte Helmut gleich mehrmals hintereinander – vielleicht, um die Wichtigkeit des Gesagten zu unterstreichen – und verkündete noch einmal, Party machen zu wollen. Ein paar der Engländer schienen

sich mit dem Vorhaben arrangieren zu können, denn einer von ihnen zeigte schon mal, was er zum Einsatz bringen wollte, und zog seine Badehose aus. „Fuck you Camilla!“, rief er und schritt voran, die anderen folgten ihm in Richtung Bungalow.
Als ich die Rede unserer Bundeskanzlerin hörte, war ich stolz auf sie und vergaß alles, was ich in den letzten Monaten über sie zu meckern hatte. Sie verzog kaum eine Miene, und ließ keinen Zweifel daran, uns mit Besonnenheit durch die Krise führen zu wollen, während der amerikanische Präsident wirkte wie Donald Duck persönlich.

Es war Mittwoch.
Weitere Gäste waren abgereist, morgen gingen sonstige reguläre Flüge. Nur ich kam nicht weg und würde, wie mir der Resortleiter im Vertrauen sagte, schon bald alles für mich alleine haben. Während ich glaubte, dass er einen Witz machte, erkannte ich sein um Fröhlichkeit bemühtes, aber verkniffenes Lächeln.
In jeder Krise stecke auch eine Chance, heißt es, und so winkte ich Helmut und seinem Freund erleichtert nach, als sie sich zum Flughafen aufmachten. Alles könnte immer auch noch schlimmer sein.
Abends ging ich in der Poolbar essen. Wir waren noch zu viert und sahen uns an, wie man vielleicht Außerirdische betrachten würde. Der Versuch einer Unterhaltung scheiterte an meiner ehemaligen Schulverweigerung. Hätte ich damals schon begriffen, wie wertvoll Sprachkenntnisse sein könnten, ich wäre zum Französischkurs zugelassen worden. Das französische Paar sprach aber ohnehin nicht, weder untereinander, noch mit anderen, und der Spanier unterhielt sich lieber mit seinem Freund, den er per Facetime zugeschaltet hatte.

Als ich tags drauf zum Frühstück erschien, sah ich nur ein Gedeck. Die anderen waren schon früh abgeholt worden, erfuhr ich. Der Mann, der sich hinter der Theke langweilte, weil ich keine Extrawünsche vorbrachte, telefonierte lautstark mit seiner Mutter und freute sich später, als ich noch einen Kaffee bestellte.
Ich inspizierte das Gelände und traf vereinzelt auf Frauen in weißem Kittel, die letzte Arbeiten verrichteten und traurig aussahen.
Gruselig wurde es erst, als alle ihre Schicht beendeten und nach Hause gingen. Ich blieb allein zurück, cruiste durch das Gelände, meine Blicke auf die Terrassen gerichtet, auf denen für gewöhnlich Männer warten, dass man ihnen die Gunst erweist.
Die beiden Katzen, die sonst einen großen Bogen um mich machten, weil sie spürten, dass ich ihnen nicht besonders zugetan war, miauten mich an. Ich prostete ihnen zu und begann ein Gespräch mit mir selbst. In Situationen wie diesen wird man bescheiden.

In den folgenden Tagen steigerte ich meinen Kaffeekonsum von zwei auf drei Liter, damit die Barkeeper ihre Tagesstruktur nicht komplett verloren. Man nannte mich ihren VIP und war dankbar, dass wenigstens ich noch da war. Ab Sonntag würden sie alle arbeitslos sein, vorausgesetzt, mein Flug ging tatsächlich. Wenn nicht, wollten sie mich mit nach Hause nehmen, damit ich nicht verhungern müsste, denn das Resort würde in jedem Fall für mindestens zwei Monate schließen.

Rinaldo Hopf

Jetzt, wo ich alleine war, hätte ich eigentlich ein bisschen schwimmen gehen können. Wen sollte ich noch anstecken können? Leider ging auch das nicht, weil die Regierung mit kreisenden Drohnen überprüfte, dass alles seine Ordnung hatte. Es wurde ein besonderer Urlaub. Einer, in dem ich nachdenklich auf das zurückblickte, was ich früher an Orten wie diesen erlebt hatte. Aber auch einer, in dem ich die Traurigkeit derer erlebte, die sonst mit so ausgelassener Fröhlichkeit für uns da sind. Keiner wusste, wie es weiter geht. Nur, dass sämtliche Hotels für die kommenden sechs Wochen schließen würden. Wir versprachen uns ein baldiges Wiedersehen und wussten doch im selben Moment um die Lüge unserer Worte. Die Tage vergingen dickflüssig und behäbig. Ich studierte stündlich Nachrichten und erfuhr kurz vor Abflug, dass sich einer meiner Freunde infiziert hatte. Die Gefahr kam also näher.

Das Glück war ganz auf meiner Seite. Mein Flug ging. Die Stewardessen hatten Masken auf. Zu essen gab es nichts. Nachdem sie eine kleine Flasche Wasser verteilt hatten, verschwanden sie für die Dauer des Fluges hinter ihrem Vorhang. Im Flieger die letzten Überlebenden eines Gran Canaria-Urlaubs. Schweigend. Niemand riss dumme Späße, keiner lachte. Als ich zu Hause meine Tür aufschloss, war ich ergriffen. Ich hatte es geschafft! Was wird auf uns zukommen? Gut, dass ich das da noch nicht wusste.
Eine Freundin hatte mir ein Überlebenspaket in den Flur gelegt. Wie immer, wenn es eng in meiner Brust wird, blieb ich im Hier und Jetzt und freute mich: Rotwein und Klopapier! Was also sollte noch passieren?

Thomas Luthardt

Couch-Sex

Kondomumhüllt
Schob ich mit vierzehn meinen Schwanz
Öfter in die enge Ritze
Zwischen zwei Ledersofasitze,
Und fickte los –
Geil war für mich jeder Stoß ...
Meist bin ich ziemlich schnell gekommen,
Doch hat mir dies den Spaß
Am Sex mit meiner Couch
Niemals genommen.

***

Steven Menendez

Über blaue Kissen
Bäumt sich dein Leib
Du schließt die Augen:
Dein Samen schießt
Dir auf die Stirn

***

Eichhörnchen wir
Im Nacken spüre ich
Deinen heißen Hauch,
Wir schlafen, verschlungen
Ineinander, kuscheln
Bis zum Frühjahr
In unserem Kobel,
Wo niemand uns findet,
Niemand weckt.

***

NOCH sind einander wir
Sehr fremd,
Tasten mit Blicken
Uns vorsichtig ab.
Vertrauen wächst langsam,
Ich möchte dein Inneres
Nach außen kehren,
Möchte dir zeigen,
Wo ich verwundbar bin.
Will dir meine Fehler sagen,
Und in aller Zukunft
Deine dir verzeihn.

***

Steven Menendez

Sonntagmorgen

Dein aufgedeckter männlich-
Trainierter Körper
Lässt so viel in mir
Erwachen ... Doch du
Schläfst so himmlisch-tief,
Dass ich jeden Griff
Nach dir unterlasse,
Auf Zehenspitzen in die Küche schleiche,
Unser Sonntags-Frühstück bereite.

***

Steven Menendez

Du bist der Erste
Den ich am Morgen
Riechen spüren
Sehen möchte
Du sollst es sein
Der mich zur Nacht
In Schlaf und Traum begleitet
Und du der Tag um Tag
Mit mir durch alle schlimmen
Alle guten Stunden
Unserer Liebe geht

***

Rinaldo Hopf

Torsten Flüh

Venezianische Epigramme

Anagrammatisch

Willst du die Freuden der Liebe rein ohne Reue genießen,
O, so lass Frechheit und Ernst ferne vom Herzen dir sein.
Jene will Amoren verjagen und dieser denkt ihn zu fesseln.
Siehe, da lächelt ein Gott beiden das Gegenteil zu.
(J. W. Goethe, Venezianische Epigramme)

Ganz ohne Frechheit und Ernst geht es nicht. Safer Sex ist Pflicht. Frechheit will geübt sein, um den rechten Mann zur rechten Zeit zu erobern. Cowboys, die ohne Sattel reiten – barebacking –, haben (k)eine Chance. Ohne Reue die Freuden der Liebe genießen, heißt Safer Sex für alle. Barebacking kommt gerade aus Amerika. Aber die Amerikaner, die Cowboys, sind wegen der Reisewarnung zu Hause geblieben. Die Multimillion- Dollar-Frage lautet: negativ or positiv. Willkommen im Club! Der Club wird größer, wächst und wächst. The Globe, in dem der Sturm tobt, der Club für keiner, keiner, keiner Zunge fremd.
Amor lächelt gequält, hält einen HT special in der Hand und rollt ihn mir/rollt ihn dir drüber. Mit Geschmack – Lakritz, Erdbeer, Banane –, in Farbe – schwarz, rot, gelb – oder ohne, geschmacksneutral, Natur. Amors Köcher ganz voller Pariser, Londone, Kondome, Billy Boys.

Maschinenraum, 29. Mai 1991
Lieber Ernst,
„Mind your head“ steht auf einem Schild an einer Treppe, die nach unten führt. Dann denke ich an meinen Kopf und illuminiere das ganze Schiff in meiner Kabine ohne Fenster, einer Kabine für zwei, weil ich mich mit dem Wachen und Schlafen wechsle: ich und ich. Einer Kabine ohne Bulleye, das uns unaufgefordert ablenken könnte vom Wesentlichen. Am ersten Tag auf dem Meer der Sehenswürdigkeiten ist da der Filmstar aus

den Paramount-Filmstudios meiner Netzhaut, der als arabischer Prinz aus dem Morgenland erscheint und wie ein Ledermann aus Los Angeles aussieht und französisch parliert. Er ist wie ein Bild von einem Traumprinzen aus einem Katalog für Wünsche. Dann wird ein Wunsch wahr, weil ich es so laufen lasse.
Er tritt über einen Regenbogen aus der Netzhaut im Irisgewand heraus, als steige er von der 3D-Leinwand herunter, kommt auf mich zu und küsst mich, mich, mich.
Er ist eine prinzliche Erscheinung, eine Prinzenrolle, als er mir beim Kapitänsempfang unter die Augen tritt: in einem mit Gold und Silber durchwirkten Gewand entsteigt er dem Photographenauge wie auf Geheiß (m)einer/DEINER Fee Iris. Wir sind im DINER'S CLUB angekommen. Gold Card. Wir kriegen alles auf Kredit.
Und zur Linken setzt sich der arabische Prinz mit seiner braunen Schokoladencremehaut und dem blauschwarzen Haar und mit Augen wie aus dem Nichts.
Und zur Linken sitzt mir ein russischer Prinz Trubetskoi, dessen Großmutter 1917 in Lumpen nach Peking zu ihrem Mann um Leib und Leben geflüchtet ist. Und in ihren Lumpen hatte sie ihre Juwelen eingenäht, die ihr die Zarin geschenkt hatte, wie es im Buche geschrieben steht, seine Hoheit mir heimlich anvertraut und ich nicht weiß, ob ich es gelesen oder geträumt habe.
And he is not a Queen but a Gay-Prince, who is divorced and who have had a baby girl, who died. And the Arabien Prince is a Queen for this night, who owns and works a nightclub at Nice: how nice the pri(n)ce.
Und wir dinieren dreimal am Tag gar fürstlich, und baden in der Sonne wie die Fische im Wasser. Das schwöre ich bei Helios, dem rächenden Gott der Sonnenbrände.
Thanks for giving. This is Thanksgiving-Day on Tour.
Diese Reise ist eine Traumreise: why have, if you can wish: Athen, Kusadasi, Mykonos, Korfu, Dubrovnik: wir fahren mit dem Fischerboot, von Fischern, die keinen Fisch mehr aus der Ägäis fischen können, weil die Meere leergefischt sind und der Fisch aus Australien importiert wird, an „paradise beach" vorbei nach „super paradise beach" but ... there is no place like paradise: Mind your head, nehme ich wörtlich und mache diese Kreuzfahrt zur Traumreise.

Kehre nicht, liebliches Kind, die Beinchen
hinauf zu dem Himmel;
Jupiter sieht dich, der Schalk, und
Ganymed ist besorgt.
(J. W. Goethe, Venezianische Epigramme)

Dann kehren sie – die Queens, die Prinzen, die Hengste, die Bullen, die Tunten, die Tölen, die Arschlecker, die Cocksucker, die Stecher, die Ficker, die Skater, die Schwulen, die Gays, die Greys, die Alten, die Jungen, die Knaben, die Fummeltrienen, die Kerle, die Fickfrösche, die Ganymeds, die Jupiter, die Schlampen, die Säue, die Spermaschlucker, die Ledermänner, die Gummikerle, die Sados, die Masos, die Businessmen, die Tie-an-suit-lovers, die Sneakersfriends, die Halfpipewankers, die Haarlosen, die Behaarten, die Peter Berlins, die Rosas, die Skins, die Bären, die Barebacker, die Backpacker, die T6er, die Tiger, die Löwen, die Chubbies, die Bierbäuche, die Schuljungen, die Daddies, die Sons, die Master, die Sklaven, die Young4old, die Old4young, die Handwerker, die Plombiers ... – die Beinchen hinauf

zu dem Himmel. Ein HT special liegt schon bereit oder auch nicht ... bare in alle Welt ergeht das Wort thema con variatione: An Deck unter den Sternen kreuzen sich unsere Wege, Gedanken und Sehnsüchte: cruising: als in der Nacht ein HT special extra stark und super elastisch Nr. 016841 Back to the roots, 91 Mediterranean Gay-Cruise Sailing 25 May to 01 June 1991 Venice, Athens, Kusadasi, Mykonos, Korfu, Dubrovnik and back to Venice auf dem Bett liegt. Ein
Beim Bumsen Kondome
Nicht in den Mund abspritzen
Küssen nach Herzenslust
in meiner Kabine mich erwartet.
Gute Reise. Happy Journey. Bon Voyage.
Buen Viage. Buon Viaggio.
Deutsche AIDS-Hilfe e. V.
Halte das Kondom beim Herausziehen fest, sonst könnte es im Partner bleiben. Gebrauchte Kondome nicht ins Klo, sondern in den Mülleimer werfen.

Und wir sind ein Traumschiff mit eintausendsechshundert oder mehr oder weniger Schwulen an Bord in meinen Augen, denn immer wieder werden neue Prinzen geboren, wie auf Geheiß des Herren und ... die Himmel erzählen die Ehre Gottes wie es im Buche steht. Ich schaffe als Autor buchstäblich, schreibe als ReKreator die ganze Traumreise auf. Erschaffe Prinzen, Königinnen, Dandies, Goldelsen, Aschenputtel, Schriftsteller, Statthalter, Bären, einen Jaguar in metallicblau wie meine Flugtasche, Schmetterlinge und Trolle zu einer erlesenen Gesellschaft. Und ein jedes Lebewesen ward zur Freude des Herren erschaffen, so wie ich Prinzen aus meinen Träumen wachsen lasse und aus den Schaumkronen der Wellen schöpfe bis die Wellen über den Körper ziehen, wenn wir Liebe als Sex machen, die unsere Körper erschauern lässt vor Geilheit und Lust und Schmerz, dass wir einander wieder das Traumbild von einem Prinzen umgebracht haben. Wild: Fassbinder: Jeanne Moreau: Each man kills the thing, he loves. Da, da, de, da. Da, da, de, da ...

Wende die Füßchen zum Himmel nur ohne
Sorge, Wir strecken
Arme betend empor; aber nicht schuldlos
wie du.
(J. W. Goethe, Venezianische Epigramme)

keiner keiner keiner Zunge fremd: Und nach Tagen geht die Zeit verloren, indem wir uns in den Plan der Mannschaft fallen lassen wie in ein Himmelbett auf einem Traumschiff. Und der arabische Prinz entpuppt sich als Schmetterling, wiewohl er eine erhabene Erscheinung ist, die ihre Farben wechselt wie das schillernde Himmelszelt bei Nacht in den Wellen der Lust. Wir entdecken ein Spiel, wenn wir uns mit dem Schleier der Wolken am Horizont des Schlafs bedecken und immer wieder neue Prinzen auf der Palme – La Palma – wachsen

lassen, bis sie entschwinden in Tausend und einer Nacht wie dieser, in der ich beschrieben werde, als sei ich ein leeres Blatt wie die fremde Möwe im Schiffszug der Kreuzfahrt über das Meer: durch das Meer der Schrift. Und wieder machen wir einen reichen Fang wie Petrus im See Genezareth, als ein neuer Tag anbricht, der uns nach Athen führt, wo uns fremde Worte von Alpha bis Omega, Anfang bis Ende ihr Geheimnis nicht anvertrauen. Aber ... Aber in lateinischen Lettern

steht AIDS wie ein Aufschrei geschrieben. Dazu ein Bild auf dem Poster in Schwarz bunt wie von Picasso und/oder Chagalle gemalte Athleten, Liebesathleten, die vom Nachmittag eines Fauns verzaubert sind. Das Plakat ruft zu einer Benefizveranstaltung im Kampf gegen ... in alle Welt ergeht das Wort jedem Ohre klingend/jeder Mohr bekennet, keiner Zunge fremd keiner keiner keiner Zunge fremd auf und ich ...
Ich sah noch nie so viel Schmutz auf einem Bahnhofspissoir, das ich nicht sehe, weil mir von dem Gestank übel wird. Alle wichsen sie hier im(n) Sch(w)eiße und Pisse zu RAP aus dem Ghettoblaster gegen Geld. Es tut sich ein Schlund auf, in dem die Stadt vor Armut, Smoke und Dreck zwischen den Bergen versinkt.

Sankt Johannes im Kot heißt jene Kirche; Venedig
Nenn ich mit doppeltem Recht heute Sankt Markus im Kot.
(J. W. Goethe, Venezianische Epigramme)

Logbuch vom 29. Mai 1991:
Im Hafen von Pyräus liegt ein Schiff mit 250 mehr oder weniger, also eher weniger als mehr schwulen Cruisern – we are cruising – we're sailing, weil die Amerikaner wegen des Jugoslawien-Konflikts zu Hause geblieben sind. Ein Traumschiff, in das ich hinabsteige: tiefer, tiefer, tiefer. Um dann wieder zu fliegen: höher, höher, höher. Und so entsteht ein Königreich wie eine Welt für sich, für mich, für DICH mit wahren Prinzen, als sich ein Statthalter an unseren Tisch setzt und mit uns eine Stadt plant wie die Traumstadt einer Schlafstadt auf und aus den Federn. So wie ich mit einem Federhalter den Platz für das Zwischen freihalte. ACHTUNG!!! Personen die nicht auf dem VIDEO erscheinen wollen, bitten wir am 29. Mai 1991 von 14.00–24.00 Uhr unter Deck, Cabine „Athens" sich zu melden. Wir nehmen dann 1 Foto von Ihnen und werden Sie dann später aus dem VIDEO herausschneiden.
Please, don't cut. Don't cut me away! Remember that cruise in September. Der Dandy hat sich nicht wegschneiden lassen. Der Morning Prince hat sich nicht herausschneiden lassen. Wer sich herausschneiden ließ, den haben wir vergessen. Was wir gern herausgeschnitten hätten, ließ sich nicht herausschneiden. Never forget: You can't cut it away.

Wegen geringer Teilnehmer-Zahl kann unser Forum „Positive Friends" und „Friends of Bill W." leider nicht stattfinden. Verkündet ein Zettel an der Treppe. Eine Lüge? Mind your head, steht an der Treppe. Denk an deinen Kopf. Benutz deinen Kopf! Eine Lüge. Keine Lüge. Eine Tragödie von antiken griechischen Ausmaßen, die kein einer wahrhaben will. We are happy. We have fun. We are on a cruise. – Warum sagt der Dandy nichts? Warum schwiegen sie lieber und ließen das Forum platzen? – We are so happy to have you, particularly you on board. Don't forget your boarding card. Enjoy. Enjoy! Enjoy!!!

Störenfriede 1991
Dobrodošli – Welcome – Willkommen – Bienvenue in den Restauranti – Restaurants –Taverne – Caves – Gostione – Kavane – Coffee Shops von Dubrovnik, Perle der Adria, Kroatisches Athen. Libertas. Weltkulturerbe. Im Coffee Shop bestellen wir einen Joint auf der Terrasse in der Sonne.

Jeder bekommt eine Tüte, wir nehmen tiefe Züge, während die kroatischen Freiheitskämpfer aus den Bergen kommen. Alles halb so wild, Störenfriede, sagt der Stadtführer in perfektem Deutsch. Störenfriede. Der Krieg ist weit weg. Wir machen eine Restaurant-Cruise mit unserem jugoslawischen Führer: Nada – Mimoza – Ankora – Cavtat – Ocean – Gradska Kavana – Stadtcafé – Spagheti – Club – Dubravka – Prijeko – Taverna – Garište. Dobrodošli – Welcome – Willkommen – Bienvenue, rufen uns die Ober zu. Die jugoslawische Bundesarmee wird Dubrovnik unversehens beschießen, die Perle der Adria, das Kroatische Athen. Libertas unter Beschuss. Wir ziehen an den Tüten, hören das Gras wachsen und cruisen auf dem Stradum und der Stadtmauer. Die Stadt ist still. Die Stadt ist leer. Vorsaison. Vorsaison im Jahr des Krieges, vor der Schlacht um Dubrovnik. Welcome – Willkommen – Bienvenue to the cabaret. Die Tüten tun ihre Wirkung. Wir, heute ganz zivil, sind auf einem Trip. We are cruising. Wir müssen auf der Insel Lopud 40 Tage warten. Auf unserem Trip werden wir 40 Tage unter Quarantäne gestellt. 40 Tage auf Lopud. 40 Tage warten, dass wir ja nicht die Pest nach Dubrovnik bringen. Störenfriede. 40 Tage in der Sonne auf dem Felsen im Meer mit Tüten in den Händen warten. 40 Tage warten für Cruising auf dem Stradum. Willkommen im Club. Und überhaupt: ab in Quarantäne, ab ins Lager mit den Störenfrieden.

Zeit zwischen dem Abschied und dem Abschied: das Schiff fährt fort: eine Traumreise: wir sind an Bord eines Schiffes, das eine Traumreise macht: HT special extra stark und super elastisch Nr. 016841

Back to the roots, 91

Mediterranean Gay-Cruise Sailing 25 May to 01 June 1991 Venice, Athens, Kusadasi, Mykonos, Korfu, Dubrovnik and back to Venice.

Der Mund steht am Pier und winkt. Der Hund geht auf der Zattere, beginnt zu laufen, dem Schiff hinterher, das er/das ihn nicht einholen wird. Tränen zum Abschied im Gehen: Verlassen werden und ankommen. Das Du in Sigmund schweigt, ist fort: Sprachlosigkeit. Leerstelle: die Wunde ohne Pflaster: ERINNERUNG.

Die Zeit zwischen Abschied und Abschied setzt den Schreibapparat, den Projektor in der Mitte des Kuppelsaals im Planetarium in Bewegung: Action: Sonnenuntergänge wie ...: Sonnenaufgänge in ... Am Himmel unter dem Dome Sternenbilder: Bilder aus Sternen mythologischen Ursprungs. Sternenkonstellationen als Bilder, die erzählt werden wollen. Mythen. Das Kreuz des Südens. Kleiner Bär und Großer Bär: Das Sternenbild des Unmöglichen: Niemals wird der kleine Bär an das Wasser kommen, das er so sehr begehrt. Drehscheibe. Das Firmament – und seiner Hände Werk sei Gottes Firmament – ist eine Drehscheibe, auf der Bilder laufen: Kinematographie. Liebesfilme: Geschichten glücklich Liebender. Der Andere ist da / hier. Dahier ist's ein Leben im Anderen. In die Zeit zwischen Abschicken und Ankommen tut sich ein Riss. Die Postkarte schickt immer etwas mit, was ihr eingeschrieben ist: Zeit. In meinem Sylt-Asyl: kurz Asylt: schreibt ein Ich, da lebt Ich auch. Mehr schreiben oder mehr leben? Am Strand nach Sonnenaufgang im Oktobersturm laufen ODER im Oktobersturm den Sonnenaufgang im Asylt schreiben. Ich schreibt, wenn Ich läuft und läuft, wenn Ich schreibt. Im Schreiben leben, um im Leben zu schreiben: ums Leben schreiben.

Am Pool auf dem Sonnendeck:
Auf dem Sonnendeck erzählt ein jeder für sich von den Krankheiten, die er schon gehabt hat: und dann ... Und dann hatte ich Feigwarzen, die wie Spinnweben aus dem Arsch wachsen, die kommen daraus und wachsen wachsen wachsen ... Und dann hatte ich Lues, da hatte ich Bläschen in den Händen und habe 20 Millionen Einheiten Penizillin in die Arschbacken gejagt bekommen, immer abwechselnd links, rechts, links, rechts ... Und dann hatte ich Hepatitis B, da bin ich ganz gelb geworden. Die Haut wurde gelb. Das Weiße im Auge wurde gelb, bis ich alles gelb sah. Eine Gelbsucht. Und dann hatte ich Streptokokken, da wachsen dir die Würmer aus den Beinen, wie in einem Horrorfilm die Maden. Und dann habe ich „The city of joy" gelesen und tagelang geweint, wenn die Ratten bei Hochwasser zu den Menschen kommen und auf die Kinder losgehen. Und dann habe ich mit einer Gasmaske im Zimmer gesessen, in dem wir alle Fenster abgedichtet haben. Und es gab Bombenalarm in 10 Sprachen aus aller Herren Länder. Und es ist ein Wunder, dass nur ein Mann im Krieg mit dem Irak umgekommen ist. Und dann sterben sie in New York wie die Fliegen. Und die beiden Freunde in New York – New York kenn' ich gut –, die waren Fist-Fucker vor dem Herren. Ich habe schon lange nichts mehr von denen gehört. Wer weiß, ob die noch leben ...
Und in Bombay gehen die morgens mit einem Schlauch durch die Straßen, spritzen Wasser über die Leiber und wenn du dich nicht bewegst, wirst du auf einen Wagen geworfen. Die Knochen kommen für anatomische Zwecke alle nach Europa oder Amerika. Und wir lachen uns auf dem Sonnendeck halb tot: Was das nicht alles gibt ... Und in Amsterdam sterben sie auch wie die Fliegen: Amsterdam ist nicht mehr ... New York ist nicht mehr ... was es mal war ... Und wenn wir könnten, wie wir wollten, oder wenn wir könnten, wie wir es aus den Pornofilmen kennen, dann ... keiner keiner keiner Zunge fremd

Postscriptum
Ende März 2020 fiel mir bei einer Sichtung und Formatierung des Konvoluts „Venezianische Epigramme" zunächst die queere Historizität der Texte auf, die sich den Leser*innen nach einer Weile erschließt. Aus der Konstellation der Texte springen mehrere Themen wie Liebe, Sex, globaler Tourismus und Homosexualität hervor. Eines der Hauptthemen ist der Tod durch und das Leben mit AIDS. Es kommt indessen, zu einer Zeit, in der schwule Schriftsteller wie Detlev Meyer (1950 –1999), Mario Wirz (1956 –2013) oder Napoleon Seyfarth (1953 –2000) AIDS offensiv zum Thema autobiographischen Schreibens machten, als verschlüsseltes Thema mit permanenter Präsenz vor. Es durchzieht die Reise- und Liebesgeschichte thematisch, ohne sich mit einem autobiographischen Ich zu verbünden. Es ist das Negativ zum Positiv der missglückten Reise unter dem Motto „Back to the roots, 91 Mediterranean Gay-Cruise Sailing" zu den vermeintlich antiken Wurzeln einer schwulen Kultur. Venedig, Dubrovnik, Paris und New York wurden im Frühjahr 2020 zu den Hotspots der Covid-19-Pandemie.

Matthias Hansen

Fasteinsfünfzig

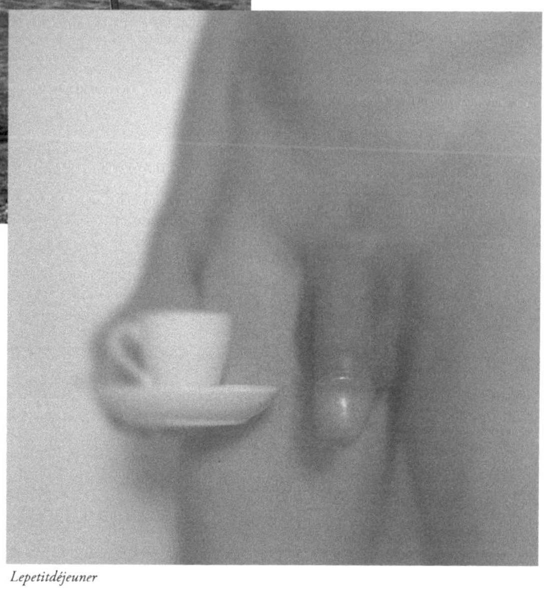

Lepetitdéjeuner

Andreas Reimann

Ohne besonderen Anlass

Es regnet und regnet bis unter die haut.
Nach mitternacht sendet das fernsehen nebel
und küsse falln ab wie die blätter. Der herbst
stäubt nieselsporen, ich ähnle mich an
der wolfsfarbnen stadt, doch am platze
verlaufner begierde thront jetzt das begehren
und blicket ins rund des erweiterten felds
erlöst. Und es war doch alleinig mein glied
ein wegweiser mir, und das kopflose leben:
schön wars!: es ging mir mal nichts auf den geist.

Aber was ist, ist ja auch nicht zu fassen:
die tätige treue, erlernt von den schwänen,
den mystischen seglern: die bleiben sich bei,
bis dass der tod sie ..., wenngleich sie auch äugen –
und gar nach den jahren! – mitunter nach andren
schönvögeln, aber den knoten im hals
denn doch nicht riskiern für ein spritziges flattern:
es rupft sie auch so schon gehörig die zeit.

Und nah ist mir mehr als dein schillernder schopf,
in dem meine finger gern nisten, und mehr,
als all dein gezüngel am bug meiner brust
und jedwede leibung und handlung, denn du
bist mehr als ein heitrer gefährte der lust,
die aufschießt in zuckender freude. Gewiss:
ich möchte nicht leugnen das sommernde maisfeld
bei k., wo das salz spross, jedoch auch mitnichten
die krausen gespräche, die graupelnden streite
und deinen berühmten kartoffelsalat.

Auch wäre venedig mir wenig gewesen –
zumindest ein andres mit keinem als mir –
ohne dein beisein, und hätt ich die tauben
zu l. nicht gefüttert, die nelson bekackten,
und niemals im garten das wilde verschossern
gedrängter radieschen verdrossen betrachtet
und ferngesehn, was dir ganz nah ist: bei gott,
du hast mich verspießert!: ich hab mit vergnügen

tomaten aus zierlichen körnchen gezogen
anstatt aus folianten zitate, gar weise
sie unterzumischen dem flitter der verse!

Schrecklich!: jetzt fällt mir zum beispiel solanum
lycopersicum schon aus dem rhythmus: tomaten
ließ keimen aus samen in tönernen schalen
daheim ich, und das auf dem bücherregal!
Dann haben wir maiens ins grabland versetzt
die mickrigen pflänzchen und eifrig gegossen
und unverdrossen sie ausgegeizt.
Und ernten, wenn hagel und braunicht
das beet überkommen, die traubenden früchte:
wir werden noch reden vom wirklichen rot ...

Und wo die gereiften mit freunden wir teilten,
so lobten sie wohl den besondren geschmack,
jedoch der besonders besondere bleibt
uns vorbehalten: ihr wert ist ein andrer
in unvertrauteren händen. – Und das,
wenns regnet und regnet bis unter die haut,
fragst du, genügt dir?: die vorfreude auf
vorhersehbar gutes wie schlechtes? Gewiss.

Denn nur, dass sie fallen, die würfel, ist sicher.
Nicht: wie! Wer nicht stumpf wie ein vorbeter ist,
den muss man nicht zusätzlich schließen ans netz.

Es spinnet der falter um dessen idylle
so wundersam dicht nicht den seidenen tüll,
dass er nur sähe den beistand der rosen
und spürte um nichts sie gefährdet?: Meinst du,
wenn ich zum beispiel ganz sicher mir wäre
deiner im guten und schlechten, du könntest
meiner es sein? Wie die plötzliche bö,
die unbedarft wegfegt den Wetterbericht,

wär ich vielleicht, oder ähnlich den völkern,
die, wenn sie sich wehren, launisch verspielen
umsturz um umsturz, und nichts zu verlieren
haben, weil sie sich, bevor sie besitzen,
vertaumeln in freude ... Und werden sich derer

erinnern beschämt. – Sieh, der granatapfelzweig
trägt noch die trockene herbstrote frucht
und es verblasst nicht das mondäne blau
der venezianischen gläser: auch das
ist unser leben, weil es das war.

Weh dem, dem das salz, die erinnerung, fehlt,
fehlt in der suppe! Weh dem, dem im topf
nur salzwasser siedet! – Das sage ich jetzt.
Und ohne besonderen anlass, mein freund.
Es sei denn, das wieder mal nötige gießen
des wirrwaren grünzeugs in unsrem gehäuse
wäre ein solcher, oder die eben
ohne besonderen anlass entkorkte
rotweinbouteille ... Es regnet und regnet.
Und wäre ich draußen, bis unter die haut.

Wenn mit dem rücken zum fenster ich stehe,
siehest du funkeln vielleicht meine ränder:
hintergründig erstrahlet die stadt.
Oder es sind deinen augen, vertrauter.
Schließ mir den wortmund: wie ersten tags
sagte ich gern:
Zieh dich oder aus.

Marga Simon

Nimm, Geliebter, die Orchidee
des Fleisches,
die geöffnet ihren feuchten Kelch
Dir entgegen drängt.
Entblätter sie mit dem Sturm
der Leidenschaft.
Gib den Saft des Lebens ihr.

24.8.57

Siehst Du die Blume verblühn,
siehst Du die Schwalbe fortziehn,
siehst Du die Blätter fallen im Herbst!
Siehst Du sinken die Sonne am Abend,
siehst Du die dunkle Nacht,
und siehst Du wie ein Herz
im Schmerz zugrunde geht –

Siehst Du's?

Siehst Du den Wind, der die Bäume bewegt,
siehst Du den schmalen Weg,
der in den Abgrund geht –
siehst Du ihn schwinden,
den Traum Deines Lebens,
siehst Du von dannen gehn
die Liebe Deines Lebens –

1992

Stephan Hederich

Stephan Hederich

Sigrun Casper

Entlieben

Das Wort entlieben kommt in meinem Wortschatz nicht vor, demnach also auch kein Gefühl für das, was es bedeuten soll. Nur eine Vorstellung, wegen der Vorsilbe ent-. Entlassen, entscheiden, entsagen, entfernen, entlaubt. In vielen Wörtern mit ent- als Vorsilbe steckt etwas im Gange befindliches Verabschiedendes. Ich bemerke das Haar in der Suppe, das sich, je länger ich darauf starre, zu einem Büschel auswächst. Vorhin konnte ich das Härchen noch mit einem Lächeln rausziehen, aber jetzt kann ich die Suppe nicht mehr essen. Ich schütte sie samt dem Haarbüschel weg. Vielleicht verhält es sich so ähnlich, wenn sich zwei Menschen, die irgendwann verliebt ineinander waren, entlieben. Einer oder einem von beiden fällt auf einmal störend etwas auf, was sie oder ihn schon seit Längerem leicht genervt hat. Er redet so viel. Sie lacht so laut. Sie muss immer dieselbe Musik hören. Das Liebemachen ist schon lange nicht mehr so toll, wie es mal war. Wann? Damals. Damals konnte man sich nicht satt sehen aneinander. Jetzt scheint auf einmal alles so, als ob man einander auswendig kennt. Vielleicht ist es das und noch viel mehr.

Das vor einiger Zeit, wann?, so harmlose Haar in der Suppe namens Liebesbeziehung, in dem die fatale Fähigkeit zum Wachsen und Vermehren steckt. Zum Entlieben.

Andererseits stelle ich mir vor, entlieben könnte die Quelle für etwas Tieferes sein. Sich in jemanden zu verlieben, weil er oder sie so toll aussieht, so sexy ist, so wunderbar reden, tanzen, kochen kann und so weiter; jemanden in sich verliebt zu machen, zu verführen und sich dann zusammenzutun, um miteinander zu gehen, zu leben – das ist zunächst nicht besonders schwierig. Aber nach einer Weile, es kann sich um ein paar Wochen oder ein paar Jahre handeln, schleicht sich, wie gesagt, in die Augen und die Gefühle das störend wachsende Härchen ein und verwandelt, was einst so reizend erschien, in Gereiztheit. Jetzt kommt ins Spiel, was ich mir vorstellen möchte. Man war dabei sich zu entlieben, abzuhauen, wegzuschmeißen, weil die Auslöser des Verliebens nicht mehr zählen. Jedoch während dieser Entscheidung, bei den ersten Schritten nach draußen spüren beide auf einmal etwas Stärkeres, das sie innehalten und umkehren und noch mal von vorn anfangen lässt.

Ein fremder Mensch

Letztens erlaubte ich mir, einem mir fast fremden Menschen eine unverschämte Frage zu stellen. Fast fremd war er mir, ein eher rundlicher Mann Mitte, Ende dreißig, weil ich ihn vom letzten Mal wiedererkannte. Ich musste im Abstand von weniger als zwei Wochen den ADAC zwei Mal in Anspruch nehmen, weil mein Auto nicht anspringen wollte. Das erste Mal half mir der Autokenner locker und freundlich mit nur einem Handgriff an der Autobatterie. Der Motor sprang sofort wieder an. Wir wechselten ein paar humorvolle Bemerkungen, das Auto betreffend. Ja, ich hätte den alten Kerl mindestens eine Woche nicht gefahren. Die Batterie müsste es eigentlich noch machen, sagte er, aber jetzt müssen Sie es mindestens eine Stunde fahren, damit sie sich wieder auflädt. Mach ich gern. Wir erledigten die Formalitäten und verabschiedeten uns. Ich winkte ihm beim Losfahren, er winkte lä-

chelnd zurück. Bei der Fahrerei dachte ich noch eine Weile ganz beglückt an den ADAC-Mann und seine Freundlichkeit. Nach der nächsten fahrfreien Woche sprang der olle Motor wieder nicht an und ich musste den ADAC erneut in Anspruch nehmen. Vielleicht war es kein Zufall, dass mir derselbe Mensch zu Hilfe eilte, und wieder mit derselben berlinerten Freundlichkeit und Offenheit. Es wäre wohl doch besser mit einer neuen Batterie. Nachdem die Zahlung erfolgt und alles Weitere erledigt war, wobei ich ihn, mir meine Gedanken machend, mit Sympathie beobachtet hatte, rückte ich mit dem Ergebnis meiner Beobachtung heraus: Er möge mir bitte meine Unverschämtheit verzeihen, aber ich müsse es einfach loswerden.
Worum geht's denn?
Ich bin sicher, sagte ich und sah ihm in die Augen, dass sie wunderbaren Sex haben. Er schaute nur ganz leicht verwirrt zurück, fragte nicht, wie ich darauf komme, sondern bekannte lächelnd und mit Stolz in der Stimme: Demnächst werde ich heiraten, es ist meine zweite Ehe.
Es war das erste und wird wohl auch das letzte Mal gewesen sein, dass ich die Bemerkung herausgelassen habe, meine sonst heimliche gelegentliche Schlussfolgerung aus dem Gesichtsausdruck und dem Verhalten von Frauen und Männern. Eine allzu monokausale Schlussfolgerung? Ich glaube eher nicht. Ich traue mir sogar zu, unterscheiden zu können, ob jemand aus nachvollziehbarem Grund traurig oder besorgt oder verärgert den Mund verzieht und dreinschaut, oder ob sein oder ihr Gesicht so verkniffen wirkt, weil … na, Sie wissen schon.

Rimaldas Vikšraitis

Ute Gliwa

Selbstliebe

Schon als Dreijährige trug ich sehr gern kurze Kleidchen und darunter pastellfarbene Nylonhöschen mit Reihen weißer Rüschen am Hintern, so ähnlich, wie sie heute von Burlesquekünstlerinnen getragen werden. Ich fand das todschick. Und es war wichtig, dass die Rüschen unter dem Kleidchen hervorguckten, daran kann ich mich noch genau erinnern.
Mein Faible für exquisite Unterwäsche zog sich auch durch meine spätere Kindheit, lange bevor es etwas mit Sex zu tun bekam. Wehe, wenn die Garnitur nicht einheitlich war! Wenn das Unterhemd nicht zum Schlüpfer passte, machte ich morgens ein Heidentheater.
Ich muss zwölf oder dreizehn gewesen sein, als ich die alten Nylonstrümpfe meiner Mutter in die Hände bekam und sofort von ihnen begeistert war. „Was willst du denn mit den ollen Dingern?", schüttelte sie den Kopf. Tatsächlich hatte ich keine Strumpfhalter für „die ollen Dinger", denn die alten fleischfarbenen Miedergürtel meiner Mutter waren mir zu groß und sowieso zu monströs. Als ein paar Jahre später die Mauer fiel, fuhr ich am nächsten Tag nach Berlin und gab mein Begrüßungsgeld für Strapse im KaDeWe aus. Meine Mutter saß in ihrem Sessel am Fenster und lachte herzlich, als ich ihr stolz meine Einkäufe vorführte.
Ich fühlte mich wahnsinnig sexy darin, eine richtige Femme Fatale. Mein damaliger Freund konnte damit gar nicht so richtig was anfangen. In späteren Jahren meinte ich, mir die teure Wäsche für die sexuellen Begegnungen mit Männern zuzulegen. Die meisten Männer fanden das auch sehr heiß, viele hatten noch nie vorher eine echte Frau in Strapsen gesehen,

ihr Staunen und ihre Bewunderung machten mir großen Spaß, aber die Männer hätten auch ohne Dessous ihr Vergnügen mit mir gehabt. (Manche Männer standen auch explizit gar nicht auf Wäsche, was mich zunächst verwunderte, aber solange Nacktheit das Problem löste, war ich zufrieden.)
Zwei Erkenntnisse kamen mir im Laufe der Zeit. Erstens wurde mir bewusst, dass ich die schicke Wäsche mehr für mich als für irgendeinen Mann kaufte. Ich selbst genoss diese Inszenierung nämlich am meisten. Zu wissen, dass ich unter meiner sichtbaren Kleidung umwerfend aufreizende Wäsche trage, beschert mir mit verlässlicher Sicherheit ein erregendes Grundkribbeln. Und die besondere Vorfreude auf das Ausziehen gehört ganz mir, denn mein Gegenüber weiß noch gar nicht, was ihn erwartet.

Und zweitens dachte ich lange, Dessous würden ihre Wirkung mit der Zeit abnutzen und es müssten immer neue sein, damit es überraschend bleibe. Doch dabei hatte ich nicht mit der Vergänglichkeit männlicher Erinnerung gerechnet. Ich habe eine Menge schöner Wäsche, aber auch meine Auswahl ist endlich, und so wiederholen sich meine Outfits hin und wieder. Ein paar Monate Tragepause reichen, um meinen Mann ausrufen zu lassen: „Oh, du hast neue Wäsche!"
Er kann meine Dessous durchaus goutieren, aber seinetwegen könnte ich auch die ganze Zeit nackt sein. Ihn macht vor allem an, dass ich mir gefalle. Und mich macht an, dass ihn das anmacht. Und ihn wiederum macht an … na ja, jedenfalls haben wir beide was davon.

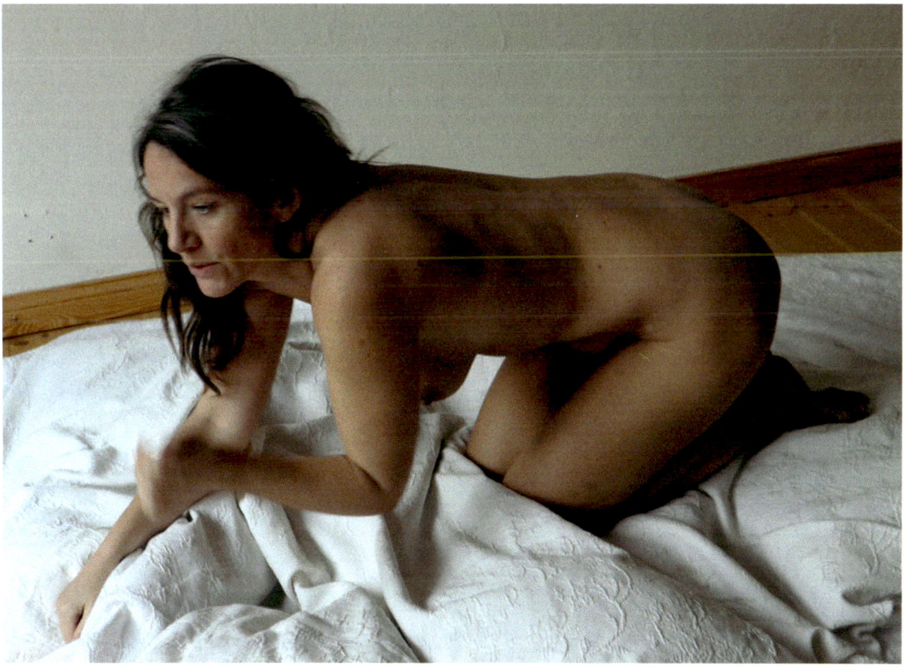

Judith Geiser

Olive Feuerbach

Begrüßung zur Soirée

„Meine Damen und Herren, wir freuen uns, dass Sie alle zu unserer musikalisch-erotischen Soiree gekommen sind. Ich bin Louisa. Jean-Philippe und ich begrüßen Sie ganz herzlich. Unser besonderes Willkommen gilt den Neuen in unserem Kreis. Für Fragen stehen wir oder unsere schon eingeführten Gäste gerne zur Verfügung – sofern sie nicht gerade in Anspruch genommen sind. Und wenn Sie etwas ‚Reizvolles' brauchen, von Augenbinden, Fesseln und lustigen Plugs bis zu griffigeren Dingen, um ihre *vis haud ingrata* auszuspielen, fragen Sie uns bitte; es ist vieles da, aber keine Bullenpeitschen! Maßvolle Lustschmerzen mögen bisweilen erwünscht sein, aber wir sind alle keine Sadisten! Denn: Was du nicht willst, dass man dir tu, das füg' auch keinem andern zu!"

Grundsätzlich gilt: Wir haben keine Regeln, außer den Regeln der größtmöglichen Freiheit für Höflichkeit, Genüsse, Lüsternheit und Diskretion. Ansonsten gilt für unsere Freunde wie für uns der Rat von Edgar Allan Poe: *There are some secrets which do not permit themselves to be told.*

„Ganz besonders freue ich mich, dass wir als unseren Ehrengast die junge und schon

Judith Geiser

international gerühmte Pianistin *Gigi N.* gewinnen konnten. Das Programm haben Sie schon in Händen. Sie wird uns ein bestimmt hinreißendes Konzert geben und möchte dann mit uns einen interessanten und aufregenden Abend genießen. – Bevor ich die Künstlerin vorstelle, darf ich Sie einladen, schon ein Gläschen Piper Heidsieck mit ihr zu nehmen.

Gigi, kommst du bitte herein, hier bitte dein Glas – ich nehme ein Schlückchen für dich – auf eine wunderbare Soirée! – Vielleicht behältst du das Cape noch einen Moment an und zeigst es den Gästen, denn es ist eine seltene Rarität. *Aimée de Givenchy* hat es nach einem ähnlichen Hauskonzert wie heute speziell für Gigi entworfen und fertigen lassen, – bitte drehen … ja, so! … danke schön! Es ist, wie Sie sehen, ziemlich kurz, vorne sogar sehr kurz, und dazu soll *Aimée* mit ihrem bekannten Charme lächelnd gesagt haben, sie wolle doch dem Kätzchen nicht wehren, von Zeit zu Zeit ein bisschen herauszuspähen. Dabei trägt unsere Gigi, wie wir sehen, wenn du jetzt das Cape abstreifst, derzeit gar kein haariges Kätzchen, sondern man findet dort gleich zwei höchst küssenswerte Lippen. – Danke Gigi, wir legen das Cape hier aufs Sideboard."

Ich liebe auch ihr anderes Kleidungsstück, das Strümpfe und die Guêpière eleganter in sich vereint als jeder Gürtel mit Strapsen und Schnallen. Bei Cottelli gibt es so etwas Ähnliches noch, aber dieses hier von Wolford ist viel eleganter. Gigi konnte sich eine letzte kleine Partie dieser eleganten Stücke sichern, bevor sie dort leider die Herstellung zugunsten des Massenmarktes eingestellt haben; freilich gibt es eine kleine Hoffnung, dass sie mit Konzerten wie unserem heute das Management doch noch motivieren könnte, das zeitlos elegante Teil wieder ins Programm zu nehmen.

„Kommst du bitte zu mir, Gigi." – *Oh!* – „Ein vielstimmiges OH! Ja, Gigi ist nicht nur eine wunderbare Künstlerin, sondern auch, wie wir schon jetzt sehen und dann erfahren werden, eine besonders faszinierende erotische Persönlichkeit, die ihre exhibitionistischen und ihre masochistischen – oder wir sagen besser: devoten – Tendenzen aufs glücklichste miteinander und mit ihrem Künstlertum verbindet.

Schon heute Morgen am Telefon hat sie mir verraten, dass sie bei uns mit ein paar deutlichen Striemen von der Reitpeitsche – oder war es der lange Taktstock ihres Partners? – auf dem Popo auftreten werde; – dürfen wir das bitte sehen, wenn du dich umdrehst? – Oh, wie faszinierend! Sie sind exakt parallel, fünf Linien wie Notenlinien durchgezogen; ihr Freund ist da ein echter Könner. Und – wie apart! – da ist ja auch noch ein Plug, der wohl die Note für den liegenden Generalbass anzeigt! Dass Gigi aber jetzt zudem mit diesem schönen schwarzglänzenden Ballknebel zu uns gekommen ist – übrigens ohne den Schlüssel für die Schließe – das dürfte eine besondere Geste ihres Partners Jacob sein. – Gab es denn Meinungsverschiedenheiten? – Du schüttelst den Kopf? – Hast du unter der Peitsche zu hemmungslos gebrüllt? – Auch nicht! – Dann ist das wohl ein kleines Spiel zwischen euch, auf das wir alle neugierig sind; vielleicht kommt er ja später noch zu uns, er wird uns ja hoffentlich deine aufregende Zunge nicht den ganzen Abend vorenthalten wollen!

Das Programm des Konzerts haben Sie schon in Händen, wir freuen uns sehr darauf, liebe Gigi. Von mir nur so viel: Am Schluss spielst du Mozarts bekannte Klaviersonate KV 331 in A-Dur, deren letzter Satz, die Janitscharenmusik *Alla Turca,* den meisten von uns zumindest durch die mächtige, und fast darf man sagen, ein wenig gewalttätige Wiedergabe durch Martha Argerich bekannt sein wird. Man spürt hier die Faszination der Wiener Gesellschaft nach dem Türkenkrieg durch Kaffee und Süßigkeiten so gut wie durch die Berichte von grausamen Strafen, denen selbst die Mitglieder des Haushalts unterzogen wurden. Ein klein wenig davon wird unsere Künstlerin zur Motivation zu diesem Satz auch spüren – keine Angst, wir nehmen keine Peperoni-Schoten, wir sind ja keine bösen Sadisten – aber etwas, das übrigens auch in guten britischen Haushalten im vorletzten Jahrhundert gang und gäbe war. Und hoffen, dass dies gerade bei diesem Stück auf seine Weise zu einem besonders ausdrucksvollen Spiel beitragen wird: der frisch geschälte Finger einer Ingwerwurzel. Die Engländer nannten ihn zärtlich *fig* und seinen Einsatz zur Ermahnung und Steigerung meist der weiblichen Mit-

Judith Geiser

glieder des Haushalts *figging.* Ich lege ihn hier in einem feuchten Tüchlein auf die Seite, damit wir ihn dann nicht vergessen. Aber ich glaube, ich spüre schon deine Erwartung, den Plug loszuwerden.

Im Übrigen weißt du ja, liebe Gigi, dass du dich hier in einem Kreis befindest, in dem deine Neigungen herzliche Resonanz finden, ja mit scharfem Auge wirst du sogar das eine oder andere Zeichen schon jetzt entdecken, zumindest bei dieser oder jenem der devoten Partner oder Partnerinnen." *Vielleicht hat sie hier auch noch hinzugefügt: Apropos devote und dominante Freunde in unserem Kreis: Jean-Philippe wird mich später vielleicht züchtigen für das, was ich jetzt sage, aber solche Aufmüpfigkeit ist ein Vorrecht der Devoten. Wenn ich noch nicht klar wüsste, dass ich eine Devote bin, ich würde es werden wollen. Denn die Dominanten müssen immer etwas bieten, und das ist oft dasselbe, ein Ja und noch ein Ja, also oft keine Überraschung, und selbst wenn sie uns mehrfach durch die Decke gejagt haben, ist es manchmal bloß wie eine Wiederholung – für sie, die Dominanten, meine ich, sie geilen sich auf und regen sich ab, und basta. Für uns als Devote dagegen sind die Schmerzen zwar ein Aspekt des Körpers, aber damit auch der Beginn einer ganzen Reise, die sich dahinter in den Fesseln und Striemen, im eigenen Stöhnen und den multiplen Orgasmen und Varianten jedes Mal neu und anders aufbaut und nachher im erschöpften Nacherleben bis hin zu einem langen süßen Schmerz ausschwingt, nie langweilig. Im Übrigen habe ich mir sagen lassen, dass in den Clubs von Lyon und*

Paris die Ingwerwurzel wieder zunehmend Aufmerksamkeit findet, übrigens anders als in Old Britain vor allem auch bei den Priapisten, was ich sehr gerecht finde, nicht wahr?

„Und um die Neugier nicht nur von Gigi zu wecken, darf ich noch eins verraten: Was hier auf dem Sideboard liegt und auf Gigi wartet, war der *zweite* Finger der Ingwerwurzel. Jemand unter uns spürt sich bereits jetzt tief innen mit der Künstlerin verbunden.

Bitte nehmen Sie vollends Platz! Und nun bitte Applaus für unsere wunderbare Gigi!"

Bei diesen Worten ist Jean-Philippe nach vorne gekommen: „Liebe Louisa, danke schön für diese Einführung: So elegant hätte ich es nicht sagen können. Nur eine Arabeske darf ich noch ergänzen: Heute morgen, als ich die Ingwerwurzel vom Markt gebracht habe, hast du vielleicht gar nicht bemerkt, wie viele Finger daran waren. Von zweien wissen wir ja nun die Bestimmung: die eine wartet auf Gigi, und der andere entfaltet schon seit deren Ankunft ihre Wirkung in einer unserer weiblichen Gäste, was sie aber bisher mit bewundernswerter Contenance verbergen konnte."

Mit diesen Worten zieht er ein kleines, in Stanniol eingeschlagenes Päckchen hervor, das den dritten Ingwerfinger und eine Tube mit Gleitcreme enthält.

„Du hast uns so Schönes und Überzeugendes über die Lustschmerzen gesagt, dass es ein Verlust wäre, wenn wir diese heute vorenthalten wollten. Ziehst Du bitte dein schönes Kleid aus, ich lege es hier zu Gigis Cape aufs Sideboard." Louisa tut es und steht splitternackt in ihrer ganzen Schönheit neben ihm; auch ihre Muschi ist frisch rasiert – oder ist sie gar epiliert? – und alle recken die Hälse, um das schöne Mädchen zu bewundern, das Jean-Philippe nun an der Hand nimmt und an den Flügel führt. „Wir wollen doch, dass alle gut sehen können, was wir mit dir vorhaben." Er zieht die Sitzbank auf die Seite des Instruments, legt eine kleine Decke über diese Seite. Mit einem leichten Klaps lässt er sie auf die Bank knien und sich mit dem Bauch auf das Instrument legen. Jetzt ist der Popo der schönen Frau im Zentrum aller Blicke, und die Nächstsitzenden täuschen sich nicht, wenn sie ein leichtes Zucken des Schließmuskels zu sehen meinen. „Nun, Courage, mein Schatz", sagt Jean-Philippe leise, und sie dankt ihm mit den Augen. Er drückt ihr einen dicken Strang Gleitcreme in den Schließmuskel und beginnt, ihr den Ingwerzapfen vorsichtig mit leichten Drehbewegungen einzuführen. Die atemlose Spannung dauert aber nur wenige Sekunden, dann wird sie abgebrochen durch Louisas markerschütternden Schrei. „Der dritte Finger, schrei nur", sagt Jean-Philippe und streichelt ihr die Hüftpartie. Aber bald sind es nur noch halblaut herausgepresste Jammerlaute: „Nein, nein, hör bitte auf! Ich kann nicht mehr!" Und schließlich: „Hör bitte auf, das bringt mich um!" Und er: „Keine Angst, das haben schon viele ertragen – gleich wird's besser." Aber sie jammert weiter, auch nachdem sich der Ringmuskel hinter dem Eindringling schließt und Jean-Philippe noch etwas Gleitcreme nachlädt. Dann hebt er sie zärtlich auf, nimmt sie in den Arm und küsst ihre Tränen fort. Er hebt die Decke auf dem Instrument weg, schiebt die Sitzbank wieder zurecht und trägt mehr, als er sie führt, die Liebste zu dem freien Stuhl in der ersten Reihe und nimmt sie auf den Schoß. Aber sie leidet immer noch und ruft schließlich halblaut in den Raum: „Das Ding bringt mich um! Kann nicht einer von euch kommen, das teuflische Ding rausholen und mich mit viel Creme in den Arsch ficken?“

Da lachen einige. Jean-Philippe küsst sie heftig und packt ihre Brüste. Mit einem Nicken bittet er Gigi an den Flügel. „Bitte sehr, Gigi, du schenkst uns ein großes Erlebnis!“ Und dann halblaut zu Louisa: „Sei bitte still, Liebste, jetzt spielt Gigi zuerst das Konzert, und beim letzten Satz leistet sie dir ja Gesellschaft. – (laut:) Und danach habe ich deinen heißen zuckenden Arsch schon einem dicken Schwanz versprochen!“

– Lachsalven, Unruhe, begeisterte Kommentare … Und dann hört man eine laute Männerstimme rufen: „Aber bitte mit Gummi!“

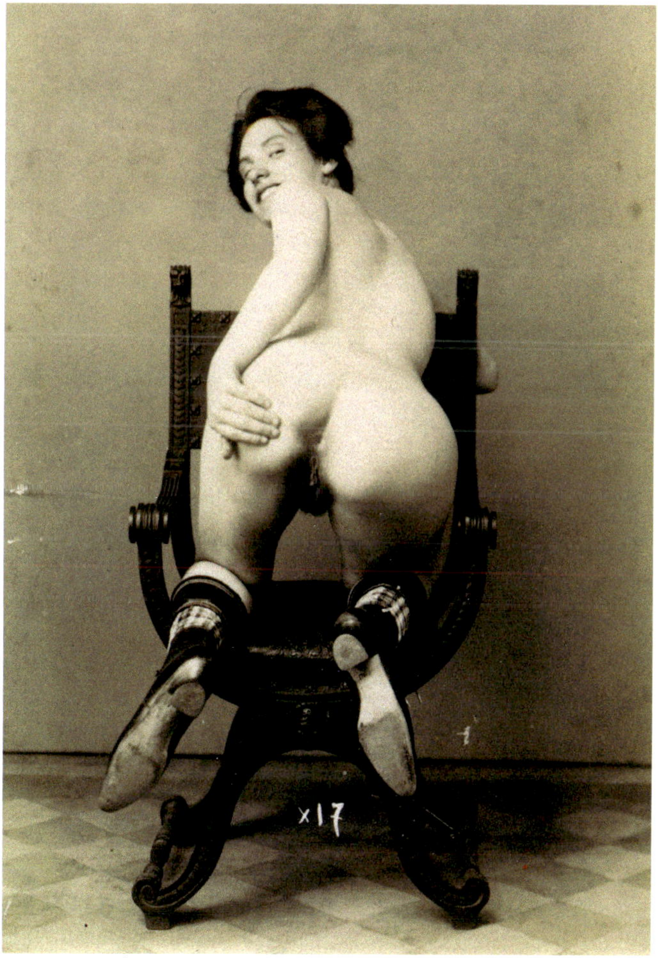

Sammlung Jocelyne & Alexandre Dupouy

Eleonore Wittke
Ingwer

Gut vorstellbar, dass allein die Schärfe Bakterien tötet, Appetit anregt, verdauen hilft, die Durchblututng anregt und somit alle Organe erreicht. Ein Aphrodisiakum ist er selbstredend. So erzählt Elisabeth Allende in „Aphrodite" von Marie-Jeanne, Comtesse du Bary (1743–1793), der Geliebten König Ludwig des XV, die uneheliche Tochter einer Näherin habe eine Mixtur aus Eidottern und Ingwer gerührt, um die Fleischeslust ihres Königs anzuregen. In China ist Ingwer das historisch erstmals erwähnte Gewürz. Etwa 2500 v. Chr. beschäftigte sich der Kaiser Shen Nung mit Heilpflanzen, die er in drei Klassen einteilte. Ingwer gehörte zur Königsklasse, der wirkungsvollsten. Vom chinesischen Religionsstifter Konfuzius, er lebte im 5. Jh. v. Chr., ist überliefert, dass jede seiner Mahlzeiten mit Ingwer angereichert sein musste. In einem Kochbuch empfiehlt der römische Gourmet Marcus Gavius Apicius (1. Jh. n. Chr.) Ingwer für viele Gerichte. Im Mittelalter lernten Studenten an der Universität in Salermo, dass Ingwer das Altern verzögere, die Potenz fördere und einen wohltuenden Einfluss auf das Gemüt ausübe. Auch in England wurde Ingwer im 13. und 14. Jahrhundert ein beliebtes Gewürz, ein Pfund Ingwer kostete so viel wie ein Schaf.

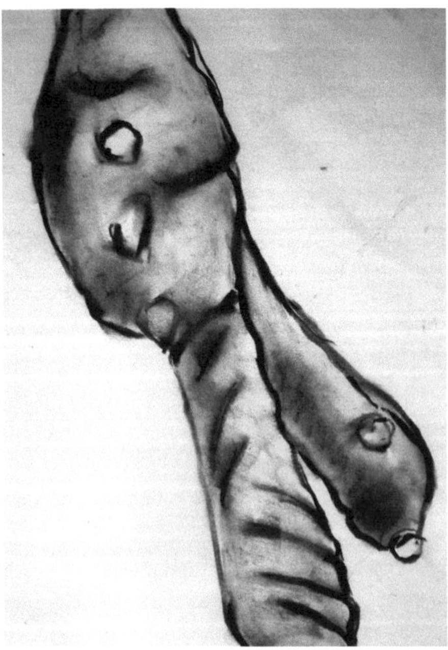

Cornelius Wittke

Bei Erkältung einen Absud aus Ingwer zubereiten. Frische Ingwerscheiben in der Pfanne mit Wasser zu einem Drittel einkochen, heiß trinken. Für ein Ingwerbad Ingwer ein paar Minuten lang kochen und ins Badewasser geben: entspannend und lang anhaltend wärmend. Ingwerwickel helfen bei Gelenk- und Muskelschmerzen. Ingweröl. Ingwersuppe. LIEBESSAFT. Seine Schärfe liegt nicht nur in den harten Fasern, sondern auch in seiner einzigartigen Gestalt, die alle Sinne kickt. Hinter den Sinnen liegt die Sinnlichkeit.
Die etwas schrumpelige Oberfläche, die hellgrünen Sprieße, die sich dem Licht entgegenrecken, die knolligen Auswüchse mit engen Achseln, die unendliche Fruchtbarkeit jedes Myzels!
Den Duft erkennt man erst, wenn man den Ingwer anschneidet, den etwas milchigen Saft riecht und schmeckt und auf der Zunge brennen lässt. Seine Kräfte bündeln Frauen, die sich Ingwerschnüre um die Taille winden. Der Wirkstoff Gingerol entwickelt sein an- und aufregendes Aroma auf warmer, feuchter Haut.
Wer die so unscheinbar wirkende Myzelformation intensiver an sich herankommen lässt, wer die Wirkung direkt erleben will, erwärmt sie auf der Zunge, saugt am ungeschälten Gewebe, nimmt sie nun, feucht

Cornelius Wittke

wie sie ist, und schiebt sie zwischen die Liebes-Lippen. Die geilen, kleinen Stempel schmiegen sich ein und werden dann langsam wieder herausgenommen. Das große Spiel ist bestens vorbereitet.

Den nun doppelt aromatischen Ingwer verwerten Kenner weiter. Sie schneiden das daumendicke Stück in feine Scheibchen und legen sie in Rum, sehr guten Rum. Ein Viertelliter wird gewürzt mit drei Stück Sternanis, vier Kardamomkapseln, (Kardamom ist mit dem Ingwer verwandt, deswegen gehört er hierher), dem Mark einer Vanillenschote, einem Teelöffel Zimt. Und dann bitte etwas Geduld. Erst in einigen Tagen entfaltet sich das köstlich tropische Bukett. Den Liebestrank zu schlürfen, sich mit ihm zu massieren, einfach nach Laune und Lust zu genießen ist eins der besonderen Vergnügen.

Ines Witka

Das Liebesmenü

Unter dem strengen Blick eines der Ahnen des Schlosses, verewigt auf einem Gemälde, zieht unsere Dreiergruppe durch die Lobby ins Restaurant. Das gedimmte Licht, die in einem dunklen Rot gehaltenen Wände und die leise Musik erschaffen trotz der Höhe des Raumes eine intime Atmosphäre.
Die Hoteliers Joachim und Fiona stehen bereit und begrüßen die Gäste persönlich. „Willkommen in unserem Liebesparadies. Dürfen wir euch auf eine kulinarische Entdeckungsreise schicken? Wir wünschen einen angenehmen Abend zusammen."
Jasmins außergewöhnlicher Kopfschmuck aus halbkreisförmig angeordneten Federn, goldenen Schmuckelementen und Onyxsteinen, zieht die Blicke der anwesenden Gäste auf sich. Der Kellner führt uns zu einem Tisch im hinteren Bereich. Erleichtert stelle ich fest, dass für drei Personen eingedeckt wurde.
„Wie wünschen Sie die Sitzordnung?", fragt der Kellner.
„Viktoria, nimm du auf der Bank Platz", sagt François.
Der Kellner schiebt Jasmin den Stuhl zurecht. Während Jasmin und François beratschlagen, welcher der vorgeschlagenen Weinempfehlungen zum Abendmenü sie folgen möchten, beobachte ich die anderen Gäste. Sie sind sowohl extravagant als auch freizügig oder zumindest festlich gekleidet. Ich trage einen Strumpfgürtel, Strümpfe, flache, mit kleinen Sternen besticke Ballerinas und ein schulterfreies Kleid mit enganliegendem Bustier – alles in Weiß. Jasmin ist in Rot-Schwarz wie eine dunkle Herrscherin gekleidet, ich wie eine Elfe und die dunkelgraue Brokatjacke mit goldenen Knöpfen lässt François wie einen Baron erscheinen. Meine anfängliche Nervosität lässt nach.

Jocelyne & Alexandre Dupouy

Meine Anspannung steigt sprunghaft an. „Ach, deshalb hast du ihr den Büstenhalter vorenthalten! Ja, das wäre eine echte Herausforderung!"
Ich japse nach Luft und schaue flehentlich von einem zur anderen. Die beiden wechseln einen amüsierten Blick.
„Lass gut sein", wiegelt François ab. „Schließlich trägt sie schon kein Höschen."
Erleichterung durchströmt mich. François betrachtet eingehend mein Dekolleté.
„Es genügt fürs Erste, wenn Viktoria ihre Brüste streichelt."
Ein kleines Lächeln huscht über sein Gesicht, so als habe er gerade etwas Schönes für mich herausgehandelt.

Nachdem der Champagner serviert wurde, wendet sich François an mich. „Wie sitzt du denn da? Sitz bitte gerade. Übereinandergeschlagene Beine? Das dulden wir nicht."
Er lässt eine Hand auf mein Knie fallen, Jasmin ebenso. Jeder zieht auf seiner Seite, bis meine Knie je an ein Tischbein stoßen. Ein Schaudern überfällt mich.
„Sieh mal François. Der Gänsehauteffekt. Was meinst du? Soll sie den Reißverschluss des Bustiers öffnen, es nach unten ziehen und ihre Brüste als Liebesäpfel präsentieren? Das wirkt dann gleich als Sex-Booster! Auch für die anderen hier im Saal."

„Das kann ich nicht. Unmöglich."
Da fasst Jasmin in ihren Kopfschmuck und zieht eine Hutnadel heraus. „Du hast die Wahl."
Angestrengt fixiere ich einen Punkt irgendwo an der Wand gegenüber. Da fasst mich François unters Kinn, dreht meinen Kopf zu sich.
„Keinen einzigen Ton", knurrt er mich an.
Zeitgleich zieht Jasmin mit dem Zeigefinger den Stoff von meinen Brüsten. Sie wirft einen Blick in den Ausschnitt und sticht mit der Nadel zu.

Nein! Bloß nicht!
Ein Seufzer der Erleichterung. Die Hutnadel steckt zwischen meinen Brüsten. Jasmin bewegt sie von rechts nach links und links nach rechts, sodass sie über meine Knospen hinweg streift.
François kneift mich dazu noch fest in die Wange. „Das nächste Mal wirst du unverzüglich folgen."
„Ja, Herr", antworte ich zu seiner Seite und hauche „Danke Herrin" zu Jasmins Seite.
In diesem Augenblick nähert sich der Kellner mit der Vorspeise. „Riesengarnelen auf Salat mit getrockneten Tomaten."
François und er wechseln ein paar Worte. Wie haben sie in wenigen Minuten so eine pikante Situation aufgebaut und wieder gelöst? François sagte doch, es gäbe kein Skript für das Abendessen. Sie scheinen sich ohne Worte zu verstehen. Mit angeregten Brustwarzen und heißer Wange höre ich ihrem freundlichen Geplauder zu.
Der Kellner taucht mit einer länglichen Schachtel auf. Ohne Umschweife nimmt er François' Teller und legt dafür das mit einer Schleife verzierte Päckchen vor ihm ab. Er greift nach den anderen Tellern und verschwindet mit einem freundlichen Kopfnicken.
„Was glaubst du denn, warum du keinen Slip trägst?", spricht Jasmin mich direkt an.
„Weil es euch Spaß macht, zu wissen, dass ich unter dem Kleid nackt bin?"
„Könnte sein." Sie nickt versonnen. „Das Wissen allein genügt uns allerdings nicht. Wir möchten es auch sehen."
Folgsam ziehe ich den Saum des Kleides so weit zurück, bis der Strumpfansatz und ein Stück Haut sichtbar wird.
„Höher. Mach schon!"
Das Essen um uns herum ist in vollem Gange. Alle anderen Gäste laben sich an den aufgetischten Genüssen oder sind ins Gespräch vertieft. Die lange Bank ist leer geblieben. Der Kellner hat gerade erst bei uns abgetragen, er wird so schnell nicht wiederkommen. Diese Gedanken schießen in einer Sekunde durch meinen Kopf. Ich beschließe, es zu wagen, und schlage den Stoff bis zum Venushügel ein.
François schiebt die Schachtel über den Tisch zu mir. „Wir haben ein Geschenk für dich."
Vorsichtig ziehe ich an der Schleife und hebe den Deckel an. Ein schwarzglänzender Dildo liegt auf rotem Samt. Er ist klein, dick und hat einen Saugnapf.
„Benutz ihn. Jetzt!", weist François mich strahlend an.
Erschrocken lege ich den Deckel zurück.
„Wie stellt ihr euch das vor? Niemals."
„Niemals?", fragt er freundlich. Dabei legt er seine Hand auf meinen Unterarm.
„Niemals?", echot Jasmin und legt eine Hand auf den anderen Arm. Sie lächeln sich gegenseitig zu.
„Wo ist das Problem?", fragt François.
„Mit dem Saugnapf befestigst du ihn auf der Bank. Dann hebst du deinen süßen Po an und lässt dich langsam auf ihn gleiten. Wie ich dich kenne, bist du bereits feucht. Ich sehe da keine Schwierigkeit."
Obwohl ich weiß, dass eine Ablehnung eine Strafe nach sich ziehen wird, schüttle ich entschlossen den Kopf.
„Sie hat Zeit, es sich zu überlegen, oder?", fragt François, nun wieder zu Jasmin gewandt.
„Ich glaube nicht. Unser Kellner ist sehr aufmerksam. Gönnen wir ihm doch den Anblick des rasierten Venushügels unserer Zofe. Er wird ihn gebührend zu bewundern wissen."

Mit dem Ellbogen stößt sie ihr Weinglas vom Tisch. Schon dreht sich der Kellner in unsere Richtung. Mit einem Zeichen gibt er uns zu verstehen, dass er das Missgeschick bemerkt hat. Gequält lächle ich ihm zu. Derweil bugsiert Jasmin das Weinglas mit der Spitze ihres Stiefels direkt neben das Tischbein auf meiner Seite. Mein Versuch, mich möglichst unauffällig aus der beidseitigen Umklammerung zu befreien, misslingt.
François schätzt die Entfernung des Kellners bis zu unserem Tisch. „Gleich wird er hier sein. Du musst nur nicken, dass du unseren Wunsch erfüllst, schon bist du frei."
Ergeben nicke ich. Sofort lassen sie mich los und ich ziehe den Stoff des Kleides glatt.
„Verzeihung, da habe ich wohl nicht aufgepasst", entschuldigt sich Jasmin mit einem Lächeln.

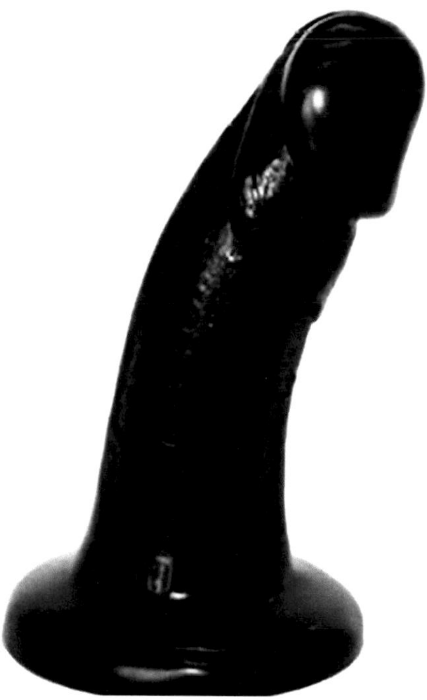

„Kein Problem", meint der Kellner und stellt ein frisches Glas auf den Tisch. Sobald er sich entfernt hat, lege ich das Päckchen in den Schoß, nehme den Dildo heraus, feuchte zwei Finger an und verreibe die Spucke auf dem Saugnapf. Ich drücke ihn zwischen meinen Schenkeln fest auf die Bank. Ungelenk erhebe ich mich. Dabei wird mir heiß und kalt zugleich. Ich hoffe inständig, dass der Saugnapf den Dildo auf der Bank hält und er nicht hinunterfällt. François scheint diese stumme Bitte gehört zu haben, denn er greift unterm Tisch durch zur Bank und hält den Kunstschwanz am Saugnapf, bis ich ihn sachte in mir aufgenommen habe. Dafür bin ich ihm unglaublich dankbar und möchte ihn für seine Unterstützung küssen.
„Das hast du prima hinbekommen", lobt Jasmin. Den Ausdruck in ihren Augen kann ich schlecht benennen. Ist es Lüsternheit?
„Wie ist es, so geil zu sein?", fragt Jasmin. „Es muss anstrengend sein, sich dieser Erregung nicht jetzt und hier hingeben zu dürfen, oder? Warte es ab, später werden wir deine herrlich gedehnte Pussy für unsere Lust nutzen."
„Uns beiden auf diese Art zu Diensten sein, das gefällt dir, oder, Zofe?"
„Ja, Herrin, ja Herr", sage ich verlegen.
„Ich habe dich nicht verstanden", entgegnet Jasmin.
„Es ist irre geil", wiederhole ich genauso leise wie zuvor.
„Sag es, sag es lauter, Zofe, dass ich dich auch gut verstehe."
Sie greift zur Hutnadel, die immer noch aus meinem Dekolleté ragt, beginnt wieder mit ihr zu spielen. Es gelingt mir kaum noch klar zu denken. Jasmin ist in ihrer

Dominanz und dunklen Feenhaftigkeit unglaublich erotisch. Je mehr sie sich von diesen quälend lustvollen Gemeinheiten einfallen lässt, umso mehr begehre ich sie.
„Es gefällt mir, Herrin", sage ich lauter.
„Zu spät", sagt François und lächelt diabolisch.
Der Hotelier Joachim trägt in dem Moment den Hauptgang des Menüs auf.
„Lachs im Mangoldblatt auf Rieslingschaum an rotem Pfeffer."
„Willst du dich nicht einen Moment zu uns setzen?", fragt ihn François. Jasmin grinst breit.
Joachim nickt. „Nur noch zwei Tische, dann ist jeder im Saal wieder versorgt."
Mit einem frisch gezapften Pils in der Hand nimmt er kurz danach die Einladung an und setzt sich neben mich auf die Bank. Dies ist also meine Strafe.
„Wie schmeckt der Lachs? Geht es euch gut?"
Unruhig wende ich mich hin und her, kann jedoch nicht von ihm wegrücken. Der Dildo hat sich auf dem Lederpolster festgesaugt. Bei einem weiteren Versuch blicke ich zufällig Joachim direkt in die Augen.
„Normalerweise sorgt die Zusammensetzung der Gewürze für Glücksgefühle. Unser Koch hat sich darauf spezialisiert, mit der richtigen Dosierung die sexuelle Lust zu befeuern. Bei euch scheint allerdings mehr als roter Pfeffer für heiße Stimmung zu Sorgen."
François nickt in meine Richtung. „Es liegt wohl nicht nur an euren exquisiten Zutaten, sondern auch an unseren."
Das treibt mir die Schamesröte ins Gesicht.
„Woran auch immer." Joachim trinkt von seinem Bier.
Ich bin so damit beschäftigt, meine Geilheit unter Kontrolle zu halten, dass ich dem Rest der Unterhaltung nicht mehr folge.
Als das Dessert serviert wird, verlässt Joachim unseren Tisch. Die aufgeschäumte Himbeercreme, verfeinert mit Limettensaft, garniert mit in Minze gewendeten Mango-Schnitzen, ist köstlich. Ob es nun an den Zutaten liegt oder nicht, ist mir völlig egal, ich bin jedenfalls glücklich. Glücklich, hier zu sein. Glücklich mit diesen beiden Menschen, denen ich mich zugehörig fühle. Doch nicht nur ihnen, allen anderen Gästen auch. Das Wissen, warum wir hier sind, verbindet, macht uns alle zu einer verschworenen Gemeinschaft. Es wird geflirtet. Vielsagende Blicke werden ausgetauscht. Welche lustvollen Geheimnisse verbergen wohl die anderen? Liebeskugeln? Ferngesteuerte Vibroeier?
„Wir haben uns bislang reizend um unsere Zofe gekümmert", sagt Jasmin. „Wir sollten nun auch aufs Zimmer gehen und sehen, was der Abend noch bringt."
Das ist das Stichwort für François aufzustehen, zu Jasmin zu gehen und ihren Stuhl zurückzuziehen. Ich erhebe mich nicht. Wenn ich es täte, bliebe das auf der Bank zurück, was mich erregt hat, was mich in Verlegenheit gebracht hat, das François und Jasmin erfreut hat. Wie bei einer Großaufnahme in einem Porno sehe ich meine Lustlippen den Dildo umschließen, sehe, wie sie langsam am Schaft nach oben gleiten, höre überdeutlich das Geräusch, das es geben wird, wenn sie über die Eichel rutschen und sich schließen. Sehe den feuchtglänzenden Schwanz allein auf der Bank stehen. Mein Herz beginnt wild zu pochen.
„Zu blöd, die Sache mit dem Spielzeug. Wir haben uns überhaupt nicht überlegt,

Sammlung Jocelyne & Alexandre Dupouy

nennen."
Sie schlägt mit der flachen Hand auf den Tisch. Die Gläser klirren. Nun haben wir die Aufmerksamkeit all derer, die sich noch im Restaurant aufhalten. Augenblicklich beugt sie sich vor und stößt mich heftig an der Schulter. Überrascht falle ich zur Seite. Der Dildo löst sich mit schmatzendem Geräusch von der Bank. Rasch greift sie unter mein Kleid, fasst ihn und zieht ihn heraus. Wie eine Trophäe reckt sie ihre Beute gut sichtbar in die Höhe. Mit funkelnden Augen lässt sie das Stück in den Weiten ihres Umhangs verschwinden. Ich, die halb auf dem Bauch liege, richte mich fassungslos auf.
„In fünf Minuten folgst du uns, hörst du, in fünf Minuten erst."
François zuckt bedauernd mit den Schultern, reicht ihr den Arm. Hocherhobenen Hauptes verlässt das Paar das Restaurant. Tief beschämt bleibe ich zurück, halte den Kopf gesenkt, verharre die angeordnete Zeit unbeweglich. Obwohl Jasmin den Dildo entfernt hat, spüre ich ihn die ganze Zeit des Wartens zwischen den Schenkeln.
So unauffällig wie möglich möchte ich den Saal verlassen, aber die verbliebenen Gäste scheinen nur darauf gewartet zu haben. Ihre Blicke verfolgen mich. Geduckt fliehe ich unter den Blicken der Ahnen durch die Lobby.

wie unsere Zofe dieses Problem lösen könnte", gesteht François. „Mit dem Dildo laufen? Eher schwierig. Vermutlich verliert sie ihn mitten im Restaurant."
Meine Herrschaften sehen mich zweifelnd an. Sind sie ernsthaft an einer Lösung interessiert? Ich will mir diese hochnotpeinliche Szene gar nicht vorzustellen.
„Bitte Herrin, bitte Herr erlaubt, dass ich den Dildo unauffällig entferne."
„Jasmin, was meinst du, wollen wir …"
„… ihr erlauben, sich aus der misslichen Lage zu befreien?", ergänzt sie sanft. Ihr Blick verrät, dass sie sich nur besorgt zeigt. In Wahrheit genießt sie die Situation sehr.
„Bitte Jasmin, schau, einige Gäste sind schon sehr an uns interessiert."
„Nur, weil wir dir erlaubt haben mit uns zu speisen, darfst du dir diesen Ungehorsam nicht erlauben", herrscht sie mich leise, jedoch eindringlich an. „Das waren gleich zwei Vergehen: Erstens hattest du keine Erlaubnis, mich anzusprechen. Zweitens wagst du es auch noch, meinen Vornamen zu

Dieter Löchle

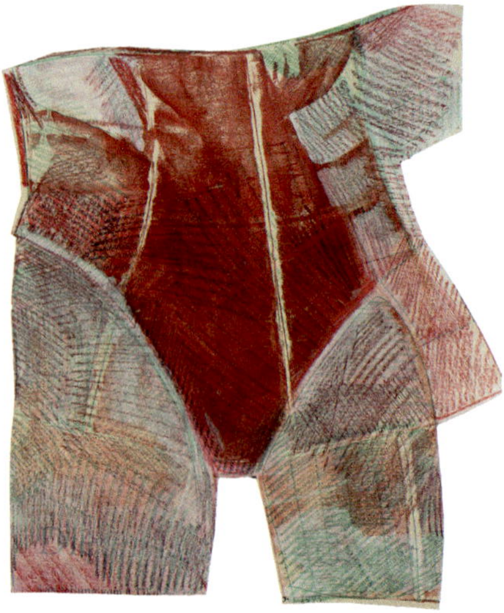

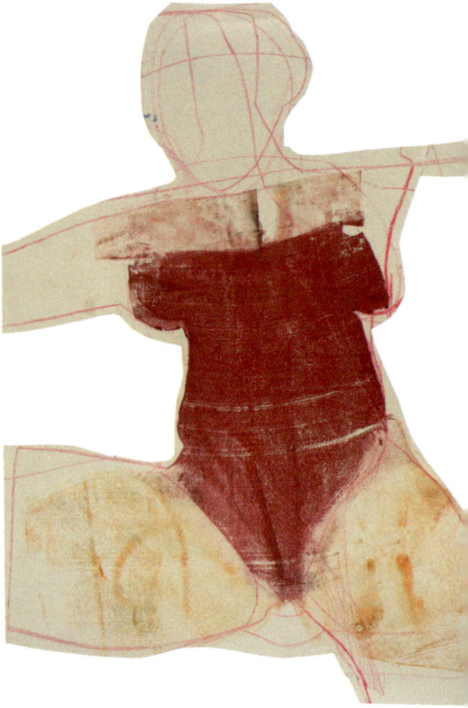

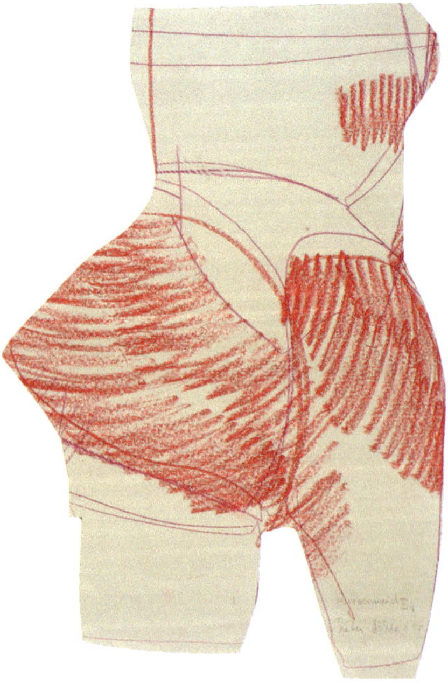

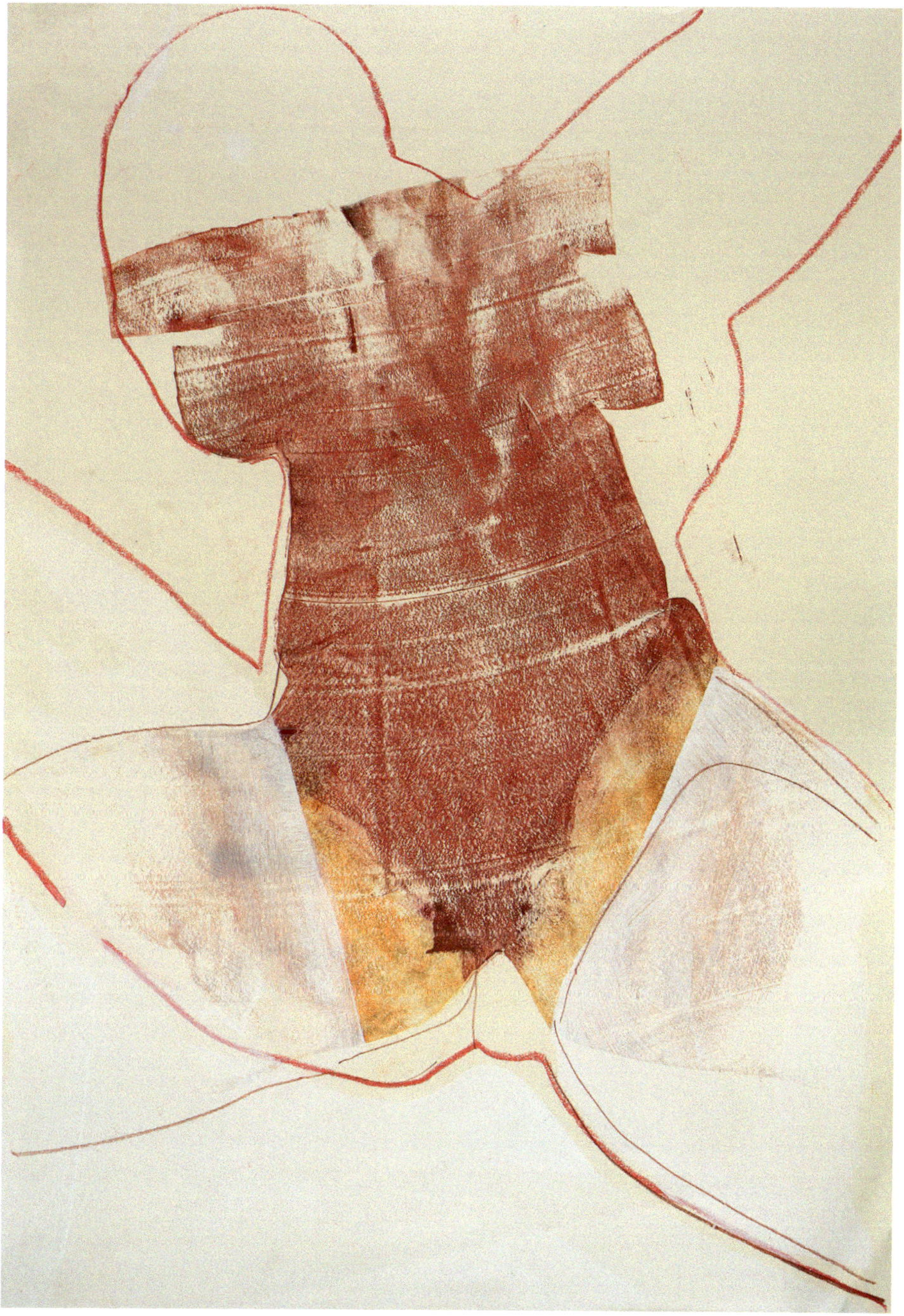

Andreas Maria Kahn, Homo sapiens sexus

Joachim Heyden

Nachmittags bei Jo

Ich reagierte auf seine eindeutige Anzeige im „Fritz“, einem Stadtmagazin. „Hintern versohlen! Mann (36/189/84), sportlich, möchte mal wissen, wie's ist. Suche Kerl in meinem Alter, der Spaß dran hat.“ Darauf eine Telefonnummer.

Die rief ich gleich an – die Direktheit der Anzeige, das wohltuende Fehlen jeder Sexualmetaphorik, hatte mich angesprochen. Störend war der Begriff „Kerl“ – ich assoziierte schnell „Lederkerl“, irgendeinen muskulösen, behaarten, auch noch tätowierten Designfetischisten, der es eh nicht ernst meint. Wenn er DEN wollte, lag ich falsch. Solche Leute sind in aller Regel entsetzlich verklemmt und wollen vor allem über Klamotten reden, statt tatsächlich zur Sache zu kommen.

Ich sprach meinen Text auf seinen AB. Erklärte, dass ich immerhin zehn Jahre älter sei als gefordert, aber über Erfahrung verfüge. Zwei Tage später kam Jos Anruf. Seine Stimme war leise, etwas stockend der Redefluss – es passte so gut zum typischen Masochisten; die entsprechenden Frauen sprechen nicht anders. Sie würgen sich selbst ab, nur das Nötigste kommunizieren sie. Allerdings wusste Jo gleich genau, was er wollte, er war keineswegs so unerfahren, wie die Anzeige zunächst vermuten ließ. „Wir können gleich loslegen“, sagte er. Gut, mir sollte es recht sein. Wir verabredeten uns für einen Donnerstagabend. Bei ihm.

Ich verpackte mein Equipment – Peitschen, Augenbinde, Seile – schon morgens, nahm das Zeug mit ins Büro. Siebzehn Uhr, nach getaner Arbeit, fuhr ich nach Frankfurt, fast halbtot vor Hitze kam ich am Hauptbahnhof an. Dort nahm ich ein Taxi.

Nicht die Spur einer sexuellen Erregung, nicht einmal aufgeregt oder nervös war ich. Bei diesen Temperaturen geht es ums Überleben, ich hatte keinen anderen Gedanken als den, möglichst ohne Verbrennungen in diese T...straße und in Jos Wohnung zu gelangen.

Ihm ging es wohl ähnlich. Ich klingelte, sofort wurde geöffnet, er wohnt parterre, allein. Ein ganz normales Wohngebiet übrigens, dreistöckige Mietshäuser. Nette Wohnung, kleine Küche, zwei Zimmer, Bad. Nach Studentenart eingerichtet; Bücherregale, Matratze auf immerhin aufgebocktem Lattenrost, Computer natürlich, Textilien liegen herum; buntes Geschirr, nicht abgewaschen. An den Wänden Poster – Theaterplakate, Konzertplakate etc. Nichts Gediegenes, auch nichts Ungewöhnliches. Es riecht nach Gewürzen.

Jo ist tatsächlich 1,89 groß, schlank, sportlich – sieht gut aus. Er hat einen Drei-Tage-Bart, die klassische Fast-Glatze, die viele Männer seiner Generation tragen, er kommt mir in grauem T-Shirt und blauen Shorts entgegen. Auffällig sind seine großen, schönen braunen Augen – und dass er mit ihnen irrlichtert, er hält kaum Blickkontakt. Sein Händedruck ist sehr weich. Er wirkt schlaksig, gummiartig, hat einen weichen, wiegenden Gang. Manchmal ruckt er mit dem Kopf, dieses komische, hühnerhafte Gehabe, wie es vor allem bei amerikanischen Menschen so unausweichlich ist. Aber das ist nicht unangenehm bei ihm. Seine Stimme klingt auch in natura wie am Telefon: weich, zurückgenommen; seine Artikulation ist nicht sehr deutlich, er macht den Mund nicht richtig auf. Auch

Sammlung Urban

jetzt stockt sein Redefluss immer wieder, es ist ein Habit; inhaltliche Gründe dafür gibt es nicht.
Ich bin etwas früher gekommen als angekündigt; er macht sich gerade etwas zu essen, ist eben erst heimgekommen. Er schnauft entschuldigend und lacht andeutungsweise. Dann fragt er, ob ich etwas trinken will, ich bejahe, er holt Wasser aus dem Kühlschrank. Mir fällt auf, wie schlank, fast dünn er ist.
Nachher – ich sitze am Küchentisch – brutzelt er sich eine Pfanne Gemüse und Würstchen. Schlaksig und in gebückter Haltung steht er am Herd.
Ich frage ihn, als er mit seinem Essen mir gegenüber am Tisch sitzt, ein wenig aus: Ob er alleine wohne („ja, inzwischen"), was er beruflich mache („so Personalwesen" – es stellt sich heraus, dass er als eine Art Kommunikationstrainer arbeitet), ob dies seine erste einschlägige Anzeige sei. Er isst, schaut in der Küche umher, murmelt, sagt dann „nee, schon paar Mal." Schwer, etwas mehr aus ihm herauszubekommen.
Ich bringe das Gespräch deshalb klar auf das Thema, um das es bei unserer Begegnung geht. Erzähle von mir nur, was ich beruflich tue, dass mir an seiner Anzeige die Direktheit gefiel, dass ich das erste Mal mit einem Mann „arbeite" und mich auf die Erfahrung freue; dass ich einiges Material mitgebracht habe. Er nickt, lächelt mal, schnauft, isst, schaut in der Küche umher. Ich fühle mich sehr überlegen.
Als ich ihm die Peitschen zeige, ist er irritiert. Die mag er nicht, die könnten um die Hüften klatschen, das tue sehr weh. Na, er hat also doch Ahnung. Er erzählt plötzlich auch, dass er schon mal mit

zweien seiner Freunde („Kumpels“ sagt er) eine Session gehabt hat, das sei aber schlimm verlaufen, brutal und abtörnend. Ich versichere ihn erneut meiner Erfahrung; ob er mir vertraut oder nicht, kann ich nicht einschätzen. Vielleicht sollte die Erwähnung jener Session ja eine Art Warnung sein. Ich frage ihn, während er sein Mahl beendet, ob er bestimmte Wünsche habe – nach einigem Herumdrucksen meint er, „innerhalb bestimmter Grenzen“ würde er mir gern die Führung überlassen. Welche Grenzen das sind, sagt er nicht. Und ich weiß, dass er das auch nicht könnte.

Nun führe ich ihm die Peitschen und deren Handhabung vor, um ihm ein Bild zu verschaffen – ich schlage mich selber und doziere. Kaum Reaktion. Allmählich komme ich mir wie ein Reisender, ein SM-Klinkenputzer, vor. Andererseits – jetzt bin ich hier und auch ich will wissen, wie das wohl ist – diesen so teilnahmslosen jungen Mann nackt zu meiner Verfügung zu haben – und in welcher Hinsicht? Wir werden sehen. Ich sage ihm, was ich nicht mache: Kein Sex (außer Masturbation, ich an ihm, er vor mir), kein Blut, keine Koprophilie, nichts mit elektrischem Strom, keine durch Übertreibung lächerlich absurden Rollenspiele (keine wüsten Beschimpfungen, Beleidigungen, kein „auf die Knie, elender Sklave, sonst reitet der Priester ohne dich!“ – es gibt nichts, was es nicht gibt). – Er ruckt mit dem Kopf, schaut umher, summt zustimmend, räumt dann sein Esszeug weg. Ich bin mir nicht sicher, ob er überhaupt zugehört hat.

„Also?“, frage ich schließlich. Er sitzt da und schaut zur Spüle. – Ab jetzt habe ich das Kommando, ich muss initiativ werden, das kenne ich: Jo ist tatsächlich in jeder Hinsicht das männliche Gegenstück zu Sabine D.

„Dann lass uns beginnen.“ Sofort steht er auf, ich folge ihm in sein Schlafzimmer (ich nenne es so, weil da eine große und breite Matratze liegt; ansonsten ist es voller Computerzeug, Klamotten, ein mannshoher Spiegel lehnt an der Wand, eine immense Musikanlage steht auf einer Kommode.) Er stellt leise Musik an, irgendein Techno-Scheißdreck, aber sehr leise. Auf dem Monitor seines PC läuft „Ice Age“, was mich kurz rührt.

„Zieh dich aus“, sage ich. Zauberworte. Er dreht sich von mir weg

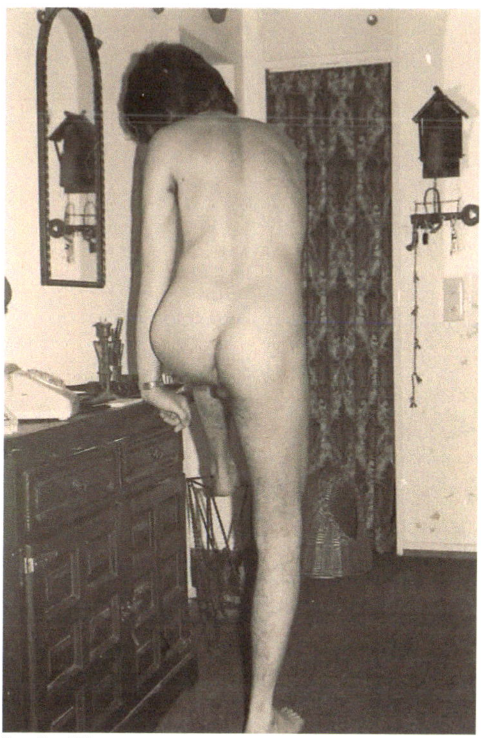

Sammlung Urban

und beginnt sofort. „Unterhose anbehalten, das mach ich selber“, sage ich. Schnell ist er nackt, seine Unterhose ist dunkelblau.
„Zur Einstimmung“, sage ich, „leg ich dich erstmal übers Knie.“ Ich setze mich auf einen herumstehenden Klappstuhl. Jo kommt zu mir, er hat Mühe, sich richtig zu justieren, er ist sehr groß, lang, mager. Ich „richte ihn mir ein“.
Zuerst befühle ich seinen Hintern über der Unterhose. Mager, wie der ganze Mann. Der Rücken schweißbedeckt. Ich beuge ihn noch weiter nach unten, knete seine Pobacken. Dann beginne ich mit leichten Schlägen, steigere allmählich, noch über der Unterhose.
Jo reagiert kaum. Er hat noch Mühe, sich richtig zu platzieren, ich sehe es an seinen Füßen, die nur mit den Zehen den Boden berühren, und ich spüre es auch – er hat fast gar kein Gewicht. Ich drücke ihn herunter, fester, greife in seinen Nacken, da liegt er endlich richtig.
Ich schlage kleine Serien: Erst immer abwechselnd rechte und linke Pobacke, vorsichtig, noch zögernd, allmählich stärker – dann auf eine Backe konzentriert, leicht anfangend, härter und schneller werdend, bis eine erste Reaktion erfolgt. Dann bleibt meine Hand liegen, bis Jo sich beruhigt hat; anschließend verfahre ich mit der anderen Pobacke ebenso.
Endlich ziehe ich ihm die Unterhose herunter.
Sein Hintern ist mager, knochig, die Furche rot, weiter unten das übliche Braun. Ich ziehe seine Pobacken auseinander, Jo wehrt sich nicht. Er ist da innen kaum behaart, außerdem sehr sauber, ich bin es zufrieden. Er bekommt noch ein paar Schläge, dann lasse ich ihn aufstehen.
Ein großer, schlanker Mann. Ein erstes Mal begutachte ich sein Geschlecht. Lange, hängende Hoden, ein dünner, ziemlich langer Schwanz, die Vorhaut über der Eichel. Ich berühre ihn kurz – eigenartig ist das für mich, völlig fremdartig – als gehörte dieses eigenartige Teil überhaupt nicht hierher.
(Kaum zu glauben, dass ich selber so ausgestattet bin und mir das bisher sehr selbstverständlich vorkam).
Ich lasse ihn nun auf der Matratze knien, fessle seine Füße mit einem mitgebrachten Seil, setze ihm eine Augenbinde auf. Er bekommt wieder Schläge – mit der flachen Hand und mit der Peitsche. Er genießt es, ich höre seinen Atem. Ich steigere mich, die Schläge werden härter, gezielter, fallen schneller hintereinander und treffen genau. Zu hören ist nur das Klatschen, sein Keuchen und, im Hintergrund, ganz leise der Techno-Rhythmus. Einmal steige ich aufs Bett, stelle mich über ihn und klemme seine Hüften zwischen meine Beine. Noch einmal bedauere ich, dass sein Po so knochig ist. Dann klatscht wieder die Peitsche, wobei ich auf Abwechslung achte, immer rechts, dann links. Mit der flachen Hand gehe ich anders vor: Ich lege sie auf eine Pobacke, beginne vorsichtig, fast tappend, steigere dann ständig Kraft und Geschwindigkeit, bis er zuckt und vernehmlich stöhnt – dann halte ich kurz inne und die andere Pobacke kommt dran. Immer im Wechsel. Zwischendurch reibe und knete ich den ganzen Po, ziehe die Backen auseinander, fingere auch mal kurz das Poloch, nachdem ich bemerkt habe, dass Jo darauf gut reagiert. Der Po wird langsam rot und warm. Ziemlich langsam: Jo ist offenbar einiges gewöhnt, man muss sich engagieren.

Snieguolė Michelkevičiūtė, aus der Serie „Frauen über Männer"

Ich steige wieder ab, gebe ihm aufs Geratewohl noch ein paar Schläge, dann stoße ich ihn um – er liegt auf der Seite. Ich drehe ihn ganz auf den Rücken, richte ihn auf – sein Schwanz ist halbwach. Er hockt jetzt mit angezogenen Knien auf der Matratze.

Ich binde ihm Füße und Handgelenke aneinander. Da ich vorher noch einmal geübt habe, gelingt das schnell und effektiv. Dann stoße ich ihn nach hinten, er fällt auf den Rücken, zieht automatisch die Beine hoch, sein Po „geht in die Luft“, die Beine spreizen, die Pobacken öffnen sich – ich ziehe ihn mir an den Fesseln zurecht, verwahre seine Hoden zwischen den Beinen, dass ihm da nichts passiert.

Dies ist wohl die schutzloseste, offenste, schamloseste, ausgeliefertste und demütigendste Haltung, die der nackte erwachsene Mensch vor einem anderen einnehmen kann: Gleichsam wie ein Baby kurz vorm Gewickeltwerden. Für die, die das genießen können, ein besonderer Moment, ein kleiner Höhepunkt. Ich trete ein wenig zurück und betrachte Jo. Er liegt still, sein Atem geht gleichmäßig, nur am Hals sieht man seine Erregung: Er schluckt immerzu, heftig bewegt sich der Kehlkopf. Seltsam, dass er kaum erigiert. Ich lasse meine Hand leicht und spielerisch über seinen Penis und die Hoden gleiten, richte den Schwanz kurz auf und reibe ihn vielleicht vier- fünfmal schnell rauf und runter – eine kurze Anspannung sehe ich, weil sich Jos Poloch dabei kurz und heftig zusammenzieht ... mehr aber nicht. Der Schwanz bleibt halbwach und kippt langsam zur Seite.

Also schlage ich ihn wieder auf den Po. Wieder mit der flachen Hand. Der direkte Kontakt fremde Haut auf eigener Haut ist ein besonderer Kick. Außerdem – auch wenn ich die Peitsche ziemlich gut handhabe – in dieser Haltung des „Opfers“ ist es doch schwer, immer die „richtigen Stellen“ zu treffen.

So eine Zeitlang.

Ich habe während der ganzen Aktion keinerlei Empfindungen, schon gar keine sexuellen. Ich kann sie auch jetzt nicht herbeifantasieren: Tatsächlich keinerlei Empfindungen. Ich tue etwas, weil ich diesen Part übernommen habe und weil meine Handlungen eben diesen Part konstituieren. Ich bin dabei überaus professionell. Ich frage zwischendurch mit freundlich-sachlicher Stimme, wie es ihm geht (ein leises „Gut“ kommt dann von ihm, mehr nicht), ich arbeite gewissenhaft als Flagellierender, beziehe bald auch andere Körperteile als nur den Po mit ein, steigere langsam, spüre genau den Punkt, wo ich aufhören und wieder neu beginnen muss. Ich schwinge mich ein auf meinen Partner (oder meine Partnerin – denn nichts, was ich hier mit Jo tue, habe ich nicht schon mit einer Frau getan, die genau dies haben wollte). – Aber es ist nicht erregend. Das Erregende – einen Anflug davon – spürte ich in jenem kurzen Moment, als wir vom Gespräch in der Küche übergingen zur Aktion. Er leuchtet dann kurz auf, wenn die magischen Worte fallen: „Zieh dich aus.“ – „Hose runter.“ – „Beine breit (oder hoch).“ – „Bück dich.“ „Mund auf.“ – Und auch da leuchtet dieser Moment mehr für den/die, denen solche kurzen Befehle gelten.

Jetzt – mittendrin – tue ich vor allem einen Job.

Auch Jo zeigt keinerlei Exaltiertheit. Er lässt alles, was ich mit und an ihm tue, über sich ergehen und zeigt kaum eine Regung – oder wenn, dann eine physiologische, die er nicht ganz unter Kontrolle haben kann. Als ich ihn wieder losbinde, seine Beine spreize, mich vor ihn setze und ihn zu masturbieren beginne, bewegt er sich leicht, schaut einmal hoch, was dort „unten“ geschieht, lässt sich dann zurücksinken. Er atmet schneller, schaut an die Decke. Ich arbeite ein wenig. Für

mich ist es durchaus spannend, dieses Gefühl, wie unter meiner Hand ein Glied wächst. So kenne ich das nicht. Es hat – ja, es hat auch etwas Widerwärtiges, wie sich der weiche Wurm da zum Angriff mit Blut vollpumpt. Ich bringe es nicht zu Ende – und Jo ist es recht, er will es gar nicht, auch wenn er jetzt (vorübergehend) knallsteif ist.
(„Willst du mich jetzt wichsen?" – „Soll ich nicht?" – Pause. Dann: „Du musst nicht.")
Ich lasse ihn aufstehen, binde seine Hände auf dem Rücken fest und lege ihm eine Schnur um den Hals. Daran ziehe ich ihn in das Nebenzimmer. Dort lasse ich ihn stehen; die Augenbinde hat er noch um. Ich gehe kurz ins Bad, klatsche mir Wasser ins Gesicht. Dann hole ich einen Stuhl aus der Küche. Im Vorbeigehen sehe ich, dass Jo ein paar Schritte hin und her gegangen ist; ich trete kurz zu ihm, gebe ihm zwei kräftige Schläge auf den Po: „Bleib auf deinem Platz!"
Den Stuhl stelle ich vor's Fenster, in die Mitte des Raumes, löse Jos Fesseln und beuge ihn über die Lehne. Er stützt sich mit den Handflächen auf der Sitzfläche des Stuhles ab.
Dann geht es wieder los.
Schläge mit der flachen Hand.
Schläge mit der Peitsche.
Sonne im Zimmer, der nackte, über den Stuhl gebeugte Mann; der andere, der ausholt, die Peitsche pfeift durch die Luft, klatscht auf den Po des gebückten Mannes, der kurz aufzuckt, wenn sie trifft. Schschtt – klatsch. Sonst ist es still.
Ich frage ihn zwischendurch: „Hättest du es gern, wenn uns jemand zusähe?" – Seine, typische, Antwort: „Ich könnte es nicht verhindern."
Schließlich gehen wir wieder zurück ins erste Zimmer, er vor mir her; ich lasse ihn dann dort knien. Als Finale bekommt er weitere 20 Peitschenhiebe, danach, wieder übers Knie gelegt, 30 Schläge per Hand auf den Po: So kündige ich es ihm an und handle auch danach.
Aber kaum sind die 30 Schläge mit der Hand vorüber, geht es erst richtig los, das eigentliche Finale folgt erst jetzt – ich weiß einfach, dass er das jetzt auch erwartet und ersehnt. Ich schlage einfach weiter, ich versuche, ihn in Ekstase zu bringen. Die Schläge sind jetzt überaus hart, fallen gleichmäßig und regelmäßig, sie klatschen laut auf seinen malträtierten Po – ich registriere sein Zucken, sein Sich-Winden, seine Versuche, die Schläge abzuwehren, die ich rigoros unterbinde; sein Keuchen und Stöhnen – aber ich ändere nichts, weder an Intensität noch an der Frequenz, auch nicht, als er leise zu wimmern beginnt und ich immer mehr Mühe habe, das sich windende Bündel auf meinen Knien fest zu halten, während ich immer weiter aushole, immer fester zuschlage, es prasselt auf ihn herab, im Techno-Rhythmus – bis mir schließlich selbst die Hand zu weh tut und ich einhalte.
Ich lasse beide Hände auf seinem nun warmen und knallroten Po liegen, streichle ein bisschen. Jo hängt schlaff über meinen Knien. Er atmet tief.
Dann erkläre ich die Sitzung für beendet. Sofort steht Jo auf, sein Mund steht leicht geöffnet, er geht die zwei Schritte zum Spiegel und schaut sich an, auch hintenrum. Mit der Rötung seines Hinterteils scheint er zufrieden. Ich packe derweil ein. Auch jetzt: Kein Feedback, keine „Manöverkritik", er ist wirklich der absolute, der totale Masochist. Ich muss ihn fragen,

wie es für ihn war, und bekomme als Antwort ein leises „Okay“. Aber immerhin: Er deutet ein Lächeln an und er schaut mir, ohne Kopfzucken, eine Sekunde lang in die Augen. Das ist bedeutsam.
Dann zieht er sich an.
Ich wasche mich im Badezimmer, habe das gute Gefühl, ordentlich gearbeitet zu haben, nach einer guten Choreographie und ziemlich professionell. Warum nehme ich eigentlich kein Geld dafür?
Ich bin nicht unzufrieden, das nicht. Aber ich hätte genauso gut – sagen wir – einer Schildkröte den Panzer rot anmalen können, statt diesen Jungen zu prügeln. Ich weiß, dass Masochisten so sind, Männer wie Frauen: Sie werden nicht initiativ, sie reagieren nicht einmal und wenn, dann ausschließlich körperlich. Das irritiert mich immer wieder. Hätte ich Jo gekitzelt, dann hätte er gelacht, eher gejault und gejapst, sich vielleicht kieksend vor Qual und an seinen Fesseln reißend dabei hin und hergeworfen. Er hätte mich aber niemals aufgefordert, damit aufzuhören.
Jo kann mir in vier zusammenhängenden Sätzen erklären, wo der Bus abfährt. Ich verabschiede mich mit Handschlag und hinterlasse meine Adresse.
Sein Händedruck ist beim Abschied wieder so teigig, wie er bei der Begrüßung war. Zweifellos braucht er weitere Maßnahmen.

Milena

Dein Pheromon

Dein Duft berauscht mich,
süßer Mohn,
im Lustgarten, dein Pheromon.

Dein Duft betört mich,
dein Hormon,
im Untergehölz, dein Pheromon.

Dein Duft berückt mich,
Ovation,
ich geb mich hin, dem Pheromon.

Tanz der Sinne

Komm mir in den Sinn
mit deinem Duft
geborgen in den Versenkungen
unserer Lust.

Komm mir in den Sinn
mit deinem Blick
der mich hält und öffnet,
geworfen im Brausen des Blutes.

Geh nicht aus meinem Sinn
im Wandern durch Gedankenbilder,
gesammelt in fröhlichen Liebesnächten.

Snieguolė Michelkevičiūtė, aus der Serie „Frauen über Männer“

Gigi Martin

Darius – Meine Sünde

Er verließ sein Appartement in der Polkstreet, im alten Schwulendistrikt. Vor vielen Fenstern flatterten kleine Fahnen in Regenbogenfarben. Die Balkone waren geschmückt für Halloween. Zwischen Grünpflanzen und Blumen schaukelten Lampions, ausgestopfte Vögel und furchterregende Masken im Wind. Darius zitterte unter seiner Haut. Er war jetzt am Ende der Polkstreet angelangt. Er lebte in San Francisco, dieser Stadt mit all den phantastischen Möglichkeiten sich zu amüsieren, aber benahm sich so, als ob er auf einer Insel lebte. Er ging niemals aus. Tag für Tag begab er sich morgens zum Büro der Company, für die er seit vielen Jahren arbeitete. Er war Fremdenführer, und seine Tour war der 17 Miles Drive, auf dem er Touristen in einem Minibus durch die Gegend beförderte.
Darius' Haar war in Flechten geordnet, sie reichten bis zur Taille. Die schwarzen Augen glänzten fiebrig. Er trug einen zerknitterten beigen Seidenanzug. Darius war wie eine Luftwurzel, ausgestreckt ins Unbestimmte. Seine Füße befanden sich auf dem Boden, sein Kopf schwebte in der Vergangenheit.

Darius war in New York geboren. In New York waren die Kellner meist unhöflich, die Verkäufer gestresst, und die Taxifahrer behandelten Fahrgäste wie Lehrer kleine Kinder. Was, Sie wollen zu 51 East? Warum halten Sie mich dann an? Sie sehen doch, dass die Schnauze von meiner Karre in Richtung Westen zeigt … In San Francisco waren sogar die Autofahrer geduldig und rücksichtsvoll.

Er war drei Jahre alt. Er krabbelte auf dem Küchenboden herum. Seine Mutter stand am Herd und kochte. Er kroch unter ihren langen Rock. Sie war barfuß. Er umschlang die großen Füße mit beiden Armen. Er beugte den Kopf hinunter, und sein krauser Haarschopf fiel auf ihre Zehen.
„Das kitzelt", sagte seine Mutter ärgerlich. „Lass den Unsinn."
Er beugte den Kopf weiter hinunter und roch an ihren Zehen. Sie rochen gut. Die Mutter stieß ihn mit einem Bein beiseite und trat ihm heftig auf die Hand. Tränen schossen ihm in die Augen, und doch fühlte er sich glücklich. Seine Mutter ging vom Herd zum Tisch, um ihn für das Abendessen zu decken. Er krabbelte ihr hinterher. Es war, als hätte sie in ihren Füßen einen Magneten.
Als Darius zwanzig Jahre alt war, begann er Medizin zu studieren. Sechs Monate später starb sein Vater. Er hinterließ ihnen nur das alte kleine Haus in Brooklyn. Seine Mutter vermietete die Zimmer. Die Wohnküche wurde zu ihrem Schlafraum. Darius brach das Studium ab und begann damit, sich zu verkaufen. Sein Körper war damals der eines Gottes, und sein Gesicht glich den Zügen schnell hingeworfener Skizzen Cocteaus von Jünglingen, markant und schön. Er verkaufte seinen Körper als Stricher, er verkaufte eine Illusion. Er war der Ansicht, dass Künstler mehr leiden mussten als er, sie verkauften ihre Begabung und somit ihren Geist und die Seele. Einer seiner Kunden war ein alter reicher Mann. Der Mann erzählte von seinen Phobien, von seinen Ängsten und Problemen. Der alte Mann erstand vor Darius als Junge, der die Firma seines Vaters übernehmen sollte, aber er konnte ihm nichts recht machen. Da war die Mutter, die die

Manel Ortega

Geschwister vorzog. Und der Familienclan, der Rat über ihn abhielt und seine Strafe bestimmte. Er bekam Hautausschlag, wurde impotent und verbrachte die Zeit damit, in sich hineinzuhorchen, auf der Suche nach Krankheiten, sich ständig analysierend, sezierend. Als er nicht einmal mehr in der Lage war, zum Briefkasten zu gehen, da seine Füße blockiert waren, suchte er bei Psychiatern Heilung, in Kliniken und Selbsterfahrungsgruppen. Dann lernte er Darius kennen. Er half, indem er zuhörte. Stunden um Stunden, jahrelang, hat Darius ihm zugehört. Als Darius klar wurde, dass er selbst zum Opfer zu werden drohte, rettete er sich, indem er sich von dem alten Mann trennte.
Eine Weile lebte er alleine und arbeitete weiter als Stricher. Dann lernte er eine reiche ältere Frau kennen. Fast hätte er sich darauf eingelassen, sie zu heiraten. Seine Mutter hatte inzwischen völlig die Realität und ihre Selbstständigkeit verloren. Sie war immer mehr zum Kind ihres Sohnes geworden. Er kam zu ihr, um sie zu baden und ihre Wäsche zu wechseln. Er kochte für sie und kontrollierte, ob sie täglich ihre Pillen einnahm. Dann starb seine Mutter. Er verließ die ältere Frau und ging nach San Francisco.

Es gab Tage, an denen er sich viel älter fühlte als er war. Sein Körper war ausgebrannt, und seine Seele war müde. Er war einsam und immer allein. Er erinnerte sich nicht mehr daran, wann er die alte Frau getroffen hatte, die eine blaue Perserkatze auf dem Arm trug. Aber er wusste noch, was sie gesagt hatte. „Sie sehen so aus, als ob Sie Katzen mögen." Darius hatte genickt. „Würden Sie dieser Katze hier ein Zuhause geben?" Darius hatte die Alte verwirrt angesehen. „Warum wollen Sie sie denn nicht behalten?" – „Meine Kinder haben mich in einem Altersheim untergebracht, und dort darf man keine Tiere halten." – „Wie heißt die Katze denn?" – „My Sin", hatte die alte Frau gesagt und Darius das Tier in den Arm gelegt. Das blaugraue Fell der Katze roch nach Lavendel, ebenso wie die Frau. Als sie sich zum Gehen wandte, verfolgte sie ein anklagender, verängstigender Blick aus bernsteinfarbenen Katzenaugen, der Darius aus der Fassung brachte. Die Katze hatte sich von ihm nach Hause tragen lassen, eng an seine Brust geschmiegt. Er sagte My Sin und sprach leise mit ihr. Als er vor seiner Haustür stand und aufschließen wollte, rannte ein Hund um die Ecke. My Sin fauchte und sprang von Darius' Arm. Sie lief die Straße entlang und war verschwunden. Darius eilte hinterher. Er fand sie nicht, schloss die Augen und dachte an die alte Frau. Plötzlich erfasste ihn eine große Erregung. Es war wie ein Zwang, der ihn weitertrieb. Etwas zog ihn über die Straße, mehrere Häuserblöcke entlang. Schließlich stand er vor einem alten Gebäude. Einige Scheiben waren zerschlagen. Fensterläden klapperten im Wind. Das Haus sah aus, als sei es zum Abriss bestimmt. Davor war ein winziger Garten. Darius trat näher. Leise lockend rief er: „My Sin, My Sin!" Er trat in den Vorgarten. Dann sah er sie, flach auf den Boden geduckt, unter einem Rhododendronbusch. Vorsichtig näherte sich Darius. Die Katze hob den Kopf. Er griff nach ihr, nahm sie auf den Arm, streichelte ihr seidiges Fell und senkte seinen Blick in ihre großen Augen. Er murmelte: „My Sin, My Sin, My Sin …" Er behielt seinen einschläfernden Gesang auch während des Weitergehens bei, und die Katze schloss die Augen.

Sven Hoffmann

Darius war im Büro angekommen. Er erfuhr, dass er heute acht Fahrgäste haben würde. Ein japanisches Ehepaar, ein deutsches Hochzeitspaar, eine Frau mit ihrer Tochter aus Ohio, eine Lehrerin aus Pennsylvania und eine Sozialarbeiterin aus Kentucky. Er bat die Fahrgäste, in den Bus zu steigen, nahm ihre Tickets entgegen und setzte sich hinter das Lenkrad. Während er den Wagen in den langsam dahinfließenden Verkehr einfädelte, stellte er sich vor, machte ein paar der üblichen Bemerkungen und beendete seine Ansprache mit einem Witz, den er nicht komisch fand. Aber die Fahrgäste lachten.
In der Pause betrachtete er ihre Füße.

Die der Männer steckten in Mokassins. Die Frau aus Ohio sowie ihre Tochter, die Sozialarbeiterin und die Lehrerin trugen Joggingschuhe, wie die meisten Amerikaner. Die Japanerin trug Sandalen an den nackten Füßen, aber sie waren verkümmert und die Zehen gekrümmt. Darius liebte schöne schmale Füße. Hellhäutig oder braun, mit langen Zehen. Füße mit schmalen Fesseln, die ein Goldkettchen trugen. Seine Augen verfolgten die Füße der deutschen Frau. Sie waren sehr groß, aber ebenmäßig, und steckten in hochhackigen Sandalen. Er zog die Schuhe mit seinen Blicken aus. Es war der Röntgenblick, den andere Männer hatten, wenn sie je nach Orientierung Busen oder Hintern einer Frau oder Geschlecht und Po eines Mannes betrachteten.

Er setzte sich auf einen Felsvorsprung am Meer und schien in den Gleitflug der Möwen versunken, während er aß und trank. Was er in Wahrheit sah, waren Füße. Die gebräunten schönen Füße der Frau. Er betrachtete sie wie Edelsteine. Vorsichtig berührte er die Füße. Sie zogen sich nicht zurück. Er streichelte sie sanft, und dann berührte er sie mit den Lippen. Er küsste jeden Zeh einzeln. Dann nahm er einen ihrer Füße und legte sich die Sohle aufs Gesicht. Er atmete tief durch die Nase den Duft ein. Und seine Zunge schnellte wie das Zünglein einer Schlange zwischen die Zehen und leckte sie. Darius stöhnte auf und sah sich gleich darauf erschrocken um. Aber er war immer noch allein auf dem Felsen. Er sah auf seine Uhr. Die Stunde war um, es war Zeit, zum Bus zurückzugehen. Die Passagiere waren bereits versammelt. Darius startete, die Rückfahrt begann. Rechts und links der Straße breiteten sich bald Felder aus mit abgeernteten Kürbissen. Die orangefarbenen Riesenköpfe türmten sich bis zum Horizont auf. Sie würden am Wochenende den Farmers Market überschwemmen und zu Halloween Licht in die Dunkelheit bringen. Im Anschluss an die Kürbisfelder lagen Artischocken-Plantagen.

Dann kamen sie zum Eingang des 17 Miles Drive of Pebble Beach. Darius fuhr zu den Seal and Bird Rocks, einem der interessantesten Punkte der Strecke. Iceplants bedeckten die Felsen und den Sand mit ihren rosa, gelben, roten, sternförmigen Blüten. Pampasgras bewegte sich sanft wie Brautschleier im Wind. Am Peter Hay Course grasten Hirsche friedlich zwischen Golfspielern.

„Wann halten wir denn mal wieder?", fragte die ältere Dame aus Ohio. „Ich möchte einen Restroom aufsuchen."

„Sie müssen sich noch eine halbe Stunde gedulden, Madame."

„Gibt es da auch einen Shop?", fragte die Lehrerin aus Pensylvania. „Ja, dort ist ein Andenkenladen, Madame."

„Es gibt da hoffentlich auch einen Imbiss", sagte die Sozialarbeiterin aus Kentucky. „Ich brauche unbedingt eine Coke. Ich sterbe vor Durst."

„Sicher kriegen Sie da etwas zu trinken, Madame", sagte Darius und deutete auf einen hohen Felsen. „Sehen Sie bitte alle mal dort drüben hin. Betrachten Sie nur diese riesige phantastische Monterey-Zypresse. Es ist die älteste auf der ganzen Welt. Man nennt sie den Ghost-Tree. Der Wind und das Meersalz haben sie gebleicht. Man sagt, dieser Baum sei ein Geist, der vor dem Sturm flieht."

Die Lehrerin fragte: „Stimmt es, dass es die Monterey-Zypresse nur hier gibt?"

„Ja", antwortete Darius. „Es gibt sie sonst nirgendwo."

Die Felsen lagen jetzt vor ihnen. Sie waren mächtige Gebirge aus Stein. Seelöwen, Otter und Seehunde sonnten sich auf ihnen. Hin und wieder ließen sich einige Tiere ins Wasser gleiten und tummelten sich spielend darin. Kormorane stürzten im eleganten Flug ins Meer auf der Jagd nach Fischen. Wenn sie auf die Wasserfläche stießen, teilte sie sich wie von magischer Hand berührt, ohne einen Spritzer zu zerstäuben. Ein Delphinschwarm zog vorbei in Richtung Mexiko. Ein junger Leopardseal ließ sich auf dem Rücken schwimmend im Pazifik treiben, die Vorderflossen wie zum Gebet erhoben, den Kopf mit geschlossenen Augen den wärmenden Strahlen der Sonne zugewandt. All das war wie zum Greifen nah.

Als seine Fahrgäste ihre Fotos gemacht, Souvenirshops und Toiletten gestürmt hatten, ging die Fahrt weiter. Es wurde dämmrig, und bald war es ganz dunkel. Das japanische Ehepaar unterhielt sich leise, während das deutsche eingeschlafen war. Dann erklang die quengelige Stimme der älteren Dame aus Ohio. „Können Sie bitte die Heizung anstellen. Es ist verdammt kalt im Bus."

„Gern, Madame", sagte Darius. „Wenn es Ihnen zu warm werden sollte, sagen Sie bitte Bescheid."

„All diese homeless people sind wirklich eine Schande für San Francisco." Die Sozialarbeiterin wandte sich mit Zustimmung suchendem Blick an die Runde der Fahrgäste. „Warum sind die nicht imstande, damit fertig zu werden?" Sie stopfte sich eine Handvoll Potatochips in den Mund und spülte mit Coca Cola nach. „Wir in Kentucky haben das Problem längst gelöst."

„Hier zieht's von irgendwoher", unterbrach sie die Lehrerin, und zur Bekräftigung nieste sie laut.

„Das ist die Aircondition", sagte Darius in ruhigem Ton. „Ich kann sie abstellen, wenn Sie es wünschen."

„Bloß nicht", entrüstete sich die Tochter der Dame aus Ohio.

„Ich habe versucht, das Fenster bei uns zu öffnen", erklang nun die verschlafene Stimme der jungen Deutschen. „Aber es geht nicht auf."

„Ganz recht, Madame, die Fenster im Bus sind nicht zu öffnen."

„Das finde ich unmöglich. Ich kann Klimaanlagen nicht ausstehen. Davon kriege ich immer eine Erkältung."

„Madame, ich habe diesen Bus nicht gebaut."

Darius seufzte und schloss für eine Sekunde die Augen. Im Bus wurde es still. Bald schienen alle zu schlafen. Ungestört konnte er sich in sein Traumland begeben,

Sven Hoffmann

während sein Körper den Bus fuhr. Füße tauchten vor ihm auf. Ihr Anblick nahm ihn gefangen. Peitschen, Ketten, Leder, Fesseln, Latex, das waren die Kultgegenstände anderer. Er setzte Füße auf seinen Altar der Anbetung. Er sah die nackten Füße einer Farbigen. Er legte sich flach mit dem Bauch auf den Boden. Sie stieg auf seinen Rücken. Die hellen Fußsohlen trampelten gleichmäßig auf ihm herum, als sei sein Rücken eine Trommel. Die Füße begannen auf seinem Hintern und arbeiteten sich hinauf. Hin und wieder sprang die Frau hoch, als sei er ein Trampolin. Er erbebte unter dem schweren Körper über sich. Er fühlte, wie sein harter Penis zu Boden gedrückt wurde. Dann berührte ein Fuß seinen Kopf und der andere den Nacken. Sein Gesicht federte auf und ab, als spielte jemand damit Ball.

Eine Stimme befahl ihm, sich umzudrehen. „Ja, Herrin …“, flüsterte Darius. Er lag nun auf dem Rücken. Wieder begannen die Füße seinen Körper zu treten. Aber diesmal trugen sie Pumps mit hohen Absätzen. Die Spitzen der Schuhe bohrten sich in seine Brustwarzen, sie massakrierten seine Hoden, und schließlich landete eine Fußsohle auf seinem Hals, während der hohe Absatz des anderen Pumps drohend über seinen Augen schwebte. Darius hatte das glückselige Gefühl, stranguliert zu werden, beim Würgen zu ersticken. Er griff nach seinem Hals und stöhnte leise, dann sah er wieder die Straße vor sich.

Als der Bus in San Francisco ankam, war es acht Uhr abends. Darius lieferte seine Fahrgäste in ihren Hotels ab. Dann brachte er den Bus zur Office zurück und stellte ihn auf den Parkplatz. Die Fahrt hatte ihm diesmal nur vierunddreißig Dollar Trinkgeld eingebracht. Er machte sich zu Fuß auf den Heimweg. Er war sehr müde und hungrig. Ein junger Mann lachte laut vor sich hin. Eine alte Frau sprach mit sich selbst. Er fragte sich, wie viele Einsame gibt es außer mir in dieser Stadt? Vor einem Spielwarengeschäft stand eine Bank. Ein riesiger Teddybär lehnte in der Ecke. Darius setzte sich neben ihn. Er legte einen Arm um seinen Hals und flüsterte: „Ich ruhe mich nur mal ein paar Minuten bei dir aus. Du hast doch nichts dagegen? Lange kann ich sowieso nicht bleiben, weil My Sin auf mich wartet. My Sin ist meine Katze, weißt du.“ Darius stand auf und ging weiter, bog in die Polkstreet ein und prallte mit zwei Jugendlichen zusammen, die in Halloween-Kostüme gekleidet um die Ecke rannten.

Dann stand er vor seiner Haustür. Er schloss auf und stieg langsam die steilen Treppen zu seiner Wohnung im zweiten Stock hinauf. Als er die Tür öffnete, saß My Sin in der Diele. Sie maunzte klagend und strich um seine Beine.

„Ich weiß, du hast Hunger. Komm mit in die Küche.“

Die blaue Perserkatze lief voraus. Er öffnete eine Dose mit Thunfisch und füllte sie in ein Schälchen. Dann goss er Sparkling Water in ein Glas, trank etwas davon und stellte den Rest für My Sin hin. Sie liebte es, aus seinem Glas zu trinken. Darius ließ sich auf einen Stuhl fallen und sah der Katze beim Fressen zu. Nach einer Weile blickte sie hoch, streckte sich und sprang auf seinen Schoß.

„Aha, du bist satt. Was willst du jetzt? Mit mir schmusen oder spielen?“

Die Katze sah ihn mit großen bernsteinfarbenen Augen starr an.

„Du hast es gut. Für dich gibt es keine Probleme und Sorgen. Du musst dich

Manel Ortega

nicht mit blöden Touristen herumärgern. Du denkst nur an vier Dinge: fressen, schmusen, spielen, schlafen. Wollen wir nicht die Rollen tauschen?"
Darius nahm die Katze auf den Arm und stand auf. Sein Hunger war verflogen. Er war nun nur noch müde. Mit schleppenden Schritten ging er zur Couch und legte sich hin. Sein Blick schweifte über die Wände. Fotos von Füßen hingen überall. Nackte Füße von Farbigen, die über weißen Sand schreiten. Weiße schmale Füße, mit rot lackierten Nägeln, von Pelz umhüllt. Tänzerinnen in Spitzenschuhen. Hochhackige schwarze Stiefel einer Domina. Zeichnungen von Füßen aus der Anatomie. Füße in Sandaletten, die von einem Barhocker baumeln. Orthopädische Abbildungen von Füßen. Lippen, die einen Fuß küssen. Ein Reitstiefel am nackten Hintern eines Mannes, der als Stiefelknecht dient. Beine mit hoch gerafften Röcken, Füße, die in einem Bottich Trauben zu Brei stampfen. Blutige Füße, die über Felsen klettern. Und schließlich, in einer Ecke des Raumes, ein Altar. Auch er war beladen mit Füßen. Füße aus Gips, Reliquien, Nachbildungen griechischer Götter, heilige Füße aus Olymp.
Es war sehr dunkel im Zimmer. Trotzdem schaltete Darius das Licht nicht an. Auf dem Balkon klingelte tönern ein Mobile, das sich im Wind bewegte. Es war aus vielen kleinen Halloween-Kürbissen gefertigt. Er hörte das Geräusch durch die geschlossene Tür. Darius schloss seine Augen. Die Katze kuschelte sich auf seiner Brust zusammen. Er begann sie zu streicheln. Sie drehte sich auf den Rücken. Sein Zeigefinger umkreiste sanft ihre eine Brustwarze. Die Katze streckte die linke Pfote. Darius strich über die nächste Brustwarze. Die linke Pfote senkte sich, und die rechte streckte sich aus. Er streichelte nun mit beiden Zeigefingern nacheinander die anderen vier Brustwarzen. My Sins Gesicht, wie ein verknautschtes Stiefmütterchen, hob sich Darius' Gesicht entgegen. Sie wühlte ihren seidenweichen, blaugrauen Kopf gegen seinen Hals und versteckte ihn unter dem Kinn.
„Darius – My Sin, Darius – My Sin", murmelte er. „Darius – My Sin, Darius – My Sin …"
Die Katze drehte sich um und kuschelte sich erneut auf seiner Brust zusammen. Sie sah ihn an, und ihre bernsteinfarbenen Augen wurden schmale Schlitze. Darius öffnete seine Augen. Sie hatten die Farben von Bernstein. Er wusste es nur noch nicht. Darius zitterte unter seiner Haut. Er fühlte jedes Haar einzeln auf seinem rechten Arm. Er fühlte, wie die Haare wuchsen. Sie wurden immer dichter und länger. Sie waren seidenweich und warm. Bald war auch der andere Arm von ihnen bedeckt. Dann die Beine und schließlich der ganze Körper. Darius Glieder entspannten sich völlig. Hose und Hemd wichen von seinem Körper zurück. Darius lächelte. Er fühlte sich wohlig warm unter seiner neuen Haut. Sie war mit seidenweichen langen Haaren bedeckt. Er wusste es nur noch nicht. Die Haare waren blaugrau wie das Fell von My Sin. Darius öffnete die Lippen. Er strich mit der Zunge darüber. Sie fühlte sich rau an …

Michael Kühn

Claudia Wessel und R.O.

Mit einem guten Freund im Swingerclub – *danach schreiben beide ihre Sicht der Erlebnisse*

Die Frau: Vulkan

Wir gehen auf einen Vulkan zu. Wir wünschen, dass er ausbricht. Wir befürchten es. Der Boden gefriert unter unseren Füßen. Zäune mit Schneekrusten ziehen vorbei. Eine harte Schicht hat sich auf den Boden gelegt. Gelbe Fenstervierecke leuchten von ferne. Dahinter herrscht warme Bürgerlichkeit.
Wir aber gehen ins Risiko. Warum teilen nicht auch wir unser Leben auf dem Wohnzimmersofa, umgeben vom schützenden Heim? Weil seine Haut dann anfängt zu stinken, die Haare auf seinen Schenkeln Spinnenbeine sind und die Kalkgebilde zwischen seinen Lippen drohen, mich zu zerreißen. Ein weiches blondes Gesicht schwebt vor meinen Augen auf dem Weg die Straße entlang, durch die Dunkelheit des eingefrorenen Vororts. Eine zarte rasierte Spalte, umgeben von rotem Lack. Ein an die Wand gelehntes, langhaariges, laszives Wesen, das sich anbietet für uns. Seine großen Augen unschuldig aufgeschlagen, die Tittchen in einem glänzenden roten BH. Ein in der Saunawärme dampfender Mann, Fleischbacken mit Flaum bedeckt, zwei Augen, die sehnsuchtsvoll sich in mich bohren. Spargel eingerollt in Schinkenscheiben, Gin mit Tonic aufgepeppt. Mein hochhackiger Auftritt. Ich sauge die warme Luft dieses Ortes ein.
Wie lange müssen wir noch gehen, fragt er, er kennt diesen Weg nicht. Für ihn scheint er endlos. Ich bin ihn oft gegangen. Seine Locken streben ins Ungewisse. Dort hinten leuchtet es, endlich. Das war früher ein Puff, sage ich. Die rote Leuchtreklame ist davon übriggeblieben.

Michael Kühn: Yogi, Yuppie, Yeti ...

Michael Kühn: Ein Engel entflammt. Endlich ejakuliert Eros.

Nur der Name wurde verändert. Ibiza. FKK-Paradies.
Surrendes Klingeln an der Tür. Atemlosigkeit. Es wird aufgemacht. Halloooo flötet es, so ganz normal. Ein Schlüssel wird auf die Theke gelegt. Schnell her damit und hinein in die Höhle. Haut-Austausch. Weg mit der Alltagskluft, dem Duft nach Autoabgasen. Hinein ins Freiwildgehege, Vorsicht, Wildwechsel, Kategorie Mann. Er ist ein einziges Lächeln, ein überdimensionales Kalkgebilde zwischen süchtigen Lippen, das sich angeblich gleichgültig in die gedämpfte Beleuchtung begibt. Ich bin ein Lockvogel mit jedem staksenden Schritt, die Männergier aufsaugend wie ein Schwamm. Gleich werde ich davonschweben, nichts kann mich aufhalten. Ein Mann hat hier sein Todesurteil gesprochen. „Ich liebe dich" – an jener Bar, die eine Abflugrampe ins Weltall ist. Ein Waschlappen, der nicht einmal zum Waschen taugt. Hier gelten die Gesetze des Bösen, der Aggression zum Höhepunkt. Männlichkeitswerkzeuge verrichten ihren Dienst. Ein sondierender Blick wählt sie aus. Es geht um nichts.
Kommst du mit mir und meiner Freundin? Frage einer unverschämten Brillenschlange an der Bar. Ein gleichgültiger Blick. Ja, natürlich, wieso nicht? Wieso soll nicht ICH einmal diejenige sein, die in eine Mann-Frau-Beziehung destruktiv eindringt. Die sich von einem Mann zum Werkzeug der Zerstörung machen lässt. Ja, sage ich laut, ich komme mit. Hier sitzt meine Frau, sagt er. Ein zerknicktes Etwas mit schiefem Gesicht kuhäugig auf dem Sofa. Ich zwänge mich neben sie. Neugierig auf ihre Angst. Haut an Haut harren wir seiner Organisation. Ich bin nur zufällig mit ihm hier, ist das Erste, was sie mir mitteilen muss. Hier werde nicht ihr Stolz zerstört, will sie damit sagen. Hier werde nicht eine Frauen-

seele gedemütigt, etwa durch mich. Hier werde nur ein kleines Spiel gespielt. Ein dummes, kleines Spiel. Die Brillenschlange hat endlich ein freies Bett gefunden. Wir folgen ihm. Der unflätige Prinz aus dem Morgenland, Sohn des mächtigen Großwesirs, hat einen Nachmittag voller Langeweile hinter sich. Sucht nach einem Spiel. Bricht in den Harem seines Vaters ein, stiehlt sich zwei Frauen. Sklavinnen, die bei Ungehorsam unter dem Fallbeil landen. Führt sie in ein Kellerverlies. Sie müssen einander lecken. Sich bücken voreinander und die ekelhafteste aller Verrichtungen vor des Prinzen Augen über sich bringen, die Feindin zu lecken inmitten ihrer feuchten Spalte. Dieser Anblick geilt ihn auf, sein Machtinstrument steht fest und prall. SIE, die Kleine, ist gewöhnt, es zu kriegen. Doch ER ist heute grausam. Dafür hat er mich geholt. Dass ich es bekomme. Gebückt, während ich sie lecke. Vor seinen Augen. Für seine Augen. Seine Härte arbeitet in mir, pflanzt sich durch mich hindurch fort, in sie hinein. Seine Macht strömt durch unsere sklavischen Körper, blutige Grausamkeit staut sich zwischen meinen Lippen. Demütigung, Erniedrigung, Leckung, und später werdet ihr zurück in den Kerker des Harems geworfen. Orgasmus. Brillenschlangen-Prinz ist hingerissen. Ficken will ich dich, immer wieder. Brillenschlangen-Prinz, das wirst du nicht. Dieser Abend ist nicht real. Lockengesicht steht jetzt bettelnd vor der Tür. Lasst mich rein! Jammert er. SIE, vom Brillenschlangen-Prinz entwertet, ist ein Schwamm. Auf der Suche nach jemandem, der sie liebt. Die Prinzen-Schmach wieder gut macht. Lockengesicht dringt ein. Berührt SIE, die Leere, die Süchtige, füllt sie auf. Sie erliegt dem Wahn. Liebe sei es, Liebe, was lediglich Hungerstillen ist. Aber vielleicht ist Liebe grundsätzlich nichts weiter als Hungerstillen.

Der Mann: Freuden in einem Haus

Sie war gar nicht mein Typ, und wie lange ich sie schon kannte, darüber habe ich nie sonderlich nachgedacht – mir schien es ewig. Und ewig lang schien mir der Weg zu sein, von der U-Bahn-Station zu diesem Haus, das ich unbedingt einmal kennenlernen sollte. Das Geräusch ihrer Stöckelschuhe hörte sich im Schnee ganz fremd an, und ich fragte sie, ob sie nicht unter ihrem Rock frieren würde und in diesen dünnen Nylonstrümpfen, das müsse sich doch kalt anfühlen. Oh nein, das wäre gar nicht kalt, gab sie zurück, schlang dabei aber ihre Arme noch fester um ihren Oberkörper, der in einen dicken Wintermantel gehüllt war, und lächelte mich an, als ob sie mich dadurch überzeugt hätte. Ob ich denn wenigstens eine schöne Unterhose dabeihätte. Diese Frage, die sie mir in der U-Bahn gestellt hatte, schwirrte mir im Kopf herum, während ich ihr Lächeln erwiderte, und erst jetzt wurde mir ein wenig mulmig, und ich sagte ihr scherzhaft, aber wohl nur, um mein inneres Unbehagen ein wenig zu vertreiben, dass durch die Kälte meine Genitalien allmählich schrumpfen würden, und zeigte ihr mit Daumen und Zeigefinger die etwaige geschrumpfte Größe. Und dann fing ich noch überflüssigerweise eine völlig abstruse Geschichte zu erzählen an, und hielt erst damit inne, als sie mir mit ausgestrecktem Zeigefinger das Haus zeigte, aber da war die Geschichte auch schon so gut wie zu Ende.

Ob mein Herz geklopft hat, mehr und heftiger als üblich, darüber war ich mir beim Eintritt in dieses Haus gar nicht im Klaren. Ich war neugierig und angespannt. Wir bekamen Spindschlüssel ausgehändigt und ich erinnere mich noch gut, wie ich ihr sagte, ich hätte keine Badelatschen, in der Art, wie ein Sohn seiner Mutter gesteht, dass er etwas Wesentliches vergessen hat, mit der abwartenden inneren Haltung, sie möge nur nicht böse werden. Doch wie sie dann, ohne mich anzuschauen, nur auf ein Regal zeigte, in dem massig Badelatschen bereitstanden, ebenso wie Handtücher in einem anderen Regal - da war alles klar. Die Spinde waren angeordnet wie in einer Badeanstalt, und als wir uns in dieser Enge, zwischen den Reihen der schmalen hohen Spinde umzogen, und ich sie dabei beobachtete wie sie gerade ihre Strumpfhose abstreifte, so selbstverständlich, als stünde ihre Schwester neben ihr, da wurde mir auf einmal so, wie bei meinem ersten Schwimmunterricht mit der Schulklasse. Damals war Nacktheit eine Unmöglichkeit. Ich war etwa elf, oder gerade zwölf und hatte mich bis dahin selbst vor meiner eigenen Nacktheit geschämt. Und nun sollten wir, eine reine Jungenklasse, uns für unseren ersten Schwimmunterricht umziehen. „Sammelumkleiden“ hieß das grässliche Wort, was all meine Hoffnung zunichtemachte, meine Scham zu bewahren, denn es bedeutete, jeder musste sich vor allen anderen umziehen, sich komplett ausziehen, um dann erst die Badehose anziehen zu können. Ein furchtbarer Gedanke. Genauso wie damals stand ich jetzt ein paar Momente lang unschlüssig da, wie gelähmt, und wartete auf irgendein Zeichen, oder einen Impuls, so wie Hubert es damals getan hatte, nachdem wir alle vor lauter Scham dastanden und uns blöd anstarrten,

Michael Kühn: Ordentliche Osterhäschen onanieren oben ohne.

denn keiner wollte den ersten Schritt tun. Er hatte einfach begonnen, sich in großer Eile vor uns auszuziehen und dabei gesagt, wir wären doch Jungen und was wäre schon dabei, was mich stark beeindruckt hatte, denn noch bevor er nackt war, hatten schon die Ersten begonnen, es ihm gleichzutun. Hubert war damals einfach der Erste. Das Gefühl der Überwindung ist unbeschreiblich. Die anderen anschauen, ob sie einen beobachten, oder schauen, wie das bei ihnen aussieht? Bei Hubert begann schon erstes Schamhaar zu sprießen. Bei mir nicht. Aber dafür hatte ich nicht so einen lächerlich Kleinen wie der dicke Jürgen. Er tat mir daher sofort leid, aber gleichzeitig ist er in meiner Achtung gesunken. Diese Aufwärtsbewegung ihres rechten Beines, als sie sich die Strumpfhose auszog, es war genau dieselbe wie die von Hubert, der sich damals die Unterhose auszog – so konform. Erst als sie ihre aufreizenden Dessous anzog, wurde mir wieder klar, wo ich mich befand, und ich zog mich selbst weiter um.

Michael Kühn: Viel verwegenes Vögeln fördert die Völkerfreundschaft.

Was hatte ich bloß für eine Vorstellung von dieser Welt hier? Von außen betrachtet sieht alles anders aus als von innen besehen. So auch hier. Ich fasste den Vorsatz, mich weiter an meiner Begleiterin zu orientieren. Schließlich war sie es, die mich hier reingezogen hatte, denn – ich müsse dieses Haus, diese Welt doch einmal kennenlernen. Bei meiner Neugierig im erotischen Sektor ...

Ich kam mir ein wenig lächerlich vor, nur mit meiner glänzenden schwarzen Unterhose bekleidet, ein Handtuch über die Schultern, und Badelatschen an den Füßen, mich an einen Tresen zu setzen und mich zwei Damen gegenüberzusehen, die ganz normal gekleidet waren, Bier zapften und andere Getränke darboten; es war ganz so, als würde ich ein kleines Karnevals-Hütchen auf dem Kopf tragen, und damit wie selbstverständlich morgens ins Büro gehen. Aber meine Begleiterin, in ihren eleganten Dessous, setzte sich mit Grazie neben mich auf den Barhocker und bestellte sich einen Drink, worauf sofort ein Herr auf sie aufmerksam wurde, der in einer Art Einteiler steckte, der wie ein Badeanzug für Männer wirkte. Sie zeigte sich sofort einverstanden, ein Gespräch mit ihm anzufangen, und so versank ich in der näheren Betrachtung der Räumlichkeit samt den Menschen, die sich hier aufhielten. Dabei ließ ich sie nie ganz aus den Augen, als fürchtete ich, sie könnte es fertigbringen, sich sofort mit diesem Herrn allein zurückzuziehen, und mich meinem Schicksal allein zu überlassen. War dies hier doch ein „Geschenk" von ihr für mich. Sie, meine Eintrittskarte! Wie sie dasaß, auf diesem hohen Barhocker, die Spitzen ihrer Hochhackigen steckten in den Metallsprossen fest wie ein Dreizack, der gerade sein Ziel getroffen hat. Ganz Selbstsicherheit. Der große stattliche Herr wirkte wie ein Bittsteller. Ich musste dabei an die Aussage eines Bekannten von ihr denken, der von ihr sagte, sie sei zwar warmherzig, aber sexuell skrupellos. Und genauso sah sie jetzt aus. Ihr süßes Lächeln konnte nicht darüber hinwegtäuschen, dass sie mit allen erotischen Wassern gebadet war. Das war genau zu erkennen. Und sie hatte Stil. Und ich? Saß weiter da und bekam nur zögerlich Mut. Eine ganz vertrocknete, vom Sonnenstudio verbrannte, äußerst schlanke Dame, die wohl Mitte bis Ende Fünfzig sein mochte, saß in einem Raum nebenan in einer Ecke allein auf einem Barhocker und schaute sich auf einem Monitor furchtbar grässliche Pornovideos an. Sie trug zwar elegante Dessous, doch mir kam gleich der Gedanke, ob es nicht besser gewesen wäre, Nylonstrümpfe dazu zu tragen, anstatt ihre nackten, ältlich wirkenden Beine so zur Schau zu stellen – mich einladend anlächelnd, das eine über das andere geschlagen. Auf meine Bemerkung hin, ich sei heute das erste Mal in einem solchen Haus, lächelte sie verständnisvoll. Oh, beim ersten Mal wäre das normal, Aufgeregtheit und so, aber das verginge, denn alles wäre hier so … und sie benutzte dabei Wortwendungen, als wäre sie eine Reiseleiterin, die einem Urlauber ihrer Reisegruppe den ausführlichen Verlauf der Reise erklärt. Dabei schaute ich in ihr lächelndes Gesicht und dachte mir, ob sie mir wohl im Verlauf des Abends das Angebot machen würde, mein bestes Stück mit ihrem Mund zu verwöhnen. Und auf einmal fühlte ich mich so sonderbar wohl, schaute neugierig umher, während sie in ihrer reizenden bayerischen Mundart weiter auf mich einredete. Es war mir so behaglich geworden, dass ich nahe dran war sie zu bitten, ob ich in ihren BH greifen dürfe, um meine kalten Hände an ihrem kleinen Busen zu wärmen. Es war gar nicht weiter dran zu denken, denn es kam gerade ihr Partner dazu, ein stattlicher Urbayer mit einem Schnauzbart, dickbäuchig und gutmütig. Und sie – erzählte ihm dann in meinem Beisein, dass ich ein Neuling sei und manch andere Einzelheit aus unserem Vorstellungsgespräch, worauf er nur gutmütig, aber laut lachte, eine bayerische Bemerkung fallen ließ, die ich überhaupt nicht verstand, und sich dann mit einem verständnisvollen Lächeln wieder zurückzog. Er wolle noch einen Saunagang machen. Diese schon so betagte, überaus charmante bayerische Dame fragte mich auch später nicht, ob ich mit ihr „was tun“ wolle.

Welch eine Welt. Ich schaute auf all die Leute, die in ihren eleganten Dessous oder ihrer weniger eleganten Unterwäsche dasaßen oder beieinanderstanden und sich unterhielten oder alleine um sich schauten, und alle taten so, als wäre es das Normalste von der Welt, sich so zu geben: Sich fremde Menschen, Frauen und Männer, können hier, wenn ihnen danach ist, einfach aufeinander zugehen, um Sex zu haben. Ich war schon immer von der fadenscheinigen Normalität beeindruckt, die in einer gemischten Sauna herrscht, weil ich als ein Mann genau weiß, wie Männer über die Frauen, die sie dort antreffen, nachdenken. Wie sie die Frauen betrachten – eingehend, ob durch distanzloses Glotzen, oder durch verschämte Blicke aus den Augenwinkeln heraus. Und hier die unglaubliche Steigerung: Das, was wohl vielfach in den Köpfen von Saunagängern in einer Gemischten-Sauna vor sich geht, wird hier in einer seltsamen Weise als normal ausgelegt und einfach – wenn sich's ergibt, betrieben! Was normal war, was normal ist, was nicht mehr normal ist – ich konnte das alles nicht mehr beurteilen. Dies hier war ein Kinderland. Kinderland in Erwachsenenwelt. Zauberhaft. Märchenhaft. Erwachsenenmärchen werden hier wahr. Warum auch nicht? Alle suchen dort etwas, das hatte sie mir gesagt, einen Tag zuvor, in der Küche ihrer Wohnung, alle wären dort voller Sehnsucht und alle suchten dasselbe! Klar, was! Also: Sollte ich auch suchen? Suchen und finden? Weil: Wer suchet, der findet ...?
Ich ging dann wieder zurück an den Tresen, wo der männliche Badeanzug mit ihr in ein intensives Gespräch verwickelt schien, denn ihrer beider Köpfe waren dicht beieinander. Beide schauten synchron auf, als ich sie ansprach, wobei mir klar wurde, dass sie wirklich vertieft waren, in irgendwas. Ob das der Grund war für mein Bedürfnis, sie und mich an dieser Stelle vorzustellen? Offensichtlich war er davon sehr erfreut, sagte mir seinen Namen, gab mir die Hand und sagte lächelnd, er und sie hätten sich schon namentlich bekannt gemacht, und wir stießen mit einem Drink darauf an. Er war allein gekommen, und war es offenbar auch geblieben, denn wir trafen ihn später immer wieder, und er blieb auf der Suche, suchte nach dem, wonach alle hier suchten, aber nicht viele konnten finden. Er tat mir nicht einmal leid, genauso wie die anderen einzelnen Herren mir nicht leidtaten, die hier auf der Suche waren und es vielfach blieben. Sie erschienen mir so schattenhaft, ja wie Schattenwesen, als wären sie von irgendwo herabgefallen und tief gesunken, in ihrem eigenen Sumpf, dem Sumpf einer Art von Selbstentwürdigung. Hier waren sie keine Herren mehr, keine Herren, wie sie es etwa in einem Bordell bleiben, wenn auch nur auf diese alberne und unwürdige Weise des Ich-zahle-Du-dienst-mir-dafür. Hier glichen diese Männer eher Bittstellern, lauerten dabei aber wie Schakale, stets darauf bedacht, den großen und erfolgreichen Jägern, den Löwen, etwas von der gerissenen Beute abzujagen. In dieser traumhaften Fabelwelt herrscht eben eine Zweiklassengesellschaft. Zweifelsohne, ohne meine Begleiterin wäre auch ich nichts weiter als ein solcher Schakal gewesen, aber ich werde sicher

niemals allein in ein solches Haus gehen. Und dann musste ich über die Frauen nachdenken, die hier mit ihren Partnern herkamen. Mit welchen Augen sehen sie wohl das alles hier? Und was ist mit den Frauen, die allein hierherkommen? Warum hatte meine Begleiterin uns hierhergeführt? Herausgerissen aus der geborgenen kleinen Welt der monotonen Monogamie, in der wir beide steckten, und die uns im Grunde sehr süß und wert war, dass wir so etwas wie dies hier eigentlich nicht nötig gehabt hätten. Sollte ich sie hierdurch besser kennenlernen? Wollte sie mich beeindrucken? Zweifelsfrei war sie, was den Bereich der Sexualität betrifft, sehr experimentierfreudig, und weitaus mutiger als ich. Oder wollte sie nur dies, die Faszination, sich fremder Haut hinzugeben, mir auch einmal zugänglich machen?
Sie hatte den Plan, eines von den Paaren

Michael Kühn: Xanthippe examiniert x-beinige Xylophonistinnen.

direkt anzusprechen, um mit uns beiden in eines der Gemächer zu gehen. Dabei war sie darauf bedacht, dass die Frau dem Typus nahekommen sollte, den ich ihr mal als attraktiv erklärt hatte: prall und drall und in der Blüte eines reifen Alters. Wo war sie plötzlich nur hin? In meiner schwarzen Unterhose, das Handtuch lässig über die linke Schulter, stand ich direkt vor dem offenen Kamin und beobachtete die Menschen in ihrer Unterwäsche, wie sie vor dem Tresen saßen und sich unterhielten. Ich betrachtete besonders die Frauen. Sie erschienen mir alle rätselhaft. Frauen waren mir schon immer rätselhaft gewesen, aber diese hier in ganz besonderem Maße, vielleicht wegen der potenziellen Möglichkeit, im Verlauf des Abends Sex mit ihnen haben zu können. Und so unterschiedlich, wie sie waren, ob ich sie als attraktiv, schön, oder weniger schön empfand – die bloße Tatsache dieser Möglichkeit machte jede einzelne ungewöhnlich verführerisch. Ob sich wohl ein tristes Hausfrauendasein oder eine steile berufliche Karriere hinter diesen oder jenen Brüsten verbargen? Einigen meinte ich es ansehen zu können. Da war eine ganz selbstsichere, ja überheblich wirkende Frau, die auf einem Barhocker saß und rauchte. Ihr Partner stand direkt daneben, sein Arm um ihre Hüften gelegt, und sie trug ganz aufwendige elegante Dessous, mit halterlosen Strümpfen und schwarzen Lackstiefeln, aber so selbstsicher, dass es sich in ihrem Blick und in der Mimik ihres Rauchens deutlich zeigte, wie sehr sie Herrin über ihren Willen ist. Unmöglich der Gedanke, hinter dieser Erscheinung könnte sich ein tristes Hausfrauendasein verbergen. Dennoch reizte mich diese Frau wenig.

Ich sah so manche, die weitaus reizvoller waren, auch wenn sie vielleicht unscheinbarer wirkten. Eine große, beinahe dünne Frau, die allein am Tresen stand, hatte mich von Zeit zu Zeit immer wieder angeschaut, ihr Partner befand sich wohl in einem anderen Raum, und obwohl ich den Blick erwiderte, traute ich mir keine eindeutige Erwiderung zu, denn diese Frau entsprach so gar nicht meinem Typ. Doch je öfter sie mich fixierte, umso reizvoller wurde sie mir. Bei jedem Blick benetzte sie sich die Lippen und nippte danach an ihrem Drink. Ihre Unscheinbarkeit schien sich zu verwandeln; ihre langgestreckte, dünne Figur, die blass war und von einem wenig anziehenden BH mit Slip bekleidet, schien plötzlich in einem anderen Licht zu stehen, und ich stellte mir vor, sie wäre eine Anwältin oder Richterin, die es gewohnt ist, Macht auszuüben - und schon wurde sie mir immer reizvoller, ja, ich wollte jetzt unbedingt mit ihr sprechen, und es verlangte mich sogar, mich an sie zu schmiegen, ich wollte ihr so gerne sagen, dass sie auch über mich richten dürfe, in dem, was uns beiden bevorstünde... Aber dann tauchte ich aus meinen Fantasiegedanken wieder auf und mir wurde diese Welt immer sympathischer. Mein Hintern und mein Rücken wurden langsam wärmer, als mir lieb war, und so entfernte ich mich aus der so schönen und übersichtlichen Ecke des offenen Kamins, um nachzusehen, wo meine Begleiterin geblieben war. Die einzelnen, meist kleinen Räumlichkeiten waren ohne jegliche Einrichtungsgegenstände, mit Schaumstoffpolstern ausgekleidet und in unterschiedlich farbigem Licht abgedunkelt. Die Atmosphäre dieser Räumlichkeiten hatte etwas von den Behausungen der Baumhäuser und versteckter, selbsthergerichteter Höhlen aus meiner Kindheit, und ein ähnliches Ge-

Michael Kühn: Im intersexuell intimen Incognito irrlichtern ist informativ

borgenheitsgefühl wie damals konnte wohl auch hier aufkommen. Was sich in den einzelnen Räumlichkeiten tat, das konnte man allerdings mehr hören als sehen. Einfach nur zusehen und sich dicht neben den in Aktion befindlichen Leibern dazugesellen: Auch das voyeuristische Bedürfnis wurde befriedigt. Aber man konnte auch versuchen, sich tätlich höflich einzubringen. Ich entdeckte meine Begleiterin schließlich in einer Art Gemach, das von zwei Seiten mit einem schweren Eisengitter umschlossen war. Die eiserne Gittertür war verschlossen. Sie lag dort mit einem Paar auf dem weich gepolsterten Boden ausgestreckt und wurde gerade von vier Händen verwöhnt, wobei ihre rhythmischen, lustvollen Laute aus dem Raum heraushallten. Sie konnte nicht sehen, wie ich davorstand, mit gebannten Blicken auf das was hier vorging, die Hände an zwei Gitterstangen festgeklammert. So ausgeschlossen, ausgesperrt, ein Gefühl, das nahezu physisch wehtat, tief in meiner Brust. Ein solches Gefühl war mir noch sehr vertraut. Es war ein bestimmtes Spiel, ich war vielleicht acht oder neun, und die Nachbarskinder waren Kinder wohlhabender Eltern, ich aber war ein Kind aus einer Arbeiterfamilie – und die Nachbarskinder, Kinder können grausam sein, schlossen mich regelmäßig aus diesem Spiel, das ich so gern spielte und in dem man sich so schön verausgaben und vor den anderen produzieren konnte, aus. Durch körperliche Stärke konnte ich nicht viel ausrichten, und ich stand allein, meine Brüder waren noch zu klein für dieses Spiel. Und doch gab es seltene Ausnahmen, in denen ich bei dem begehrten Spiel mitspielen durfte. Dann gab ich aber mein Bestes, und einmal hab ich dabei sogar die ganz Großen beeindruckt und konnte später vor lauter Stolz nicht einschlafen. Und genau dieses Gefühl, so ausgeschlossen zu sein, dieses Gefühl – du gehörst nicht zu uns! – war jetzt wieder genauso lebendig wie damals. Mir erschien es wie eine halbe Ewigkeit, ehe meine Begleiterin mich bemerkte, sie hob gerade ihr Gesicht empor, das sie zuvor in den weit geöffneten Schoß der Frau vergraben hatte, die vor ihr auf dem Rücken lag; sie schaute mir direkt in die Augen, während sich der Mann mit seinen Händen an dem Körper meiner Begleiterin zu schaffen machte. Mittlerweile standen noch zwei Paare und ein Mann neben mir und schauten wie ich den Dreien zu. Und meine Begleiterin, deren Haare zerzaust waren, richtete ihren verschwitzten, fast nackten Körper halb auf, und sagte, an mich gerichtet: Wenn ich mitmachen wolle, so müsse ich mich aber schon von alleine melden. Es klang gereizt, so, als wäre sie wütend, sich auch noch um meine Belange kümmern zu müssen, während sie doch mit dem, was ihr gerade so süß und wert war, genug in Anspruch genommen wurde. Und nach dem schmerzlichen Ausgesperrtsein war es jetzt die Genervtheit in ihrer Stimme, die mir weh tat, doch mechanisch musste ich wohl eine Aussage getroffen haben, die dazu führte, dass mir der Mann die Gittertür öffnete und hinter mir sofort wieder verschloss. So gehörte ich plötzlich dazu, und die schmerzhaften Gedanken und Gefühle von Ausgesperrtsein und an ihre gereizte Stimme zerplatzten wie ein Luftballon, der mit einer Nadel gestochen wird. Ich durfte auf einmal mitspielen, ich war so freudig überrascht, dass ich zunächst nicht wusste, was ich anstellen sollte. Erst als mir klar wurde, dass sie sich mit dem Mann allein zu schaffen machte, gewahrte ich die Frau, eine sehr schlanke junge Person, die wie ermattet auf dem Rücken lag, und sogleich begann ich sie einfach nur zu streicheln... Welch ein unbeschreibliches Gefühl in mir heraufstieg…! Ich – ich durfte diese schönen schlanken Arme streicheln…? Diese schönen glatten Beine? Einfach so? Und was alles würde noch nachkommen? Augenblicklich wurde ich mutiger und begann, ihre Arme, ihren Hals und ihren Körper mit Küssen zu bedecken, mit sanften Küssen – es waren Küsse einer seltsamen Form von Dankbarkeit. Und während ich sie mit Küssen bedeckte und dabei an ihrem Hals, dicht beim Ohr, angelangt war, fragte ich sie, ob es so gut für sie wäre, und dann fragte ich sie, ob sie es auch mag, da unten geküsst zu werden, und dabei sog ich den Duft ihrer Weiblichkeit ein, der mich trunken machte. Sie stöhnte mir ein Ja ins Ohr und ich begann mit der Beglückung, die meine Zunge und meine Lippen ihrem geöffneten Schoß gewährten, worauf sie gleich vor Erregung leicht zu zittern begann und ein verhaltenes Stöhnen hören ließ. Ihre Arme und ihre gespreizten Beine waren dabei stark angespannt – ich steigerte mich so hingebungsvoll in mein Tun hinein, dass ich das Treiben der beiden anderen, dicht an meinem Körper, nicht wahrnahm, und erst recht nicht die Zuschauer vor dem Eisengitter. Ich war mit dieser fremden Frau eins geworden, mein Leben hatte sich weiter geöffnet, so weit, wie sich der Schoß dieser fremden Frau für mich geöffnet hatte. Ja, mein Leben ist noch so offen! Und wenn das Leben – mein Leben – sich so offen zeigt, warum sollte ich mich verschließen? Ich will mein Leben bewusst leben, es beherrschen, und nicht von ihm beherrscht werden!

Das Gesicht dieser Frau sah ich bewusst erst viel später, als wir dieses seltsame Gemach wieder verließen und zu viert den Tresen aufsuchten, um gemeinsam mit einem Drink darauf anzustoßen.

Ihr Gesicht hatte in der Dunkelheit des vergitterten Gemaches einen Ausdruck schönster Entrücktheit, und in der Verschmelzung unserer gegenseitiger Wohltaten war sie mir eine außergewöhnliche Schönheit, ja, so wie alles an ihr, ihr schlanker Körper, ihre kleinen Brüste, ihr leicht gewölbter Unterleib, den ich streichelte, und von dem ich sagte – hier wohnt die Lust drin…! Alles war so schön an ihr, bei ihr. Ich raunte ihr noch süße Worte ins Ohr, worauf sie verschämt lächeln musste und mir sagte, so etwas hätte sie noch nie zu hören bekommen. Wir taten den ganzen Abend, fremd wie wir uns waren, wie frisch Verliebte, so sehr rieselten erotische Gefühlsschauer von oben herab … wie eine wohltuende, langanhaltende warme Dusche. Dieser Zauber haftete mir noch etliche Tage an, und erst als ein neuer Monat anbrach, der einen Wetterumschwung mit sich brachte, nass und regnerisch, erst dann trat die Entzauberung ein.

Michael Kühn: Sonntagsskandal! Sittenwächter stahl Stripperin schwarzen Stringtanga.

RickB

La douche, um 1920 (Sammmlung H.-J. Döpp)

Rosa Lilith Pranke
Sektdusche

Ja komm komm,
bring mir einen Sekt
das wäre doch gelacht ohne
Sekt Sekt Sekt

Komm mal rüber du
siehst aus wie geleckt
und ich - ich brauche
dringend einen Sekt

Sekt Sekt Sekt
heißer feuchter Sekt

Sie leckt leckt leckt
hm das schmeckt schmeckt schmeckt

Ich will heißen feuchten Sekt
drum leck mich ja bitte
rauf und runter
in meiner Mitte

Heißer feuchter Sekt
wenn er leckt leckt leckt

Vulva Zunge
hm das schmeckt
Ich will heißen feuchten Sekt
Sekt Sekt Sekt

Heißer feuchter Sekt
Was für ein Leben wenn er leckt
Was wär das Leben ohne Sekt
Will dass er immer weiter leckt
Oh wie das spritzt und wie das schmeckt
Ich liebe heißen feuchten Sekt

Na komm, lass uns anstoßen
Auf ein heißes Gläschen Sekt

Prost!

Berlin, 20.07.2020

Holger Pacem

Ein Mensch wie du …

Dating-Portale werden manchmal zur Ouvertüre einer neuen Liebe oder eines beschwingten Flirts, manchmal sind sie der Beginn einer heißen erotischen Affäre oder … Die blonde Frau hinter der Larvenmaske besaß ein charmantes Lächeln, ihr Profiltext verriet Esprit … und sie wohnte – wenn die Angaben zum Wohnort stimmten – nicht allzu weit weg. Beste Voraussetzungen also für einen Flirt mit einer schönen Frau.
Das Motto von *Honey,* so ihr Nickname, lautete: *„Der beste Weg, die Stille zu unterbrechen ist – mit einem Kuss!"*
Also versuchte ich es mit einer ersten Mail.

Holger:
Hello my Honey,
dann will ich einmal in deine Stille einbrechen ... bevor sich deine Lippen öffnen, gebe ich dir schnell einen frechen Kuss auf deine Knospen
H., der Knospenküsser aus W.

Honey:
Hallo Knospenküsser,
danke für deine Mail... wer bist du denn??
neugierige Grüße
honey

Holger:
... wer ich bin? Ein Mensch wie du ... mit zwei Augen, Nase, Mund ... nur unten rum sind wir komplementär und in Brusthöhe hast du eine schöne Polsterung ...
Liebe Grüße
H.

Honey:
Hallo H.,
bei deiner Beschreibung muss ich schmunzeln ... ja stimmt, da gibt es genug Polsterung ... was genauer suchst du denn??
Liebe Grüße
Rose

Holger:
... wenn du mich so direkt fragst, werde ich ganz verlegen *zwinker*.
Weißt du, jetzt kommt der Frühling, da blühen wieder Blümchen auf dem Anger ... und dann kommt da ein Schmetterling oder eine Biene und setzt sich auf die Blume ...
Küsse auf deine Knospen auf ihren stolzen Hügeln.
Holger, der Verwegene

Rose:
Verwegenheit mit Verführung kann zu passender Gelegenheit durchaus erstrebenswert sein ... die Blümchen werden mehr in der Sonne und öffnen ihre Blüten ...
LG Rose

Holger:
deshalb haben die Bienen mit ihrem Stachel im Frühling so schrecklich viel Arbeit ... ach ja, das Frühjahr, man(n) hat's nicht leicht!
Ich küsse deine Knospen jetzt abwechselnd, links ... danach …
Holger

Rose:
Zeigst du mir dein Gesicht bitte? Küssen mag ich auch gerne... ist es nicht auch eine Art der Kommunikation?
Rose

Holger:
ja, Küssen ist Kommunikation! ... auch Sex ist Kommunikation, deshalb spreche ich lieber vom erotischen Spiel, denn auch dieser Aspekt ist wichtig ... und Gesicht zeigen, auch das ist möglich. Nennst du mir bitte deine Mail-Adresse, dann schicke ich dir ein Bild. Ich bin natürlich auch sehr neugierig ... meine Adresse lautet fruehlingsbote@hotmail.com
Liebe Grüße und jetzt ist die rechte Knospe dran
Holger

PS.: wenn es gleich nicht weitergeht, liegt das nicht an meinem mangelnden Interesse ... meine Tochter springt dauernd um mich rum und beäugt mein Tun am Rechner argwöhnisch ,-(

Rose:
Hallo Holger,
ja gerne auch per Mail ... englishspoken@web.de. Schöne Vorstellung ... erotisches Spiel ist eine schöne Bezeichnung und zutreffend ... und ich liebe dieses Spiel sehr ... locken, verführen, verwöhnen, herausfordern ... mit Humor ....
Liebe Grüße
Rose

Holger:
Hallo Rose,
wenn ich deine Adresse richtig deute, muss ich die Rose wohl mit unbetontem e am Schluss sprechen?
Ich habe dir gerade ein Bild geschickt.
Küsse auf beide Knospen
Holger

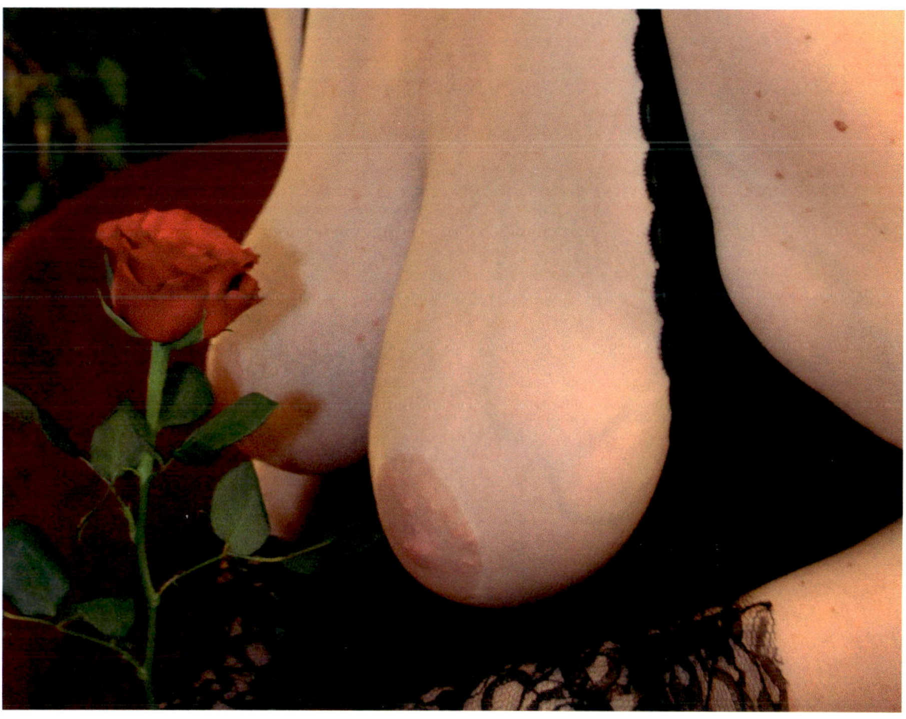

Nach dem Bildertausch wurde Rose sehr einsilbig ...

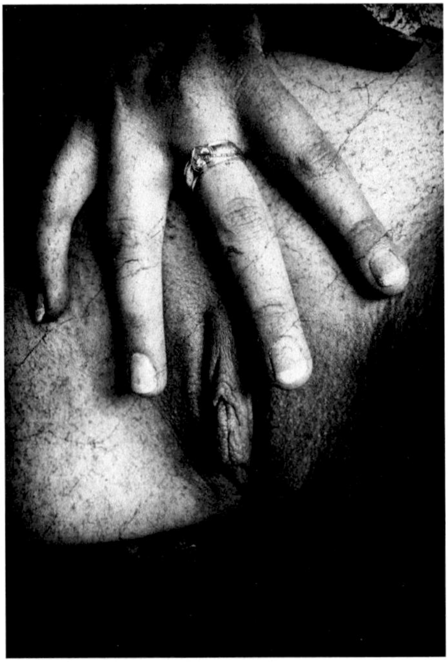

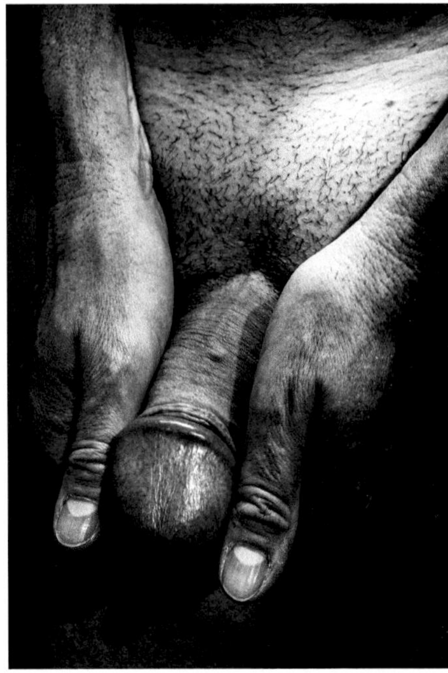

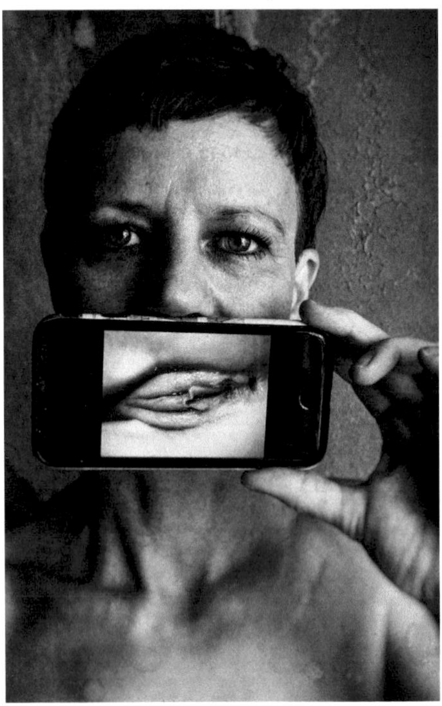

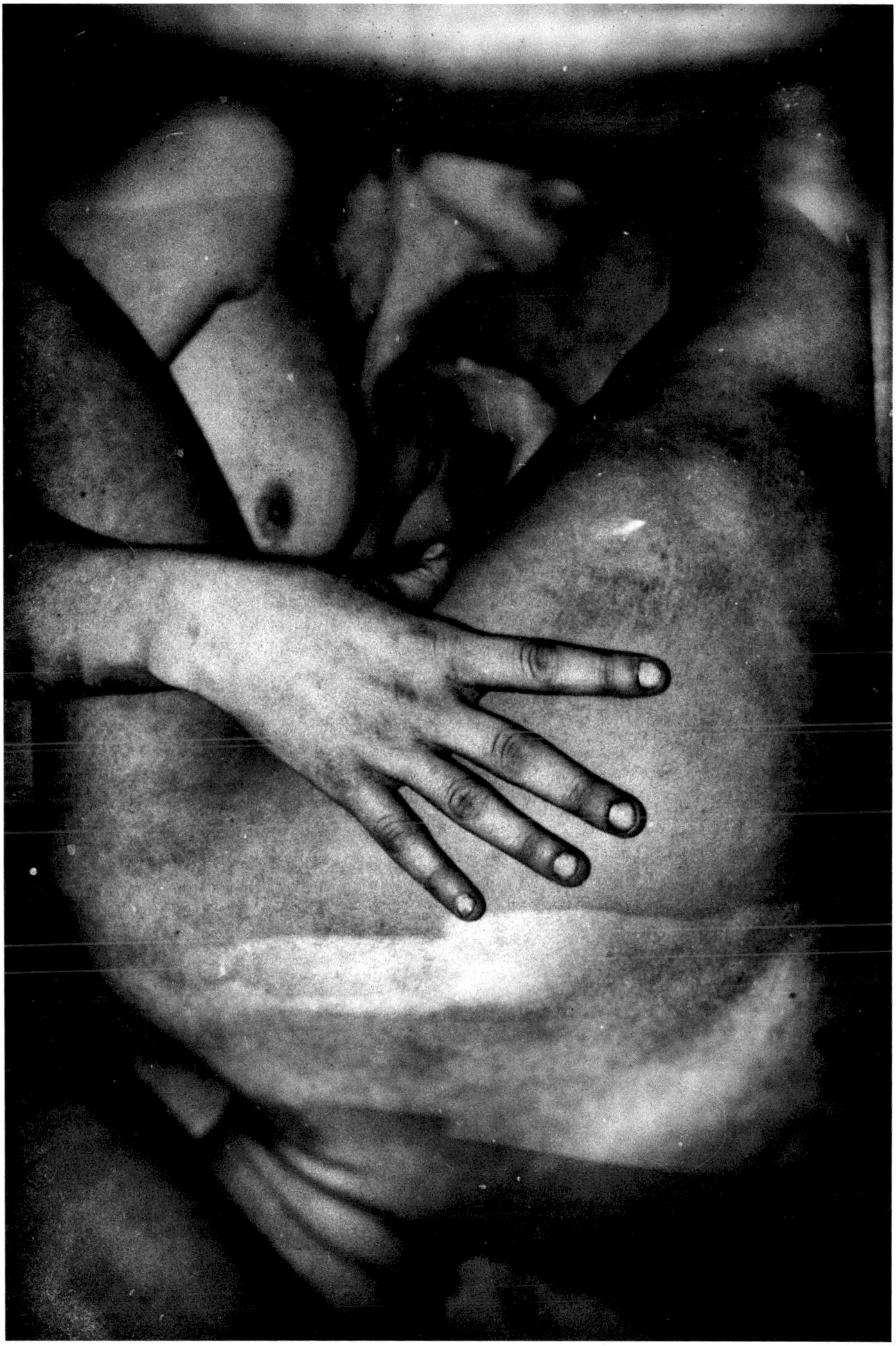

Olga Zaks

LeiberLiebe

Wir sprachen nicht, wenn wir uns trafen und Liebe miteinander machten. Wir inhalierten Sex wie Joints. Wir liebten uns in Stille blind. Das war ein konzertantes Schweigen. Es liebten sich allein die Leiber. Wir streichelten im Rausch die Sinne. Wir schürten zärtlich wilde Stürme. Wir liebten uns in einer fernen Dimension. Wir schwebten in Unendlichkeit von Alltag Welt Hass Geld von Raum und Zeit befreit.

bang bang

Einmal war ich Stundenhure Lustleib Versuchskaninchen gut bezahltes Weib im Darkroom Sklavin bangbangsession Sauna heiß aus geilem Männerschweiß. In schwüler Hitze litt ich Todesängste. Maskierte vierzig oder mehr sie rissen Kleider mir vom Leib. Sie grapschten sich mein weiches Fleisch und stießen im Minutenrhythmus nacheinander in mich ein. Ich schrie bald vor Entsetzen schluchzte laut. Mir flossen Tränen, wann hört das auf. Sie lachten lachten lachten nur. Wir wollen uns vergnügen Weib. Wir haben dich und deinen Leib für eine Stunde ausgeliehen. Wir haben dich gemietet, du weißt sehr wohl genau, wir haben dich gekauft.

Warten auf Wesen

Ich lege alle Kleider ab
Ich leg mich zwischen Dünen
Ich leg mich in den Sand
Ich leg mich zu den Wellen hin
Ich liege hüllenlos am Strand
Ich hab die Beine ausgebreitet
Ich hab die Arme ausgebreitet
Ich liege nackt verführerisch bereit
Und meine Haut sie duftet samt
Mein Leib er streckt er räkelt sich
Mein ganzer Körper ist erregt
Er schreit und schreit nach Sinnlichkeit
Jetzt muss nur noch ein Wesen kommen
Ein Wesen das sich zu mir legt
Und zärtlich haucht ach bist du schön
Du Wesen du du Weib mit deinem Leib
Ich könnt vor Liebe fast vergehn
Ein Wesen das sich zu mir legt
Ein Wesen das mich zart berührt
Und schweigend kunstvoll mich verführt
Das Liebe lustvoll mit mir macht
Und dann am besten wieder geht.

Peepshow
Strip #1

Schau her – mich an
Schau nicht weg sieh mir zu
Lass dir dies ja nicht entgehen
Es folgt der ganz große Strip
Was für ein Tanz welch geile Show
Nur für dich nur für dich nur für dich
Was kann danach Lustvolleres kommen?
Schau mal ein ganzer Körper zartes Fleisch
Liebeslandschaft schöne Haut
Dies sind meine Hände Knie Beine
Hals und Ohren Augen Mund
Busen Brüste Haare Schwanz Gesicht
Kann ich dir davon etwas geben
Könnte dieses dir Sekundenlust
Momente höchster Sinnlichkeit
Die Erotik einer Erinnerung
Könnte dieses etwas dich beglücken?
Ich sehe du zweifelst
Du weißt nicht genau
Bist dir nicht sicher

Andreas Maria Kahn

Du meinst etwas fehlt
Dann lass uns probieren
Mein Angebot des Tages lautet
Ich kann wenn du willst dich
Massieren ganzkörperlich erotisieren
Unter der Dusche dich einseifen
Dir schrubben den Rücken
Splitternackt waschen die Haare
Umschlungen mit dir meditieren
In den Tantrazonen Lüste erspüren
Kamasutrapositionen probieren
Also komm näher noch näher
Sei nicht so schüchtern
Hör auf zu weinen
Schließe die Augen
Verhüll dein Gesicht
Öffne die Lippen schmieg dich
Sanft an mich umarm mich
Umbein mich mit deinen Beinen
Fühle dich fühle mich sinnlich
Körperlich ganzheitlich
Leiblich schwebende Lust
Fühle dich frei gib dich dir
Gib dich mir ganz hin.

Strip #2

Ah wie schön wunderbar
Ich sehe du bist nackt
Ist das Absicht ein Zufall
Eine Herausforderung
Ein offen gelegter Wunsch
Steht dir nicht schlecht
Ich seh dich ganz gern so
Halt dich im Arm tanze
Erotische Runden mit dir
Es erregt uns dich mich
Immer wieder aufs Neue
Und wenn wir bereit sind
Dann fallen die Grenzen
Aaahhh ooohhh mmmhhh.
Nur was machen wir
Jetzt mit deiner Frisur
Sie ist ganz durcheinander
Ist sie überhaupt echt oder
Trägst du eine Perücke
Und deine Brüste – wie süßlich
Lass sie mich halten jede Brust
Einzeln zärtlich in meinen Händen
Liebevoll streicheln und küssen
Deine Brüste will ich nicht missen.
Wenn wir wollten könnten wir nun
Miteinander schlafen unsere
Leiber zu einem verschmelzen
Uns körperlich tief mitineinander
Vereinen immerhin wäre das
Eine gute Gelegenheit solch eine
Gelegenheit die kommt selten
Achtung! Achtung!
Jetzt Bitte Nicht denken!
Bitte nur fühlen und spüren
Was sich in dir regt und bewegt.
Schließ jetzt die Augen
Öffne die Lippen
Stöhne ein wenig
Gib dich lustvoll ganz hin –
Gib dich mir gib dich mir
Im Jetzt und im Hier
Aufwachen werden wir
Allein und verlassen
Eh früh genug.

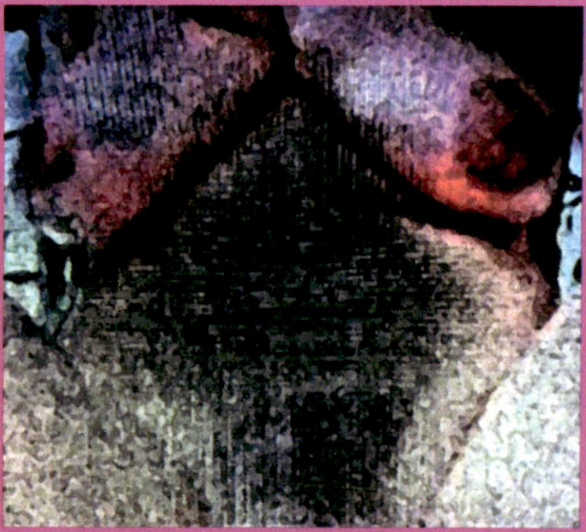

Andreas Maria Kahn

(blume) michael johann bauer

Sehnsucht

Poröses Fleisch saugt an den Stäben, verzerrte Atmung der Materie in einem erstarrten Ozean kristallener Splitter, Splitter mit glühenden Spitzen, die brennen wie die Feuer der Hölle – sollte ein derartiger Ort existieren. Haut, Substanz, das letzte Fünkchen Verstand verbrennen im grinsenden Griff eines herben Schicksals. Ein armselig kriechender Wurm, eingeschlossen im eiskalt gefletschten Mörderkiefer einer obszönen Reptilienbestie, rudert verzweifelt im Schattenmorast zu früh vergilbter Erinnerungen – Fetzen enthemmter Imagination – nebelartig, Zweifel, Hass und schließlich – immer wieder – Liebe, giervoll jammernde Liebe, manische Reflexionen eines Eingekerkerten, makaber verdrehte Sucht, gleißender Wahn eruptierender Wollustkaskaden ... Liebe? ... Begierde? ... Wo bist du, mein Engel? ... Blume? ... Blume? ... Wo bist du nur? Blume, einzige Frau verwegener Träume, herrisch wandelt sie durch die malerischen Bögen einer samtigen Waldlandschaft, er folgt ihr, keinen Bruchteil des himmlischen Schauspiels will er vergeuden, sie, feenartig schwebende Wolke gazellenhafter Geschmeidigkeit, rosenduftende Taublüte im Smaragdgewand, ihr Duft betörend wie die wilde Frucht des Kakaobaumes, gläserne Paradiespflanze – ein Ast, es knackt, sie stutzt – schwimmend im Milchsee süßer Sandelwonnen – oh Ebenbild antiker Göttinnen, wohin führen deine Wege? Haus, Garten, zur Begrüßung kläffender Mischlingshund, ihr Rock verrutscht, Schenkel, silbrige Schenkel, benetzt von den Perlen euphorischen Sommerschweißes, ein Blick zurück, es treffen sich die Augen und verschmelzen im Augenblick, jedoch, ist es Schüchternheit oder ist es Furcht, diese blitzende Regung, die sie wegblicken lässt? ... Blume? ... Aus Ambra zieh ich dein Gesicht, es strahlt wie düstrer Mondenschein, ein Stundenglas, das schnell zerbricht und wieder bin ich ganz allein. ... Zusammen bricht das nie Errichtete und doch, irgendwo, an einem Ort, der keiner ist, überall und nirgends, absolute Gleichheit, jenseits aller Vorstellungen – besonders derer von Raum und Zeit – unergründlich, dorthin zurück, wo alles nichtig ist, wo keine Sinne die Ruhe stören, keine Hirngespinste quälen, Blume keine Blume ist, dorthin zurück, an den Anfang und das Ende allen Seins, das auch alles Dazwischen ist, dorthin zurück, wo er schon ist, nur von der Last des Bewusstseins befreit, ohne sich bewusst davon befreien zu müssen, fort von der abstrusen Kontemplation des Chaos, dorthin will er, aber ... Blume? ... Blume? ... Wo bist du nur? ... Das Fest am See – Sommer – das erste Mal und sofort der Stich ins Herz, unheilbare Wunde, Stigma des scheinbar Endgültigen, glühender Schwall bestürzt keuchender Erregung in den zitternden Lenden, Unglauben umrahmt die Stirn, niemals kann ein Wesen dieser Welt so schön sein – behütet im Korb ihrer Freunde, von vielen Händen getragen, taumelt sie – spritzig, erfrischend, perfekt – trunken durch die girlandenumwogte Nacht, die Musik tanzt zu ihrer Melodie, gehorsam blinken die Sterne im Chor, bunte Fäden sinnlicher Energie schießen wie Flammen puren Glücks aus ihrem Körper und umgarnen ihn, hüllen ihn ein, locken kichernd seine mutlosen Schritte ins Verderben und schon hat er die Schwelle überschritten, ist er durch die Tür gelaufen, die es nun nicht mehr gibt, kein Rückweg, kein Ausweg,

Katharina Werner

kein Erbarmen. Sie balanciert im Reigen ihrer Anmut über das unsichtbare Seil seines Abgrundes und er hinterher, fallend, suchend, greifend, flehend – bitte erhöre mich, ich bin nicht schlechter als irgendein anderer Mann – doch seine Lippen sind versiegelt mit dem undurchdringlichen Wachs gepeinigter Schemenerscheinungen ... Draußen sind die Wölfe und sie fürchten sich vor dem gefangenen Schaf, vor dem Schaf, dessen Kraft zur Neige geht – Blumen für Blume, dreizehn schwarze Lilien, das Todesurteil, unvermeidliche Konsequenz des Besuchs bei den Eltern, die Würfel sind gefallen, tief sind sie gefallen, ganz tief, vom Angesicht der Erde verschwunden sind sie, verschluckt von einer hämischen Spalte, nun gibt es kein Zurück – seine lachhaften Heiratspläne verursachen makaber komische Diskussionen, erst Unverständnis, dann Wut, lodernd aus allen Poren, die Wand flimmert, glüht, zischt, sie wirft Funken, brennt – nervös züngelnde Mischung, charismatisch leuchtend in den herben Flammen glasartig verschwimmender Vorwürfe – er stottert, reibt seine Füße, seinen Wanst, seinen Kopf, friert, zittert, will weg, will, nein, er muss fliehen – Blume lugt durchs Fenster, ach, wie schön, prunkvoll gemasert mit einem höhnischen Muster bösartiger Grimassen – so lauf doch, lauf, lauf, das verheißt nichts Gutes – zu lange verharrt er in träger Melancholie, bittere Tränen würzen sein stumpf gewordenes Antlitz – keine Vermählung der Zwillingsseelen! Doch, was soll das eigentlich sein, dieses ominöse Etwas, namens Seele, dieser haltlose Zynismus der Religionen, Philosophen, Dompteure? Nur schmutziges, graues Flimmern, gestockter Rauch, keine Ergänzung sich anziehender Gegensätze, Unvereinbarkeit der Prinzipien

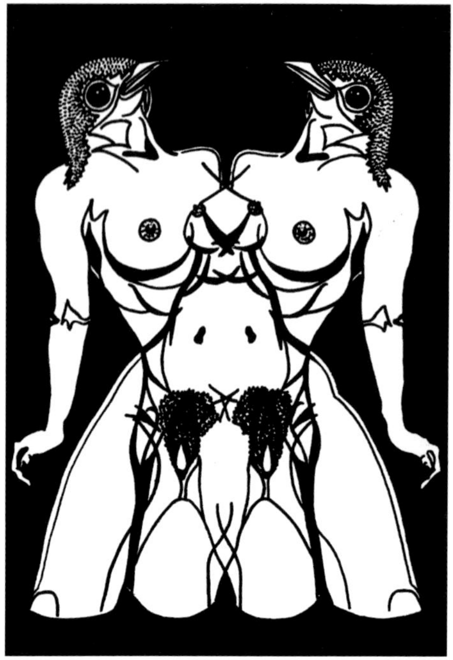

und, irgendwo, nur nicht hier, Auflösung aller Widersprüche – Rückkehr ins Vergessen, Flimmern, oh seliges Flimmern, das ist alles, was er noch will – und doch ... Blume? ... Blume? ... Blume bebt, Blume singt und das türkise Meer, es wogt und brandet, es schäumt und zischt, ergießt sich leidenschaftlich an den Strand, auf dem Blume liegt und unter der kundigen Hand des Mannes, den sie liebt, fühlt sie den aromatischen Saft eines frisch aufgeschlagenen Granatapfels aus ihren, in ihrem Zentrum verwundeten Schenkeln rinnen und der Sand piekt, klebt und kratzt – Blumes Gedanken sind kurzgeschlossen, spielen verrückt – aber da, warte mal, hör, hat da nicht irgendwo, irgendwo ganz fern, hinterm Horizont vielleicht, jemand leise und zärtlich Blumes Namen gerufen? ... Nein? ... Muss mich wohl getäuscht haben ... Blume küsst den Hals des Geliebten, seine Brust, seine starken, muskulösen Arme, seinen sonnenverbrannten Nacken, seinen Bauch, seinen ... und dann ist es vorbei – wund, wie eine geköpfte Nelke, windet sie sich im flüsternd nachhallenden Echo ihrer Lust, will erneut vergehen, in einer hingebungsvollen Umarmung, doch er, er muss plötzlich weg, auf einmal gibt es Dringendes zu erledigen – gut, aber am Abend, da will sie ihn aufs Neue spüren, was er ihr auch gerne verspricht. Ihr Herz das pocht, ihr Herz, das klopft, ihr Herz, das schlägt, zum Zerbersten schlägt es ihr und sie schwebt, eingehüllt in eine Wolke lebendiger Euphorie zurück dahin, wo sie erwartet wird, um sehnsüchtig die Sekunden zu zählen, bis sie ihn wiedersehen darf ... Was hat sie nur, was ist denn nur los mit ihr, fragen sich ihre Freundinnen, ihre Eltern, sie isst nicht, sie spricht nicht, sie sieht nur versonnen aus dem Fenster, ist sie etwa krank? ... Sie hängt ihren farbenprächtigen, noch nicht vom Stempel der Enttäuschung geprägten Fantasien nach. Herrlicher Adonis mit den gefährlich blanken Rasiermesseraugen eines gefräßigen, unersättlichen Falken, das markante Haupt ätherisch umwogt von einer schwarzen Löwenmähne, stolziert er, erhaben den bronzenen Teint eines tollkühnen Fischersjungen zur Schau stellend, männlich markant durch die verblassende Menschenmenge – Mond und Sterne, sein wahres Königreich ist die Schwüle der Nacht – immer auf der Suche nach einem Täubchen, das, seiner angesichtig geworden, nervös flirrend zu gurren beginnt. Den vergorenen Honig absurder Versprechungen als süßen Köder auslegend, lockt er seine Schönen in die köstlich wiehernde Gefangenschaft reiner Begierde, legt sie an seine Platinkette falschen Charmes, bis sie ihre taubenetzten Blüten vorsichtig dem doppelzüngigen Verführer öffnen und

Katharina Werner

aus freien Stücken anbieten, welcher sich wie ein Barbar, ohne Manieren, gierig an ihrer Quelle labt und rülpsend säuft, bis sie versiegt und die fröhlichen, lebenslustigen Schmetterlinge verwelken und sich in den tödlichen Frost hassgetränkter Spinnenkreaturen verwandeln ... Überschnappend unruhige Blume – aufgeregt greift sie in die Tuben, beschmiert sich großzügig mit Schminke, dreht sich, wirbelt, um sich schließlich loszureißen, auf, zum Ballsaal ihrer Hinrichtung – was für ein Trauerspiel. Dort, am Treffpunkt, trotten schwammige Reihen verworrener Menschenmassen, recht benebelt vom frühabendlichen Trunk, Paare kosen, Freunde feixen, die Promenade stolziert im Festtagsgewand, wohlgesonnen erklimmt die Nacht den sanften Hügel des Himmels, entzündet unendliche Laternen, illuminiert den Platz – allein über Blume hängt eine graue Wolke, ihr Adonis, er ist nicht da. Stunden ziehen zähe Kreise, verlagern sich tonnenschwer auf die Schultern der umsonst Hoffenden, welche unter dieser erdrückenden Last ihre gerade eben noch so luftig freie Haltung verliert, zusammensinkt – die ersten unscheinbaren Tränen tropfen und ihr Herz verkrampft, ein rostiges Messer rotiert quälend in ihren Eingeweiden, stummes Schluchzen füllt ihr den Hals, leidend verrennt sie sich in verstörte Theorien, konfus konstruierend, was alles passiert sein kann – nein, gehen darf sie nicht, gehen darf sie auf gar keinen Fall, nicht, dass, genau jetzt, genau in diesem Moment, endlich er gelaufen kommt, mit tausend roten Rosen und tausend feuchten Küssen, Verzeihung erflehend, dafür, dass sie so lange gewartet hat. Und tatsächlich, er ist es und kein anderer, der auf einmal, gar nicht weit von ihr entfernt, aus einem zwielichtigen Kellereingang schlüpft, doch ihr minimales Freudenintervall zerspringt kläglich funkend, bevor es auch nur die Vorstufen ihrer Synapsen vage zum Leuchten bringen darf – sind es nicht ihre wohlgeformten Gliedmaßen, welche sich, gleich den lauthals schmatzenden Tentakeln einer rückgratlosen Riesenkrake eng um seinen begehrenswerten Leib schlingen, ihn samtig einhüllen, nein, ganz und gar nicht, denn, was die zynische Parodie ihrer Vorstellungen noch auf die Spitze treibt, die weibliche Gestalt an seiner Seite erweist sich als ihr exaktes Ebenbild – abgesehen von der fehlenden, ganz speziellen, von ihr gerade erst erlangten Reife – wie sie nebenbei bemerkt. Und sie läuft, so schnell sie ihre Beine tragen, fort von hier, läuft weg, von ihren eigenen Dämonen kichernd verfolgt – hinaus auf die Klippen läuft sie und stürzt sich in die Fluten, will einfach nur sterben, aber das Meer will sie nicht, schmeißt sie zurück ans Ufer, wo sie liegenbleibt und die Gischt ihre Zehen umspielt ... Metamorphose – mit einem Ruck steht sie auf. Blume? ... Blume! ... Blume ist jetzt eine andere, Blume hat einen Pakt geschlossen, wie martialisch geschliffener Stahl schimmert ihr neues Wesen, steril und klar, viele Unschuldige wird sie büßen lassen für ihre Schmach, ihre vermeintliche Schwäche im Angesicht ihrer Triebe, die sie für Liebe hielt.

Petra E. Thoss

Sonja Ruf

Was macht die Zeit mit der Liebe?

Am Morgen pinkelt Achim in die restliche Glut und Ellen denkt: Das Bild vergess ich nie.
Wie er dort vor der fast erkalteten Feuerstelle steht mit nacktem Oberkörper, barfuß, ihren nachtblauen bodenlangen Wickelrock um die Hüften geschlungen. Breite Schultern, breite Basis, schwarzhaariger Kopf, goldbraune Haut, sonnengebräunte Füße im taufeuchten Gras. Dieses Bild, so glaubt sie, würde ihr von nun an für immer bleiben, als wäre es in die Haut eingestrichen.
Er wendet sich um, lächelt, kriecht zurück in den Schlafsack, umarmt sie. Er ist ihre erste Liebe.
Schon zwei Wochen später schläft er mit einer anderen und behandelt Ellen, als wäre sie nur eine Stufe auf dem Weg zur „richtigen" Freundin, mit der er auch gleich in eine gemeinsame Wohnung zieht. Ellen dagegen wird nach Stuttgart geschickt, wo sie eine Ausbildung bei einem internationalen Touristik- und Event-Dienstleister beginnt, dessen deutsches Büro von den Geschwistern X. geleitet wird. Vom Reisen träumt sie schon lange. Ihre erste Aufgabe wird es sein, ein reiches Paar, das in Japan lebt, auf einer Reise durch Europa zu begleiten.
Sie betreut die beiden G. wochenlang mehr oder weniger vom Morgen bis in die Nacht. Das Ehepaar G. legt die Strecken zwischen den europäischen Hauptstädten am liebsten im Schlafwagen zurück.
Frau G. hat die Angewohnheit, die halbe Nacht im Speisewagen Wein zu trinken und zu lesen, während ihr Mann sich früh schlafen legt.

Petra E. Thoss

Eines Nachts erlaubt sich Ellen einen Scherz. Sie setzt sich im exzentrischen Nachthemd der Frau G. in deren Schlafkoje, halb abgewandt. Sie möchte Herrn G. überraschen, der auf der Zugtoilette seine Zähne putzt. Aber statt seiner betritt Frau G. das Abteil – Ellen sieht es im Spiegel und getraut sich nicht, sich zu bewegen, erwartet Gelächter oder Tadel – doch ruhig, ohne etwas zu sagen, zieht sich Frau G. leise wieder zurück. Ellen erschrickt und wirft das fremde Nachthemd rasch von sich. In diesem Augenblick betritt Herr G. das Abteil. Ellen dreht sich zu ihm hin, nackt – ihr wird von Kopf bis Fuß heiß. G. tritt auf sie zu, zieht sie an sich, sie umarmen, küssen sich, Ellen

presst sich mit ihrem ganzen Leib an ihn. Auf einmal schreit er auf und stößt sie von sich. Auf dem Stoff seiner Hose breitet sich ein dunkler Fleck aus, es ist Blut. Ellen, seinen Schrei im Ohr, flieht nicht nur aus dem Abteil, beim nächsten Halt verlässt sie den Zug, ruft die Geschwister X. an und meldet sich krank. Sie möchte weder Herrn noch Frau G. jemals wieder begegnen. Niemals wird sie jemandem erzählen, was in jener Nacht kurz vor Wien geschehen ist. Ohnehin, findet sie, ist sie als Begleiterin für reiche Einzelreisende nicht am richtigen Platz. Sie bittet die Geschwister X. darum, sich als Animateurin ausprobieren zu dürfen, und diese schicken sie in das Ostseebad Damp. Dort begrüßt sie der schöne Pirmin, ein erfahrener Animateur, Sport- und Gesangstrainer.
Mit ihm zu arbeiten macht ihr großen Spaß.
Die zu animierenden Gruppen wechseln täglich, es gibt viel zu lernen.
Lediglich eine alte Dame und ihr junger Begleiter Mariusz finden sich täglich vor der Strandmuschel ein, in der Ellen sich als Animateurin vor Erwachsenen und vor Kindern ausprobiert.
Mariusz sitzt immer abgesondert von den anderen und benimmt sich steif und spröde, spricht nie jemanden an. Er wirkt nicht echt, eher wie ein präparierter Urlauber, eine Staffage. Es gehört zu Ellens Aufgaben, die Tische zu schmücken, an denen später Bingo gespielt werden wird. Sie verschenkt die alten Rosen lieber als sie wegzuwerfen. Eines Tages schenkt sie Mariusz eine stark duftende Tischrose. Eines anderen Tages wird Ellen Zeugin einer brutalen Szene. Die alte Dame sticht und schlägt mit ihrem Gehstock auf den jungen Mariusz ein. Sie ruft: „Du kommst

Petra E. Thoss

jetzt mit zu mir oder ich schlag dich tot."
Ellen geht dazwischen, nimmt der Dame den Stock weg, schiebt die Zeternde fort, bedroht sie, schüchtert sie ein, bis sie sich entfernt.
Sie erfährt, dass Mariusz nicht der Enkel ist, für den Ellen ihn hielt, er hat niemanden und wird dafür bezahlt, die Urlauberin im Ostseebad Damp zu begleiten. Sie hat ihn in einer Fußgängerzone in einer Gruppe bettelnder Punks für sich entdeckt.
Ellen spricht sich mit der Dame aus und gibt ihr von ihrem eigenen Geld, setzt Mariusz für die restlichen Tage des Urlaubs frei.
Von dem Augenblick an verehrt der Junge Ellen. Er ist immer dort, wo sie ist, und wenn Ellen ihn ansieht, ist er nicht mehr ganz so spröde, nicht mehr ganz so steif. Er versucht sogar, die Spielchen oder gymnastischen Übungen mitzumachen, die Ellen für die Urlauber anleitet. Dabei hält er sich in der letzten Reihe, aber nach wie vor vergisst er zu lächeln und schaut mit leerem Gesicht vor sich hin, löscht die Urlaubsfreude bei allen, die ihn beachten.
Ellens Kollege Pirmin ist ein schöner Mann, der mit allen schläft, Männern wie Frauen. An Ellen scheint er zunächst nicht interessiert, es gibt da eine F., die ihn beschäftigt. Als sein Engagement in Damp endet, fragt er ausgerechnet Ellen, ob sie mitreisen möchte, wenn er das Sommerferien-Musical-Ensemble, zu dem F. gehört, bei den Freiluft-Festspielen in der Ruine von H. begleitet. Sie ist begeistert, gerührt und sagt Ja. Die Geschwister X. sind einverstanden.
Ellen fährt mit Pirmin dem Ensemble nach. Pirmin hat für beide im Internet billige Plätze gebucht. Es geht ihm nur

Petra E. Thoss

darum, Geld zu sparen, er überprüft nicht, ob der Busunternehmer seriös ist.
Als der Bus an einer Raststätte unweit der Grenze hält, und Ellen und Pirmin ihn kurz verlassen, um zur Toilette zu gehen, werden sie und andere Busreisende durch Komplizen des Busfahrers überfallen, geschlagen und verletzt liegen gelassen.
Der Bus fährt samt ihrem Gepäck weg.
Die anderen helfen sich irgendwie auf und informieren die Polizei, allein Pirmin und Ellen bleiben unbeachtet, verletzt, mut- und mittellos hinter dem Toilettengebäude zurück.
Pirmin sitzt gegen die Wand gelehnt, Ellens Kopf ruht in seinem Schoß.
So findet sie ein Motorradfahrer, der ihre Wunden versorgt, ihnen Geld schenkt.
Der Fahrer heißt Niklas. Er bleibt lange bei ihnen, unterhält sich sanft vor allem mit Ellen. Es tut weh, als er ihre Wunden versorgt, aber unter Tränen lächelt sie ihn an.
Er bleibt so lange, bis die Polizei noch einmal zurückkommt und nun auch Ellen und Pirmin befragt und ihre Klagen aufnimmt.
Und als die letzte Frage kommt, was sie jetzt machen würden, ob sie versorgt wären, sagt Niklas: „Ich kümmere mich darum."
Und er ruft ein Taxi, fährt dem Taxi noch nach und wartet ab, bis Pirmin und Ellen ein Zimmer in der kleinen nahe gelegenen Pension „Wilhelm Meister" gefunden haben, das er im Voraus bezahlt.
Erst dann verabschiedet er sich.
Pirmin und Ellen dürfen sich nun ausruhen.
In der Pension schlafen sie als vermeintliches Paar in einem Doppelbett, aber sie schlafen nicht miteinander, denn jede Bewegung schmerzt.
Morgens betrachtet Ellen den schlafenden Pirmin und prüft ihre Gefühle. Er gefällt ihr, aber sie liebt ihn nicht und es scheint nicht zu funktionieren, mit jemandem ohne Liebe zu schlafen – sie denkt noch an G.s Schrei, das Blut auf seiner Hose.
G. ist der erste Mann seit Achim gewesen, mit dem sie gern geschlafen hätte, aber irgendetwas ist geschehen –, seither gibt es niemanden mehr ... doch immer wieder steht Ellen wie ein Ritter, ein Engel, ein sonnengelber Riese jener Niklas vor Augen, der Pirmin und ihr so freundlich und selbstlos geholfen hat. Leider hat sie ihn nicht nach seiner Adresse oder Telefonnummer gefragt, doch sich vom Nummernschild die ersten Buchstaben gemerkt. Sie weiß also, dass er in Kaiserslautern wohnt, oder zumindest, dass das Motorrad dort zugelassen ist.
Irgendwann wird sie Niklas suchen, nimmt sie sich vor.
Aber vorerst bleibt sie bei Pirmin und dem Ensemble, erholt sich von ihren Verletzungen. Auch der kindliche Mann Mariusz reist nach H., er sucht weiter Ellens Nähe und darf bei der Einlasskontrolle in die Ruine von H. für ein Taschengeld aushelfen.
Die Sänger schlafen in einem Hotel, Pirmin, Ellen und Mariusz in einer billigen Pension für Monteure.
Eines nachts schleicht sich der junge Mariusz in Ellens Zimmer, die ihn als Mann bisher noch nie beachtet hat. Er möchte es wagen, möchte sie endlich umarmen und ihm wird vor Aufregung fast übel, als sich die Zimmertür öffnet. Nun erwartet Mariusz, Ellen zu sehen, aber es ist Pirmin, der das Zimmer betritt. Pirmin zieht sich aus, schiebt seine Kleider unter Ellens Bett und schlüpft unter ihre Bettdecke, verbirgt sich im Dunkeln. Wenig später kommt Ellen, sie hat bemerkt, dass sie nicht allein ist, das Zimmer ist wärmer als sonst, riecht ein wenig anders,

Petra E. Thoss

aber Ellen fürchtet sich nicht vor dem Unbekannten, sondern ist neugierig, wer sich in ihr Bett gelegt hat und erwidert die Umarmung des nackten Mannes. Es gefällt ihr, dass sie nichts fragen, dass sie nichts wissen muss.
Es ist das erste Mal, dass sie wieder mit einem Mann schläft, nachdem sie mit Achim zusammen war, es ist schön und könnte noch viel schöner sein, wenn sie denjenigen liebte, mit dem sie schläft.
Mariusz muss sich verborgen halten, bis Pirmin den Raum verlassen hat. Ellen schläft noch, als auch Mariusz sich hinausschleicht. Sie hat nicht bemerkt, dass Mariusz da war und sie gesehen und gehört hat. Mariusz ist verstört. Zum ersten Mal hat er gesehen, wie Frau und Mann miteinander schlafen. Er findet es schrecklich, roh, für beide entwürdigend, sogar hässlich. Es stößt ihn ab. Er versucht, Ellen zu vergessen und reist fort, kann sich aber nicht von dem befreien, was er gesehen hat und wird bald unter der Trennung von Ellen leiden.
Ein paar Tage später, noch immer in H., betritt Ellen den Raum, in dem Pirmin sich aufhält, ohne sich angekündigt zu haben oder zu klopfen. Sie sieht einen erschrockenen Pirmin und bei ihm eine Gestalt in einem bodenlangen nachtblauen Rock, in der Ellen Achim zu erkennen glaubt. Sie zieht sich zurück, als ob sie einen Teufel gesehen hätte, aber dann bereut sie es sogleich und kehrt um, doch der Raum ist leer.
Am nächsten Tag sind Pirmin und F., die Darstellerin der mittleren Hexe, verschwunden. Die beiden haben die Ruine von H. einfach wortlos verlassen, sind sozusagen desertiert. Die anderen ärgern sich sehr, denn die heutigen Vorstellungen sind ausverkauft. Ellen, die in den Karaoke-Shows für die Ostsee-Urlauber

ein wenig singen gelernt hat, springt als Hexe ein. Auf der großen Freilicht-Bühne fühlt sie sich inkompetent und elend. Sie schafft es nicht, bis zu den obersten Rängen gehört zu werden, sie fühlt schmerzlich, dass aus dem Publikum keine Resonanz kommt. Da es nur eine kleine Rolle ist, hält sich der Schaden in Grenzen.
Es lässt Ellen nicht los, dass sie in Pirmins Zimmer Achim zu sehen geglaubt hat, Achim, wie sie ihn am Feuer sah, schwarze Haare, ein nackter Rücken, ein bodenlanger nachtblauer Rock. Sie schreibt ihrer Schwester nach Hause, fragt, ob die etwas von Achim wisse. Und erhält die ernüchternde Antwort: Achim wohnt nach wie vor mit Barbara auf dem Hofbauernhof. Sie erwarten ein Kind.
Mehr braucht Ellen nicht zu wissen. Sie muss sich getäuscht haben, jemand anderes war bei Pirmin, vermutlich die blonde F. mit schwarzer Perücke (als Hexe), die Pirmin überredet hat, ihr aus ihrer unglücklichen Ehe herauszuhelfen.
Nachdem Ellen also auf der Bühne die F. erfolglos und überfordert vertreten hat, geht sie zum Direktor der Musical-Truppe und nimmt ihren Abschied.
Sie packt ihre Sachen und reist wieder nach Stuttgart. Mit mäßigem Erfolg schließt sie die Ausbildung ab.
Die Geschwister X. sind weniger enttäuscht, als Ellen erwartet hat. Sie hätten sie sowieso nicht übernommen.
Ellen muss nun die Zeit überbrücken, bevor sie auf verschiedene Bewerbungen Antwort erhält. Ihre Chancen stehen nicht gut, denn ihr Zeugnis ist mittelmäßig bis schlecht.
In Kaiserslautern hat einer ihrer ehemaligen Mitschüler, Tonio, wie sie weiß, eine Waschanlage für Autos eröffnet. Ellen fährt nach Kaiserslautern, weil sie nach wie vor Niklas nicht vergessen kann, der Pirmin und ihr geholfen hat, als sie verletzt waren. Ohne den Motorradfahrer zu erwähnen, fragt sie Tonio, ob er ihr Arbeit beschaffen kann, und er fordert sie auf, ihm auszuhelfen. Sie bleibt und hofft, ihren Helden wiederzufinden.
Tonios Gegenwart wirkt beruhigend auf sie. Er hat alles so schön geordnet, die Waschanlage, auch seine Wohnung, in der Ellen eine Kammer bewohnen darf.
Er fragt Ellen, ob sie sich noch an die Referendarin Louise erinnere.
Sofort stehen Ellen deren rote, volle Lippen vor Augen.
Tonio überrascht sie nun damit, dass er ihr von seiner erwiderten Liebe zu jener Frau erzählt. Es war eine richtige, große, gegenseitige Liebe, keine halbe Geschichte, doch sie musste verborgen bleiben, denn eine Liebe zwischen einer Fast-Lehrerin und einem Noch-Schüler riecht immer nach dem Missbrauch von Abhängigen, auch wenn er als Sitzenbleiber zum Zeitpunkt ihres ersten Mals schon volljährig gewesen ist. Die Referendarin Louise und Tonio haben geplant, nach seinem Schulabschluss zu heiraten, aber als er sie seinen Eltern vorstellt, dreht sie sich auf der Stelle um und flieht. So hat er – und hat seine Mutter – erfahren, dass Louise mit seinem Vater geschlafen hat. Inzwischen ist sein Vater längst nach Neapel zurückgekehrt, die Eltern sind geschieden, aber Louise möchte Tonio nicht mehr wiedersehen. Der Gedanke, dass sie mit Vater und Sohn geschlafen hat, ist ihr unerträglich.
Ellen wartet nicht länger darauf, dass auf ihre Bewerbungen reagiert wird. Sie gibt den Traum vom Reisen auf. Sie weiß nun, dass sie für die Arbeit mit Urlaubern

nicht geschaffen ist, sie hat auch keine Lust mehr auf die Gesellschaft der Reiseleiter und Animateure, auf diese langen Nächte, auf das endlose Spielen, auf Liebesbeziehungen, die enden, sobald eine Frau oder ein Mann anderswo ein Engagement findet, auf eine alles Alte übertönende unstete Freude am Neuen.
Sie richtet sich in Kaiserslautern ein, sucht nach einer Höhle für sich. Im Theaterverein trifft sie überraschend den Kindmann Mariusz wieder, mit dem sie in Briefkontakt geblieben und der ihretwegen nach Kaiserslautern gezogen ist, aber schwach und krank wirkt.
Eines Tages erzählt ihr Tonio von seinen Plänen, die Autowäscherei aufzugeben und auch nach Neapel zu ziehen, um dort eine Frau zu finden und zu bleiben.
Da fragt Ellen ihn, ob er in Kaiserslautern bliebe, wenn sie ihn heiratete. Sie würden doch gut miteinander arbeiten und friedlich zusammenleben. Er bittet darum, sich das noch einige Zeit überlegen zu dürfen.
Während Tonio nachdenkt, trifft ein, woran Ellen nicht mehr geglaubt hat: In einem alten Opel fährt Niklas auf das Gelände von Tonios Handwaschanlage.
Sie erkennt ihn auch ohne Motorrad, spricht ihn an, erinnert ihn an jenen Tag, als er Pirmin und sie gerettet hat, bietet ihm an, das Geld zurückzugeben. Er lacht, seine Augen strahlen, ihr Geld weist er zurück. Er wohnt in Kaiserslautern, lädt sie zu sich ein. Sie verstehen sich gut, sie lachen viel, verlieben sich ineinander, haben sich ja dort auf dem Rastplatz schon ineinander verliebt und sind glücklich, sich gefunden zu haben.
Ausgerechnet jetzt eröffnet Tonio ihr, ihren Antrag anzunehmen, es würde schon gehen, sie könnten miteinander ein gutes, vernünftiges Leben führen, wenn er ihr auch nicht versprechen könne, jemals für sie so zu glühen wie er für Louise eigentlich immer noch glühe, aber er erwarte von ihr auch nicht die Leidenschaft, die sie Achim entgegengebracht habe. Er hat sie oft zusammen gesehen.

Petra E. Thoss

Ellen weiß nun nicht, was sie tun soll. Darf sie zu Tonio Nein sagen, obwohl sie selbst ihm den Vorschlag gemacht hat? Tonio war immer gut zu ihr, in gewisser Hinsicht wäre er der perfekte Mann. Er hat schöne Augen, schwarze Haare wie Achim. Er versteht es, aus allem das Beste zu machen.
Aber jetzt gibt es Niklas, ihren Engel, ihren goldenen Ritter vom Rastplatz, als sie blutend mit dem Kopf im Schoße des ebenfalls verletzten Pirmin lag.
Sie sagt Tonio nicht ab, löst ihre sogenannte Verlobung nicht auf, verzögert aber ihren Hochzeitstermin aus fadenscheinigen Gründen. Tonio ist sensibel, er spürt ihre Zurückhaltung. Ohne Begeisterung leben und arbeiten sie miteinander.
Da erreicht Tonio ein Brief. Seine Mutter gesteht ihm, was sie ihm schon längst hätte sagen müssen: Tonios Vater ist nicht sein Erzeuger. Sie hatte eine einzige flüchtige unbedeutende Affäre, wegen der sie die Ehe mit Tonios angeblichem Vater nicht aufgeben wollte, sondern lieber alle miteinander angelogen hat. Aber nun, da ihr Sohn sich verheiraten wolle, solle er die Wahrheit wissen und sein richtiger Vater solle von ihm erfahren. Und, ja, sie freue sich schon auf die Kinder von Tonio und Ellen, ihre Enkel.
Mit diesem Brief eilt Tonio zu Louise und zu niemandem sonst. Und nun, da Louise weiß, dass sie nur mit dem Mann geschlafen hat, der Tonio aufgezogen hat, der aber längst von der Mutter geschieden ist und wieder in Neapel lebt, also einem Mann, dem sie, wenn sie nicht möchte, nie wieder begegnen muss und der nicht der leibliche Vater von Tonio ist, da steht einer Ehe zwischen Louise und Tonio nichts mehr im Weg.
Tonio spricht vernünftig mit Ellen, löst mit gesetzten ruhigen Worten die Verlobung auf und ist dann doch fast schon ein wenig beleidigt, dass sie ihn sofort und sehr erleichtert von allen Verpflichtungen entbindet.
Was soll sie nun mit ihrem Leben anfangen, mit ihrer Energie, mit all dieser Freude – wie kann sie sich nützlich machen?
Ellen, nachdem sie zu Niklas gezogen ist, macht eine überraschende Wende: Sie bewirbt sich um einen Studienplatz für Medizin, den sie trotz durchschnittlicher Schulnoten auch bekommt, weil ihre Wartezeiten angerechnet werden und sie sich verpflichtet, sich als Hausärztin in Kaiserslautern niederzulassen, wo ein entschiedener Ärztemangel herrscht. Sie studiert also Medizin, und das macht sie gut. Sie findet einen Platz in einer eingeführten Gemeinschaftspraxis und hat bald zufriedene eigene Patienten. Aus dem Theaterverein ist sie wieder ausgetreten.
Eine traurige Begegnung mit ihrer Vergangenheit wird sie noch haben. Eines Tages tritt der magere Kind-Mann Mariusz in ihre Praxis, wird ihr Patient. Er leidet an Leukämie und sie begleitet ihn durch die Endphase der Krankheit, vermittelt ihm einen Platz im Hospiz und sorgt in jeder Hinsicht dafür, dass es ihm so gut wie möglich geht. Er ist noch immer in sie verliebt, den Schrecken, den er in H. empfand, hat er überwunden. Er bittet sie, ihn zu heiraten, was sie mit den Worten ablehnt, sie habe sich für Niklas entschieden. Das akzeptiert er freundlich und sanft. Ellen ist sich bewusst, dass er nach Kaiserslautern gezogen ist, um ihr nahe zu sein, auch wenn er sie nur selten getroffen hat. Eines Tages erklärt Mariusz ihr weinend, dass er noch nie mit einem anderen Menschen intim war. Ellen spielt mit dem Gedanken, mit ihm zu schlafen,

fürchtet aber, nicht verbergen zu können, dass sie es aus Mitleid täte – und dann ist es auch schon zu spät.
Nach Mariusz' Tod recherchiert Ellen im Internet, wo ihre gemeinsamen Bekannten inzwischen wohnen und informiert sie über die Beerdigung. Einen leiblichen Verwandten kann sie trotz aller Bemühungen nicht ermitteln. Überraschenderweise sagen auch Pirmin und seine Frau F. (die mittlere Hexe) ihr Kommen zu. Da sie inzwischen nach Japan ausgewandert sind, muss Mariusz noch einige Wochen auf Eis ruhen, ehe alle beisammen sind und er bestattet werden kann.
Pirmin und F. leben in einem Bezirk von Osaka, in dem viele deutsche Auswanderer wohnen und es sogar deutsche Bäckereien und ein Hofbräuhaus gibt.
Sie sind die Nachbarn des Ehepaars G. Pirmin kennt die G.s schon seit langem, hat sie auf ihren Reisen früher genauso begleitet wie Ellen. Pirmin erzählt Ellen, dass diese sich sehr verändert hätten.
Frau G. wäre durch ein wundersames Ereignis gläubig geworden. Eines Tages, als sie auf dem Weg zum Speisewagen im Schlafwagenabteil etwas vergessen hatte und überraschend das Abteil noch einmal betrat, sah sie sich selbst in der Schlafkoje sitzen in genau den Kleidern, die sie während der Nacht immer trug, als ob sie in eine Zeitschleife geraten wäre und sich in der nächsten Zukunft erblickte. Seither glaubt sie an die Seelenwanderung und an die Wiedergeburt der Seelen. Wenn all diese schier endlos vorhandenen, aber doch zählbaren, mäandernden Seelen, die durch die Zeit sowohl vorwärts als auch rückwärts beliebig schweifen können, aufgebraucht sind, dann ist es zu Ende mit der Menschheit. Sie bildet sich sogar ein, zu wissen, dass der ganze Vorrat an menschlichen Seelen im Frachtraum eines der riesigen Schiffe ruht, die im Hafen von Osaka ankern. Auch Herr G. habe sich sehr verändert, sagt Pirmin. Er hätte seine Frau nie betrogen, aber einmal hatte eine andere Frau, eine schöne, nackte, leuchtende Frau im heruntergestreiften Hemd seiner Frau gestanden wie die Venus im Schaum und da habe er nicht anders gekonnt als sie an sich zu reißen, zu küssen, doch irgendwie habe sich das kleine Messerchen, das er am Schlüsselbund in der Hosentasche trug, bewegt und ihn seitlich in einen Hoden gestochen, als die Frau, deren Namen er bewusst gegenüber jedem verschwieg, sich gegen ihn presste und ihre Hüften an seinen rieb. Die Ärzte hätten ihn behandelt und beruhigt, hätten ihm gesagt, dass er immer noch zeugungsfähig wäre, dass ein Hoden genüge, aber seither sei seine Lust wie gelöscht. Mit seiner Frau, die sich nur noch im Seelischen verliere, könne er trotzdem in Frieden leben. Sie verlange zum Glück nichts mehr von ihm.
Ellen ist G. dankbar, dass er niemals verraten hat, dass sie die Frau im Abteil war. Manchmal wird sie noch an das Ehepaar G. denken und immer mit schlechtem Gewissen, aber dann verliert sich das auch.
So sind die Fäden verschlungen, verflochten, sie glänzen neben- und miteinander, werden einzeln gekappt und verlieren sich, während andere weiterlaufen.
Das Band Achim fließt noch sehr lange durch Ellens Leben, aber irgendwann, auch wenn sie glaubte, ihn nie zu vergessen, vergisst sie auch ihn.

Thomas Karsten

Jürgen Buchholz

Fahrplanänderung

Als Vitus aus dem Fenster sah – der Zug war bereits eine gute halbe Stunde unterwegs – bemerkte er, dass er im falschen saß. Er hatte den ersten Mai eigentlich im Schlossgarten verbringen wollen, wie jedes Jahr, aber nun, unaufmerksam, vielleicht durch seine Lektüre, vielleicht durch die Musik, musste er feststellen, dass ihm auf der gewohnten Strecke unbekannt war, was er da draußen sah. Es war wohl die strenge Form des Schlegel-Sonetts oder die Metamorphosis III des großen Philip Glass gewesen, die ihn unzugänglich für Bahnsteigdurchsagen gemacht hatte. Er hatte die trancehafte Musik gewählt, weil er die Unterhaltungen anderer Bahnreisender übertönen wollte und gleichzeitig dank der häufigen Wiederholungen der Minimal Music nicht zu viel Konzentration für die Klangwelt aufwenden musste. Denn sein Plan war, Schlegel zu lesen: „Zwei Reime heiß' ich viermal kehren wieder,/ Und stelle sie, getheilt, in gleiche Reihen". Warum er hier aufmerkte und nicht am Ende der vierzehn Verse, wusste er später nicht mehr. Also wusste es niemand, denn niemand konnte in seinen Kopf sehen.

Ich, lieber Leser, will es doch einmal versuchen, aus der Erinnerung, wie ich, unsichtbarer Geist des Erzählens und einstimmiger Chor, immer da, nah und fern, ihn, der da Schlegel las, schräg gegenübersitzend, begleitete: Da hatte sich ein etwa vierzigjähriger, schlanker, glatt rasierter, etwas bleicher Mann mit dem daher doch reichlich zweifelhaften Namen Vitus gegen die Fahrtrichtung platziert, in feinem, wohl maßgeschneidertem

Bernd Baumgart

Tweed gekleidet. Sogar ein Einstecktuch zierte seine Brusttasche. Sein leicht gewelltes braunes Haar trug er kurz und dennoch in Form gebracht: In Zeiten des Styling-Gels konnte einem bei diesem Anblick nur das Wort Pomade einfallen. Das Buch, das er las, war in Leder gebunden. Sein Blick, überwölbt von einer leicht gekräuselten Stirn, wirkte konzentriert. Es erschien zu seinem sonstigen Äußeren paradox, dass seine Ohren weiße Bluetooth-Kopfhörer zierten, aber tatsächlich: Sie verschlossen die Gehörgänge. So sah er aus wie aus einer anderen Zeit in diese gefallen. Es wirkte ein wenig verkrampft, wie er, gerade aufgerichtet, ohne sich richtig anzulehnen, dasaß. Aber es schien Gewohnheit zu sein, sonst hätte er sicher einmal aufgesehen. Das tat er lange nicht, während ich ihn immer wieder taxierte. Dann aber schien er ohne Anlass aufzuschrecken. Kein Geräusch, keine plötzliche Helligkeit, keine unerwartete Dunkelheit. Vielleicht war es der auffällige, wenn

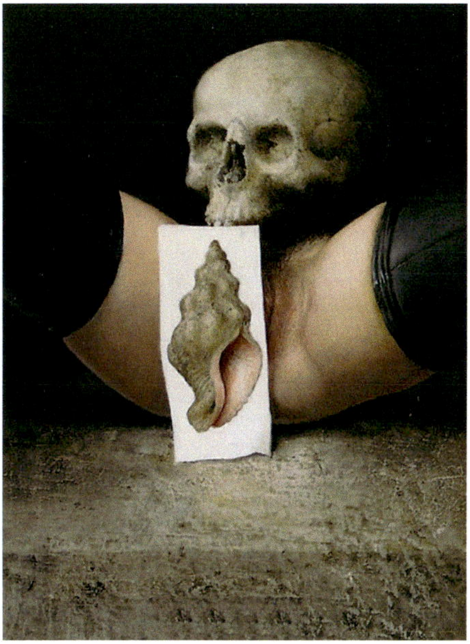

Bernd Baumgart

man mich fragt, ein wenig zu süßliche Parfumduft meiner Nachbarin? Ja, sie war es, die er gleich ansah, zwei Sekunden vielleicht, und nahezu eine davon gehörte dem Weiten seiner Augen. Nein, rot wurde er nicht, denn schon kräuselte sich wieder seine Stirn, er blickte aus dem Fenster, und sein Atem beschleunigte sich. Ich weiß noch, dass ich ein wenig stolz war, ihn durchschaut zu haben.

Vitus erschrak. Nichts von dem da draußen hatte er je gesehen, und er wusste gleich, was passiert war. Seine Beine zuckten, als wenn er gleich aufspringen und den Zug verlassen wollte. Aber der war ja noch in voller Fahrt. Also blieb er sitzen, steckte Schlegel in die Tasche, nahm die Kopfhörer aus den Ohren, verstaute sie und ließ für einige Minuten die Landschaft an sich vorbeiziehen.
„Darf ich nach Ihrer Lektüre fragen?"
„Bitte? Ach – Schlegel. Sonette."
„August Wilhelm oder Friedrich?"
„Oh, Sie kennen sich aus. Äh … August Wilhelm." Nun holte Vitus das Erröten nach, hatte er doch gestern Nacht noch, neben seiner geräuschvoll schlafenden Gattin liegend, die erotischen Sonette gelesen, die dem anderen Schlegel zugeschrieben werden.
„Sie werden ja rot, mein Herr! Das brauchen Sie nicht. Ich bin auch ein Fan der Romantik, gerade, wenn sie auch mal deftig wird." Und sie rezitierte: „Dann saugen sich die Lippen deiner Wunden/ Um meinen Schwanz, dass ich vor Lust erbleiche." Sie lachte laut und verschwieg das traurige Ende des Sonetts: „Du riechst, schon sehr, mein Torsoschatz, nach Leiche."
Erneut spülte eine Welle von Blut in die Kapillaren seines Gesichts. Der Zug verlangsamte seine Fahrt, ein Halt stand bevor. Vitus machte keine Anstalten aufzustehen.
„Wie heißen Sie?"
„Luciana. Und Sie?"
„Oh. Wie schön! Ich? Vitus."
Er atmete einmal durch, was einen Schwung ihres Dufts durch seine Nase jagte. Nun sah er sie erst richtig an, sah ihre, abgesehen von einem Lidstrich make-up-lose Schönheit, die an ihr nicht einmal exaltiert wirkende rote Federboa über dem schwarzen Kleid, das ihre Knie freigab, wie er im unteren Bereich seines Sichtfelds zu erahnen meinte. Die Bahn fuhr wieder an, er blickte in ihre braunen Augen, empfing ihr Lächeln, seine Stirn glättete sich und er hätte am liebsten, wenn ihr Name schon so dem von Schlegels Romantitelheldin „Lucinde" ähnelte, wie der sie so liebende Julius geheißen.

„He, he! Vitus! Vorsicht! Das ging schnell. Vergessen all das Zaudern und Zagen?" – Ich

war erschrocken, Zeuge dieser Aufwallung zu sein. „Vitus, treuer Mann! Zehn Jahre bist du nun Familienvater! Du bist gebildet. Wie kann ich dich erreichen?“
Natürlich konnte ich nichts tun. Die Chorlieder des Ödipus hatten auch nichts verhindert, genauso wenig wie die Geigen in der Schmonzette irgendetwas verändern. So bemerkte ich denn nur die äußeren Anzeichen dessen, was sich innerlich bei den beiden abspielte, und fragte mich, wie ich es im Film musikalisch untermalt und visuell umgesetzt hätte: Schuss/ Gegenschuss: Schmunzeln in Fahrtrichtung, glühende Augen hier, glühende Augen dort und einen merklichen Anstieg der Temperatur im Großraumwagen. Bis hierher schwarz-weiß, dann Farbe. Der Ernst der Angelegenheit ließ mich aber erwägen, den Farbwechsel umgekehrt zu gestalten.

Er wollte wissen, wohin sie fahre, und erfuhr, dass sie in die nahe Stadt wolle, um den Tag mit Kunst und Spaziergängen zu verbringen. Abends gehe sie in die Oper.
„Mögen Sie Gesellschaft?“, fragte er.
„Ja, gerne. Sind Sie sozusagen frei?“
„Ja, für den Tag bin ich es.“
„Dann begleiten Sie mich doch in die Munchausstellung!“
„Gerne! Aber sag doch Du zu mir!“

Ich folgte ihnen. Ihren Worten war nach dem Museumsbesuch zu entnehmen, dass sie den „Schrei“ vermissten, und nachher gingen sie auf die kleine Brücke nahe dem Museum und versuchten, aus der Erinnerung heraus das fehlende Bild nachzustellen. Erst probierte es Vitus, er gab aber bald auf. Dann Luciana. Sie konnte ihrem Körper eine angedeutete wellige Form geben, die Hände um die schmalen Wangen schmiegen und den Mund verblüffend authentisch runden. Vitus fotografierte sie mit dem Handy. Im Café sahen sie sich die Bilder an, nebeneinandersitzend, sie lachend, er immerhin entspannt. „Vitus, das Bild zeigt Verzweiflung – und du …“ Ich dachte an meine Kollegin, Lucianas Sängerin, und wollte wissen, was sie dazu sagt.
„Ist hier noch frei?“
„Ja, nehmen Sie ruhig Platz!“
Ich nahm die Dame, die neben mir zu sitzen kam, kaum wahr, denn meine Aufmerksamkeit lag auf den beiden Turtelnden.

„Ja, nach ihr haben mich meine Eltern genannt. Irgendwann wollte ich das Vorbild kennenlernen und las Schlegels Roman, dann stieß ich eben auch auf die Sonette, die vielleicht von ihm sind.“
Diesmal wurde er nicht rot.
„Magst du sie?“
„Ich lache gern und diese Texte machen mich lachen. Ja, ich mag sie. Der hohe Ton des Sonetts, der derbe Inhalt.“

„Tss“, hörte ich neben mir und nun sah ich meine Nachbarin doch einmal an. Sie beobachtete denselben Tisch wie ich. Nun stand sie auf und bewegte sich nahezu schwebenden Ganges zu Luciana. Das muss sie sein, an die ich gerade dachte. Sie flüsterte ihr etwas ins Ohr, ich las ihre Lippen: „Sieh auf seine Hände! Überlege gut, was du tust!“

„Du bist verheiratet?“
„Ja, seit rund zehn Jahren. Zwei Kinder …“
„Bist du glücklich?“
Er antwortete wortlos: mit einem zarten Kuss auf ihre Schläfe, seine Hand an ihrem Hals.

Ich sprang auf und flog an ihren Tisch. „Vitus! Was tust du! Willst du sie zum Schweigen bringen, indem du sie küsst?

Denke an dein Zuhause!"
Ich schrie fast. Er löste seinen Mund und sah sie verklärt an. Wie laut soll ich denn noch brüllen?

„Reicht das als Antwort?"
„Ja, Vitus!"
Sie schaute nun ernst.
„Luciana, manchmal schreibe ich selbst. Eines meiner Sonette trage ich immer bei mir, dies in der – mir durchaus bewusst – schrägen Vorstellung, dass ich eines Tages einen Menschen treffen würde, dem ich mich gleich öffnen möchte. Hier, das bin ich in nuce."
Er übergab ihr ein Papier, das er aus der Jacketttasche zog. Und sie las.

Lucianas zu sein, was mich sehr verwunderte, da zwischen mir und Vitus überhaupt keine Ähnlichkeit zu erkennen war.
„Es ist ein Sonett, das Vitus einmal schrieb, als er sich fragte, ob er glücklich sei. Die letzte Strophe spricht von ungestillter Sehnsucht. Ich hatte den literarisch ohnehin zweifelhaften Text schon fast vergessen, aber es fiel mir wieder ein, was ich seinerzeit dachte, als er es sich ins Jackett schob: Wenn er dieses Gedicht einem Menschen zeigt, kann ich noch so laut schreien – er wird mich lange nicht mehr hören."
„Wollen wir es zusammen probieren?"
Und so näherten wir uns ihrem Tisch, bis wir direkt über ihnen waren, schrien und schrien, bis wir husteten. Bald ging unser

Suche
An Freuden war'n es sicher nicht nur sieben.
Genug zu tun, das and're war mir piepe,
Zwei schöne Kind', die ich unendlich liebe,
Auch weit zurückgedacht: Hab nichts gemieden.

Da lebt' ich so und war's durchaus zufrieden,
Kaum war in meinem Sinn, was ich begrübe,
Weil allzu blöd, voll Hass und sonst wie trübe.
So wurd' ich alt, nichts hat mich aufgerieben.

Und doch: Sind meine Reime völlig rein?
Woll'n Worte künden wie ein Kindermund
Und sagen, was im Herzen unbewusst?

Hab dieses teure Haus und doch kein Heim.
S' ist alles so Gewohnte gar nicht rund.
Such' deine schöne Seele – und den Kuss.

An meinen Platz zurückkehrend, raufte ich mir die Haare.
„Was ist auf dem Papier?", fragte meine Nachbarin, ebenfalls wieder an ihrem Beobachtungsposten. Sie schien eine Zwillingsschwester

Husten in Lachen über und das Lachen in Küssen. Als unser Zucken längst vorüber war, sah ich im Augenwinkel Vitus und Luciana das Lokal verlassen. Sein Lächeln, das sich in der Scheibe der Tür spiegelte, war mir fremd.

Bernd Baumgart

Oliver Jung-Kostick

Orgie im Bürohochhaus

pre-cum flutet die flure | oh wie saftig ist diese schlingenware jetzt | fußangeln bringen | engel wie teufel | gleichermaßen zu phall | sekündlich sprießen hier pilze | wie butt-plugs | streichelweich | aus organischem material.
verdunkelt die fenster | kreiert einen darkroom | was immer ihr wollt, ich bin dabei. (i'm with you, dears | your favourite | allzeit breiter | alle zeit bereiter bär) kopulationen im korridor | stinkmorchel phallus impudicus | violette eicheln leuchten wie neontulpen im dunkel | stöße pumpen in schöße | pimpern den herzschlag der | berittenen | wie der reiterschar | mit libidinösem gefunkel.
wenn am nächsten morgen | die putzfrau kommt | wird eine wolke aus fruchtbarkeit sie benebeln | vielleicht auch schwängern | ihr putzmittelwägelchen wird schlingern | wie ein schiff auf hoher see | im griff der wogen | schaukeln darf und krängen.
die erschöpften leiber | die vereinzelten überbleibsel der orgie | werden für sie sein | wie klippen | bedeckt mit gischt | die zäh und langsam abfließt | während sie | drumrum feudelt und wischt.
frischer fischgeruch | wird zu muffigem fischgeruch | wird zu abgestandenem hafengeruch | die konvention hat uns eingeholt | worauf warten wir noch?
Die fledderei der lustleichen | hat begonnen. seh ich da | magere katzen | die sich um abfall balgen? | oh deine dicke gräte steckt mir immer noch im hals | und ich belutsche und benage sie | geifernd & immer begeistert.

Pascin (1885–1930)

Pascin

Ross und Reiter

Heutzutage wollen alle das Pferd sein, und keiner mehr der Reiter, sagte einst ein kluger Mensch.
Ich seh das nicht so pingelig. Ich bin gerne die Stute – für den richtigen Hengst. Oder zwei ... oder drei.
Ich trage gerne das Gewicht meines Reiters, wenn es der richtige Reiter ist.
Da brauch ich keinen Sattel. Und auch keine Decke. Oder erst später, wenn ich schlafen will.
Zwar wiehere ich nicht und verlange auch keine Karotten zum Dank,
Aber ich habe schon Ansprüche ... Wünsche ... Forderungen.

Heiße Pferde müssen lernen, mit Bein geritten zu werden, sagte einst Charlotte Dujardin, britische Dressurreiterin.
Keine Ahnung, was das heißen soll, aber wenn es zu mehr Spaß führt, lerne ich gerne.

Und statt Karotte, wie gesagt, will ich was anderes ... nein, keinen Apfel. Vielleicht Zärtlichkeit, ein nettes Gespräch davor und danach.
Eine Umarmung ... zusammen eindösen, aufwachen, noch mal Liebe machen ... Das wäre schön.

Lieber ein mittelprächtiges Pferd prächtig reiten, als ein prächtiges Pferd nur mittelprächtig reiten, verkündet eine Weisheit.
Ach ja. Da ist was Wahres dran.
... Wobei das Beste natürlich wäre, immer prächtig geritten zu werden.
Aber auch ein uninspirierter Fick ab und zu hat seinen Wert; er schärft das Bewusstsein für die Nummer, bei der wirklich *alles* stimmt ... und erinnert mich daran, dass erfüllender Sex durchaus manchmal auch (gemeinsame) HARTE Arbeit ist ...

Joachim Heyden

Im „Haus"

Pfungstadt. – Pfungstadt? Das liegt bei Darmstadt, eine Kleinstadt. Das Haus, das ich ansteuere, liegt allerdings nicht in Pfungstadt. Pfungstadt beginnt mit diesem Haus. Seine Konkurrenz sind ein Bahnhof – ein ganz kleiner –, eine Brauerei, ein Getränkemarkt. Der rühmt sich, selbst Biere aus Namibia und aus Laos zu führen, es stimmt: Was immer man einkaufen will, hier gibt's es.
Die richtige Umgebung.
Zur JVA geht es hinter dem „Haus" rechts ab. Die liegt drei Kilometer weiter im Land. – Der Bus hält an der Brauerei; etwa hundert Meter sind es bis zum „Haus". Beleuchtet ist es wie ein Hexenhaus: Rote Neonleuchten über den Fenstern, auf dem Dach unmissverständlich: „Crazy Sexy", am offiziellen Eingang, zur Straße hin, ein Schriftzug: „Leierkasten". Die Kneipe ist aber still und tot. Nur das „Haus" leuchtet.
Man geht durch einen betonumwehrten Nebeneingang. Die Tür ist angelehnt, gegen etwaige Folgen zu heftiger Behandlung durch Ledereinfassung geschützt. Es plumpt beim Eintreten, man schiebt sich hindurch, die Tür schwingt zurück, plump. Rosa Licht.
Offene Türen, keine Chance, Ordnung zu machen, Gedanken zu sammeln; vorbereiten muss man sich draußen. Denn gleich links neben der Eingangspforte ist bereits das erste Zimmer geöffnet, voller Licht, es strahlt heraus, gelb, mit dem allgemeinen Rosa im Haus eine ungesunde Mischung. – Aber zum Vorteil der Frau, die darinnen sitzt, auf einem Sessel; neben sich das ausladende Bett. Mehr Platz ist dort nicht. An der Wand hängen Accessoires, Peitschen, Handschellen etc. Die Frau sieht gut aus. Blond, nicht mehr jung. Sie strickt! Kurz schaut sie auf.
Direkt vor mir ist eine Treppe. Die steige ich hinauf, erster Stock: Zimmer auf allen Seiten, drei geöffnet, gelbes Licht, zwei geschlossen.
Aus den offenen Zimmern lugen Köpfe, manchmal Oberkörper, gefasst in BH's, Dessous. Die Gesichter der Frauen sind interessiert, gleichgültig zugleich, berechnend. Manchmal wedelt eine Hand heraus, ein Bein.

Bernd Spriewald

Bernd Spriewald

Ich steige höher. Etwas zerrt an meinem Bein. „Schatz", flüstert es, „Schatz, bumsen blasen ficken schön anfassen hallo." Im zweiten Stock stehen die Frauen vor ihren offenen hell erleuchteten Zimmern. Sechs Zimmer sind es, alle sind offen, sechs Frauen. Sie bewegen sich, laufen nicht umher, sie gehen auf und ab und überschreiten keine Grenze. Es ist eng. Die Frauen sind fast nackt, meist nur mit einem Höschen bekleidet: weiß, grün, schwarz. Schlanke Beine, glatter Bauch,

volle Brüste, vernichtete Gesichter. Die Gesichter sind tatsächlich grauenvoll. Dreht sich eine, sieht man eindrucksvoll pralle, feste Pobacken.
Ich errege Aufmerksamkeit. Die Frauen bilden eine Art Chor, wenden sich mir zu – Lippen schmatzen, Brüste werden angehoben, Schenkel öffnen sich sehr vorsichtig, aber eindeutig, Lächeln überall; „Schatz, hallo!“, „Hallo!“ Braune, trocken-warme Haut drängt sich an mich, ich werde fahrig.
Steige höher. Im dritten Stock sind nur zwei Türen offen.
Ich trete an das erste Zimmer heran und bin überrascht: Die Frau darin, etwa 40 oder 45 Jahre alt, ist fast vollständig angezogen; eine graue Jogginghose, eine Art schwarzes Unterhemd. Sie hat schöne, glatte, muskulöse Schultern, große, ziemlich hängende Brüste. Ihr kurzes schwarzes Haar ist gegelt und fest nach hinten gestrichen, das soll streng aussehen. Dafür aber hat sie zu große, zu braune Augen.
Sie schaut kurz auf, lächelt das hier übliche Lächeln.
Die Frau aus dem anderen Zimmer ist derweil auf den Flur getreten, sie schaut. Ich streife sie mit einem Blick; wohl die einzige Weiße in diesem Haus.
Etwas Zartes, sehr, sehr zart.
Ein Zischen aus dem Raum vor mir holt mich zurück. Die Augen der Frau haben sich belebt, sie öffnet sehr einladend die Lippen, ihre Zähne sind schneeweiß, leuchten geradezu.
„Hallo!“
„Hallo.“
„Möchtest du reinkommen?“ Sie macht eine Andeutung aufzustehen.
„Ja.“
Sofort steht sie auf. Ich taxiere: Ziemlich verwelkt. Lange im Beruf. Ihr ist nichts fremd.
Ich nehme mein bisschen Mut zusammen. „Ich möchte ...“
„Komm’ mal rein“, unterbricht sie mich und schließt dann die Tür.
Ich hocke mich auf eine Ecke des großen Bettes. Sie setzt sich wieder in ihren Sessel, schlägt die Beine übereinander und schaut mich an.
„Also, ich möchte ...“ – Peitschen, Stöcke, Gerten, Fesseln, Geschirr auch an der Wand dieses Zimmers.
„Ich möchte, dass du mich – dass du über mich verfügst, dass du mit mir –“
Ich komme nicht weiter. Die Frau vor mir, im Sessel, schaut mäßig interessiert. Ich muss mich sammeln.
„Also, ich möchte gerne. Du hast die Dinge ja an der Wand.“
Sie steht nun auf – steht plötzlich vor mir, sie grinst.
Blitzschnell greift sie mit der rechten Hand in mein Haar und reißt meinen Kopf herunter, ich gehe in die Knie. Sie reißt, es tut weh, ich blicke zu ihr auf, sie hat die Augenbrauen hochgezogen und schaut mich an; ich kann sprechen.
„Ich will, dass du mich schlägst. Solange und so hart wie du willst. Mach was du willst. Misshandle mich. Trete mich in den nackten Hintern. Ohrfeige mich. Kitzle mich. Prügle mich. Zeig mich Deinen Leuten.“ –
Sie zieht mich an den Haaren wieder hoch, schubst mich aufs Bett, nimmt auch selbst wieder Platz.
„Jetzt mal langsam. Was wollen wir machen?“
Auf dem Bett sitzend, werde ich ruhiger. Keineswegs klingt meine aufgeschossene Erregung ab, sie wird eher noch stärker, hat aber jetzt einen „Rahmen“. – Ich denke

auch an das Mädchen im Zimmer nebenan. Und an die Frauen im zweiten Stock.
Ich erkläre der Frau, die ich mir ausgesucht habe, meine Wünsche.
Zu gebotener Zeit kommt das Mädchen aus dem Nebenzimmer hinzu. Wir einigen uns über den Preis. Die beiden müssen kurz lachen, als ich Öffentlichkeitsarbeit will, es ist ihnen aber recht und auch willkommen, als ich den Preis entsprechend erhöhe. Das Mädchen verschwindet, um die Kolleginnen im zweiten Stock zu informieren.
Ein Schwirren, ein Flüstern, Summen, Lachen im ganzen Haus, während ich mich ausziehe. Meine Partnerin hat derweil ein Tischchen im oberen Flur, außerhalb ihres Zimmers, aufgestellt, darauf lege ich mich. Sie klemmt meinen Kopf zwischen ihre Oberschenkel, hebt meine Beine an, winkelt sie ein, spreizt sie, indem sie in meine Kniekehlen greift und meine Beine an meinen Bauch presst.
Und so, weit geöffnet und präsentiert, höre ich, wie die Frauen, sich unterhaltend, die Treppe hochkommen.

Laura Pérez Vernetti

Federico Tasso

Akt mit Maske

Im Frühsommer 2020 hat Eric d'Ange diese interessante Serie aufgenommen, an einem besonderen Ort, dem Zentrum für Berührungskunst ANUKAN in Dresden. Ich habe schon einige Veranstaltungen dieses Zentrums besucht, wenn ich in Deutschland war, und war von Beginn an fasziniert von der warmen Ausstrahlung der Räume und der Herzlichkeit der Mitarbeiter*innen. Eine neue Liebeskultur hat hier ihren Platz gefunden, ein Zentrum der Forschung um Sexualität und Berührung. Hier atmet etwas in mir auf und ich bekomme Lust, Kleidungsstücke abzulegen, mich berühren zu lassen, etwas zu lernen, etwas Neues zu erfahren, etwas Sinnliches, etwas Erotisches.
Eric hat das Angebot gemacht, alle Interessierten im Seminarraum des Zentrums zu porträtieren, nackt nur mit dem Nase-Mundschutz, der sogenannten „Corona-Maske" bekleidet. Eine Möglichkeit des Selbstausdrucks in einer bewegten Zeit, in der Berührung eingeschränkt ist und sogar zur Straftat erklärt werden kann.
Es sind mehr Frauen zur Stelle als Männer, wie oft bei Einladungen zu Aktserien, versichert der Fotograf. Hier haben die Fotos einen kritischen Kontext. Der Lockdown wirkt sich natürlich massiv auf das Wirken aller Menschen aus, die mit Sexualität face-to-face arbeiten und nicht nur online. Ein Coaching, wie ich meine Ejakulation kontrollieren kann, oder einen Porno kann ich mir aus dem Netz downloaden, aber wie komme ich zu einer liebevollen Berührung oder einem echten erotischen Erlebnis außerhalb des häuslichen Daseins? Und was machen all die Singles und polyamoren Menschen in dieser Zeit?
Plötzlich muss ein Gericht die Tantramassage neu bewerten, wo endet Wellness, wo beginnt Sexualität? Warum überhaupt braucht es diese Unterscheidung? Ist nicht Sexualität ein elementarer Bestandteil unseres Wohlbefindens? Liebe in den Zeiten der Corona.

An dieser Stelle möchte ich alle Sexarbeiter*innen und Aktivist*innen würdigen, die ihren spannenden, mutigen und forschen Weg weitergehen und für Menschen, die danach dürsten, einen Raum für Berührung und Erotik erhalten. Unter den Porträtierten sind einige von ihnen, neben Mitarbeiter*innen des Büros, Handwerker*innen, Seminarleiter*innen. Ich schaue in ihre Augen – aber ihren Gesichtsausdruck kann ich nicht sicher interpretieren. Mir geht es wie den Kindern, deren Eltern plötzlich im Supermarkt Masken aufhaben und ihnen durch den Stoff zurufen: Such dir was aus, aber beeil dich.

Ich höre Worte in mir: Sauerstoffmangel, Maulkorb, Angst, Solidarität, Schutz, Sicherheit, Hygiene. Ich erlebe Aufbegehren, Vermutungen, Ideen.
Die Kontroversen laufen in meinen Gedanken ab – and I can't get no desinfection.
Oh Mann, was es alles für Theorien gab und gibt, und wie die Welt schon zweimal untergangen ist, gehüllt in Klopapier und ohne Bargeld in der Tasche.
Die große Pandemie, ähnlich der Pest oder der Spanischen Grippe. Der Kampf mit der unsichtbaren Macht – ist ein

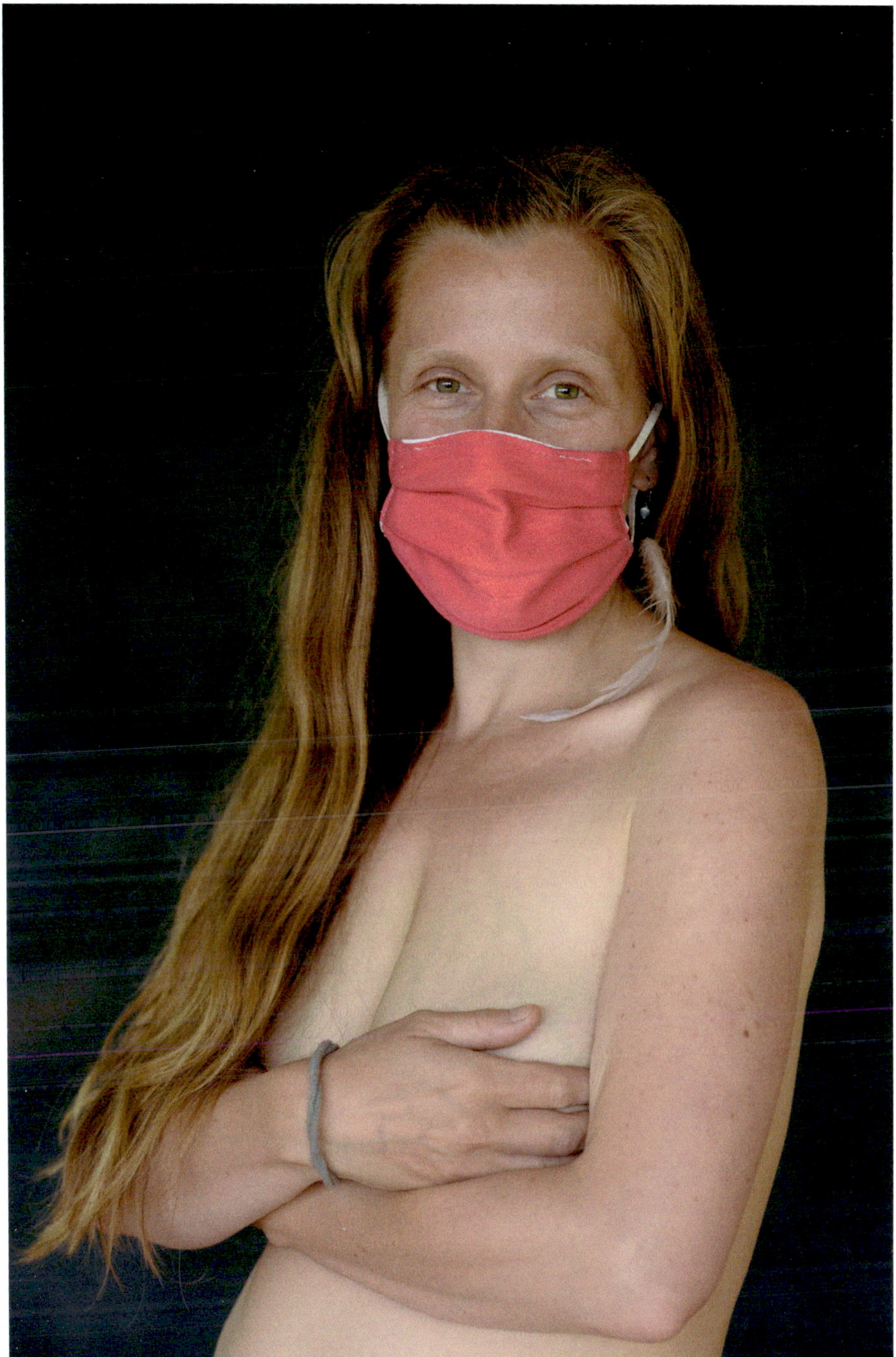

Eric d'Ange

abgedroschenes Science-Fiction-Szenario jetzt Realität?
Dabei kooperiert unser System seit Jahrtausenden mit Mikroben, hat seine Matrix immer weiter verfeinert. Unsere Lebensbedingungen sind viel besser geworden.
Werden wir jetzt dennoch alle zwangsgeimpft oder weggesperrt?
Oder lernen wir etwas? Werden die Ställe und Schlachthöfe endlich geschlossen? Gibt es panierten Kohlrabi für alle statt Schnitzel?

Bei unserem Gespräch gehen wir durch ein anderes Venedig. Bisher kenne ich die Stadt nur überflutet von Touristen und mit dreckigen Kanälen. Es ist ruhig und sonnig.
Plötzlich spüre ich die Stadt. Ich schaue in grünes Wasser, sehe Fische und goldschimmernde kleine Quallen. Ich bekomme Lust auf ein Bad und könnte mich vor Freude einem Gondoliere als Galionsfigur anbieten – als nackter Adonis – natürlich mit Maske. Vielleicht würde ich lieber eine venezianische Maske tragen – Symbol der barocken Erotik – aber die bedeckt den Mund nicht ausreichend. Wir schauen am Ospedale Santi Giovanni e Paolo den einfahrenden Ambulanzschiffen zu, auch ein *Trasporto funebre,* ein Bestattungsboot, verlässt in dieser Zeit die Ausfahrt. Leben & sterben *ai tempi del corona.*

Im Schaufenster eines Fotografen in der Nähe des Canale Grande entdecke ich eine Serie schwarz-weiß Porträts mit Corona-Maske im Rahmen der Biennale, ein weiblicher Halbakt einer klischeehaft schönen Frau ist dabei. Eric d'Ange geht weiter, seine Porträts sind schonungsloser und direkter. Da stehen sie, die Protagonist*innen der Fotoserie, nicht nach Maßen und Stereotypen ausgesucht, aber stolz und sinnlich. Ich betrachte ihre Körper, die Maske wird zum Dessous. Dabei darf ich nicht alles sehen: Die Brüste darf ich anschauen, die Körperhaltung, den Ausdruck von selbstbewusster Sexualität. Ich sehe auch Ablehnung, Einladung, Zurückhaltung, Provokation, Angst, Bereitschaft zum Kampf.
Bondageseile bekommen eine neue Bedeutung. Ich sehe Schenkel, Muskeln, Bäuche. Ich kann mich ausführlich einer Narbe, einer Intimfrisur oder einem sonst versteckten Piercing widmen. Andere wesentliche erogene Zonen wie Lippen, Mund, Nase bleiben mir verborgen.
Dafür lese ich Botschaften in Farbe, Aufschriften und Textur der Masken.
Aber lächeln sie dahinter oder fletschen sie die Zähne?

Erics Serie ist ein Zeitzeugnis, ein Moment in der Geschichte unseres Bewusstseins, in dem die Sexualität in der westlichen Welt so weit befreit war, dass wir sie offen präsentieren konnten und uns gleichzeitig Berührungen verboten waren. Sie ist ein Aufruf: Schenke heute einem Menschen Berührung.
Und stell dich einmal nackt vor den Spiegel mit einer Corona-Maske und schaue, was du von dir selbst erkennen kannst. Dann nimm die Maske ab, nimm alle deine Masken ab, und zeig dich dieser Welt, wie du wirklich bist.

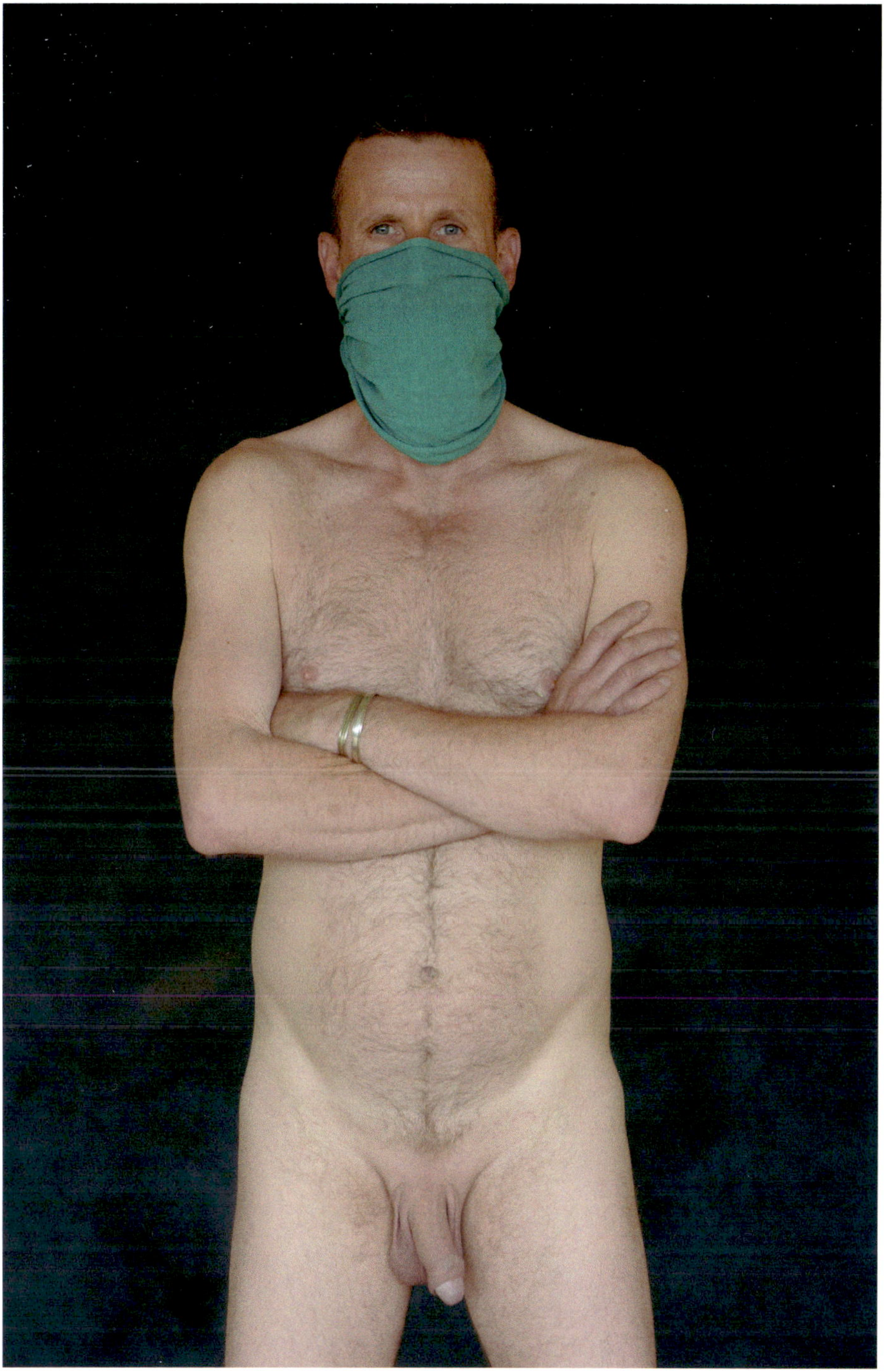

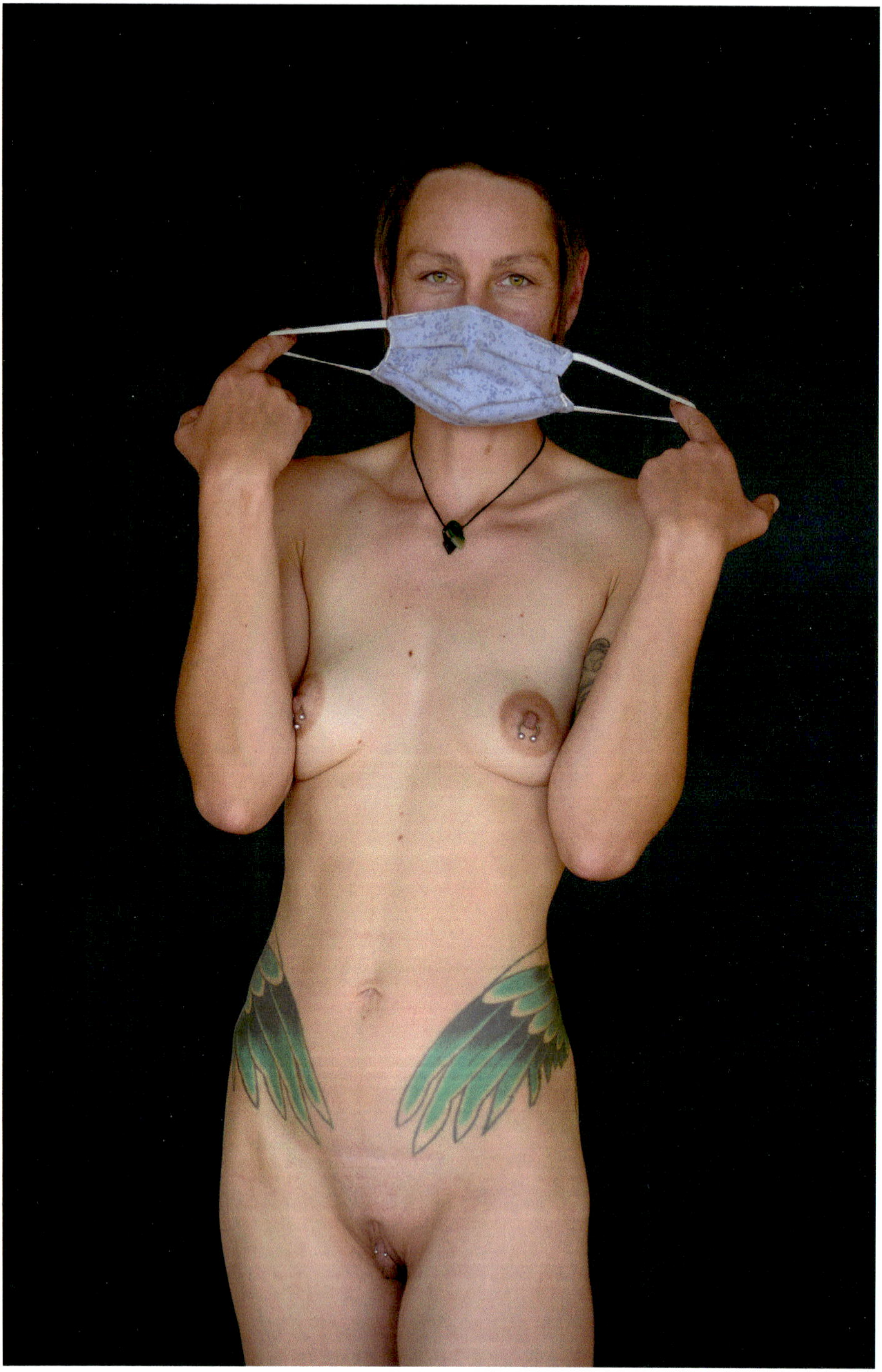

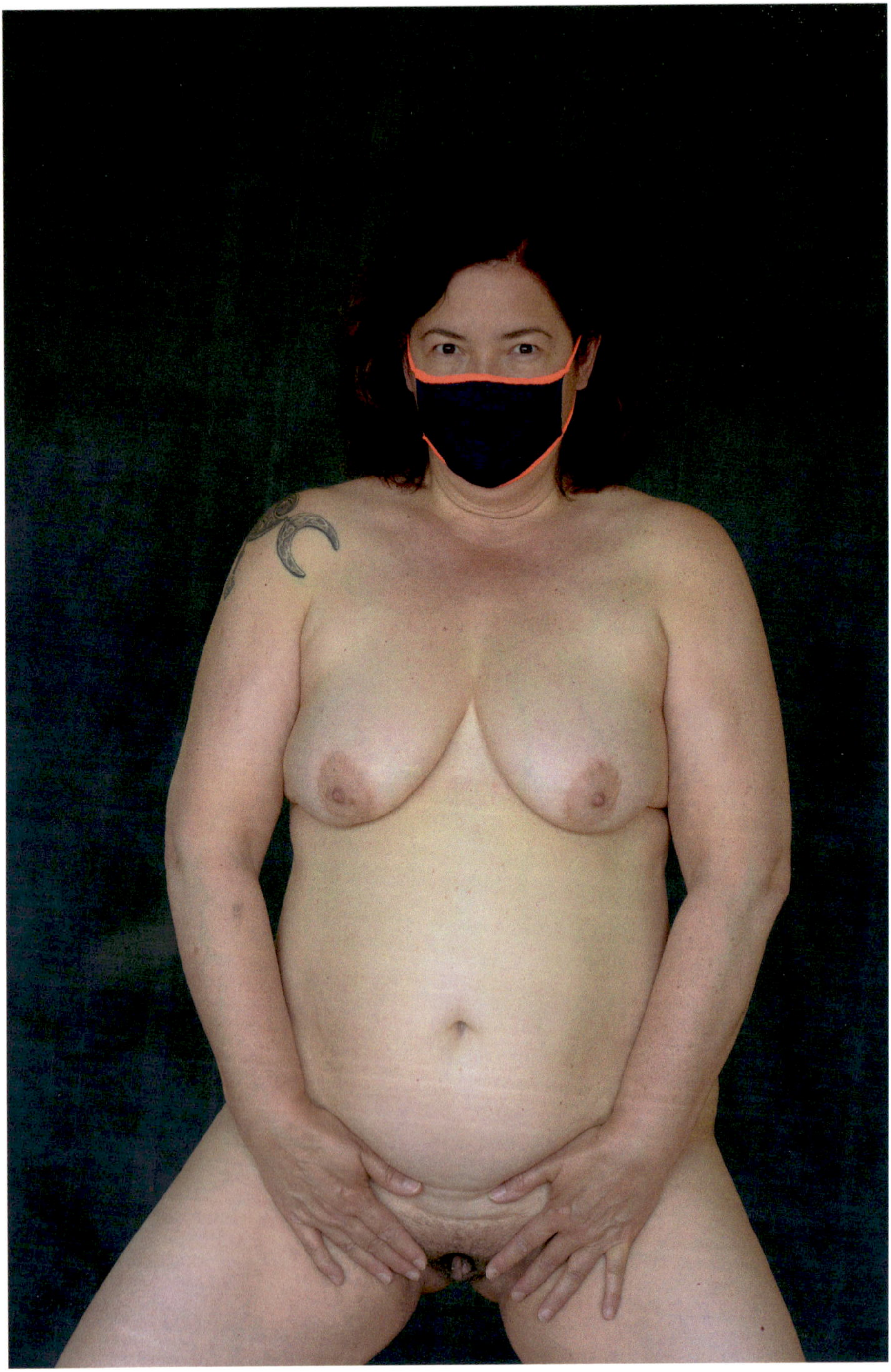

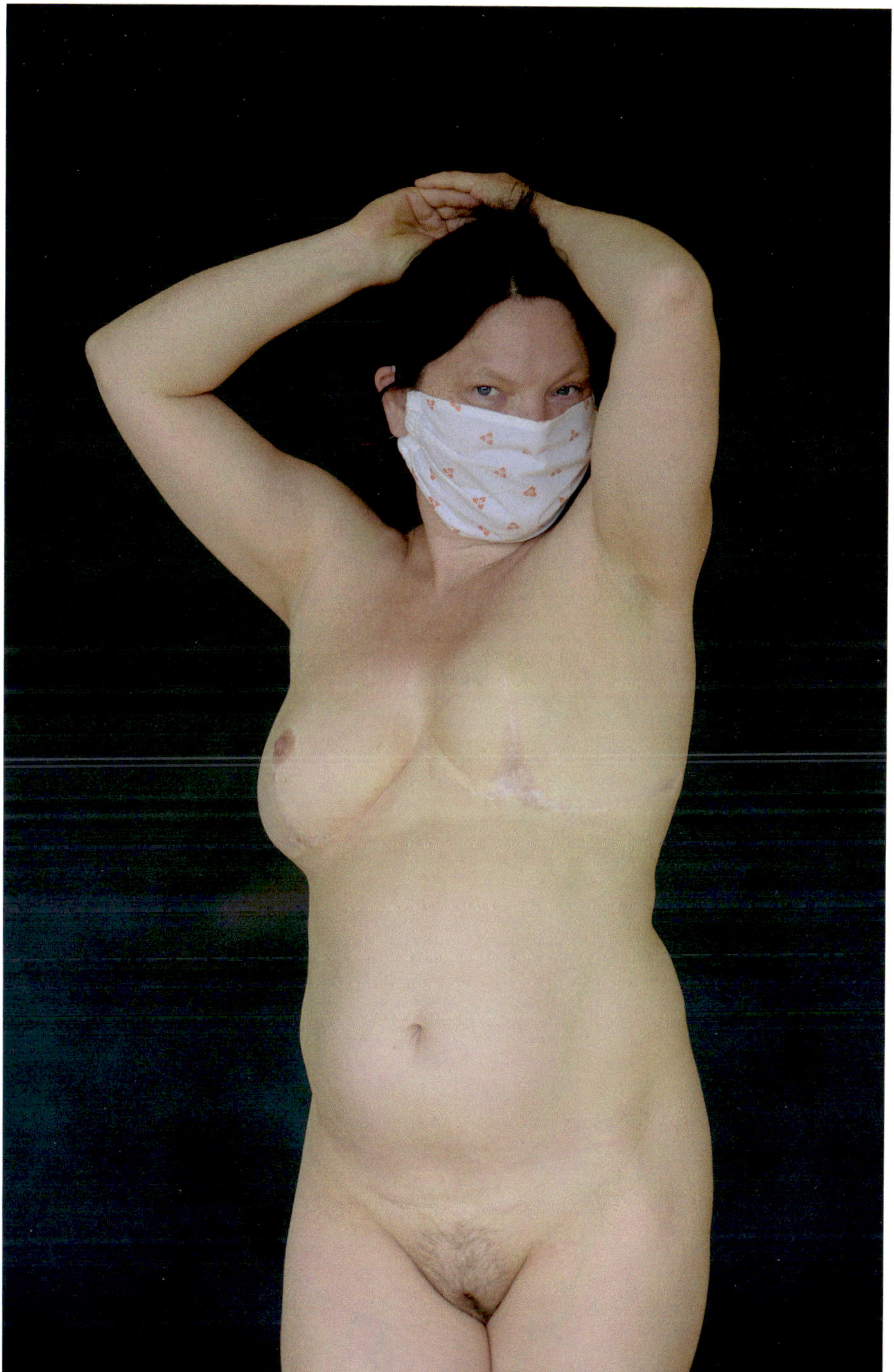

Eric d'Ange

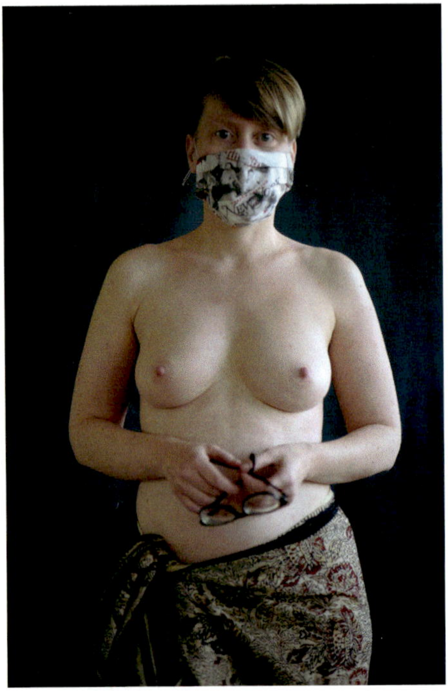
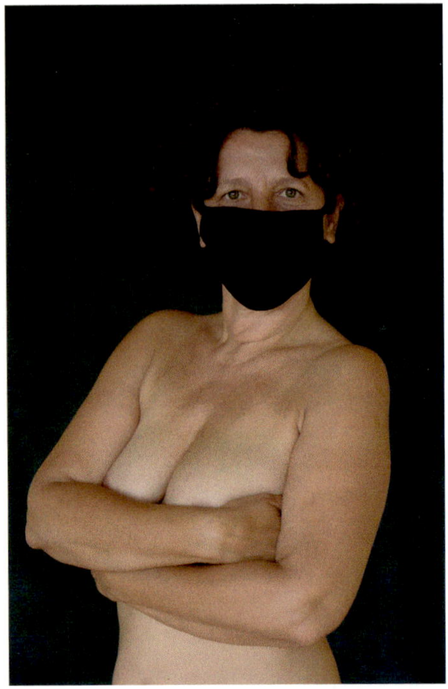
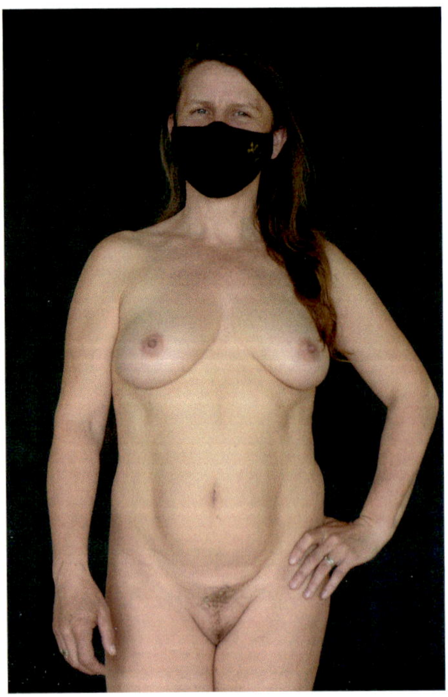
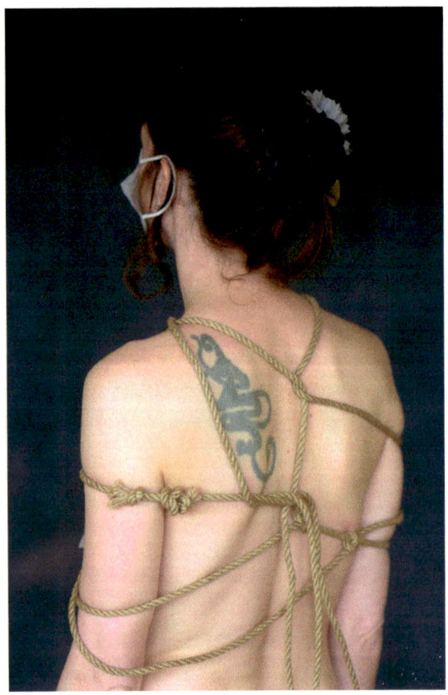

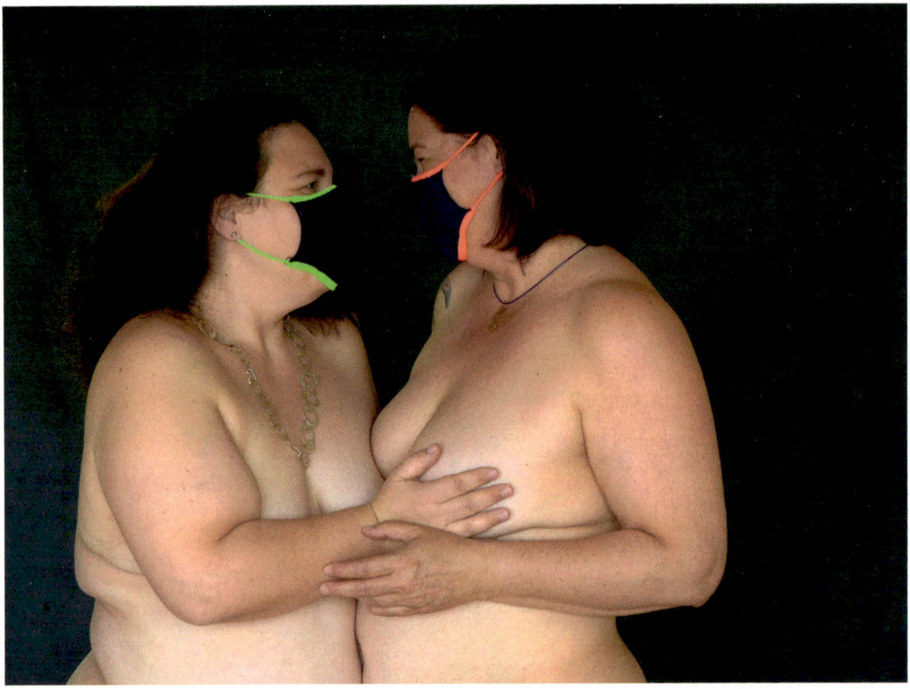

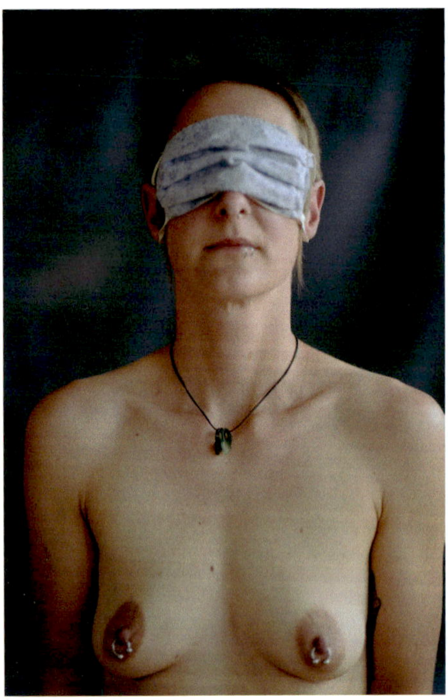

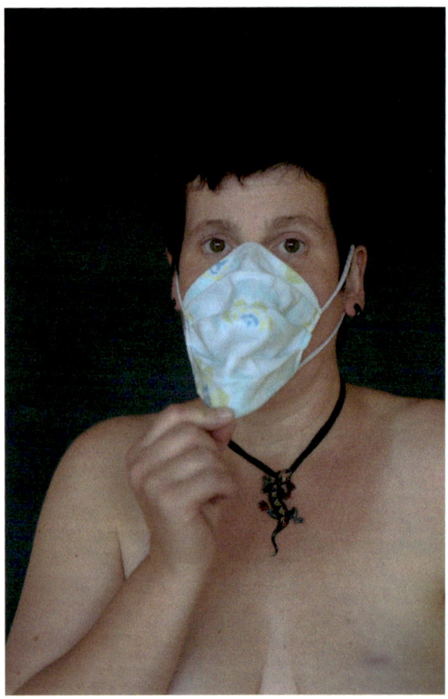

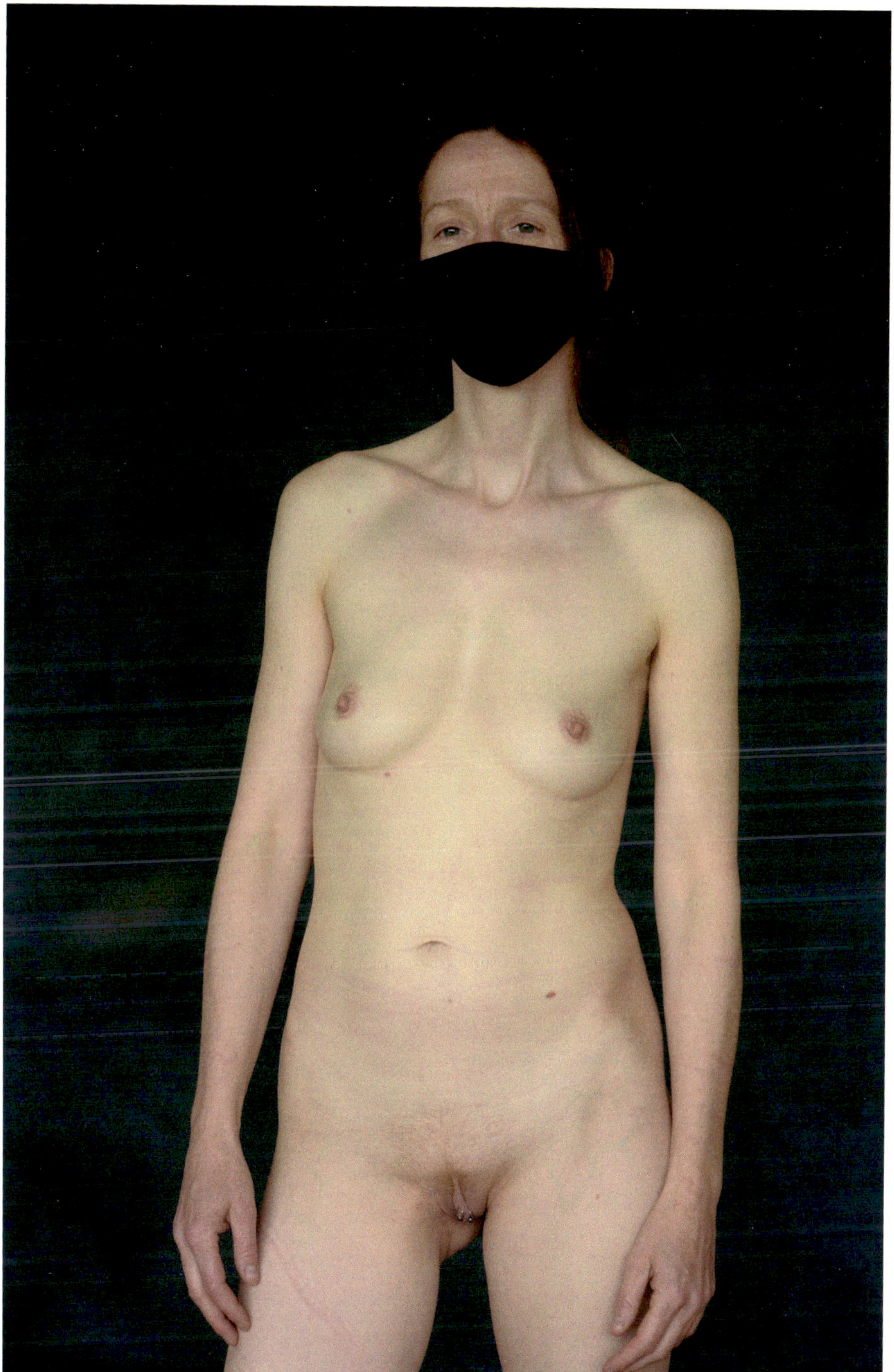

Oliver Baier

„Bewegt"

Auf meinem Nachttisch brennt Licht. Das Fenster ist nun geschlossen. Stille. Ich rieche noch das Steak vom Grill des Nachbarn. Immerhin.
Heute Abend wird es passieren. Zumindest hoffe ich das. Ich höre Schritte. Es klopft leise an meiner Tür. Dann lauter und energischer.
„Guten Abend", grüßt sie auf Niederländisch.
Die Tür öffnet sich und die Sonne geht auf. Ich erwidere nichts und schaue mir die Frau mit dem roten Bob an. Sie gefällt mir.
„Ich bin Konstanze, aber du kannst mich Conny nennen, Peter." Ihre Armreifen klimpern, als sie ihre Lederjacke auszieht. Meine Antwort bleibt aus. Ob sie mein Lächeln wahrnimmt? Conny öffnet ihre Handtasche und kommt näher. Sie legt eine Hand auf meine Schulter. Ihre warmen Hände beginnen sie zu streicheln. Conny benutzt ein Massageöl mit Sanddornduft. Ein Seufzer drängt von meinen Lippen. Sie selbst riecht so wie eine meiner früheren Freundinnen. Eva, Nicole oder Sabine? Doch wer legt heute noch Loulou auf?
Sie lächelt. Auf einem ihrer Zähne blitzt ein kleiner Brillant.
Conny schiebt die Decke zurück und setzt sich auf mein Bett. Als sie sich über mich beugt, sehe ich, wie ihr Hals pulsiert. Ich möchte sie gerne berühren und ihr zuflüstern, wie sehr ich mich freue. Auch, wenn es eine seltsame Situation ist. Ihre Hand streift meine Hose herunter. Mein Atem geht schneller. Ich beginne zu schwitzen. Ist das eine Gänsehaut?
„Warte noch einen Moment, Peter", sagt sie und begibt sich zur Tür. Ich höre, wie der Schlüssel im Schloss umgedreht wird. Jetzt sind wir allein.
Das Geräusch eines Reißverschlusses. Stoff wird auf den Stuhl neben meinem Bett geworfen.
Sie stolpert auf dem Weg zum Fenster. „Hier muss man ja höllisch aufpassen!" Sie schließt die Vorhänge.
Dann ist sie bei mir, öffnet den Träger ihres BHs und beginnt mich wieder zu streicheln. Ich schließe die Augen, versuche ihre Berührungen noch intensiver zu spüren. Das ist so lange her, würde ich ihr gerne zurufen und mich bedanken.
„Da hat jemand Nachholbedarf", höre ich sie sagen und spüre ihre Hand.
Er wurde in letzter Zeit oft berührt. Heute ist es anders. Sinnlich. Geil. Sie reißt die Packung des Kondoms mit den Zähnen auf und blickt mir dabei in die Augen.
Als ihr Mund die Hand ablöst, fühle ich mich wie ein ganzer Mann. Gern würde ich ihren Kopf fassen, ihre Haare spüren. Sie setzt sich auf mich, kurz verspannen meine Beine.
„Hey, willst du mich aus dem Bett treten?" Ihr Protest geht in meinem Gurgeln unter. Sie bewegt sich langsamer auf mir und ich kann sie sehen. Höre sie atmen. Mein Mund öffnet sich. Ich will rufen: „Hör nicht auf. Weiter. Reite mich." Doch meine Lippen schweigen. Wie immer.
Ich hatte erwartet, dass sie kühler wäre, wie eine Prostituierte.
Sie schaut mich liebevoll an. Conny berührt mein Gesicht und streichelt zärtlich meine Brust. Als sie meinen Penis umfasst und den Hoden knetet, fühle ich mich wie früher. Wenn ich mich bewegen könnte, würde ich sie jetzt auf den Rücken werfen und in

Besinnungslosigkeit durchvögeln. Jede Frau, mit der ich geschlafen habe, geht mir durch den Kopf. Sie stützt sich auf meinem Becken ab, bewegt sich schneller und wirft ihren Kopf in den Nacken. Dann explodiere ich. Konstanze steigt von mir, wirft das Kondom in den Mülleimer und setzt sich neben mich aufs Bett. Sie trocknet meine verschwitzte Stirn und fährt mir mit den Fingerspitzen durchs Haar.
„Du hast es echt noch ordentlich drauf, Peter. Hat Spaß gemacht."
Sie nimmt ihre Kleidung aus dem Rollstuhl neben meinem Bett. Zieht das Bettgitter nach oben. Mit einem Klick rastet es ein. Bevor sie in ihre Stiefel schlüpft, öffnet sie die Vorhänge.
In meinem Körper tobt wilde Freude. Auch wenn ich weder laufen noch meine Arme bewegen kann, schaffe ich es, „danke Conny", zu sagen, bevor meine Stimme wieder versagt.
Als Conny mich zum Abschied küsst, bin ich im siebten Himmel.
„Ich komme wieder, ganz bestimmt, Peter." Sie lächelt zweideutig, dreht den Schlüssel herum. Dann winkt sie zum Abschied und verlässt das Zimmer. Ich höre den Türknauf quietschen. Ich lächele. Es ist passiert.
Conny kommt nun alle zwei Wochen. Die Zusage der Krankenkasse zur Sexualassistenz ist großartig. Ich fühle mich lebendig.

RickB

Bana, fotografiert von Elena San Francisco

Bana Banana alias Encarnación Moral

El hastío

Te he mentido
y no es la primera vez.
Te he mentido
y tu no lo quieres ver.
Y yo me pregunto:
Hasta cuándo durará esta farsa?
Si aún seguimos juntos,
aún, sin hacernos falta.

Überdruss

Ich hab dich angelogen
und es ist nicht das erste Mal.
Ich hab dich angelogen
und du möchtest es nicht wahrhaben.
Und ich frage mich:
Wie lange wird diese Farce noch dauern?
Wenn wir trotzdem zusammenbleiben
sogar, ohne uns gegenseitig zu fehlen.

Bana, Emily Labeck, Red Chili

Sex

Sex, Sex , Sex, atmen!
Sex, Sex, Sex, leiden!
Sex, Sex, Sex, greifen!
Sex, Sex, Sex, schreien!
Zu dir oder zu mir:
Sex immer und wieder
Jetzt und hier!

Bana, fotografiert von Elena San Francisco

Bana, fotografiert von Elena San Francisco

Aisha, S. 73, Pseudonym.

Alexis W., S. 17, 22, 51, * 1972, El Hierro, lebt dort und in Madrid. Ausstellungen, Bildserien in den erotischen Jahrbüchern.

Alvarez, Tonia R., S. 23f, 28, * 1965 in Gijón/Spanien, studierte in der Escuela de Artes y Oficios in Tarragona und war Meisterschülerin bei Hermann Kaubisch. Freischaffende Malerin und Illustratorin in Berlin, Beiträge in mehreren „Auge"-Ausgaben.

Andrea, S. 152, * 1985, lebt in Frankfurt

Anonym, S. 208f

Asbeck, Isolde, S. 29, * 1970, Diplom-Theologin, Journalistin, verheiratet, 1 Sohn.

B., Anna, S. 16, Pseudonym einer Redakteurin.

Baier, Oliver, S. 344, Physiotherapeut im Rhein-Main Gebiet, Arbeit mit behinderten Menschen, verheiratet, 3 Kinder, Zivildienst in einem Wohnheim für geistig behinderte Erwachsene. Romandebüt in Arbeit.

Balducci, Roberto SaM, S. 86, 204, * 1960, Autor und Familientherapeut in Frankfurt, Bücher u.a. „Sieben von hundert" (Roman, im Verlag).

Ballhause, Gloria, S. 13, * 1980 in Erfurt, schreibt Kurzgeschichten und Erzählungen. Veröffentlichungen in Zeitschriften und Anthologien. Lebt in Berlin.

Bana Banana, S. 346, * in Córdoba, Andalusien, Performancekünstlerin in Berlin, tritt u.a. auf der Verlagsrevue „Love Bites" auf. Unter Encarnación Moral in „Mein heimliches Auge" 30, 31, 32.

Baumgart, Bernd,. S. 320f, 324f, * 1956 in Bad Langensalza, seit 1987 freischaffend als Maler und Grafiker in Halle, Beiträge in „Mein heimliches Auge" Nrn. 13 bis 17.

Bayerischerbeamtermitflügeln, S. 92f

Beck, Andrea, S. 196, Pseudonym einer Autorin.

Bellmund, Sabine, S. 190, * 1963 in Hannover. Au-pair in Spanien, Reise durch Griechenland,Türkei. Studium in Göttingen: Germanistik, Geschichte und Ethnologie. Aufenthalte in Sri Lanka, Thailand, Indonesien und Nepal. Promotion in Hamburg. Seit 1988 an der Uni im Bereich Sprachwissenschaften tätig. Seit 2008 lebt sie mit ihrem Mann auf Teneriffa, schreibt und arbeitet an der Universität in La Laguna. Reisen nach Indien, Myanmar, Äthiopien, Jordanien, Namibia, Marokko, die Mongolei ... „am liebsten wandernd, manchmal zu Pferd."

Berger, Julia, S. 170, * 1995, lebt in Berlin.

blume (michael johann bauer), S. 296, *29.06.1979 in schrobenhausen; ich lebe circa augsburg. habe forstwirtschaft in weihenstephan, freising, studiert & arbeite in einem kindergarten. poesie, indes, ist mein leben, meine grosze liebe: dies zieht sich stringent durch meinen alltag. veroeffentlichungen: noch relativ aktuell unter anderem in manuskripte 224, das narr 27, mosaik 30, & radieschen 51, syrinx 6, kalmenzone 15, the transnational 7.

Breitenbach, Anna, S. 92, * 1952 bei Bebra/Hessen, Studium Germanistik, Politikwissenschaft. Journalistenschule München, Reporterin und Autorin für den SWF. Nach 1980 freie Autorin, Poetin, Künstlerin, Performerin. Ständige Installationen: Die Gedichtekiste (Stadtbibliothek Stuttgart), Das Schaufenstergedicht. Ausstellungen poetischer Objekte. Sie lebt in Esslingen und Elmo di Sorano/Italien. Letztes Buch: Häuserdichte. Fanzine mit Gedichten, Zeichnungen Maren Profke, dieUmweltDruckerei, Hannover 2018. www.annabreitenbach.de

Buchholz, Jürgen, S. 320, * 1966 in Düsseldorf. Hat nach einer Berufsausbildung und Tätigkeit als Buchhändler Germanistik und Philosophie studiert. Hauptberuflich arbeitet er als Lehrer in Marl. Mit großer Begeisterung absolviert er das Fernstudium „Prosaschreiben" bei der „Textmanufaktur". Lebt in Bottrop.

Buschendorf, Gerd, S. 123, * 1956 in Gera, Baufacharbeiter, seit 1982 freiberuflich Maler, Ausstellungen. Beiträge auch in „Mein heimliches Auge" 25 und 31.

Cann, Brian, S. 145ff, 176ff, (www.briancann.com). Fotograf, wohnhaft in Waldenbuch bei Stuttgart. Britisch/Amerikanisch. Spezialisiert auf Menschenfotografie, u.A. mehrere Projekte in der Erotikfotografie, hauptsächlich mit Menschen über 40.

Carl, Carla, S. 23, Pseudonym einer Redakteurin.

Casper, Sigrun, S. 230, * 1939 in Kleinmachnow. Industrienäherin, Stoffmusterentwerferin, Verkäuferin in der Deutschen Bücherstube (Berlin Mitte), Flucht 1961. Pädagogikstudium, Lehrerin an einer „Sonderschule", Autorin. Bücher zuletzt. „Unterbrochene Schienen" (Ostwestgeschichten), „Wortschätzchen 2.0" (2020). (Mit)-Herausgeberin verschiedener Ausgaben von Konkursbuch. Walter-Serner-Preis.

Centaura, S. 172, in den 90ern Kurzgeschichten geschrieben, dann lange nichts, und seit 2 Jahren schreibt sie wenig jugendfreie und oft polyamouröse Fanfiction über ihre Lieblingsheldinnen auf ArchiveofOurOwn. Trash Erotica #1 hat sie für den Lesbian Trash Erotic Salon im Prinz Eisenherz Buchladen geschrieben. Es ist ihr erster im Druck erscheinender fiktionaler Text.

Costeau, Yvette, S. 180f, 184, Fotografin, Model, Rothenburg,

d'Ange, Eric, S. 333ff, Projekt-Pseudonym des Fotografen Erik Engelhardt, der sich mit seiner Frau Steffi für Körperbewusstsein und sexuelle Bildung engagiert. Langzeitbuchprojekt „Lovers".

Döpp, Hans-Jürgen, S. 124, 155, 159, 182f, 285, Sammler, www.venusberg.de

Dupouy, Alexandre & Jocelyne, S. 69, 175, 241, 244f, 249, Paris, sammeln historische erotische Fotografien, Galerie „Les Larmes d'eros". Ihre eigenen Bilder wurden analog schwarzweiß fotografiert. Jocelyne gestaltete mit Requisiten und Kostümen, Alexandre fotografierte. Eine Auswahl wurde handkoloriert (für Scènes d'intérieur" und „Scènes orienales"), spätere Arbeiten wurden mit Computer koloriert (für „Scènes libertines").

Fedderke, Dagmar, S. 41, 47, unveränderte Auszüge aus ihrem Originaltagebuch. Die Zeichnungen sind „Computerkunst", am Mac enstanden. 1989 gab sie ein computergedrucktes Büchlein „Dürer-Paris" über ihre Anfangszeit in Paris (Auflage 100) heraus. 1993 Debüt, „Die Geschichte mit A." (heute 10. Auflage, ein autobiografischer Roman über ein sadomasochistisches Liebesverhältnis in Paris.) In Norddeutschland aufgewachsen, studierte in Hamburg Psychologie, dann Kunst an der Hochschule für Bildende Künste.Ausstellungen, Wandmalereie, Bühnenbild. 1989 zog sie nach Paris, lebt jetzt an der Loire.

Feuerbach, Olive, S. 236, lebt in Süddeutschland und Frankreich, ihr Brotberuf hat, ohne Witz, mit Handschellen zu tun. Bücher: „Sommerkrimi" und „Schmutziger Mord". In ihren Krimis spielt SM eine Rolle. Als der Fall gelöst ist, gibt Vera ihrer Freundin Teresa die Aufgabe, Fantasien und Wünsche zu notieren: daraus wurde das Zusatzbuch „Teresas Berichtsheft".

Flüh, Torsten, S. 217, lebt, lehrt und bloggt in Berlin. 1994 ging er auf Einladung der Fudan Universität Shanghai als Lektor für deutsche Sprache und Kultur in die Volksrepublik China. 1997 bis 2001 arbeitete er am University College Dublin als DAAD-Lektor. Seither zahlreiche Lehraufträge an Universitäten in Berlin, Marburg, Oldenburg und Erlangen. Sein Blog http://nightoutatberlin.de reflektiert und erforscht sprachliche Prozesse, Kulturen, Literaturen und Künstliche Intelligenzen. Zuletzt erschienen Beiträge von ihm in „Konkursbuch 56. Tod" (2020).

Geiser, Judith, S. 236f, 239, ist seit über zehn Jahren leidenschaftliche Aktfotografin und liebt die kunstvolle Darstellung der Verbindung von Raum und Körper. Sie publizierte in Zeitschriften und Büchern. Ausstellung zusammen mit dem Verein nudeART.ch im November 2019 in der Photobastei Zürich. Jährlich gibt sie einen eigenen Aktkalender heraus. www.blick-felder.ch

Gliwa, Ute, S. 233, * 1972, lebt nach langjährigen Auslandsaufenthalten mit ihren beiden Kindern in Berlin, Gründerin, Herausgeberin und Chefredakteurin von Séparée, Roman „Alberta und ihre Männer" im Verlag.

Goyd, Julija, S. 18, 20f, 352, *1979 in Vilnius (Litauen), lebt in Berlin.Studierte Ökonomie. Arbeit im Finanzsektor, später als Modedesignerin, seit 2010 Fotografie und Film. In der Serie „Emates" destilliert sie erotische Inhalte aus stereotypen pornografischen Bildern heraus, durch Bearbeitung und Veränderung des Hintergrunds. www.julijagoyd.com

Grab, Titus, S. 38, Bildhauer, Installationen, soziale Kunstprojekte, lebt in Wiesbaden.

Green, Goodyn, S. 31, 171, * 1979 in Aalborg, Dänemark, Neue Schule für Fotografie, Berlin. Queer-Porn-Filme. Mehr Bilder in verschiedenen Ausgaben „Mein lesbisches Auge".

Groß, Beate, S. 46, ist eine Ostberliner Pflanze und folglich ein Produkt der weiblichen Emanzipation in der DDR. Flirten im Westen findet sie wegen unterschiedlicher Codes anstrengend. Einfacher ist es mit Nichteuropäern, weil man sich mit dem Vorsatz trifft, die eigenen Codes mal nicht in den Vordergrund zu rücken und neugierige Freundlichkeit zum Zuge kommt.

Grünberg, Sophia, S. 179, * 1979, Pornosophin. Pseudonym. Sie arbeitet als Philosophiedozentin an einer Universität in Deutschland. Weitere Kurztexte in „Mein heimliches Auge" 23, 25, 34.

Gussek, Karl-Diether, S. 107, 182, * 1929, war Professor für „Sozialistische Landwirtschaftliche Betriebsführung" an der Martin-Luther Universität Halle. Als man ihm verbot, über LPG zu reden, trat er unfreiwillig ab. Weinkenner, Sammler, Bücher zur Kulturgeschichte des Weins, Ab und zu mit Grafiken und Exlibris seiner Sammlung in „Mein heimliches Auge".

Hald, Thomas, S. 163, * 1967 in München, Studium des Sozialwesens, Diplomsoziologe im Resozialisierungsbereich, seit 2007 Bewährungshelfer beim Landgericht München.

Halvax, Verena, S. 106, Studium Germanistik und Betriebswirtschaft, Leondinger Akademie für Literatur, Ausbildung Schreibtherapeutin. 6 Jahre Werbetext in Agenturen in Wien und Linz. Seit 1996 selbständig in Text/Redaktion, freie Redakteurin für „Welt der Frauen", seit 1/2015 Leiterin von Workshops zu kreativem Schreiben, 2019/20 Lehrauftrag Kunstuniversität Linz. Letzte Buchveröffentlichung: „Am Kippen" (Roman, sisyphus Verlag 2020). Aktuelle Auszeichnungen, Projektstipendium Stadt Linz 2020, Literaturstipendium Land Oberösterreich 2020.

Hansen, Dirk, S. 156

Hansen, Matthias, S. 223, Hobbykoch, Hobbyfotograf.

Hederich, Stephan, S. 191, 228f, in Köln geboren, Fotograf, lebt in Tatamagouche, Kanada.

Heyden, Joachim, S. 253, 328, * 1957. Linguist, Preisträger beim „Gratwander"-Wettbewerb der Zeitschrift „Playboy". Lyrik, experimentelle Texte, erotische Prosa. Lebt und arbeitet in Kiel.

Hoffmann, Sven, S. 265, 267, * 1965, Sportstudium, Hochschule der Künste Berlin, Lehraufträge für Fotografie, Buch. „Ich bin so wild nach deinem großen Zeh".

Holz, Regina und Jörg, S. 62, schickten uns zum 25. Jahrestag des Mauerfalls 2014 eine große Kiste mit Negativen erotischer Schwarzweißfotos, die sie seit den 70er Jahren machten und in ihrem Badezimmer entwickelten. Sie fotografieren auch heute noch (natürlich in Farbe). Bilder seit Nummer 29 in vielen Auge-Ausgaben.

Hopf, Rinaldo, S. 196, 202, 216, 212, * 1955 in Freiburg, Maler, Kurator, Fotograf und Mitherausgeber von „Mein schwules Auge" (Nr. 3 bis 14/15 zus, mit Axel Schock, ab Nr. 16 zus. mit Fedya Ili). 2 Fotobücher und „Trickster" (Malerei). www.rinaldohopf.com

Hornauer, Jan-Eike, S. 151, *1979 in Lübeck, leidenschaftlicher Textzüchter (freier Autor, Herausgeber, Lektor und Texter), wohnt in München. Studium der Germanistik und Soziologie in Würzburg. Bücher u.a.: „Das Objekt ist beschädigt. Zumeist komische Gedichte aus einer brüchigen Welt" (muc Verlag). Zweiter Vorsitzender des Münchner Künstlervereins Realtraum, freier Redakteur bei „Das Gedicht blog". Zweifelsohne einer der größten Literaten Deutschlands (exakt zwei Meter Körperlänge). www.textzuechterei.de

Ili, Fedya, S. 199ff, * 1980 in Kirov, Russland, Fotograf, lebt in Berlin. An Nr. 16 Mitherausgeber von „Mein schwules Auge". www.ifedya.com

Jäger, Christoph, S. 77, *1978 in der DDR, lebt in Bremen. Seine Arbeiten bewegen sich im Feld zwischen Ereignis und Aufzeichnung darstellender Künste. Im Zentrum steht die Übersetzung von Sprache und innerer Bewegung in Fotografie und Film. www.christophjaeger.de

Jana, S. 74, 153, 187, fotografiert ihre Freundinnen privat.

John, Peru, S, 89f, * 1955 in Edersleben, bis 2020 in Halle/Saale, jetzt in Klosterlausitz. Gründete Agentur Image-Fabrik, Beiträge in „Mein heimliches Auge" 32, 33, 34.

Jung-Kostick, Oliver, S. 326, * 1963, schreibt seit 1977 und hat bislang überwiegend in deutschsprachigen Literaturzeitschriften veröffentlicht. Die „Auge"-Reihe hat ihn maßgeblich beeinflusst, dass und wie er über Erotik schreiben kann.

Kahn, Andreas Maria , S. 66, 252, 288f, 291, 293ff, * 1969 in Braunschweig, Fotograf, Berlin. Aktuelles Fotobuch HOMO SAPIENS SEXUS, Verlag Ralf Liebe 2018.

Karlotti, Ria, S. 123, * in Österreich, neben dem Lesen ist Theater ihre zweite große Leidenschaft. Als Kommunikationschefin eines größeren Unternehmens hat sie auch beruflich viel mit Sprache zu tun. Verschiedene Veröffentlichungen, u.a. eine Erzählung in „Mein lesbisches Auge 20".

Karsten, Thomas, S. 5, 40, 311ff, * 1958 in Eisenach, lebt in Uffenheim bei Würzburg in einer ehemaligen Kirche. Fotografiert für Zeitschriften und Magazine. Einzelausstellungen und Ausstellungsbeteiligungen. Viele Bücher mit Aktfotografie, die letzten erschienen in limitierten Auflagen, u.a. „Chinese Women". In Vorbereitung für 2021: „from a second view" Nudes.

Kollektiv, S. 129ff, drehte den multisexuellen „Pornofilm", „Sex in Times of Corona", der u.a. in WDR und ZDF vorgestellt wurde und sich gegen eine Spende für in Not geratene Sexarbeiter*innen herunterladen lässt. https://meow.wtf/2020/04/17/corona/

Kosz, Kater, S. 118, 184, lebt in Berlin. Seit über 20 Jahren immer wieder Bildbeiträge in „Mein heimliches Auge", u.a. Ausgabe 21.

Kozlov, Evgenij, S. 195, Künstler aus Leningrad, lebt in Berlin, Buch mit erotischen Zeichnungen: Leningrader Album.

Kress, Alexander, S. 74, * 1960 in Heilbronn, schreibt journalistische Texte, Prosa und Theaterstücke. Auszeichnungen.

Kühn, Michael, S. 271ff, * 1964 in Wittenberg, Theologiestudium, Friedhofsgärtner, Ausstellungen mit Malerei. Er malte für uns ein erotisches Kommespiel mit vorwiegend lesbischen Motiven und ein erotisches Skatspiel mit schwulen Motiven.

Kuschel, Yvonne, S. 160ff, * 1958 in Danzig, 1972 in den Westen ausgewandert, Malerin, Illustratorin, Buchgestalterin und Autorin. Auszeichnungen. Professorin für Zeichnen an der Hochschule für Grafik und Buchkunst in Leipzig. Lebt mit Familie in Leipzig. Bücher mit Miniaturtexten und Zeichnungen u.a. „Busenwunder" (Secession Verlag für Literatur). yvonne-kuschel.de

Langer, Christine, S. 83, * 1966 in Ulm, Prosa, Lyrik, Literaturkritiken. Auszeichnungen u. a Großes Literaturstipendium des Landes Baden-Württemberg, Stipendium der Villa Vigoni, Italien, Der Lyrikband „Lichtrisse" war „Buch des Monats", zuletzt: „Körperalphabet", Gedichte (Klöpfer & Meyer, Tübingen, 2018)

Lay, Laura, S. 142, * 1974 in Lutherstadt Wittenberg, ist das offene Pseudonym von Antje Wagner. Antje Wagner schreibt vorwiegend Jugendbücher, die mehrfach ausgezeichnet wurden. 2012 nahm die FAZ Antje Wagner in den Kanon der „20 besten Autor*innen unter 40 Jahre" auf. Als „Laura Lay" schreibt sie erotische Literatur. Ihr erotischer Roman „Flamingofeuer" (2018 Ulrike Helmer Verlag) wurde für die Hotlist 2019 nominiert.

Löchle, Dieter, S. 250, * 1952 in Konstanz, Studium der Literaturwissenschaft und Kunst in Tübingen (MA), Oxford und Cambridge. Lebt und arbeitet in Tübingen. Die Bilder entstanden als Original-Plakate 1995 für eine Ausstellung der FH Reutlingen zum Thema der maltesischen Tempel, Ggantija, ein Tempel auf Gozo, Gummischnitt/Druck mit Lastwagen-Schläuchen ... 2020 für „Mein heimliches Auge" geschnitten und bearbeitet. Kunst-Kalender „Eight Days a Week 2021" (bei Interesse können Sie gerne über den Verlag nachfragen). vogelvogel.wordpress.com

Luthardt, Thomas, S. 139, 212, * 1950, lebt in Berlin-Friedrichshagen. Facharzt für Allgemeinmedizin. Kinderbücher, Erzählungen, wurde vor allem durch seine Lyrik bekannt. Bücher u.a.: „Assistenz" (Mitteldeutsche Verlag 1982), „Der Mond hält Hof" (2013) und „Das sanfte Bellen der Libellen" (2017; beides Verlag Hagen Friedrichs). Beiträge in vielen Ausgaben von „Mein heimliches Auge" und „Mein schwules Auge".

Lynn, Ulrike, S. 97, * 1980 in Erfurt. Studium der Neueren Deutschen Philologie und Philosophie an der TU-Berlin. 2011 Promotion im Fachbereich Semiotik. Derzeit lebt sie mit ihrer Familie in Chemnitz. Schon früh widmete sie sich dem Schreiben eigener Texte und begab sich auf die Suche nach einer ‚persönlichen Sprache'. Veröffentlicht hat sie unter anderem fünf Gedichtbände beim Verlag Fraktalwerk, und mehrere Kurzgeschichten in verschiedenen Anthologien. www.ulrikelynn.com

Marcato, Ben, S.94ff, geboren im Ruhrgebiet, Ingenieursausbildung, Fotograf (Autodidakt). In einigen Auge-Ausgaben.

Martin, Gigi, S. 262, *1935, ihr erstes Buch war einer der ersten Lesbenromane nach dem Ende des Zweiten Weltkriegs, „Geh vorbei, wenn du kannst" erschien 1960. Danach weitere Romane und erotische Erzählungen mit lesbischen, heterosexuellen und schwulen Protagonist*innen und zu SM, einige Veröffentlichungen in früheren Auge-Ausgaben.

Menendez, Steven, S. 213ff, Fine Art Fotograf, mehrere Auszeichnungen, New York City. Schwerpunkt seiner Fotografie ist die männliche Form. StevenMenendez.com, Instagram, Steven_Menendez_Official. „Love and Tenderness" wurde in Fire Island New York aufgenommen, Models, Darius Irving Omari Russell, Alec Rugo.

Michelkevičiūtė, Snieguolė, S. 65, 257, 261, * 1953 in Kaunas, Litauen, seit 1984 Ausstellungen und Ausstellungsbeteiligungen mit Fotografie. Aus ihrem Projekt „Frauen über Männer" Bilder in verschiedenen Ausgaben von „Mein heimliches Auge".

Milena, S. 260, Pseudonym einer Autorin.

Möhle, Kerstin, S. 186, * 1973 in Leipzig, wohnt in Sindelfingen, verheiratet, 2 Kinder. Längerer Auslandsaufenthalt in Asien (4 Jahre Tokyo, 3 Jahre Seoul, 2 Jahre Peking). Buch: „Tokyo ist mehr als nur Sushi, Sake und Sumo" (Projekte Verlag Cornelius).

Muhr, Kevin, S. 118, Pseudonym.

Müller, Anja, S. 172ff, 1971 in Ostberlin, erste Veröffentlichungen 1998 u.a. in „Mein heimliches Auge 13" oft in den erotischen Jahrbüchern. Fotobücher. Zuletzt „Frauen 2" und „Paare 2".

Oflas, Gülizar, S. 79, 37 Jahre alt, geboren und aufgewachsen in Deutschland als Kind einer Gastarbeiterfamilie. Schon früh begann sie Gedichte zu schreiben, Der Spagat, zwischen zwei Kulturen aufzuwachsen, fiel nicht immer leicht. Daher war es ihr immer schon ein großes Anliegen, ihre Träume zu verwirklichen. So hat sie ihren ersten Gedichtband auf Englisch veröffentlicht. Alleinerziehende Mutter von zwei Kindern, hört dieselbe Musik wie ihre Kinder, daher war der Schritt, Gedichte auch auf Instagram zu veröffentlichen, ein leichter: https,//instagram.com/pos_poetry2?igshid=1768kjknfv6j und https,//instagram.com/pos_poetry?igshid=1o550n5yw5ydn - Dt. Seite im Aufbau.

Ortega, Manel, S. 187, 263, 269, Fotograf in Brighton, veröffentlichte in verschiedenen Ausgaben von „Mein schwules Auge", manelortega.co.uk

Pacem, Holger, S. 285, Pseudonym, bekleidet eine leitende Position im technisch-wissenschaftlichem Umfeld, wissenschaftliche Publikationen, ein erster Text erschien in „Mein heimliches Auge" 31

Pascin, S. 326f, Maler,* 1985 Bulgarien, † 1930 in Paris, Buch „Pascin erotique" (hrsg. Alexandre Dupouy, über Verlag).

Pepper, S. 84ff, Fotograf in Berlin, Fotobuch „Snapshot Beauties" über den Konkursbuch erhältlich. Beiträge in „heimlichen Augen".

Pérez Vernetti, Laura, S. 101f, 111, 331, Comic-Zeichnerin, Illustratorin. Buch mit erotischen Zeichnungen: „sin permiso/ Ohne Erlaubnis" im Verlag, sie zeichnete für viele Ausgaben von „Mein heimliches Auge" und „Mein lesbisches Auge".

Peters, Markus, S. 63, * 1965 in Köln, Redakteur und Autor. Zahlreiche literarische Veröffentlichungen, sieben Einzeltitel, mehrere Auszeichnungen, zuletzt 4. Preisträger Schreibwettbewerb „30 Jahre Mein heimliches Auge" 2015, 1. Preis beim Leverkusener Short Story Wettbewerb 2017.

Pitsch, Wolfgang, Sammlung, S. 125ff.

Plotz, Saskia, S. 168, Einsendung zum Schreibspielwettbewerb in dem Onlineminiaturbuch zu Ines Witka, „Dirty Writing".

Pollux, Jo, S. 32f, 36, 129 ff (im Kollektiv). Akademie der Künste in Wien, beschäftigt sich mit Begehren, kink, BDSM und Fantasie. Fotobuch im Verlag: „As You Wish My Lady".

Pranke, Rosa Lilith, S. 285, * 1987, Punksängerin, Feministin, freie Autorin.

Rathenow, Lutz, S. 123, 133, 138, * 1952 in Jena, zweimal in Haft, lehnte Ausreiseangebote ab. Rundfunkkolumnist, Autor. Seit 2011 sächsischer Landesbeauftragter zur Aufarbeitung der SED-Diktatur. Buchveröffentlichungen, zuletzt (m. Harald Hauswald), „Ost-Berlin. Die verschwundene Stadt" (Jaron Verlag). Beiträge in früheren Auge-Ausgaben und in Konkursbuch 56, „Tod".

Reifenstahl, Sabine, S. 48, lebt in Mecklenburg. Beruflich mit Zahlen und Fakten beschäftigt, lässt sie sich in der Freizeit in die Welt der Sagen und Legenden entführen. Sie erzählt von fremden Welten, zeigt mythische Länder oder menschliche Grenzbereiche. Dabei wirbt sie für Toleranz. Viele Kurzgeschichten in Anthologien, ihr Romandebüt erscheint voraussichtlich 2020. www.sabinereifenstahl.de

Reimann, Andreas, S. 224, * 1946 in Leipzig, Schriftsetzerlehre, Studium der Literatur, zwei Jahren Haft wg. „staatsgefährdender Hetze", danach u.a. Transportarbeiter, Brauereihilfsarbeiter. Autor von Lyrik, Auszeichnungen. Buch „Die männlichen Zeitalter" mit erotischen Gedichten und Zeichnungen im Verlag.

RickB alias Othmar Bahner, S. 3, 16, 26ff, 122, 179, 285, 345, * 1965, lebhaft im Rheinland. Porträt und Akt. Bücher im Eigenverlag. www.deviantart.com/rickb500. In mehreren Auge-Ausgaben.

Ruf, Sonja, S. 302, wuchs im Nordschwarzwald auf, lebt z.Z. in Saarbrückeen. Seit 1990 Veröffentlichungen, viele Stipendien, zuletzt Stadtschreiberin in Gotha und Stipendiatin in Wiepersdorf. Bücher, zuletzt „Im Glanz der Kontrolle" (Roman, 2020).

Sarfati, Patrick, S. 186, Fotograf, Paris.

Schittko, Clemens, S. 185, * 1978 in Berlin (Ost). Ausgebildeter Gebäudereiniger und Verlagskaufmann. Arbeitete u. a. als Fensterputzer, Lektor, Beifahrer, Kirchwart, Gärtner und Tresenkraft. Karin-Kramer-Preis für widerständige Literatur 2018. Zuletzt erschienenen: William Shakespeare: Sonnets / Sonette (Moloko Print, Schönebeck 2019). Lebt in Berlin(-Friedrichshain).

Schletterer, Siljarosa, S. 124, * 1991. Studium der Musikwissenschaft und Vergleichende Literaturwissenschaft, lebt in Innsbruck, schreibt Rezensionen und Kritiken in Magazinen. 2018–2020 Konzeption/Redaktion/Moderation der Lyriksendung „wortflAIR", im Organisationsteam des Lyrikfestivals W.ORTE Innsbruck, Vorstandsmitglied der IG Autorinnen Autoren Österreichs. Letzte Veröffentlichung: „im werden begriffen", in, Christoph Leisten und Anton G. Leitner, DAS GEDICHT – Dichter an die Natur, Weßling b. München 2019.

Schmidt, Uve, S. 11, * 1929 in Wittenberg, lebt in Frankfurt/M. Über 20 Buchveröffentlichungen mit Lyrik und Prosa. Sein erstes Buch „Mit Rattenflöten" erschien 1960 in der Eremitenpresse. 1978 Tagebuchroman „Ende einer Ehe" im März Verlag, der Bestseller wurde. Zuletzt u.a. „Welt unter" (Gedichte mit Grafiken von B. Jäger). Mitgründung heimliches Auge, von Anfang an dabei.

Scholz, Grit, S. 119, * 1965 in Leipzig, lebt in Elsteraue. Vortragsreisen, Ausstellungen, Workshops. Beschäftigt sich mit einer befriedigenden Sicht auf den weiblichen Körper. Ihr Fotobuch „Das Tor ins Leben" ist über den Verlag erhältlich.

Schon, Jenny, S. 67, * 1942 in Trautenau (Trutnov, Böhmen), Autorin, sie lebt in Berlin, Romane, Essays, Prosa, Lyrikbücher, Auszeichnungen u.a. Andreas-Gryphius-Preis für das Lebenswerk.

Schönefeld, Dora (Dagmar Schumann), S. 113, 116, *1938, † 2016, Leipzig. Autorin und Malerin, schrieb immer wieder im „heimlichen Auge", Ende 2015 schrieb sie uns: „Ich bin nun schon zum 8. Mal dabei. Es ist immer eine große Freude. Ich hoffe natürlich, dass ich auch weiterhin …"

Schulz, Astrid, S. 11f, * 1972, freiberufliche Fotografin mit Schwerpunkt Porträt und Akt, arbeitet in Bremen, Ausstellungen. Bildbeiträge in mehreren Ausgaben „Mein heimliches Auge".

Seger, Andreas, S. 163, * 1962, verheiratet, 3 Kinder, Musikredakteur beim SWR.

Seydel, Detlef, S. 164, * 1945, verheiratet, 3 Kinder, emeritierter Mathematikprofessor. Veröffentlichung von Kurzprosa, u.a. auch in „Mein heimliches Auge" 30.

Siegel, Michael, S. 104f, 193, Fotograf in Berlin, Veröffentlichungen in frühen Ausgaben von „Mein heimliches Auge" ab Nr. 7.

Simon, Marga, S. 228, * 1919 in Trier, †2005 in Berlin. Garderobiere im Theater. Buch: „Wie das Meer", mit Originalgrafiken, Auflage 30, hrsg. von Gerd Micha Simon (sein Pseudonym: Simon Traston, *1929,† 2016) aus ihrem Nachlass 2006. Veröffentlichungen in verschiedenen Ausgaben von „Mein heimliches Auge"

Siurek, Kat, 32f, 35f, Fotografin, die sich auf die Verbindung zwischen Mensch und Natur konzentriert. Sie sucht nach Wegen, mit dem menschlichen Körper und der Natur zu kommunizieren.

Solivan, Ester, S. 103, Jewish UnAmerican Princess aus dem Bildungsprekariat mit transatlantisch-unübersichtlicher Familiengeschichte. Schreibt, lehrt und liebt Literatur in unterschiedlichsten Formen. Lebt im Norden, studierte im Süden und liebt derzeit gen Osten.

Sonntag, Michael, S. 52, * 1978, Autor, Künstler, Kultur- und Literaturwissenschaftler, Hohenst.-Ernstthal.

Spriewald, Bernd, S. 143, 328f, * 1957, Studium der Kunst in Braunschweig, freier Maler in Petershagen.

Stelling, Rasmus, S. 152, fotografiert seit 20 Jahren digital, veröffentlicht in Internet-Galerien, wohnt bei Frankfurt/ M.

Stielow, Christian, S. 81, * 1986 in Husum, Ausbildung zum Buchhändler, Studium an der FU Berlin Geschichte und Publizistik, Master Public History. Seit 2017 mit Partnerin in Radolfzell/ Bodensee, Öffentlichkeitsarbeit in der Naturschutzstiftung EuroNatur. In der Freizeit leidenschaftlicher Vogelbeobachter. Veröffentlichungen zahlreicher Gedichte und Kurzgeschichten.

Stüsser-Simpson, Jochen, S. 154, liest, joggt und schreibt gern in verschiedenen Genres und Landschaften. Letzte Veröffentlichungen u.a.: Lockdownlyrik, in: Das Gedicht. Blog April 20. Sehnsucht nach Norden, in: Lyrik in Köln, Karnevalsausgabe 2020. Lesungen zuletzt im Kulturforum Metzingen im Februar 2020, dann kam Corona. Autorenseite auf „Autorenwelt".

Székessy, Karin, S. 232, * 1938 in Essen, Studium am Institut für Bildjournalismus München, Reportagefotografin der Zeitschrift Kristall, seit 1970 freie Fotografin in Hamburg, Ausstellungen im In- und Ausland. 1971 bis zu seinem Tod 2010 Ehe und Zusammenarbeit mit dem Maler Paul Wunderlich. Fotobücher. Sie fotografierte das Cover für „Mein heimliches Auge IV"(1989), Beiträge in „Mein heimliches Auge" 18, 29, 34.

Tasso, Federico, Pseudonym, S. 332,

Thielen, Barbara, Cover, S. 1, geboren und aufgewachsen in Krefeld, einige Jahre Innenarchitektin in der Schweiz. Jetzt Grafik-Studio in Bad Nauheim. Ausstellungen und Auszeichnungen. Blickpunkt-Fotografie, Bilder in mehreren „Auge"-Ausgaben.

Thoss, Petra E., S. 301ff, 308, studierte Grafik-Design und Performance Art, Ausstellungen weltweit, Auftritte mit eigener Lyrik, Geschichten, Bildern und Kostümen. Stipendien: 1986 Segueret/ Frankreich, 2020 Künstlergut Prösitz, Sachsen, 2020 Saarland-Stipendium, 2021 Schloß Wiepersdorf, Brandenburg

Twardowski, Daniel, S. 119, Schriftsteller in Marburg, Aktfotografie, Fotobuch „Dark Planet".

Urban, Siegfried, Sammler, S. 254f.

Vikšraitis, Rimaldas, S. 109, 205ff, 231, * 1954 in Sintautai, Litauen. „Ich will keine Bilder machen, die den Leuten gefallen. Mir sind soziale Motive sehr wichtig." Er fotografierte u.a. Menschen auf dem Land in Litauen, viele Ausstellungen, Auszeichnungen. Seit 2004 immer wieder Arbeiten in „Mein heimliches Auge".

Vogel, Fritz Franz, S. 16, hat eine große Sammlung historischer erotischer Fotos, schreibt Essays zu Fotografie, Lehrtätigkeit.

Voss, Ulrike, S. 28, bisher 5 Romane, u. a. „Alicia", „Das dritte Mal" (beide 3. Auflage), zuletzt „Wie Gewitter". Geschichten in im lesbischen und heimlichen Auge. Brotberuf Lehrerin.

Wagenführ, Mara, S. 114ff, * 1976 in Mülheim/Ruhr, 1997–2002 Universität der Künste, Berlin, Klasse Prof. Wolfgang Petrick, Meisterschülerin, Stipendien und Auszeichnungen, viele Einzel-Ausstellungen, zuletzt (Auswahl), 2020 THE VOID I Pavillon der Wilden Renate I Berlin; 2019 Virgen Kali I La buena estrella I Mexiko City, Power Cage I State Studio I Berlin; 2018 Interventions, Museum Reinickendorf, Berlin; 2017 Every Day, Villa Kult, Berlin; 2016 ETERNAL BLISS, MONARC, Hamburg, GEHAG FORUM, Berlin, 2015 Komm, wir rasen durch's Heute, P 103, Berlin.

Weber, Stefan, S. 156, 188, * 1961 in Darmstadt, Studium Musik, Germanistik, als Zeichner Autodidakt, lebt in Berlin.

Werner, Katharina, S. 296ff, Künstlerin aus Österreich.

Wessel, Claudia, S. 272, Autorin und Redakteurin der Süddeutschen Zeitung, war eine Zeit lang Oktoberfestberichterstatterin. Bücher u.a. „Das dritte Mal", erotische Erzählungen, „Affäre", Roman, „Wiesn-Liebe" (Hg.) mit erotischen Geschichten von Schaustellern und Münchner Autor*innen.

Weyer, Anne, S. 12, 14f, * 1939 in Oberhausen, Studium freie Grafik, Essener Folkwangschule für Gestaltung, lebt in Luxemburg. Entwarf für Theater, Masken, Kostüme, Plakate und Bühnenelemente. Zeichnungen, Collagen. Ausstellungen, erotische Arbeiten in verschiedenen Ausgaben von „Mein heimliches Auge" und in „Mein lesbisches Auge" 20.

Witka, Ines, S. 244, lebt in Stuttgart, konzipiert und realisiert Schreibwerkstätten. Bücher u.a.: „Dirty Writing", das Mitmach buch zum erotischen Schreiben; erotischer Debüt-Roman „Perle um Perle", beide Konkursbuch Verlag.

Wittke, Cornelius, 242f, Maler und Bildhauer, diverse Ausstellungen im In- und Ausland, lebt und arbeitet in Kusterdingen bei Tübingen.

Wittke, Eleonore, S. 242, Autorin, Journalistin, Bücher über Tübingen und Kreatives Schreiben, lebt und arbeitet in Kusterdingen bei Tübingen, Schreibseminare und Coaching in der eigenen Textwerkstatt.

Zaks, Olga, S. 290, am Ende der Ciaociaoära des letzten Jahrtausends in Constanta/ Rumänien auf diesem Planeten ausgeladen, Studierte versuchsweise Romanistik in Hamburg & floh nach Marseille. Hält sich zum Atmen meist mit femininen Aushilfsjobs als Masseusin, Kellnerin, Aktmodell über Wasser. Lebt temporär in Brandenburg & Constanta. Veröffentlichung u.a. in der Anthologie für politische Lyrik/pollypreis 2019/2020 (edition bodoni; Buskow-Neuruppin 2019). Lyrik im blog „weiterschreiben" von schreibhain.com sowie im Kunstgeflecht_Magazin RHEIN 19 & RHEIN 22; Neunkirchen 2019 & 2020. Arbeitet aktuell am tribunalen Metaprojekt: „IM MORAST".